Objectif CRPE 2022

Histoire-Géo EMC

Laurent Bonnet
Professeur agrégé d'histoire-géographie
Formateur académique dans l'académie d'Aix-Marseille et à l'ISFEC de Marseille

Julien Cuminetto
Professeur agrégé d'histoire-géographie
Formateur à l'INSPÉ d'Aix-Marseille dans la mention 1er degré du MEEF
et co-responsable de la mention Histoire-Géographie

hachette
ÉDUCATION

Les auteurs et l'éditeur tiennent à remercier, tout particulièrement, les professeures et leurs élèves pour leur participation aux exploitations pédagogiques et les illustrations réalisées dans leur classe :

- Mélanie Bissonnier, CM1/CM2, école primaire Pierre-et-Marie-Curie, Villeneuve.
- Julie Chiche, CM1, école primaire Parc-Bellevue, Marseille.
- Cécile Clairet, CE2, école primaire Joseph-Reinach, Digne-les-Bains.
- Eva Desveaud, CP/CE1 et CM1, école primaire Lamartine, Rognac.
- Valérie Gay, MS/GS, école maternelle Jules-Isaac, Aix-en-Provence.
- Blanche Kerhoas, CE2, école élémentaire Jules-Payot, Aix-en-Provence.
- Céline Le Pêcheur, CM1, école primaire Marius-Roussel, Simiane-Collongue.

Ils remercient également Christophe Romero, directeur adjoint Ville Durable à la ville d'Échirolles, pour son entretien et son expertise autour de la question de l'écoquartier.

Crédits photographiques :
© akg-images : p. 95 *bas* (John Hios).
© BNF : p. 72.
© Laurent Bonnet : pp. 26, 30, 238.
© Bridgeman Images : pp. 89, 103 (Archives Charmet), 124 (Caricadoc).
© Creative Commons : pp. 95 *haut* (Chensiyuan), 97 (Erwan ar Born), 134 *haut*, 135, 181 *haut gauche* (Pimlico27, License CC-BY-SA 4.0), 181 *bas droit* (Diego Delso, delso.photo, License CC-BY-SA 4.0), 186 *droit* (EEIM), 187 *haut* et *milieu*, 240 (© 2005).
© Julien Cuminetto : pp. 52, 60, 62, 74, 76, 77, 79, 80, 152, 153, 156, 161, 167, 169, 170, 183, 184, 186 *gauche*, 187 *bas*, 248, 249, 261, 265, 266, 270, 287, 288.
© Hachette Livre : pp. 69, 90, 92, 93, 98, 99, 100, 101, 104, 109, 111, 113, 117, 120, 125, 129, 130, 131, 132, 134 *bas*, 137, 140, 142, 143, 146, 179, 180, 196, 197, 198, 199, 201, 202, 203, 205, 207, 208, 209, 210, 211, 226, 227, 261.
© D.R. : p. 126.
© Pixabay : pp. 175, 181 *haut droit*.
© Shutterstock : pp. 27, 122 et 261 *bas* (Oleg Golovnev), 107 (Mistervlad), 215 (Mario Hagen), 216 (xdrew), 223 (bellena), 224 (Veniamin Kraskov), 244 (aliaksei kruhlenia).
Courtesy of GoDifferent LLC/02Cruise.com : p. 181 *bas gauche*.
Pour tous les documents des 3 sujets de CRPE, se reporter aux pages 291 à 316 où ils sont crédités.

Couverture : Stéphanie Benoit
Maquette intérieure : Manon Guérin
Mise en pages : Cécile Rabataud
Édition : Fabrice Pinel

ISBN : 978-2-01-787733-2

58 rue Jean Bleuzen, 92170 Vanves
www.parascolaire.hachette-education.fr

Achevé d'imprimer en août 2021 en Espagne par Grafo - Dépôt légal: Septembre 2021 - Édition 01 - 21/8840/0

LE MOT DES AUTEURS

L'histoire et la géographie sont, souvent, de lointains souvenirs du lycée, voire du collège, pour les candidats préparant le CRPE. Certains d'entre vous n'auront même jamais suivi d'enseignement moral et civique (EMC) dans leur scolarité, ni réalisé l'expérience d'une pédagogie active qui confronte les élèves aux problèmes de leur quotidien à l'école et leur fait éprouver les valeurs de la République.

L'étude de l'histoire et de la géographie a profondément évolué ces dernières années. Comme le disait le géographe Rémy Knafou, il ne s'agit plus d'étudier une *« géographie de la France* […] *comme celle d'un espace dont le mont Blanc est le point culminant et où la Loire prend sa source au mont Gerbier-de-Jonc »*, ni de faire apprendre des dates sans en saisir le sens, le rôle joué par les acteurs et le contexte. L'enseignement de ces 2 disciplines reste un puissant moyen de contribuer à **développer l'esprit critique des élèves et à leur faire comprendre le monde**.

La maîtrise des savoirs enseignés et une solide culture générale sont les conditions nécessaires du métier de professeur(e) des écoles auquel vous vous préparez. Elles vous permettront d'exercer la polyvalence caractéristique de votre futur métier et de concevoir des situations d'apprentissage à même de faire réussir tous vos élèves. C'est la raison pour laquelle cet ouvrage vous propose une synthèse des savoirs indispensables et de nombreuses mises en situation.

Pour chacune des 3 disciplines, étudiées cycle après cycle, nous proposons une démarche systématique qui vous permet de suivre celle d'un professeur préparant son projet pédagogique :
– une **analyse scientifique** pour cadrer les enjeux du cycle ;
– une **réflexion didactique** pour apprendre à transmettre les savoirs disciplinaires aux élèves ;
– des rappels synthétiques des **savoirs disciplinaires** pour comprendre ce que doivent connaître les élèves ;
– des **propositions d'exploitations pédagogiques** pour visualiser, de manière concrète, comment mettre en œuvre les différentes parties du programme.

En début et en fin d'ouvrage, vous trouverez également :
– **toutes les informations essentielles pour comprendre les enjeux du CRPE et de l'épreuve écrite d'application,** de même que **des conseils pratiques** pour organiser votre travail ;
– **des conseils méthodologiques pour vous aider à construire une leçon en histoire, géographie et EMC ;**
– **3 sujets corrigés conformes aux Instructions officielles** avec les composantes Histoire/EMC, Géographie/Histoire et Géographie/EMC.

Enfin, nous remercions chaleureusement Amandine pour ses précieuses relectures, Christophe pour son expertise, ainsi que Blanche, Cécile, Céline, Eva, Julie, Mélanie et Valérie pour l'accueil dans leur classe, leur disponibilité et leur bienveillance.
Un grand merci également à Fabrice pour le remarquable cadrage de cet ouvrage.

SOMMAIRE

Tout savoir sur le concours et l'épreuve écrite d'application

1 Les modalités du Concours de recrutement de professeurs des écoles (CRPE)

Conditions d'inscription pour le concours externe

À compter de la session 2022, **seuls les étudiants inscrits en 2nde année de master ou** les candidats déjà **titulaires d'un master** pourront se présenter au concours externe de recrutement des professeurs. Les étudiants en M1 à la rentrée de septembre 2021 ne pourront donc pas présenter le concours en 2022. Ils devront attendre la session suivante, lorsqu'ils seront inscrits en M2.

Faut-il détenir un master spécifique pour s'inscrire au concours externe rénové ?

Non. Le métier de professeur n'est pas une profession réglementée. L'inscription au concours est conditionnée à la détention d'un niveau de diplôme (master 2), pas à celle d'un titre spécifique.

Faudra-t-il présenter certaines attestations comme un brevet de secourisme ?

Ces informations sont disponibles sur les sites académiques détaillant l'organisation des épreuves.

Qu'en est-il des candidats en situation de handicap ?

Les candidats en situation de handicap peuvent solliciter un aménagement des conditions de concours en adressant leur demande à l'un des médecins désignés par la Commission des droits et de l'autonomie des personnes handicapées (CDAPH) territorialement compétente. La demande doit être formulée, au plus tard, à la date limite d'inscription au concours concerné, sauf dans le cas où le handicap est découvert après cette échéance ou si les besoins liés au handicap ont évolué. Le médecin rend un avis qui est adressé à l'autorité administrative compétente pour ouvrir et organiser le concours, dans lequel il propose des aménagements. L'autorité administrative décide, ensuite, des aménagements accordés et notifie sa décision au (à la) candidat(e). **Voir la circulaire n° 2015-127 du 3 août 2015.**

Se préparer au concours

Le master MEEF des INSPÉ

▶ Pour devenir professeurs des écoles, les étudiants ayant validé une licence peuvent candidater auprès d'un INSPÉ pour suivre la formation du **master MEEF** (Métiers de l'enseignement, de l'éducation et de la formation). Ce master, organisé par les INSPÉ (Institut national supérieur du professorat et de l'éducation), oriente ses enseignements sur la préparation au concours et dispense une **formation universitaire professionnalisante**, fondée sur une articulation entre le théorique et la pratique, à partir d'expériences et de **stages en milieu professionnel**. L'ensemble du parcours de formation comprend des activités diversifiées correspondant à 800 h d'enseignement et d'encadrement pédagogique, hors stage, par étudiant (annexes de l'arrêté du 27 août 2013 fixant le cadre national des formations dispensées au sein des masters MEEF, modifié par l'arrêté du 24 juillet 2020).

▶ Dans le cadre des MEEF, les étudiants peuvent être recrutés par le rectorat en qualité d'**alternants en école** (le plus souvent, en M2) et donc placés en responsabilité devant des élèves, avec un temps de service correspondant à un tiers de l'obligation réglementaire de service annuelle (cela équivaut à une journée en classe par semaine). Ce temps de service pouvant être réparti sur les différents semestres du master, sa bonne articulation avec les temps de formation à l'INSPÉ doit favoriser la réussite des étudiants au concours.

▶ Cette formation en alternance, particulièrement ambitieuse, varie en fonction des INSPÉ. Si elle vous intéresse, vous pouvez participer à des journées « portes ouvertes » ou prendre contact avec le responsable du master.

L'alternance à l'INSPÉ est-elle rémunérée ?

L'alternance des étudiants en M2 repose sur un contrat de travail, avec une rémunération mensuelle autour de 720 € nets (en 2021). Celle-ci est cumulable avec la bourse, si l'étudiant en bénéficie. Les étudiants ne sont pas obligés d'être alternants en 2e année de master. Ils doivent alors réaliser 2 jours de stage par semaine, pendant 18 semaines, soit 216 h.

Plus d'informations sur le site www.devenirenseignant.gouv.fr.

Les formations privées

De nombreux organismes privés proposent des formations payantes et un accompagnement annuel à la carte (concours blancs corrigés, remises à niveau, accompagnement individualisé, etc.). Ces formations permettent à certains candidats de bénéficier d'un accompagnement important, tout en poursuivant une activité professionnelle.

En candidat libre

C'est la solution qui vous permet de réviser à votre rythme et en fonction de vos disponibilités professionnelles et/ou familiales. Vous ne pourrez, cependant, compter que sur vous-même et sur vos propres lectures pour réussir le concours.

Un concours académique

▶ Le **choix de l'académie** au moment de l'inscription au CRPE est très important : les admis seront affectés dans une école de l'académie où ils ont réussi le concours. **L'admission dans une académie ne vaut donc pas admission dans les autres.** Pour changer d'académie, vous devrez faire une demande de mutation. Or, pour que celle-ci soit acceptée, il faut, souvent, attendre plusieurs années.

▶ Les académies précisent, toujours, les dates des épreuves et leurs modalités pratiques sur leur site Internet.

Nombre de postes par académie

Les **taux d'admission** sont très différents d'une académie à l'autre. Cela dépend de plusieurs facteurs, dont le nombre de candidats, les besoins en postes dans l'académie ou encore le nombre d'habitants.

Le contenu des épreuves du concours externe

Les épreuves des concours de recrutement de professeurs des écoles sont précisées en annexes de l'arrêté du 25 janvier 2021 fixant les modalités d'organisation du concours externe, du concours externe spécial, du second concours interne, du second concours interne spécial et du troisième concours de recrutement de professeurs des écoles.

Les épreuves écrites d'admissibilité

▶ **3 épreuves d'admissibilité** sont organisées **à l'écrit** :
– une épreuve écrite de **français** ;
– une épreuve écrite de **mathématiques** ;
– une épreuve écrite d'**application**.

▶ L'épreuve d'application est à choisir parmi 3 domaines :
– Histoire, Géographie, Enseignement moral et civique ;
– Arts ;
– Sciences et Technologie.

▶ En Histoire/Géographie/EMC et en Arts, 2 composantes seront au programme (par exemple, « Histoire/EMC » pour le domaine de l'Histoire, Géographie, EMC et « Histoire des arts/Éducation musicale » pour le domaine des Arts), comme l'évoque le *BO* : *« Au titre d'une session, la commission nationale compétente* [...] *détermine deux composantes parmi les trois enseignements. »*

Épreuves d'admissibilité	Durée	Note
Français	3 h	sur 20 (coeff. 1)
Mathématiques	3 h	sur 20 (coeff. 1)
Application	3 h	sur 20 (coeff. 1)

▶ Les copies des épreuves écrites d'admissibilité des candidats sont anonymisées avant d'être soumises à une double correction. À l'issue de celle-ci, le jury fixe, après délibération, la **liste des candidats admis à passer les épreuves d'admission**. En cas d'échec, vous pouvez vous rapprocher du rectorat pour demander vos copies, afin d'en analyser les erreurs.

Les épreuves orales d'admission

2 épreuves d'admission sont organisées **à l'oral** :

– **une épreuve de leçon :** elle porte, successivement, sur le français et les mathématiques. Elle a pour objet la conception et l'animation d'une séance d'enseignement à l'école primaire, dans chacune de ces matières, à partir d'un dossier, fourni par le jury, comportant au plus 4 documents de nature variée (supports pédagogiques, extraits de manuels scolaires, traces écrites d'élèves, extraits des programmes...). Elle vise à apprécier votre maîtrise disciplinaire et vos compétences pédagogiques ;

– **une épreuve d'entretien :** une 1re partie est consacrée à l'éducation physique et sportive, intégrant la connaissance scientifique du développement et de la psychologie de l'enfant (à partir d'un sujet fourni par le jury, proposant un contexte d'enseignement et un objectif d'acquisition pour la séance, vous devez proposer une situation d'apprentissage) ; et une 2nde partie porte sur votre motivation et votre aptitude à vous projeter dans le métier de professeur au sein du service public de l'Éducation.

Épreuves d'admission	Temps de préparation	Temps d'examen
Épreuve de leçon (coeff. 4)	2 h	• Français (noté sur 10) : 30 min
		• Mathématiques (noté sur 10) : 30 min (exposé : 10-15 min / entretien : 15-20 min)
Épreuve d'entretien (coeff. 2)	30 min	• 1re partie (noté sur 10) : 30 min (exposé : 15 min au maximum / entretien : 15 min au minimum)
		• 2nde partie (noté sur 10) : 35 min

Remarques générales

▶ Toutes les épreuves sont notées sur 20. Toute note inférieure ou égale à 5 sur 20 est éliminatoire. La note 0 obtenue à l'une des 2 parties de l'épreuve d'admission est éliminatoire.

▶ Les candidats admissibles qui en ont fait la demande au moment de leur inscription peuvent passer une **épreuve facultative de langue vivante étrangère** : allemand, anglais, espagnol ou italien. L'épreuve est notée sur 20. Seuls les points obtenus au-dessus de 10 sont pris en compte pour l'admission des candidats à l'issue des épreuves.

▶ Dans le concours externe spécial de recrutement de professeurs des écoles chargés d'un enseignement de et en langue régionale, les épreuves écrites et orales sont les mêmes. Le (La) candidat(e) aura, en plus, une épreuve écrite en langue régionale, ainsi qu'une épreuve orale de langue régionale.

▶ À l'issue des épreuves d'admission et après délibération, le jury, en fonction du nombre total de points que les candidats ont obtenus à l'ensemble des 2 séries d'épreuves (écrit + oral) et dans la limite des places mises au concours, fixe, par ordre de mérite, la **liste des candidats sur la liste principale**. Il peut établir, dans le même ordre, **une liste complémentaire**.

À SAVOIR

Pour les candidats admissibles, les points capitalisés à l'écrit ne peuvent suffire à obtenir le CRPE. La différence se fait à l'oral, et notamment sur les compétences pédagogiques du (de la) candidat(e).

Conseils pour réussir le concours

Organisez-vous pour travailler efficacement

▶ Se préparer à un concours de recrutement de l'Éducation nationale est **un marathon**. Pour tenir le rythme et assimiler au mieux les expériences et les savoirs, il faut commencer à travailler le plus tôt possible !

- Si vous êtes en M1 et inscrit(e) en MEEF, préparez-vous un plan de travail dès cette 1re année de master. N'hésitez pas à aller observer des oraux au moment des épreuves d'admission de votre académie, si elle l'autorise : cela vous permettra de vous projeter et de visualiser concrètement le déroulement des épreuves, les questions possibles, etc.
- Si vous êtes en M2, commencez vos révisions dès le début de l'été ! D'autant que, si vous suivez la formation à l'INSPÉ, **vous aurez des échéances importantes à tenir en plus de votre concours** (stages en alternance, mémoire professionnel, etc.).

▶ Avec un rythme régulier et précoce, vous appréhenderez les apprentissages plus sereinement ! Planifiez donc vos révisions en vous fixant des objectifs raisonnables sur **un emploi du temps mensuel, voire annuel**, qui mélange le personnel et le scolaire, et que vous pourrez faire évoluer au fil des semaines. C'est le meilleur outil pour savoir où vous en êtes.

▶ Constituez-vous des **fiches de révision** par type d'épreuve (écrit de français, écrit de mathématiques, écrit d'Histoire-Géographie/EMC, etc.).

▶ **L'oral ne peut se réussir qu'en le préparant dès le début de l'année.** Des révisions régulières vous permettront de consolider vos connaissances et d'appréhender plus efficacement les enjeux didactiques et pédagogiques des mathématiques et du français. Dans le même esprit, un travail très anticipé sur l'épreuve d'entretien permettra de laisser mûrir votre réflexion et votre projet professionnel.

Coopérez et mutualisez vos travaux avec un petit groupe de candidats

▶ Réussir un concours aussi exigeant tout(e) seul(e) est très difficile. Essayez de constituer **un trinôme ou un binôme de travail** sur lequel vous pourrez vous appuyer dans les moments difficiles. Constituez votre groupe en fonction de vos compétences. Il est, par exemple, plus stratégique de travailler avec des étudiants qui se débrouillent bien en mathématiques si vous avez des lacunes dans cette discipline. De la même façon, optez pour un groupe avec des étudiants qui travailleront la même discipline que vous pour l'épreuve écrite d'application, si vous êtes sûr(e) de votre choix. Enfin, entraînez-vous à plusieurs sur des sujets zéro ou des concours blancs tout au long de l'année et mutualisez vos travaux.

▶ Dans le cadre de votre formation à l'INSPÉ ou dans d'autres types de formations privées, vous pouvez, très rapidement, commencer à repérer d'autres étudiants qui ont le même profil que vous mais avec des **compétences complémentaires**.

▶ N'hésitez pas à vous rapprocher de vos formateurs ou bien de professeurs du 1er degré, qui partageront avec vous leurs expériences. Ce lien peut vous permettre de **construire une culture du métier** indispensable pour discuter efficacement des problématiques posées durant les épreuves.

Découvrez ce qu'est un élève

▶ Cela peut paraître évident, mais avez-vous déjà vu des élèves de maternelle ? Avez-vous déjà observé des élèves en train de faire de la géographie en CM1 ?

▶ **L'élève est le sujet central du concours.** Le système éducatif est construit pour tâcher de le faire réussir, et il ne doit pas être un angle mort de vos révisions. La nouvelle mouture du CRPE est portée sur les enjeux didactiques et pédagogiques. La plupart des questions qui vous seront posées – à l'écrit comme à l'oral – vous amèneront à imaginer des situations pour faire travailler efficacement les élèves, leur faire acquérir des apprentissages, les faire progresser, etc.

▶ Si vous êtes inscrit(e) dans la formation à l'INSPÉ, **tirez parti le plus possible de vos stages, que vous soyez en observation ou en alternance**. Faites-vous des fiches thématiques avec des exemples concrets observés ou éprouvés, qui vous permettront d'illustrer vos propos lors des oraux et de mettre en perspective vos connaissances théoriques (l'école inclusive, l'évaluation, les valeurs de la République…).

Adoptez une posture réflexive

▶ **Le professeur est un « *praticien réflexif* »** (Philippe Perrenoud), c'est-à-dire qu'il réfléchit pour concevoir et mettre en œuvre son enseignement, et élabore des stratégies pour remédier aux problématiques rencontrées face aux élèves. Cette posture, vous ne pouvez, bien sûr, pas encore l'incarner, mais vous pouvez parfaitement commencer à l'appréhender en vous posant des questions de manière systématique, face aux différents enjeux scientifiques, didactiques et pédagogiques rencontrés. Les épreuves d'oral vous demandent, en effet, d'adopter une posture réflexive, d'être ouvert(e) au questionnement, d'imaginer des solutions face aux études de cas proposées, de réfléchir à voix haute à propos des enjeux du métier de professeur.

▶ Tâchez aussi de **suivre l'actualité du système éducatif** dès que possible et tout au long de votre année de concours. Faites-vous des fiches à propos des grands débats scolaires ou disciplinaires (la question de la mémoire en histoire, la laïcité à l'école en EMC, le développement durable en géographie, par exemple). Il ne s'agit pas d'être un(e) expert(e) de toutes les réformes qui doivent intervenir dans le système éducatif, mais de connaître celles qui, dès la rentrée suivante, auront un impact sur votre enseignement.

Luttez sans relâche contre le stress !

▶ **Adoptez une bonne hygiène de vie** pendant votre année de concours. Cela passe par une alimentation équilibrée : évitez les aliments trop gras et trop lourds qui vous empêcheront de dormir correctement ; évitez aussi les nuits blanches, qui vous donneront l'impression d'avancer dans vos révisions mais qui diminueront la faculté de votre cerveau à retenir toutes les informations.

▶ Des études scientifiques ont prouvé, depuis longtemps, que **le cerveau a besoin de se reposer régulièrement pour être au maximum de ses capacités**. Le seul moyen de le ménager est de dormir ou se relaxer, en lisant un livre, en jouant modérément aux jeux vidéo, en allant se promener, en faisant du sport, etc. Le sommeil permet de régénérer les cellules du cerveau et de réorganiser ses pensées : en cas de fatigue prononcée, adoptez la micro-sieste de 15-20 min !

▶ **Ne vous coupez pas du monde !** Si vous organisez correctement vos révisions, vous pourrez profiter de vos proches, de vos amis, et sortir de chez vous. Accordez-vous des récompenses quand vous êtes satisfait(e) de votre travail !

2 Enjeux et méthodologie de l'épreuve écrite d'application

Définition de l'épreuve écrite d'application

Textes officiels

« L'épreuve a pour objectif d'apprécier la capacité du candidat à proposer une démarche d'apprentissage progressive et cohérente. Le candidat a le choix au début de l'épreuve entre trois sujets portant respectivement sur l'un des domaines suivants :
– sciences et technologie ;
– histoire, géographie, enseignement moral et civique ;
– arts.
Le candidat dispose d'un dossier comportant notamment des travaux issus de la recherche et des documents pédagogiques. Le candidat est amené à montrer dans le domaine choisi une maîtrise disciplinaire en lien avec les contenus à enseigner et à appliquer cette maîtrise à la construction ou à l'analyse de démarches d'apprentissage. »

BO du 25/01/2021.

SOYEZ STRATÉGIQUE !

Jusqu'au moment de l'épreuve écrite d'application, vous pouvez choisir le domaine que vous souhaitez. Par souci d'efficacité et compte tenu de l'extrême densité du travail qui vous attend, **nous vous conseillons, cependant, de ne privilégier qu'un seul domaine** dès le début de votre année de concours. Cela vous évitera de perdre du temps en hésitations le jour de l'épreuve et vous permettra d'organiser au mieux vos révisions.

▸ Pour les candidats ayant choisi le domaine « Histoire, Géographie, Enseignement moral et civique », la commission nationale compétente pour proposer les sujets des écrits détermine **2 composantes, parmi ces 3 enseignements, sur lesquelles porteront le sujet d'écrit** : Histoire/Géographie, Histoire/EMC ou Géographie/EMC.

▸ L'épreuve consiste en **la conception et/ou l'analyse d'une ou plusieurs séquences ou séances d'enseignement** à l'école primaire (cycles 1 à 3). Elle peut comporter des questions visant à vérifier vos connaissances disciplinaires.

SOYEZ STRATÉGIQUE !

En choisissant de réviser principalement le domaine « Histoire, Géographie, EMC », vous pourrez préparer plus efficacement l'épreuve orale d'entretien. En effet, la 2nde partie de cette épreuve doit, notamment, permettre d'apprécier votre aptitude à vous approprier les valeurs de la République et à faire connaître et faire partager ces valeurs. Autant d'éléments qui sont au cœur de l'EMC.

Les programmes concernés

Textes officiels

« Le cadre de référence des épreuves des concours externes est celui des ***programmes de l'école primaire****. Les connaissances attendues des candidats sont celles que nécessite un enseignement maîtrisé de ces programmes. Il est attendu du candidat qu'il maîtrise finement et avec du recul l'ensemble des connaissances, compétences et démarches intellectuelles du Socle commun de connaissances, compétences et culture, ainsi que* ***les programmes des cycles 1 à 4****. [...] Des connaissances et compétences en didactique de l'histoire, de la géographie et de l'EMC pour enseigner au niveau primaire sont nécessaires. Les épreuves écrites prennent appui sur un programme publié sur le site Internet du ministère chargé de l'Éducation nationale. »*

BO du 25/01/2021.

▶ Vous devez maîtriser les notions, compétences, savoirs et attendus prescrits par le programme de l'école primaire à un niveau tel que vous puissiez enseigner, de manière réfléchie et efficace, au cycle 1 (apprendre ensemble et vivre ensemble ; explorer le monde : se repérer dans le temps et l'espace), au cycle 2 (enseignement moral et civique ; questionner l'espace et le temps) et au cycle 3 (enseignement moral et civique, histoire et géographie).

Qu'est-ce que la didactique ?

Selon le pédagogue Philippe Meirieu, « *la didactique est constituée par l'ensemble des procédés, méthodes et techniques qui ont pour but l'enseignement de connaissances déterminées* ». Elle concerne les outils spécifiques de la discipline que met en place le professeur pour rendre le savoir scientifique accessible aux élèves.

▶ En résumé, vous pouvez être interrogé(e) sur les programmes des cycles 1, 2 et 3, mais vous devez avoir acquis un degré de connaissances disciplinaire et didactique d'un niveau de fin de cycle 4 (classe de 3e).

▶ Par ailleurs, le jury tient compte, dans sa notation, de la **maîtrise écrite et orale** de la langue française (vocabulaire, grammaire, conjugaison, ponctuation, orthographe).

La composition du dossier documentaire

Textes officiels

« Le candidat dispose d'un dossier comportant notamment des travaux issus de la recherche et des documents pédagogiques. »

BO du 25/01/2021.

Le dossier propose 3 types de documents :

– **des textes officiels ou extraits du programme :** ils vous permettent de contextualiser le sujet et d'en limiter le cadre ;

CHAPITRE 3, P. 83
CHAPITRE 6, P. 191

– **des documents issus de travaux de recherche :** il s'agit de documents d'ordre historiographique ou épistémologique, qui permettent d'apprécier un courant de pensée sur la discipline ou qui apportent un éclairage scientifique sur une notion clé du programme (la monarchie en histoire, habiter en géographie, la liberté en EMC, etc.) ;

– **des documents pédagogiques :** il peut s'agir de tout document qui pourrait être étudié en classe par les élèves (un tableau, un texte, un paysage, un schéma, une carte, etc.).

Aptitudes évaluées chez les candidats

Textes officiels

« Le candidat est amené à montrer dans le domaine choisi une maîtrise disciplinaire en lien avec les contenus à enseigner et à appliquer cette maîtrise à la construction ou à l'analyse de démarches d'apprentissage. »

BO du 25/01/2021.

2 aptitudes sont principalement évaluées dans cette épreuve écrite d'application :

- **La maîtrise disciplinaire en lien avec les contenus :** c'est la 1re compétence professionnelle du métier de professeur des écoles. Vous devez connaître la discipline, en situer les repères fondamentaux et les enjeux épistémologiques et didactiques. Il vous faut être capable de réaliser une mise au point des savoirs disciplinaires proposés sommairement dans le programme, afin de comprendre ce que doivent connaître les élèves à l'issue d'un cycle ou d'un niveau de classe considéré. Les enjeux scientifiques et les savoirs disciplinaires en histoire, géographie et EMC, pour chaque cycle, sont systématiquement déclinés dans les chapitres 1 à 8 de cet ouvrage (pp. 49 à 289).
- **Savoir appliquer cette maîtrise disciplinaire à la construction et à l'analyse de démarches d'apprentissage :** cela revient à réfléchir aux enjeux didactiques de la discipline, c'est-à-dire proposer des situations d'apprentissage à même de transformer le savoir scientifique en un savoir scolaire accessible pour les élèves. Dans les chapitres 1 à 8, notre ouvrage établit systématiquement les enjeux didactiques propres aux disciplines et aux cycles concernés. Le chapitre « Méthodologie d'un projet pédagogique » (p. 19) vous propose un certain nombre d'incontournables qui vous permettront de vous outiller sur la construction et l'analyse des démarches d'apprentissage propres à l'histoire et à la géographie.

Types de questions possibles dans l'épreuve

Plusieurs types de questionnements peuvent être proposés dans l'épreuve écrite d'application, que les sujets zéro viennent confirmer. Nous vous invitons à lire leurs corrigés (pp. 290 à 319). Ceux-ci vous donneront une idée précise des réponses qui sont attendues.

- **Présenter et analyser un corpus documentaire selon une synthèse problématisée et argumentée :** il s'agit d'ordonner un propos en faisant état des enjeux scientifiques et didactiques soulevés par les documents (les savoirs disciplinaires sur lesquels ils reposent, les questionnements possibles pour les élèves, leur intérêt pour les amener à identifier la démarche historique ou géographique, etc.).
- **Élaborer une séquence d'apprentissage progressive et cohérente sur un thème donné :** nous vous conseillons, ici, de la rédiger sous la forme d'un déroulement chronologique, dans lequel vous ferez état des notions abordées, des objectifs d'apprentissage, des compétences mobilisées, des documents du corpus utilisés et des diverses situations d'apprentissage. Il faudra être cohérent(e) par rapport aux attendus du programme et aux capacités de l'enfant en lien avec son développement et le niveau concerné. Les apprentissages des élèves doivent être appréhendés de manière progressive et spiralaire (phase de réinvestissement, phase d'appropriation, phase d'institutionnalisation, etc.). Des exploitations pédagogiques sont proposées en ce sens à la fin des chapitres 1 à 8 (pp. 49 à 289).
- **Préciser les objectifs notionnels d'une thématique au programme :** il s'agit de détailler les notions et le vocabulaire qui seraient abordés en classe dans le niveau et la thématique concernés.
- **Exploiter un document :** il s'agit de raconter le déroulement chronologique de son utilisation en classe, dans un niveau déterminé. Vous devez aussi expliquer et détailler les choix

que vous opérez dans une situation d'apprentissage, pour faire en sorte que le document développe des apprentissages chez les élèves (des savoirs et des savoir-faire). Votre capacité à proposer une exploitation respectueuse du programme concerné, des notions abordées et du public scolaire visé, est, ainsi, évaluée.

SUJET 1, P. 290

- **Énoncer les principes et valeurs de la République :** vous devez pouvoir identifier les principes du système éducatif et les éprouver dans les situations pratiques qui vous sont proposées (*ex. :* que faire si un élève conteste une séance d'EMC ?).
- **Connaître les grandes notions des programmes d'histoire, de géographie et d'EMC :** les champs scientifiques dans lesquels elles s'inscrivent et leur traduction scolaire sont précisés dans les chapitres 1 à 8 de cet ouvrage (pp. 49 à 289).

FICHE 4, P. 33

- **Expliquer les enjeux scientifiques et didactiques soulevés par les documents :** il s'agit de relever et présenter les notions du programme qui peuvent être exploitées dans le document, et de déterminer l'usage que vous pouvez en faire pour que les élèves mobilisent des compétences et maîtrisent les notions du programme étudiées.

Entraînez-vous toute l'année !

▶ Nous vous conseillons de vous entraîner à la fois sur des sujets complets, dans le temps imparti de 3 h, et sur des « morceaux » de l'épreuve, en simulant des questions à partir du programme :

– **un document de manuel scolaire :** « Qu'apporte-t-il comme informations sur la thématique du programme ? Quelle(s) exploitation(s) pédagogique(s) pouvez-vous en faire avec les élèves ? Etc. » ;

– **une notion du programme :** « Quels en sont les enjeux scientifiques ? Comment la définir ? Comment l'aborder avec les élèves ? Etc. » ;

– **une séquence, une séance :** entraînez-vous à « critiquer » une séquence ou une séance observée en stage dans une des composantes de l'épreuve ; imaginez comment une thématique pourrait se décliner dans tel ou tel niveau de classe ; etc. Le présent ouvrage propose 2 « exploitations pédagogiques » à la fin de chaque chapitre. Avant de les lire dans le détail, regardez le titre et le niveau proposé et tâchez de réfléchir à la construction d'une séquence ou d'une séance.

▶ Ces entraînements réguliers vous prépareront à adopter des réflexes et une méthode utiles pour gérer l'épreuve écrite.

▶ **Des qualités d'expression seront indispensables** pour obtenir la meilleure note envisageable aux épreuves écrites. Tâchez donc, le plus possible, de **poser par écrit vos simulations** et de rédiger vos réponses. Cela vous permettra d'améliorer votre capacité à écrire correctement dans un délai très court.

▶ En fonction du temps que vous y consacrez, vous pouvez également réfléchir oralement à vos propositions.

▶ Faites-vous un **rétro-planning de révisions** jusqu'aux épreuves écrites, avec un certain nombre de notions par cycle à aborder et étudier selon un calendrier précis. Ne traitez pas tout en même temps et laissez-vous du temps pour digérer les connaissances acquises. N'oubliez pas également de **croiser**, si possible, **les savoirs théoriques avec une pratique et une observation de terrain**. Cela vous permettra d'étayer de manière concrète vos idées, quand vous devrez construire des exploitations pédagogiques à partir des documents ou des notions proposées dans les questions.

Le jour de l'épreuve

▸ **Inutile de travailler la veille des épreuves.** Reposez-vous complètement et pensez à autre chose.

▸ La veille de chaque épreuve, composez une **« liste des choses à ne pas oublier »** pour vous décharger cognitivement de ces contingences pratiques : le chronomètre ou la montre, une trousse complète, votre carte d'identité en cours de validité (à vérifier le jour de votre inscription au concours, pour vous laisser le temps de la renouveler, le cas échéant), votre convocation.

▸ Choisissez une tenue vestimentaire dans laquelle vous vous sentez à l'aise. Dans le respect, bien sûr, des règles de dignité et des principes de laïcité.

▸ Prévoyez davantage que le temps nécessaire pour vous rendre sur le lieu de l'épreuve : il vaut mieux arriver très en avance que d'être éliminé(e) pour cause de retard !

▸ Une fois devant le sujet :

- **lisez d'abord l'intégralité des questions,** puis regardez dans le détail le corpus documentaire. Le jury peut avoir pensé le sujet avec des liens entre les 2 composantes ;
- **commencez, ensuite, par la composante qui présente le plus grand nombre de points.** Posez quelques éléments de réponses sur un brouillon et organisez-les, afin de montrer au jury que vous savez structurer vos idées. Ne perdez surtout pas de temps à rédiger des réponses sur le brouillon ;
- **équilibrez votre temps d'écriture** entre les 2 composantes si elles ont le même nombre de points ;
- **gardez au moins 5 min à la fin de l'épreuve pour vous relire.** Ce temps pourrait se révéler précieux s'il vous évite quelques fautes d'orthographe.

3 Se préparer à devenir professeur des écoles

Après le concours : être stagiaire dans son académie

▶ Avec la réforme du concours, les fonctionnaires stagiaires ne cumulent plus ce statut avec celui d'étudiant et peuvent donc se consacrer pleinement à leur formation initiale statutaire. Celle-ci pourra être adaptée en fonction du profil du stagiaire : le type de master obtenu, la formation reçue en alternance, etc.

▶ Les dispositions statutaires applicables aux professeurs stagiaires prévoient que la formation initiale est organisée, dans le cadre des orientations définies par l'État, par un établissement d'enseignement supérieur. Les INSPÉ en sont les opérateurs. **La formation initiale des stagiaires dépendra de leur parcours avant le concours.**

▶ Les lauréats du concours externe n'ayant pas suivi le master MEEF exerceront à mi-temps à l'école et seront en formation à l'INSPÉ l'autre moitié du temps. Ceux issus d'un master MEEF exerceront, quant à eux, à temps plein dès leur nomination et bénéficieront de décharges adaptées à leur parcours. Ces dernières leur permettront de suivre, autant que nécessaire, des modules de formation à l'INSPÉ ou en circonscription.

▶ Les stagiaires, quel que soit leur parcours préalable, feront l'objet d'un suivi et d'une attention particulière des **inspecteurs de l'Éducation nationale** (IEN) chargés de la circonscription de leur stage.

L'école et ses responsabilités

▶ Une fois leur concours acquis, les professeurs stagiaires peuvent être intégrés dans n'importe quel niveau de classe, de la Petite Section au CM2. Cependant, le CP, classe sensible à cause de l'apprentissage de l'écriture et de la lecture, est rarement attribué. Les professeurs sont, parfois, placés en stage dans des doubles niveaux (MS/GS, CP/CE1, CE2/CM1, etc.).

▶ Dès leur stage, les professeurs des écoles exercent 3 types de responsabilités :
- **une responsabilité morale :** vous êtes responsable d'un groupe d'élèves que des parents vous ont confiés ;
- **une responsabilité civile :** elle vise à réparer les dommages que vous provoqueriez par votre fait ou par non-respect de règles que vous auriez dû suivre (un élève qui se blesse sous votre surveillance) ;
- **une responsabilité pénale :** elle vous oblige à répondre des infractions que vous commettriez et de subir la peine prévue par les textes de loi (problèmes de mœurs ou actes physiques commis à l'encontre d'un élève, par exemple).

Le métier de professeur des écoles

▶ Le professeur des écoles doit maîtriser un certain nombre de compétences professionnelles pour exercer son métier. Le référentiel des compétences professionnelles des métiers du professorat et de l'éducation a été publié dans le *BO* du 25 juillet 2013.

▶ Ce référentiel de compétences a plusieurs objectifs :
- affirmer que tous les personnels concourent à des **objectifs communs** et peuvent se référer à la **culture commune de leur profession** ;

– reconnaître la **spécificité des métiers** du professorat et de l'éducation, dans leur contexte d'exercice ;
– identifier les **compétences professionnelles attendues**. Celles-ci s'acquièrent et s'approfondissent dès la formation initiale, puis se poursuivent tout au long de la carrière par l'expérience professionnelle et l'apport de la formation continue.

▶ Une des particularités du professeur des écoles est sa **polyvalence**. Il enseigne, en effet, plusieurs disciplines et peut les croiser pour tâcher de donner plus de sens aux enjeux du programme (le développement durable s'enseigne, par exemple, en sciences, en géographie ou en EMC).

Spécialisations et perspectives de carrière

▶ Il est possible d'évoluer dans sa mission et son poste, à travers une nouvelle affectation :
– en changeant de niveau de scolarité ;
– en obtenant une mutation dans une autre école ;
– en enseignant à l'étranger.

▶ En obtenant une qualification supplémentaire, le professeur des écoles peut devenir :
– directeur(trice) d'école ;
– professeur(e) des écoles maître-formateur (PEMF) ;
– conseiller(ère) pédagogique ;
– enseignant(e) spécialisé(e) ;
– maître(esse) d'accueil temporaire (MAT).

▶ Grâce aux concours ouverts aux enseignants, le professeur des écoles peut également changer d'activité et devenir :
– psychologue de l'Éducation nationale (PsyEN) ;
– inspecteur(trice) de l'Éducation nationale chargé(e) d'une circonscription du 1er degré (IEN CCPD) ;
– enseignant(e) au collège ;
– enseignant(e) au lycée ;
– chef d'établissement.

Méthodologie d'un projet pédagogique

Pour construire une leçon d'histoire ou de géographie, il y a certaines étapes incontournables. La tentation du professeur débutant peut être de vouloir combler son manque d'expérience par une accumulation d'informations à transmettre aux élèves. La multitude de documents proposés peut d'abord rassurer mais va rapidement poser la question de leur utilisation.

Le travail de préparation doit être très organisé, selon un protocole précis. L'efficacité de cette préparation permet la mise en œuvre de projets cohérents, qui garantissent la compréhension puis l'acquisition des connaissances essentielles. Elle permet aussi de respecter l'apprentissage progressif des compétences visées au sein de chacun des 3 cycles.

1 Quels sont les fondamentaux d'une leçon ?

A Une « leçon » est une « séance »

▶ Les programmes d'histoire et de géographie sont divisés :
– en connaissances et compétences associées au cycle 2 ;
– en repères annuels de progression au cycle 3.
À partir d'eux, le professeur élabore une programmation qui lui permet de découper le travail de l'année en chapitres. **Ces chapitres constituent des séquences qui comportent plusieurs séances ou leçons.**

▶ Au cycle 2, la liberté pédagogique des professeurs est plus forte et peut rendre plus délicate la construction d'une programmation. Il est conseillé de **s'aider des repères de progressivité** qui sont proposés, ainsi que des exemples de situations, d'activités et de ressources pour l'élève.

BO LE BULLETIN OFFICIEL DE L'ÉDUCATION NATIONALE

Cycle 2 → • Se situer dans le temps

Cette compétence transversale, indispensable à la structuration cognitive des élèves, se construit à partir d'une verbalisation et de rituels quotidiens ainsi que de séquences dédiées, qui installent progressivement des repères temporels ainsi qu'un langage précis.

Attendus de fin de cycle
- Se repérer dans le temps et mesurer des durées.
- Repérer et situer quelques événements dans un temps long.

Connaissances et compétences associées	Exemples de situations, d'activités et de ressources pour l'élève
Repérer et situer quelques événements dans un temps long	
Prendre conscience que le temps qui passe est irréversible. - Le temps des parents. - Les générations vivantes et la mémoire familiale. - L'évolution des sociétés à travers des modes de vie (alimentation, habitat, vêtements, outils, guerre, déplacements, etc.) et des techniques à diverses époques.	Éphéméride pour appréhender l'irréversibilité du temps. Élaborer et utiliser des calendriers et/ou des frises à différentes échelles temporelles (chronologiques, générationnelles, historiques). Situer sur une frise chronologique simple des événements vécus ou non dans la classe, l'école, le quartier, la ville, le pays, le monde.
Repérer des périodes de l'histoire du monde occidental et de la France en particulier, quelques grandes dates et personnages clés. - Quelques personnages et dates.	Ressources locales (monuments, architecture, etc.), récits, témoignages, films vus comme des éléments d'enquête.

Une séquence consacrée aux grandes périodes de l'histoire de France →

Repères de progressivité

Les rythmes cycliques sont étudiés dès le **CP** en continuité du travail amorcé en classe maternelle. Les outils de représentation du temps, calendrier, frise, etc. sont utilisés tout au long du cycle. Le repérage des grandes périodes historiques se travaille au **CE2**.

Au **CE2**, on commence l'étude du temps long et de l'espace géographique terrestre à travers quelques événements, personnages et modes de vie caractéristiques des principales périodes de l'histoire de la France et du monde occidental et à travers quelques milieux géographiques caractéristiques. → Pistes pour construire les séances de la séquence

Cycle 3 → Classe de CM1

Repères annuels de programmation	Démarches et contenus d'enseignement
Thème 1 - Et avant la France ?	
- Quelles traces d'une occupation ancienne du territoire français ? - Celtes, Gaulois, Grecs et Romains : quels héritages des mondes anciens ? - Les grands mouvements et déplacements de populations (IVe-Xe siècles).	À partir de l'exploration des espaces familiers des élèves déjà réalisée au cycle 2, on identifie des traces spécifiques de la préhistoire et de l'histoire dans leur environnement proche, pour situer ces traces dans le temps et construire des repères historiques qui leur sont liés. On confronte rapidement ces traces proches à des traces préhistoriques et historiques différentes relevées dans un autre lieu en France, pour montrer l'ancienneté du peuplement et la pluralité des héritages.

Une séquence → (Quelles traces d'une occupation ancienne du territoire français ?)

Pistes pour construire les séances de la séquence → (Démarches et contenus d'enseignement)

Extraits du *BO* n° 31 du 30 juillet 2020.

B Les incontournables d'une préparation réussie

1. Maîtriser les savoirs disciplinaires

Une bonne maîtrise des contenus fondamentaux, des repères essentiels et des enjeux scientifiques de la question abordée est un préalable indispensable à la construction d'une leçon.

2. Connaître les programmes

Les programmes officiels précisent les **repères chronologiques ou spatiaux** et les personnages significatifs qui ont été retenus. Il définit des idées directrices et permet d'élaborer une programmation pour l'année scolaire dans laquelle s'insère la leçon à construire.

3. Construire une problématique pour chaque leçon

CHAPITRE 3, P. 81
CHAPITRE 6, P. 189

▶ Toute séance d'histoire ou de géographie au cycle 3, comme celles consacrées à l'espace et au temps au cycle 2, exige une problématique qui en donne le sens.

▶ **Une problématique est une question ou une affirmation** qui énonce les principaux mots-clés de la leçon. Elle permet de structurer celle-ci avec des idées fortes et un plan simple, et oriente ainsi la réflexion.

▶ La problématique doit être **adaptée au niveau des élèves**. Elle doit leur être annoncée au début de la séance, après avoir fait le lien avec les séances précédentes ou à partir d'un document d'accroche.

CONSEIL

Pour définir la problématique de la séance proposée et sélectionner les idées directrices, il ne faut pas viser l'exhaustivité. La sélection des notions à transmettre est facilitée par la maîtrise des mises au point scientifiques, dont nous proposons une synthèse dans cet ouvrage (chap. 3 et 6). Elle est aussi guidée par l'analyse des commentaires des programmes officiels.

4. Définir les objectifs de connaissances et de compétences de la leçon

▶ Une fois la problématique élaborée, il convient d'**expliciter les quelques idées directrices** qui permettent d'y répondre. Elles constituent la structure de la séance et de la trace écrite que les élèves devront retenir. Doivent également être déterminés et explicités les objectifs visés pour l'apprentissage des compétences en conformité avec les attendus du Socle commun.

FICHE 4, P. 33

▶ **Le *Bulletin officiel* constitue un outil indispensable** pour déterminer les modalités de cet apprentissage des compétences, au cycle 2 comme au cycle 3. Le volet 2 précise les domaines du socle et la contribution des différents enseignements. Le volet 3 définit les attendus pour chaque discipline et propose un tableau de synthèse des compétences travaillées.

À SAVOIR

Définir et expliciter les compétences visées

Dans un projet pédagogique cohérent, une séance privilégie plus particulièrement 1 ou 2 compétences, avec des modalités, des objectifs de travail et des critères de réussite clairement explicités aux élèves. Les exercices peuvent, néanmoins, permettre de mettre en œuvre d'autres compétences déjà travaillées ou en cours d'acquisition. La cohérence des choix opérés s'inscrit dans les progressions élaborées pour l'ensemble de l'année et, plus généralement, du cycle.

5. Anticiper et varier les situations d'apprentissage proposées aux élèves

▶ **Les situations d'apprentissage sont multiples.** Les plus fréquentes sont de 3 ordres :
– le cours dialogué (entre le professeur et les élèves) ;
FICHE 5, P. 37
– le travail individuel des élèves à partir de questions précises ou plus ouvertes ;
– le travail seul ou en groupes.

▶ Leur intérêt, leur efficacité et leur contribution à la stimulation des élèves tiennent souvent dans leur variété et leur alternance, d'une leçon à l'autre mais aussi au cours d'une même séance.

▶ Ainsi, une séance débute par un temps d'explicitation des enjeux de la leçon, des outils utilisés, des modalités de travail et des critères de réussite. Puis les élèves travaillent individuellement ou en groupes, avec l'aide du professeur qui apporte les remédiations nécessaires à chacun. Celui-ci organise, ensuite, la correction, la mise en commun. Il apporte des compléments d'informations et identifie les réussites et les difficultés rencontrées. Il conclut la leçon par la rédaction d'une trace écrite, qui ne vise pas l'exhaustivité.

FICHE 6, P. 41

▶ Il est, parfois, difficile de savoir quel est le temps imparti pour chacune des étapes. Il ne doit rien y avoir de systématique, mais l'on peut rappeler qu'une mise en activité autonome des élèves trop longue peut s'avérer peu efficace. Il est également conseillé de prévoir des exercices de longueurs et de complexité variables afin de répondre aux difficultés mais aussi aux ambitions du plus grand nombre.

À SAVOIR

Les rythmes d'une séance sont variables selon les cycles :
– 15-20 min en Cycle 1 ;
– 25-30 min en Cycle 2 ;
– 40-50 min en Cycle 3.

6. Choisir des documents adaptés

▶ **Le choix des documents doit être cohérent** avec les objectifs de connaissances et de compétences de la leçon. Il doit donc être opéré une fois que ces objectifs ont été définis.

▶ Les documents sont envisagés non pas comme de simples illustrations, mais comme des **supports des activités** devant permettre l'apprentissage des compétences visées. Les documents sont choisis en fonction du niveau des élèves, des activités proposées, de la durée de la séance, avec la possibilité de présenter des exercices modulables. Ils ne figurent pas nécessairement dans le manuel scolaire, puisque les choix opérés par le professeur peuvent différer de ceux de l'éditeur.

CONSEIL

Comment envisager l'utilisation du manuel scolaire ?

Les dossiers proposés dans le sujet CRPE peuvent contenir des pages de manuels scolaires. Ces manuels sont rédigés par des auteurs, qui sont, pour la plupart, des professeurs en activité et qui tiennent compte des instructions ministérielles. Pour autant, ils ne reproduisent pas fidèlement le programme, mais en sont une interprétation rigoureuse. Le manuel ne doit donc, en aucun cas, vous dispenser de la lecture des programmes officiels, ni d'une analyse personnelle de leurs finalités et de leurs objectifs. La construction d'une séquence ne peut donc pas se limiter à la lecture linéaire d'un chapitre du manuel. Par ailleurs, la 1re édition d'un manuel scolaire paraît en même temps que l'entrée en vigueur du nouveau programme. Les données statistiques proposées y sont rapidement obsolètes. Il est donc indispensable de veiller à la date de parution et à l'actualisation régulière des informations mentionnées.

7. Construire les évaluations

FICHE 7, P. 44

Les modalités de l'évaluation sont multiples et variées. Un principe fondamental est de **concevoir toute évaluation par anticipation**, avec le souci de la cohérence des exercices proposés avec les apprentissages envisagés au cours de la séquence.

CONSEIL

Élaborer une fiche de préparation

La fiche de préparation doit faire la synthèse de la réflexion ayant conduit à la construction de la séance. Elle doit situer cette dernière dans la séquence et dans une programmation plus globale, définir la problématique de ladite séance, préciser les démarches mises en œuvre, les connaissances et les compétences visées par le programme, et les inscrire dans une progression des apprentissages (voir les situations pédagogiques proposées dans cet ouvrage).

2 Comment enseigner l'histoire ?

Textes officiels

« Si les élèves sont, dans un premier temps, confrontés aux traces concrètes de l'histoire et à leur sens, en lien avec leur environnement, ils sont peu à peu initiés à d'autres types de sources et à d'autres vestiges, qui parlent de mondes plus lointains dans le temps et l'espace. Ils comprennent que les récits de l'histoire sont constamment nourris et modifiés par de nouvelles découvertes archéologiques et scientifiques et des lectures renouvelées du passé. »

BO n° 31 du 30/07/2020.

A Une connaissance par traces

L'enseignement de l'histoire à l'école primaire vise **la confrontation des élèves aux traces du passé** et la compréhension du fait que nos sociétés contemporaines sont les héritières de longues mutations dont l'environnement des élèves et le patrimoine laissé par les femmes et les hommes du passé sont le témoignage.

CONSEIL

Il est préférable de faire découvrir les traces du passé dans l'environnement proche des élèves. De nombreuses villes ont des quartiers qui témoignent d'un passé gallo-romain ou médiéval, des monuments qui constituent un patrimoine culturel. Le projet pédagogique envisagé pourra privilégier des sorties dans cet environnement proche pour mener des enquêtes sur ces traces du passé.

B Les textes-sources

▶ Les textes sont **des documents incontournables** d'une leçon d'histoire dès le cycle 2. Outre les extraits d'ouvrages d'historiens, il convient de privilégier des témoignages dont l'auteur est contemporain de la période étudiée (Mémoires, discours, lettres). Les témoins peuvent être des personnages illustres ou des inconnus. Si l'auteur est un personnage du programme, il est important de citer son nom. Il est aussi intéressant de rappeler sa fonction. Si l'auteur est un inconnu, l'important est ce qu'il incarne, le groupe social qu'il représente.

EXPLOITATION PÉDAGOGIQUE, P. 154

▶ L'utilisation de ces documents-sources donne tout son sens au travail de présentation d'un document : l'auteur, la date, la nature du texte. Ce travail permet aux élèves de comprendre que l'épisode historique qu'ils étudient est raconté par une personne en train de le vivre. Traditionnellement, les élèves sont invités à commencer la présentation du document par l'énoncé de sa nature. Avec un document-source, il vaut mieux **commencer par l'identification de l'auteur et de la date**, lesquels permettent d'identifier le document comme étant un document-source : par exemple, un témoignage (voir ci-contre).

▶ L'autre intérêt d'un témoignage est qu'il peut être mis en perspective avec un document de même nature. Ainsi, le texte-source ci-contre peut être mise en perspective avec :
- une lettre d'un soldat allemand pour comparer les conditions de vie ;
- une lettre d'un soldat au début des combats pour comparer l'état d'esprit des acteurs de la guerre ;
- une lettre de civil pour comprendre les fondements de la guerre totale ;
- une lettre d'un officier pour comparer le discours officiel avec la réalité vécue par les soldats.

Les élèves sont ainsi initiés à la compétence « Exercer son esprit critique » inscrite dans le Socle commun.

Un exemple de texte-source : *Paroles de Poilus*

Les lettres de soldats de la guerre de 14-18 regroupées dans cet ouvrage témoignent de leurs conditions de vie au quotidien et de la violence des combats.

« Le 25 février 1917,

Ma chère Hanna,

J'ai reçu hier ton colis avec la marmelade et aujourd'hui celui avec les oranges et l'œuf. Tu me demandes ce que nous mangeons. Dans la semaine en moyenne deux fois de la soupe aux pois à la couenne de lard, deux fois du bouillon de riz sucré, une fois des haricots verts et une fois de la soupe de riz avec de la viande de bœuf. On mange à même le couvercle de notre casserole de fer, et j'ai toujours dans ma poche ma cuillère, juste essuyée à l'aide de papier.

Christian »

D'après une lettre de Christian Bordeching, extraite de *Paroles de Poilus*, Librio, 1998.

Identifier qui est l'auteur de la lettre	Expliquer quand a été rédigé le témoignage	Définir la nature du document
L'auteur étant un inconnu, l'important n'est pas son prénom (Christian), mais ce qu'il est : en l'occurrence, un soldat dans les tranchées.	Le premier réflexe est de donner la date qui est indiquée (25 février 1917), en la distinguant de la date d'édition de l'ouvrage dont est extrait le texte (1998). Il faut, ensuite, expliquer dans quel contexte le texte a été rédigé (ici, en pleine période de guerre de position).	On conclut en disant que ce texte est un témoignage qui permet de comprendre les conditions de vie des poilus dans les tranchées durant la Première Guerre mondiale et leurs relations avec leur famille au cours de ce conflit devenu une guerre totale.

C Les documents d'archives

▶ On trouve des documents d'archives, tels que des témoignages, dans les manuels scolaires et dans les ouvrages édités par des historiens.

▶ On peut aussi exploiter **des traces de la vie quotidienne** des femmes et des hommes du passé : un texte, une photographie, un vêtement, un objet, etc., conservés dans des archives publiques ou privées.

▶ Ces objets peuvent être au cœur d'un travail de recherche, croisés avec d'autres documents, pour les identifier puis comprendre ce qu'ils révèlent d'une période historique.

CONSEIL

Pour initier les élèves au travail de collecte et d'analyse des traces du passé, il ne faut pas se contenter de ce qui est proposé dans les manuels scolaires mais aussi leur suggérer de solliciter leur famille. Ils (re)découvriront ainsi des objets de leurs aïeuls qui ont vécu, par exemple, l'une des deux guerres mondiales.

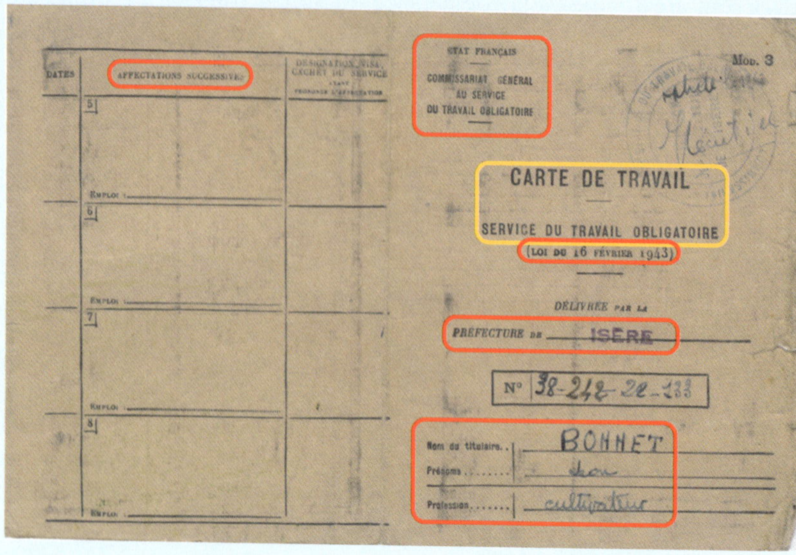
ÉTAT FRANÇAIS
COMMISSARIAT GÉNÉRAL AU SERVICE DU TRAVAIL OBLIGATOIRE
Mod. 3
CARTE DE TRAVAIL
SERVICE DU TRAVAIL OBLIGATOIRE
(LOI DU 16 FÉVRIER 1943)
DÉLIVRÉE PAR LA
PRÉFECTURE DE ISÈRE
N° 38-242-22-133
Nom du titulaire : BOHNET
Prénoms : Léon
Profession : cultivateur
DATES | AFFECTATIONS SUCCESSIVES | DÉSIGNATION, VISA, CACHET DU SERVICE
5 — Emploi :
6 — Emploi :
7 — Emploi :
8 — Emploi :

Un exemple de document d'archives : une carte de travail

Cette carte de travail a été retrouvée dans les archives d'un ancien résistant de la Seconde Guerre mondiale, qui a rejoint le maquis pour échapper au service du travail obligatoire (STO) auquel il a été convoqué. Des élèves pourraient être amenés à comprendre de nombreux aspects de la vie des Français sous l'Occupation à partir d'une enquête construite autour de ce « document mystérieux ».

D Les sources archéologiques

CHAPITRE 3, P. 93

▶ Les textes-sources sont désormais secondés par l'archéologie, **dont les recherches et les découvertes** sont relatées dans de nombreux manuels scolaires. Les fouilles archéologiques ont, ainsi, grandement participé à la réhabilitation de la civilisation gauloise, longtemps dépeinte et réduite par César à un agrégat de tribus guerrières.

▶ **De nombreux sites de fouilles disposent d'un service culturel** qui organise l'accueil de classes. Les sorties pédagogiques sont donc facilitées par les outils et les animations pédagogiques proposés. C'est le cas, par exemple, à Tautavel, où le Centre de culture scientifique, technique et industrielle propose de multiples projets pour les cycles 1 à 3.

▶ Cependant, **toute sortie doit être pensée au sein d'un projet pédagogique** permettant de s'assurer, tout d'abord, de l'opportunité d'une telle sortie, dans le respect du programme. Il faut, ensuite, prévoir une séance préliminaire expliquant aux élèves l'intérêt du site comme source documentaire et rattacher la sortie aux éléments du programme étudiés en classe. Une feuille de route permet d'organiser la mise en activité des élèves si rien n'est prévu sur le site visité ou en complément des activités pédagogiques qu'il proposerait. La mise en commun du travail peut, finalement, être envisagée sous la forme d'exposés ou d'une exposition. La sortie doit s'accompagner d'une synthèse organisée par le professeur, avec un travail, par exemple, sur la trace écrite, qui réponde à la problématique de départ.

▶ Le recours aux recherches archéologiques peut s'accompagner d'une **initiation aux techniques de datation**, qui offre l'opportunité d'un projet transdisciplinaire. Plus globalement, une séance sur quelques techniques de datation contribue à l'initiation des élèves à la démarche d'observation et de recherche visée par les sciences.

À SAVOIR

Les différentes techniques de datation

Initier les élèves aux techniques de datation est un objectif qui peut être envisagé pour nourrir un projet pédagogique de propositions transdisciplinaires liant la géographie aux sciences.

- La **stratigraphie** est une méthode de datation qui s'intéresse aux strates du sous-sol dans lesquelles se trouvent les objets étudiés, à partir du principe de superposition des sédiments : les couches les plus récentes sont au-dessus des plus anciennes.
- La **biochronologie** repose sur la connaissance acquise de la flore et de la faune d'une époque : un objet peut, ainsi, être daté grâce à la présence d'ossements, de fossiles de plantes dont on connaît déjà l'âge.
- La mesure du **niveau de radioactivité** d'un fossile ou d'un objet permet une datation précise : l'utilisation du **carbone 14** est la plus connue. Le principe est que, tout au long de sa vie, un organisme emmagasine du carbone 14 présent dans l'atmosphère. Après la mort de l'organisme, il décroît progressivement et se transforme en azote 14. Cette méthode permet de dater des objets jusqu'à 35 000 ans.
- La **dendrochronologie** repose sur la lecture des cernes de croissance des arbres : chaque année, l'arbre pousse différemment selon les conditions météorologiques.

E Les œuvres d'art comme documents

EXPLOITATION PÉDAGOGIQUE, P. 150

Une œuvre d'art doit être envisagée comme tout autre document. Quelle que soit l'œuvre proposée, il convient de **lui donner un sens historique**. Il s'agit de privilégier une approche culturelle par un travail de contextualisation : l'œuvre d'art peut révéler une conjoncture politique ou socio-économique, un engagement idéologique de l'artiste. Un document iconographique doit, comme tout autre document, éclairer la problématique de la question posée. Il faut donc relever des informations qui permettent de comprendre le message transmis par son auteur.

À SAVOIR

Pour faciliter la lecture d'une œuvre d'art, il faut la légender ou l'annoter. On peut également mettre d'autres documents en relation avec l'œuvre, tels qu'un témoignage ou une frise chronologique.

La Liberté guidant le peuple (1830) d'Eugène Delacroix

CHAPITRE 3, P. 122

	Description	Analyse
1	Une femme, Marianne, avec le bonnet phrygien	Symboles de la République, contre la monarchie de Charles X (1824-1830).
2	Le drapeau tricolore	
3	Un gavroche, enfant parisien	Tout le peuple se soulève : la révolution est populaire à partir du 28 juillet 1830.
4	Un bourgeois	
5	Un ouvrier	
6	Un paysan	
7	Un soldat de l'armée royale	Les pouvoirs de Charles X et ses ordonnances sont rejetés par la population.
8	La cathédrale Notre-Dame	La scène se déroule à Paris.

Prenons l'exemple du tableau d'Eugène Delacroix *La liberté guidant le peuple* (1830). Il illustre la révolution de 1830 connue sous le nom des « Trois Glorieuses » (27, 28 et 29 juillet 1830), laquelle clôt la Révolution amorcée en 1789.

Au cours de ces journées, le peuple parisien se soulève. Il dresse des barricades dans les quartiers Est de Paris, arbore le drapeau tricolore supprimé depuis la Restauration de 1814 et appelle à l'abdication du roi Charles X au bénéfice de son cousin Louis-Philippe d'Orléans. Il est reproché à Charles X sa volonté de renforcement du pouvoir royal, qui se confirme, le 25 juillet, avec la promulgation de 4 ordonnances par lesquelles il impose la censure de la presse et tente d'affaiblir la Chambre, garante du respect de la souveraineté nationale.

Le tableau d'Eugène Delacroix permet d'analyser ces journées révolutionnaires.
Pour le lire et lui donner du sens, il convient donc :
- d'identifier et de découvrir l'artiste : Eugène Delacroix est un peintre favorable à une monarchie modérée, respectueuse des libertés du peuple ;
- de situer l'œuvre d'art dans le temps : le tableau a été peint en 1830 ;
- d'identifier les personnages, leur représentation, le lieu où se déroule la scène, les objets et les symboles peints par l'artiste.

F Les frises chronologiques

CHAPITRE 2, P. 65

La frise chronologique s'inscrit dans **une approche linéaire du temps** qui permet l'initiation au temps long (les lentes mutations) et à la rupture chronologique (lorsqu'un événement marque un tournant historique). Si elle semble un document commun pour toute leçon d'histoire, elle reste, pour de nombreux élèves, une construction abstraite et doit être considérée davantage comme un outil récurrent de repérage à partir du CE2 (tel le planisphère pour la géographie) que comme un objet d'apprentissage en soi.

CONSEIL

La construction progressive d'une frise chronologique par les élèves, affichée dans la classe, doit être favorisée chaque fois qu'une séance aborde un repère chronologique, un personnage clé, un monument patrimonial. Dès lors, proposer un tel projet pédagogique implique de définir les repères fondamentaux qui pourraient figurer sur cette frise commune.

3 Comment enseigner la géographie ?

A Les paysages, évidemment ?

1. Un document réhabilité

▶ **Jusqu'aux années 1950,** la géographie peut être considérée comme la **science des paysages**. C'est, en particulier, la grande époque des monographies régionales, qui accordent une large part à la description paysagère.

▶ **Les années 1960** marquent la **rupture entre la géographie physique et la géographie humaine**. La « nouvelle géographie » travaille sur l'invisible et s'efforce de comprendre l'organisation de l'espace. Le paysage n'étant plus considéré comme suffisamment fiable, il est remplacé par les cartes de flux et de pôles.

MOTS-CLÉS

La **géographie physique** étudie la géomorphologie de la Terre, les relicfs, les climats, et la **géographie humaine** les sociétés qui habitent la Terre.

▶ **Les années 1970** se caractérisent par le **retour en force du paysage**. Il intéresse de nouveau les géographes, qui le reconsidèrent comme une synthèse des permanences et des mutations d'un territoire. Le paysage est un révélateur des enjeux économiques, sociaux, culturels et patrimoniaux qui sous-tendent les politiques d'aménagement des territoires.

CHAPITRE 5, P. 173

2. Un outil complexe à utiliser

▶ En apparence facile à étudier, **le paysage est un outil complexe** pour le géographe, car polysémique. Il est tout à la fois une œuvre de la nature visible, une réalité perçue, une production des sociétés, un concept et une abstraction. Le paysage n'est plus seulement naturel mais aussi culturel. Il est un produit des sociétés car il est façonné par le travail des hommes qui l'occupent, leurs aménagements.

▶ S'il paraît être, *a priori*, « l'aspect visible de l'espace géographique », « ce que l'on voit », le paysage est davantage **une réalité perçue par de multiples filtres** : sociaux, culturels, artistiques. Il ne sera pas « vu » de la même façon selon celui qui l'observe (par exemple, le paysage rural n'est pas perçu de la même manière par un paysan et un citadin).

▶ « Le paysage » est un **concept abstrait** car il révèle les phases de la construction de l'espace par les sociétés, les mutations successives et les permanences dont il révèle les traces à condition de savoir les identifier.

▶ Les paysages « naturels » sont également, désormais, le produit de leur gestion et de leur protection par les sociétés. S'il reste structuré par le milieu physique (montagnes, fleuves, climats), le paysage est une image de la réalité ; il en constitue la dimension vécue.

▶ Lorsqu'on parle d'un « paysage rural », l'expression désigne un territoire, une culture, des structures foncières, des terroirs agricoles, un habitat, une structure sociale, une organisation spatiale, une typologie, etc. Le paysage perd sa seule dimension visuelle à condition d'avoir l'équipement notionnel, scientifique qui permet de l'envisager sous ces différents aspects : l'enseignement de la géographie doit aider les élèves à y parvenir.

▶ **Aujourd'hui, les débats demeurent** à propos de la pertinence des paysages comme outils pour le géographe ou pour l'enseignement de la géographie.

▶ Certains géographes ou enseignants mettent l'accent sur les lacunes du paysage, qu'ils considèrent comme une source d'information incomplète sur un espace géographique limité. Pour eux :
- le paysage est un fragment du monde réel, qui ne propose que les éléments visibles d'un espace ;
- il n'est qu'une image arrêtée qui rend difficile l'analyse des dynamiques d'un territoire ;
- il cantonne l'observateur à « ce qu'il voit » et valorise la perception subjective et esthétique plutôt que l'analyse.

▶ D'autres géographes ou enseignants insistent sur les intérêts du paysage, qu'ils considèrent comme le point de départ privilégié de l'analyse géographique. Selon eux, il permet d'étudier les aménagements d'un territoire, les permanences et les mutations de ce territoire, et les effets de l'action de l'homme sur son environnement.

Un exemple de paysage : le village de Sinard

Plusieurs lectures de ce paysage, situé à 31 km de l'aire urbaine de Grenoble, sont possibles. Certains pourront insister sur les caractéristiques d'un espace rural profond, avec une faible densité de peuplement et une dispersion de l'habitat qui laisse une place importante aux champs agricoles et aux forêts.
D'autres souligneront, au contraire, les mutations de cet espace rural, de plus en plus connecté à l'aire urbaine grenobloise depuis la création d'une autoroute, visible sur la photographie. Celle-ci a entraîné la multiplication de nouvelles constructions de lotissements-dortoirs (non visibles sur la photographie) dans lesquels résident des « néoruraux » qui travaillent dans l'aire urbaine, nouvelles constructions qui ne sont pas visibles sur la photographie.

CONSEIL

EXPLOITATION PÉDAGOGIQUE, P. 246

Attention aux consignes !

« Décrivez le paysage. Que voyez-vous ? » est une consigne souvent inopérante car il faut prendre en compte le fait que ce que les élèves voient puisse ne pas correspondre aux attentes implicites de la question posée. Par ailleurs, la compréhension d'un paysage pouvant exiger de nombreux préacquis, son analyse peut s'avérer très complexe. Il est donc préférable d'envisager de légender, d'annoter un paysage ou de lui associer d'autres documents qui en facilitent la compréhension.

B Les cartes, évidemment !

1. Un outil indispensable

▶ La carte est **un outil fondamental** pour le géographe. Elle permet :
– de localiser, de situer, d'étudier l'organisation d'un territoire, ses dynamiques ;
– de représenter à la fois les éléments visibles et non visibles du paysage.

EXPLOITATION PÉDAGOGIQUE, P. 185

▶ La démarche géographique est, en grande partie, fondée sur le **changement d'échelles**. La carte y contribue largement, puisqu'elle permet l'analyse d'un phénomène à plusieurs échelles et le passage entre ces différentes échelles. L'utilisation de diverses cartes concernant un même espace permet de croiser des informations, d'établir des relations entre les phénomènes, et contribue donc à une compréhension et à une explication de phénomènes spatiaux.

> « [...] la carte "n'est pas le terrain". »
>
> Roger Brunet, *Les Mots de la géographie*, Reclus-La Documentation française, 1993.

2. Une représentation partielle du territoire

▶ La carte ne permet cependant pas un accès direct au territoire. Sa nature même **ne permet pas une représentation exacte de la réalité**. La carte est une représentation simplifiée d'un espace ; son échelle ne donne qu'une précision relative des localisations. Lorsqu'elle est un planisphère, elle est une production plane qui modifie les angles et les distances de l'espace terrestre, qui est sphérique.

▶ De même, **la carte n'est pas le réel** car elle utilise un langage, des conventions. Le planisphère des climats de la Terre ne traduit pas, par exemple, les réalités climatiques à la surface de la planète ; les limites qui distinguent les climats les uns des autres sur une carte ne signifient en aucun cas le passage brutal d'une zone climatique à une autre dans la réalité.

3. La carte est un discours

▶ Par ailleurs, **la carte résulte de choix de son auteur** qui sélectionne et hiérarchise les informations selon la problématique à laquelle il apporte une réponse, ou les arguments qu'il souhaite retenir et valoriser. Le regroupement de territoires par classes (identifiées par des plages de couleurs) conduit l'auteur à définir des seuils statistiques, à effectuer des moyennes qui uniformisent certains espaces et gomment les aspérités du territoire représenté. La carte nécessite le choix de figurés qui permettent la différenciation des éléments d'un espace, leur classement. L'objectif est alors la construction d'un schéma d'explication de l'organisation d'un espace : la carte est un discours, une argumentation.

▶ Une carte peut même ne pas être produite pour représenter le réel. Le choix des figurés et des couleurs permet à son auteur d'élaborer un discours. Si sa volonté est de mettre l'accent sur un phénomène particulier, la taille excessive d'un figuré ou une couleur vive accentuera artificiellement le phénomène qu'il veut dénoncer. La carte est donc, dans cette optique, une **représentation problématisée** d'un territoire, qui donne des informations en fonction des objectifs de son créateur. Elle est une abstraction qui permet tout autant de penser le réel que de le représenter.

CONSEIL

Envisager le travail des élèves à partir d'une carte

Le plus grand écueil à éviter dans un projet pédagogique qui intègre l'utilisation de cartes est de ne pas tenir compte de la recherche en didactique qui confirme que la construction, la perception et l'interprétation d'une carte ne sont pas des activités innées pour les élèves. Elles nécessitent un apprentissage car le sens qu'un élève parvient à donner à une carte dépend de sa culture géographique et de son apprentissage cartographique. Une carte « ne dit rien » par elle-même. Pour la comprendre, l'analyser, l'interpréter, l'élève doit maîtriser un répertoire de figurés, d'éléments de localisation et de notions. Les recherches confirment, par ailleurs, que, si les cartes et les croquis sont fréquemment utilisés et élaborés dans les classes, ils donnent majoritairement lieu à des pratiques scolaires relativement pauvres. Il faut donc éviter de les considérer comme des banques d'informations localisées ou de leur faire jouer un simple rôle d'illustrations. Face à cette représentation *a priori* exacte, objective du monde, il faut toujours se demander quelles ont été ses modalités de construction. Cet apprentissage peut débuter dès le cycle 1, puis au cycle 2.

EXPLOITATIONS PÉDAGOGIQUES, PP. 166, 182

C Les outils numériques

▶ **Les nouvelles technologies, l'informatique et les images satellites** constituent une révolution dans l'histoire de la cartographie. Le principe consiste, désormais, à créer des cartes par superposition de couches d'informations.

EXPLOITATION PÉDAGOGIQUE, P. 185

▶ Le **Système d'information géographique** (SIG) est un outil efficace pour le professeur. Il offre de multiples possibilités de création de documents pour la classe (avec Édugéo, Géoclip ou Géoportail), permettant, notamment, de créer des cartes thématiques (topographie, activités économiques) et d'effectuer des captures d'écran d'images satellitaires. Il facilite la localisation et l'étude de territoires proches ou lointains (avec Google Earth ou Google Map) et initie les élèves au changement d'échelles. Si ceux-ci ont accès à des supports informatiques, il est possible d'envisager des balades virtuelles sur un territoire. Par ailleurs, l'interactivité des outils proposés contribue à l'apprentissage du langage cartographique par la manipulation des figurés et à la compréhension quasi intuitive (en quelques clics) que l'échelle de la carte et le choix des figurés, leurs tailles, leurs couleurs modifient la représentation cartographique d'un territoire et l'analyse de ses caractéristiques et de ses dynamiques.

CONSEIL

Si, dans une composante géographique de l'épreuve, le candidat doit proposer une exploitation pédagogique d'une carte, il est conseillé de ne pas demander aux élèves un simple prélèvement d'informations sans proposer, au préalable, un travail qui conduit à l'explicitation du langage cartographique et à son apprentissage.
Ainsi, il est possible d'initier les élèves au décryptage des figurés, de leurs formes, de leurs tailles, au sens des couleurs utilisées (un dégradé de couleurs pour rendre compte d'une hiérarchisation des espaces, des couleurs différentes pour rendre compte de la diversité des formes d'occupation ou d'aménagement des territoires).

4 Comment travailler par compétences ?

A Pourquoi faut-il prévoir un travail par compétences ?

▶ Le travail par compétences est, désormais, **une démarche prescrite par les Institutions**. Le 1er Socle commun de connaissances et de compétences, mis en place par la loi d'orientation et de programme pour l'avenir de l'École (2005), en arrête le principe en précisant que *« la scolarité obligatoire doit au moins garantir à chaque élève les moyens nécessaires à l'acquisition d'un socle commun constitué d'un ensemble de connaissances et de compétences qu'il est indispensable de maîtriser pour accomplir avec succès sa scolarité, poursuivre sa formation, construire son avenir personnel et professionnel et réussir sa vie en société »*.

À SAVOIR

Le Socle commun des cycles 2 et 3 est composé de 3 volets :
- le volet 1 définit les spécificités du « cycle des apprentissages fondamentaux » (cycle 2) et du « cycle de consolidation » (cycle 3) ;
- le volet 2 précise la contribution de chacun des enseignements à l'apprentissage des compétences inscrites dans les 5 différents domaines (les langages pour penser et communiquer, les méthodes et outils pour apprendre, la formation de la personne et du citoyen, les systèmes naturels et les systèmes techniques, les représentations du monde et l'activité humaine) ;
- le volet 3 détermine les enjeux de l'enseignement de chacune des disciplines.

▶ La **loi du 8 juillet 2013** pour la refondation de l'École entérine la nécessité de *« faire évoluer le contenu des enseignements, leur organisation et leur évaluation »* par la création d'un nouveau Socle commun, avec l'ambition d'assurer une progression des apprentissages de la maternelle au collège. Le **décret du 31 mars 2015** impose le Socle commun de connaissances, de compétences et de culture comme le nouveau cadre de la scolarité obligatoire, désormais structurée en 3 cycles.

▶ Le ***Bulletin officiel* du 23 avril 2015** entérine la mise en œuvre de ce socle à la rentrée de septembre 2016. Ce socle concrétise une véritable avancée pour la mise en place d'un travail par compétences. Il définit de façon plus explicite ce que sont les compétences : *« l'aptitude à mobiliser ses ressources (connaissances, capacités, attitudes) pour accomplir une tâche ou faire face à une situation complexe ou inédite »*.

B Comment organiser le travail par compétences ?

▶ Le socle indique les compétences visées mais ne précise pas la manière d'y parvenir. Pour mettre en place des projets pédagogiques efficaces pour les élèves, il est nécessaire, au préalable, de **décomposer ces différentes compétences en capacités simples** qui structureront leur travail et permettront leur apprentissage progressif. Ces capacités constituent, donc, toute une série de ressources que les élèves apprendront d'abord de manière distincte, guidés par le professeur, puis qu'ils sauront peu à peu mobiliser seuls, avec des consignes plus larges, pour réaliser une tâche plus complexe.

▶ **La tâche complexe s'inscrit dans cette progression des apprentissages.** Il s'agit, pour l'élève, de mobiliser de façon autonome les ressources acquises pour remplir une mission générale donnée par le professeur. Il ne devra donc pas répondre à une simple succession de questions fermées ou de consignes précises mais sera libre de choisir la procédure à mettre en œuvre pour remplir sa mission. L'autonomie des élèves et leur avancée dans les apprentissages et la maîtrise des compétences étant variables, des aides peuvent être proposées, au fil du travail, aux élèves les plus en difficulté.

CONSEIL

Pour élaborer un projet pédagogique cohérent et progressif, il est important de bien distinguer les « capacités » et les « compétences », qui ne sont pas des termes interchangeables. Les propositions pédagogiques envisagées doivent, donc, être différentes selon qu'il s'agit de travailler une capacité précise ou une compétence plus générale et selon qu'il s'agit d'une étape de découverte, de renforcement ou d'approfondissement de la compétence travaillée. Si le candidat propose une tâche complexe, celle-ci doit s'inscrire dans une progression des apprentissages : il faut d'abord viser l'acquisition de ressources/capacités constitutives de la compétence, puis réinvestir, dans une tâche complexe, en autonomie, les capacités travaillées pour mesurer le niveau de maîtrise de la compétence.

Principes d'élaboration d'une tâche complexe	
Quelle(s) consigne(s) ?	Une consigne large se substitue à de multiples questions plus fermées mais elle doit rester explicite et simple. La formulation doit susciter la curiosité des élèves en les plaçant, autant que possible, en situation de devoir résoudre une énigme ou remplir une mission. Une mise en situation concrète et une scénarisation sont préconisées.
Quelle production écrite finale ?	Il n'y a pas une production finale unique. L'élève choisit celle qui lui paraît la plus pertinente. Le compte-rendu oral est également envisageable – solution qui peut être une voie adaptée pour les élèves dont les compétences à l'écrit sont fragiles.
Quel rôle pour le professeur ?	Il accompagne, observe le travail des élèves, donne des indices en cas de blocage. Il peut proposer des aides aux élèves les plus en difficulté, sous la forme de questions intermédiaires qui permettront de remplir la mission (avec, certes, moins d'autonomie) ou par des conseils méthodologiques.
Quelle évaluation ?	Il s'agit d'évaluer les compétences travaillées et leur niveau de maîtrise. Le travail produit par l'élève est un temps d'évaluation positive, qui permet de relever tout ce qu'il est parvenu à faire. L'évaluation des connaissances est moins centrale – ce qui n'empêche pas une synthèse finale commune afin de formaliser les notions clés, les éventuels repères chronologiques ou les personnages significatifs qui ont été vus.

Des compétences à acquérir progressivement aux cycles 2 et 3	
Cycle 2 : **Questionner le monde**	Cycle 3 : **Histoire et géographie**
Pratiquer des langages • Communiquer en français, à l'oral ou à l'écrit, lire et comprendre des textes, extraire d'un texte ou d'une ressource documentaire une information qui répond à une question. • Restituer les résultats des observations sous forme orale ou d'écrits variés (notes, listes, dessins, tableaux).	**Comprendre un document** • Comprendre le sens général d'un document, extraire des informations pertinentes pour répondre à une question, identifier et questionner le sens d'un document. **Pratiquer différents langages** • Écrire pour structurer sa pensée et son savoir, pour argumenter et échanger, pour réaliser ou compléter des productions graphiques.

Des ressources (capacités) à construire pour la maîtrise des compétences

• **Lire un texte peut signifier :**
– s'assurer d'abord que le texte est adapté aux élèves (longueur, vocabulaire) ; on peut privilégier un simple extrait d'un texte proposé dans un manuel scolaire ;
– identifier la nature, la date, l'auteur du texte ;
– faire rechercher les informations principales, les mots-clés, les repères significatifs, en soulignant une phrase clé ou en proposant un découpage du texte à l'aide de couleurs différentes, afin de faire apparaître tant sa structure que les différents thèmes abordés ;
– proposer une lecture croisée du texte avec un autre texte pour travailler la confrontation des idées ;
– proposer une lecture croisée du texte avec un paysage ou une carte : le texte peut apporter le vocabulaire nécessaire à la lecture du paysage ou de la carte.

EXPLOITATION PÉDAGOGIQUE, P. 154

• **Faire écrire des réponses à des questions peut signifier :**
– partir d'une lecture de documents, savoir rédiger une réponse par une phrase complète ;
– ne pas paraphraser le texte lu dans ses réponses.

• **Faire rédiger un résumé peut signifier :**
– répondre à la question initiale de la séance ;
– faire rédiger une synthèse courte construite par les élèves (préférable à un long résumé à recopier ou, pire, à coller sur le cahier) ;
– organiser une évaluation qui ne soit pas la simple restitution d'un texte appris par cœur, mais plutôt une étude de document pouvant se terminer par un exercice de rédaction autonome.

Des compétences à acquérir progressivement aux cycles 2 et 3	
Cycle 2 : **Questionner le monde**	Cycle 3 : **Histoire et géographie**
Se situer dans l'espace et dans le temps • Construire des repères spatiaux, se repérer, s'orienter, se situer dans un espace géographique, utiliser et produire des représentations de l'espace, construire des repères temporels, ordonner des évènements, mémoriser quelques repères chronologiques.	**Se repérer dans le temps : construire des repères chronologiques** • Situer chronologiquement des grandes périodes historiques, ordonner des faits, mémoriser les repères historiques et les mobiliser. **Se repérer dans l'espace : construire des repères géographiques** • Nommer, localiser les grands repères géographiques, situer des lieux et des espaces, mémoriser les repères et savoir les mobiliser.

Des ressources (capacités) à construire pour la maîtrise des compétences

EXPLOITATION PÉDAGOGIQUE, P. 58

• **Lire et construire une frise chronologique peut signifier :**
- commencer par une lecture linéaire pour chercher les dates, les personnages et d'autres informations significatives ;
- distinguer les ruptures et les mutations sur le long terme, en insistant sur la différenciation entre date et durée ;
- sélectionner des évènements clés et des personnages significatifs pour les inscrire sur la frise ;
- savoir comment indiquer un moment précis ou une période plus longue.

EXPLOITATIONS PÉDAGOGIQUES, PP. 185, 246, 250

• **Faire lire une carte peut signifier :**
- localiser une information ;
- lire la légende : identifier le sens des couleurs (qui révèlent une diversité ou une hiérarchie), la nomenclature, les figurés (relever la diversité des figurés ; comment représenter un point, un axe, un flux ; comment hiérarchiser les informations) ;
- relever les informations globales de la carte (les grands contrastes, les grands ensembles), puis les informations détaillées (recherche des caractères plus précis ou originaux, quantification de certains phénomènes). Cette lecture peut être facilitée par un zonage ou un pointage, ajoutés à la carte pour cibler plus précisément les informations attendues ;
- effectuer la lecture croisée d'une carte et d'un paysage pour étudier le changement d'échelles et aiguiser le regard critique sur les limites de la carte ;
- confronter une carte et un texte afin d'apporter une analyse explicative, un commentaire complémentaire des informations relevées sur la carte ;
- confronter plusieurs cartes pour s'initier au changement d'échelles, utile pour compléter les informations sur l'organisation d'un espace.

EXPLOITATIONS PÉDAGOGIQUES, PP. 188, 246, 250

• **Faire lire un paysage peut signifier :**
- aborder le paysage en termes de permanences et de mutations, de diversité des mises en valeur de l'espace considéré ;
- étudier un paysage sous différents plans : arrière-plan, 1er plan. Ce découpage traditionnel d'un paysage est encore proposé dans beaucoup d'exercices de manuels ou de fichiers d'exercices. Cette démarche peut permettre de situer des éléments les uns par rapport aux autres, mais elle est peu géographique ;
- utiliser un zonage du paysage pour relever les différents aménagements (différenciés par le zonage) opérés dans l'espace considéré et les classer par thèmes ;
- utiliser un pointage qui distingue des éléments ponctuels du paysage, qu'il faut chercher à identifier.

EXPLOITATION PÉDAGOGIQUE, P. 251

• **Faire construire un croquis cartographique peut signifier :**
- compléter une carte et sa légende en utilisant un vocabulaire précis, des couleurs et des figurés adaptés ;
- construire un croquis simple : ceci n'est envisageable que dans le cadre d'une progression rigoureuse, qui gradue les difficultés tout au long du cycle (depuis le simple coloriage d'un croquis préconstruit, avec réflexion sur le choix des couleurs, des figurés, du vocabulaire, jusqu'à la construction autonome du zonage simple du croquis) ;
- apprendre progressivement la construction d'une légende simple avec un vocabulaire précis (la légende peut se substituer à un lexique de définitions), des couleurs et des figurés adaptés.

Attention ! la construction d'un croquis ne doit en aucun cas se limiter à la reproduction sur un fond de carte vierge d'un croquis proposé dans le manuel scolaire. Il ne s'agirait que d'un exercice de coloriage ne validant aucune capacité propre à la géographie.

5 Comment varier les modalités d'apprentissage ?

A Le travail par groupes

▶ **La capacité des élèves à coopérer et mutualiser leurs travaux** par un travail en commun est l'une des compétences majeures visées par les nouveaux programmes inscrits dans le Socle commun. Le travail en groupe n'est pas une innovation en soi, mais l'importance qui lui est accordée est une nouveauté.

Le travail en groupe : une compétence à acquérir aux cycles 2 et 3	
Cycle 2 : **Questionner le monde**	Cycle 3 : **Histoire et géographie**
Volet 2 / Domaine 2 : les méthodes et outils pour apprendre • La coopération et la réalisation de projets convoquent tous les professeurs. La démarche de projet développe la capacité à collaborer, à coopérer avec le groupe en utilisant des outils divers pour aboutir à une production.	**Volet 2 / Domaine 2 : les méthodes et outils pour apprendre** • Acquérir la capacité de coopérer par le travail en groupe et le travail collaboratif. **Volet 3/ Compétence : coopérer et mutualiser** • Organiser son travail dans le cadre d'un groupe pour élaborer une tâche commune et/ou une production collective et mettre à la disposition des autres ses compétences et ses connaissances. • Travailler en commun pour faciliter les apprentissages individuels et conduire à des réalisations collectives.

▶ Les situations pédagogiques envisageables pour organiser un travail par groupes sont variables, selon la structure des groupes et les modalités de travail en commun. Les choix opérés ne sont jamais définitifs et peuvent évoluer au cours de l'année scolaire. Globalement, il est possible d'envisager la création de groupes hétérogènes ou homogènes, avec, dans ce dernier cas, des groupes d'experts.

▶ Les groupes **homogènes** réunissent des élèves qui ont atteint un niveau similaire dans la maîtrise des compétences mises en œuvre. Les groupes **hétérogènes** réunissent des élèves qui n'ont pas le même niveau de maîtrise.

▶ Lorsque les groupes sont **hétérogènes**, chacun d'eux, dans une 1re phase, travaille en autonomie sur les mêmes documents, avec les mêmes consignes, à charge, pour les élèves, encadrés par le professeur, de se répartir le travail au sein du groupe (sélection des documents attribués à chacun, répartition des consignes ou des questions en fonction, par exemple, de leurs difficultés…). Dans une 2e phase, une mise en commun est envisageable, chacun des groupes faisant part de ses propositions ou réponses. Une synthèse finale peut, ainsi, être élaborée avec le professeur.

▶ Lorsque les groupes sont **homogènes**, la 1re phase du travail permet à chacun d'eux de réaliser les productions qui lui sont confiées. Chaque groupe travaille sur des documents différents, avec des consignes différentes, adaptées aux compétences des élèves qui le constituent. Dans une 2e phase, des groupes hétérogènes sont constitués avec un **expert** de chacun des groupes homogènes constitués initialement. Chaque élève contribue, ainsi, à la production finale de son groupe lors de cette phase de mutualisation. Ce projet pédagogique permet donc de valoriser tout élève, quel que soit son niveau de compétences, puisque chacun est indispensable au travail global du groupe. Une présentation orale puis une synthèse avec le professeur sont envisageables dans une 3e phase.

Exemple d'un travail en groupes homogènes puis d'experts

• **Phase 1 :**

5 groupes de 5 élèves. Chaque couleur correspond à un niveau de maîtrise de la compétence. Les élèves sont répartis en fonction de leur niveau de maîtrise des compétences visées.

• **Phase 2 :**

Chaque groupe est constitué de 5 experts, qui partagent le travail réalisé au cours de la phase 1.

Un travail avec une seule phase 1 serait discriminant pour les élèves ; le recours à la phase 2, qui fait de chaque élève un expert, évite cela, d'où son intérêt.

▶ Lorsque les groupes sont constitués d'**experts**, chaque groupe, selon les intentions du professeur :
– soit travaille sur un corpus documentaire différent de celui des autres groupes ;
– soit répond à des consignes particulières ;
– soit se voit confier la mission de résoudre une partie de la problématique annoncée en début de séance.

▶ Le travail proposé tient compte du niveau de compétences acquis par chacun des groupes :
– textes plus ou moins longs et complexes ;
– consignes plus ou moins précises ;
– questions dont la difficulté est progressive (le simple prélèvement d'informations pourra, par exemple, être proposé au groupe le plus en difficulté, tandis que le groupe d'élèves plus performants devra répondre à des questions de synthèse).

▶ Le travail au sein des groupes peut être **collaboratif ou coopératif** :
– il est collaboratif lorsque chaque élève contribue au travail en commun réalisé au sein du groupe ; le travail se fait en équipe ;
– il est coopératif lorsque chaque élève réalise sa propre mission ; les travaux de chacun sont, ensuite, assemblés et constituent la production finale.

Exemple de travail coopératif

EXPLOITATION PÉDAGOGIQUE, P. 154

Pour une séance sur la Première Guerre mondiale en tant que guerre totale, chaque élève devra travailler sur un thème différent :
– élève 1 : la participation des femmes qui travaillent dans les champs et fabriquent les armes ;
– élève 2 : la dégradation des conditions de vie des civils ;
– élève 3 : la participation financière des civils (emprunts d'État, impôts) ;
– élève 4 : la propagande d'État au sein de la population.

La mise en commun permet de donner les caractéristiques de la guerre totale.

CONSEIL

Comment constituer les groupes ?

Le travail par groupes et la répartition des élèves, qu'ils soient homogènes ou hétérogènes, exigent, au préalable, de connaître le niveau de maîtrise des compétences que devront réinvestir les élèves. Le diagnostic peut être réalisé par une évaluation sommative ou formative.

FICHE 7, P. 44

Pour un projet qui concerne le début d'année scolaire, lorsque le professeur connaît moins ses élèves, il est aussi possible de laisser ceux-ci se regrouper par affinités. La qualité du travail fourni est, dans ce cas, souvent inégale. La solution semble alors rapidement d'imposer ses choix, en cohérence avec les compétences visées et la stratégie pédagogique envisagée. Les groupes ne seront donc pas figés tout au long de l'année.

B La pratique de l'oral

▶ **La capacité des élèves à communiquer** à l'oral est l'une des compétences majeures visées par les nouveaux programmes inscrits dans le Socle commun. Le langage oral permet, tout autant qu'une production écrite, d'apprendre à structurer sa pensée, à argumenter.

Le travail en groupe : une compétence à acquérir aux cycles 2 et 3	
Cycle 2 : **Questionner le monde**	Cycle 3 : **Histoire et géographie**
Volet 2 / Domaine 1 : les langages pour penser et communiquer • Au cycle 2, l'apprentissage de la langue française s'exerce à l'oral, en lecture et en écriture. Tous les enseignements fournissent l'occasion de décrire, comparer, manipuler. **Volet 3 / Compétence : pratiquer différents langages** • Communiquer en français, à l'oral et à l'écrit, en cultivant précision, syntaxe et richesse du vocabulaire. • Restituer les résultats des observations sous forme orale ou d'écrits.	**Volet 2 / Domaine 1 : les langages pour penser et communiquer** • Le français a pour objectif principal, au cycle 3, la maîtrise de la langue française par le biais de 3 champs d'activité : le langage oral, la lecture et l'écriture. **Volet 3 / Compétence : pratiquer différents langages** • S'exprimer à l'oral pour penser, communiquer et échanger.

▶ La maîtrise progressive de la pratique de l'oral s'appuie sur **différents critères de réussite** :

– adapter sa prise de parole au contexte et aux règles de la classe (attendre son tour pour parler, demander la parole, écouter un autre élève) ;
– s'exprimer clairement face à un groupe en gérant le regard des autres et en maîtrisant ses émotions ;
– adapter sa gestuelle à la parole ;
– veiller à la qualité de son expression (qualité de la syntaxe, précision du vocabulaire employé) ;
– élaborer un point de vue ;
– développer une argumentation qui fasse sens et réponde à la problématique initiale.

Chacun de ces critères constitue un objet d'apprentissage et contribue tant à la réalisation des objectifs disciplinaires qu'à la formation du citoyen.

EXPLOITATIONS PÉDAGOGIQUES, PP. 78, 168, 182, 246, 250, 282, 285

▶ L'apprentissage de l'oral est un projet pédagogique qui est plus difficile à mener que le travail à l'écrit. En effet, la qualité de la prise de parole s'inscrit dans une gestion plus globale du bon fonctionnement de la classe. La parole peut être monopolisée par les plus habiles au détriment des plus timorés, des moins rapides, et créer un déséquilibre, voire une discrimination au sein de la classe. Elle est donc, pour le professeur, **un véritable enjeu pédagogique** et, pour les élèves, **un véritable objet d'apprentissage**.

CONSEIL

Mettre en œuvre l'apprentissage de l'oral

Les modalités de mise en œuvre sont multiples :
- présentation d'un exposé ;
- prise de parole au sein d'un groupe ;
- compte-rendu d'un travail de groupe ;
- participation à une mise en commun en cours dialogué (entre les élèves et le professeur) ;
- mise en place de rituels quotidiens (le jour, l'heure, la météo, etc.) ou hebdomadaires (utilisation de boîtes à outils).

Plus globalement, les modalités de recours à l'oral sont de 3 ordres, qui peuvent se combiner :
- l'oral comme modalité pédagogique (l'oral est envisagé dans le cadre d'un cours dialogué) ;
- l'oral comme outil d'apprentissage (l'oral sert alors de vecteur à l'exposé d'un contenu disciplinaire) ;
- l'oral comme objet d'apprentissage (la prestation orale est, en elle-même, prise en compte dans l'évaluation).

6 Comment gérer l'hétérogénéité des élèves ?

A Pourquoi « différencier » ?

> « La pédagogie différenciée propose un éventail de démarches qui s'oppose au mythe de l'uniformité selon lequel tous doivent travailler au même rythme, dans la même durée et par les mêmes itinéraires. »
>
> Halina Przesmycki, *La Pédagogie différenciée*, Hachette Éducation, 1991.

▶ Proposer des activités différenciées plutôt qu'un projet pédagogique uniforme permet de **prendre en compte les particularités** des élèves qui :
- ne progressent pas à la même vitesse ;
- n'ont pas le même niveau de maîtrise des compétences à mobiliser ;
- n'ont pas, au même moment, les mêmes dispositions à apprendre ;
- n'utilisent pas nécessairement les mêmes méthodes de compréhension et d'appropriation de la leçon ;
- ne résolvent pas nécessairement les problèmes exactement de la même manière ;
- n'ont pas le même intérêt pour le sujet d'étude proposé ;
- n'ont pas les mêmes ambitions.

▶ La pédagogie différenciée se donne donc comme objectif de tenir compte :
- des différents rythmes d'apprentissage ;
- des différents processus cognitifs mobilisés par les élèves dans l'acquisition de leurs connaissances ;
- de leurs particularités psychologiques et socioculturelles.

Elle est, en cela, **une tentative de remédiation à l'échec scolaire**. Elle vise à recréer les conditions de la réussite, à redonner de la confiance aux élèves en difficulté. En les stimulant, en les remobilisant et en les aidant à s'épanouir, elle renforce la relation de confiance entre le professeur et ses élèves et contribue, ainsi, à simplifier et apaiser la gestion potentiellement difficile de la classe.

▶ La pédagogie différenciée trouve également toute sa place dans la démarche d'enseignement par compétences, puisque le Socle commun vise **l'acquisition progressive de l'autonomie des élèves**. La différenciation y contribue en proposant à chacun d'eux un plan de travail plus adapté aux compétences qu'il maîtrise et qui s'inscrit davantage dans une recherche de progrès que de performance intrinsèque. Mis en confiance par des objectifs adaptés à sa zone proximale de développement, l'élève pourra rompre avec les stratégies d'évitement et retrouver l'envie de mobiliser ses connaissances et ses compétences.

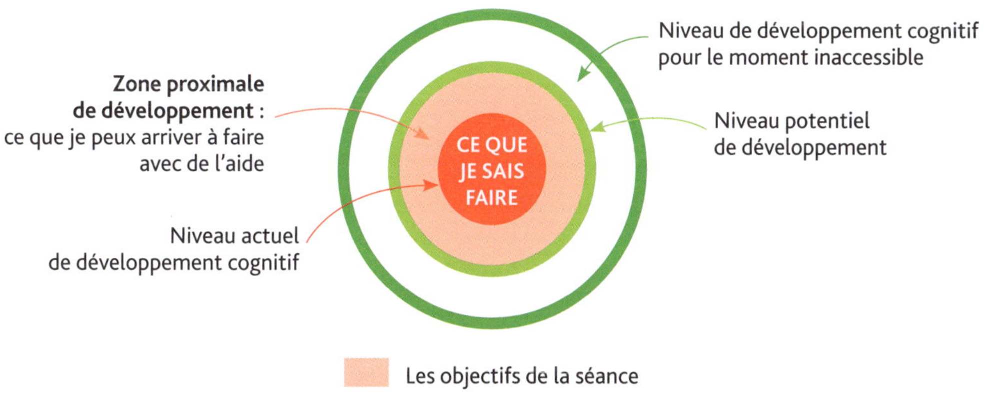

La zone proximale de développement.

B Comment « différencier » ?

1. Qu'est-ce que la différenciation ?

▶ Construire un projet pédagogique en ayant recours à **la différenciation ne signifie pas qu'il faille prévoir une individualisation** du travail ni adapter son projet pédagogique en fonction de chaque apprenant. La différenciation vise, avant tout, à mieux tenir compte des acquis et des difficultés de chaque élève au sein d'une classe.

▶ Si différencier consiste à reconnaître que faire progresser les élèves au même rythme et de la même manière est illusoire, il ne s'agit pas de renoncer à **un projet pédagogique commun** à la classe.

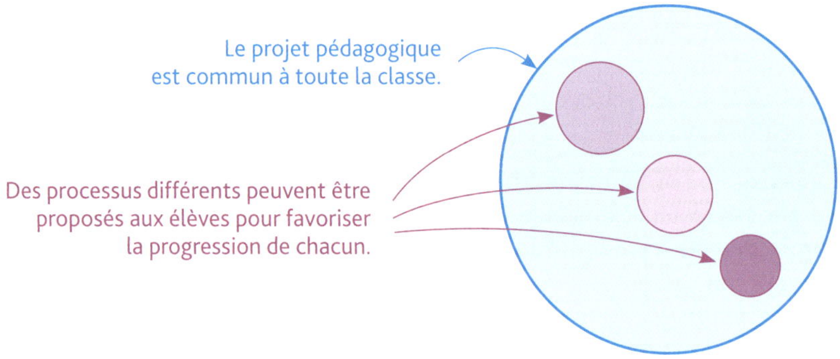

Les notions fondamentales et les repères incontournables sont travaillés par tous les élèves.

2. Les modes de différenciations

▶ 2 modes de différenciations sont envisageables : la différenciation successive et la différenciation simultanée.

▶ Avec la **différenciation successive,** tous les élèves ont le même objet d'apprentissage, le même objectif final (*ex. :* rédiger un texte qui permet de répondre à une problématique, étudier un corpus documentaire, construire un croquis…), mais avec une adaptation des parcours, des supports, des outils et des aides proposés.

▶ Avec la **différenciation simultanée,** la compétence visée est la même pour toute la classe (*ex. :* comprendre un document), mais les capacités travaillées varient selon les élèves et leur niveau de maîtrise de la compétence abordée.

3. La mise en œuvre

▶ Mettre en œuvre un projet pédagogique différencié impose **certains préalables incontournables** dans la construction de la séance :
– identifier les compétences visées ;
– définir les capacités travaillées ;
– inscrire ces capacités dans une progression avec des seuils de réussite ;
– identifier les connaissances visées ;
– hiérarchiser les connaissances visées ;
– clarifier, lors de l'évaluation, les compétences sollicitées.

▶ La mise en œuvre de la différenciation peut se concrétiser dans le cadre d'**une pédagogie de contrat**. Cette démarche repose, au préalable, sur l'analyse, par l'élève et le professeur, de la maîtrise des compétences visées, des acquis nécessaires et des critères de réussite. La proposition du contrat consiste, ensuite, à définir les objectifs cognitifs et méthodologiques de l'activité à réaliser par l'élève, qui doit avoir la liberté de choisir le niveau de difficulté auquel il pense pouvoir se confronter. Cette liberté sera source d'engagement et de motivation, puisque l'élève sait, dès lors, que les conditions de sa réussite et de sa progression sont réunies.

CONSEIL

Un projet pédagogique, qui plus est différencié, impose une réflexion approfondie sur ce que doit et peut être une évaluation. Il est impératif de la concevoir comme un outil au service du processus d'apprentissage. Dès lors qu'elle est formative, elle peut être différenciée sans que soit remis en question le principe d'équité entre les élèves (*cf.* pp. 44 à 48).

EXPLOITATION PÉDAGOGIQUE, P. 61

▶ La différenciation peut sembler délicate à mettre en œuvre du fait de multiples obstacles :
– la lourdeur des effectifs ;
– la complexité et la lourdeur de la préparation ;
– le manque d'engagement de certains élèves établi depuis trop longtemps ;
– la volonté de proposer une évaluation commune et équitable.

À SAVOIR

Pour approfondir la réflexion sur la différenciation, vous pouvez consulter un rapport très riche de la CNESCO publié en 2017 : www.cnesco.fr/fr/differenciation-pedagogique.

Néanmoins, **vouloir différencier ne signifie pas nécessairement vouloir tout différencier**, tout le temps. La différenciation peut concerner, lors de différentes séances :
– les connaissances à acquérir (hiérarchisation des savoirs à maîtriser) ;
– les documents proposés (longueur variable d'un texte, complexité d'une légende, de documents statistiques…) ;
– les consignes données ;
– les productions attendues (développement construit, réponse à une question, construction d'une légende…) ;
– les supports proposés ou attendus (production écrite sous forme de texte, de croquis, de tableau ; production orale ; support papier, informatique…) ;
– le degré de guidage, les aides apportées ;
– l'évaluation (formative) ;
– les modalités de travail proposées (seul ou en groupes).

7 Comment évaluer utilement ?

A Évaluer, est-ce noter ?

▶ La loi d'orientation et de programmation pour la refondation de l'École de la République du 8 juillet 2013 invite à *« faire évoluer les modalités d'évaluation et de notation des élèves »* en privilégiant *« **une évaluation positive, simple et lisible**, valorisant les progrès, encourageant les initiatives et compréhensible pour les familles »*. Elle précise que, *« dans l'enseignement primaire, l'évaluation sert à mesurer la progression de l'acquisition des compétences et des connaissances de chaque élève »*. La circulaire de préparation de la rentrée du 20 mai 2014 incite, ensuite, à engager une dynamique *« d'évolution des pratiques d'évaluation »* afin que cette dernière ne soit pas *« vécue par l'élève et sa famille comme un moyen de classement, de sanction, ou bien réduite à la seule notation »*.

▶ S'il est admis de tous que **le travail par compétences impose une rupture avec les évaluations traditionnelles**, les modalités nouvelles à mettre en œuvre suscitent des interrogations et des inquiétudes pour de nombreux professeurs, élèves et parents. Pour autant, certains principes fondamentaux sont à prendre en considération. Les représentations communes associent l'évaluation à la notation. La nécessité d'évaluer des niveaux de maîtrise des compétences inscrites dans le Socle commun oblige à s'interroger sur le statut et la validité de la note chiffrée.

▶ **Les carences de la notation chiffrée sont multiples.** De nombreuses expérimentations ont démontré, tout d'abord, que la valeur d'une note n'est que relative, puisqu'une même copie corrigée par différents correcteurs ou par le même correcteur à différents moments ne reçoit pas la même notation, avec parfois des écarts de points conséquents. De même, la moyenne trimestrielle, qui est encore souvent adoptée dans les bulletins, n'a pas davantage une valeur absolue et ne rend pas compte de l'évolution des performances de l'élève. Enfin, pour les élèves en difficulté, cette notation est d'abord perçue comme une sanction, la confirmation d'une situation d'échec et une atteinte à l'estime de soi qui favorise le découragement.

À SAVOIR

Les textes officiels ne remettent pas en question le recours à la notation chiffrée mais préconisent de veiller à lui donner du sens. La circulaire de rentrée 2014 précise, ainsi, que *« la notation chiffrée peut jouer tout son rôle dans la démarche d'évaluation dès lors qu'elle identifie les réussites comme les points à améliorer et indique à l'élève les moyens pour améliorer ses résultats »*.

B Évaluer doit favoriser les apprentissages

« L'évaluation formative est ainsi vue comme une part du processus d'enseignement et d'apprentissage, plutôt que comme une activité séparée, intervenant après une phase d'enseignement. Elle cherche avant tout à favoriser l'appétence et la motivation des élèves, en leur apportant un retour d'informations constant sur leur apprentissage. »

Olivier Rey et Annie Feyfant, « Évaluer pour (mieux) faire apprendre », *Dossier de veille de l'IFÉ*, n° 94, septembre 2014.

▶ Ce principe doit conduire à **changer de paradigmes** : il ne s'agit plus, pour le professeur, d'enseigner pour évaluer, mais d'évaluer pour enseigner, et, pour l'élève, d'apprendre pour être évalué, mais d'être évalué pour apprendre. C'est ce que permet l'évaluation par compétences, qui s'inscrit dans une démarche qui nécessite d'organiser un retour régulier sur les compétences considérées comme étant maîtrisées. Une évaluation permet d'identifier à la fois le niveau de maîtrise de l'élève par rapport aux attentes à un moment précis, en référence à ce qui a été fait en amont, dans le cadre de la progression, et les progrès réalisés. Il convient encore de valider ou non la stabilisation d'une compétence – ce qui signifie qu'une compétence ne doit pas être considérée comme définitivement acquise.

▶ L'évaluation par compétences permet non seulement d'évaluer des apprentissages, mais aussi d'**évaluer dans le but d'organiser ces apprentissages**. Il s'agit, en effet, de ne pas se limiter à des évaluations sommatives ou certificatives, mais de multiplier, au quotidien, les évaluations formatives.

Les 3 types d'évaluations

- L'évaluation **formative** est une évaluation opérée en cours d'apprentissage, qui permet de diagnostiquer les réussites et les difficultés des élèves pour leur proposer des exercices de remédiation différenciés, adaptés à leur niveau de maîtrise. Dans une telle évaluation, les erreurs commises ne sont pas « sanctionnées » par une note mais constituent des objets d'apprentissage qu'il faut comprendre, décrypter, pour progresser.
- L'évaluation **sommative** est une évaluation qui permet de faire le bilan des apprentissages des élèves à l'issue d'un travail, d'un chapitre, d'une année scolaire ou d'un cycle. Cette évaluation renseigne l'élève sur le niveau de performance qu'il a atteint au terme de son processus d'apprentissage.
- L'évaluation **certificative** est une évaluation sommative qui aboutit à l'obtention d'un diplôme, qui valide un niveau de maîtrise considéré comme nécessaire pour réussir un examen national ou un concours.

Ces 2 derniers types d'évaluations permettent donc d'établir un diagnostic, mais ne sont pas au cœur du processus d'apprentissage, comme doit être conçue l'évaluation formative.

▶ Ainsi conçue, **l'évaluation donne le droit à l'erreur** et en fait un outil d'apprentissage plutôt qu'un constat final. L'erreur n'est pas le signal uniquement d'un manque de travail ou de difficultés de compréhension. Elle peut aussi donner des indications sur la stratégie mise en œuvre par un élève pour résoudre une situation-problème qui lui est proposée. C'est la raison pour laquelle il est essentiel de porter une grande attention à la rédaction des consignes des exercices proposés. Il faut accepter qu'une consigne n'induise pas, chez les élèves, la rédaction stricte de la réponse attendue, qui ne doit pas nécessairement être unique (la maîtrise de connaissances fondamentales et la qualité du raisonnement pourront permettre de considérer la réponse satisfaisante même si elle est divergente de ce que le professeur avait pu anticiper). Surtout, l'analyse des erreurs, qui sert à comprendre ce qui fait obstacle à l'élève et, ainsi, l'aide à progresser, pourrait être davantage exploitée.

CONSEIL

Comment construire une évaluation formative cohérente avec les objectifs d'apprentissage ?

Puisque l'évaluation est au cœur d'un projet pédagogique progressif et cohérent, elle doit, pour être pertinente, respecter les fondamentaux suivants :

- définir clairement les objectifs d'apprentissage de la séquence et les rendre visibles aux élèves ;
- communiquer explicitement aux élèves les objectifs des évaluations, les critères de réussite et les modalités pour les atteindre afin de leur permettre de mieux cerner le travail de révision et d'entraînement à produire ;
- envisager l'évaluation des compétences de façon progressive, en identifiant bien les exercices qui relèvent de la découverte, ceux qui relèvent de la stabilisation et ceux qui relèvent de l'approfondissement ;
- éviter d'évaluer une même capacité plusieurs fois de la même manière dans un même devoir, pour la convoquer dans des situations différentes ;
- ne pas hésiter à envisager une différenciation des évaluations, en proposant soit des « évaluations choisies » (l'élève sélectionne les types d'exercices, en fonction d'objectifs bien précis, qu'il désire résoudre pour montrer ce qu'il sait faire), soit des « évaluations sur demande » (l'élève demande à être évalué quand il se sent prêt).

EXPLOITATION PÉDAGOGIQUE, P. 248

C Construire des outils pour évaluer

▶ L'apprentissage des compétences ne peut être envisagé que **dans le cadre d'une progression construite** préalablement par le professeur, qui fixe des seuils à atteindre successivement, comme ceux proposés dans la grille (pp. 47-48). De nombreuses grilles de synthèse des compétences acquises sont disponibles sur Internet. Elles visent, souvent, une exhaustivité certes louable mais qui aboutit à proposer des outils difficilement transposables et complexes à mettre en œuvre. Nous recommandons des synthèses qui préservent la simplicité et abordent chacune des compétences de façon globale, en limitant l'émiettement des attendus et des critères de réussite.

CONSEIL

Intégrer la réflexivité des élèves à partir de leurs réponses et de leurs erreurs signifie que la séquence ne se termine pas par une évaluation sommative ni par une correction préétablie par le professeur. Un travail d'auto-évaluation de la copie, de correction entre pairs, de formulation écrite ou orale du raisonnement qui a abouti à la réponse proposée par l'élève sont quelques pistes envisageables.

▶ La grille proposée ci-dessous est un exemple d'outil qui peut permettre de formaliser les compétences visées et les niveaux de maîtrise atteints (**1 :** maîtrise insuffisante, **2 :** maîtrise fragile, **3 :** maîtrise satisfaisante, **4 :** maîtrise très satisfaisante).

<table>
<tr><th>Cycle 3</th><th colspan="4">À la fin du CM1, je dois être capable de...</th><th colspan="4">À la fin du CM2, je dois être capable de...</th><th colspan="4">À la fin de la 6e, je dois être capable de...</th></tr>
<tr><td rowspan="2">1. Se repérer dans le temps</td><td colspan="4">Situer et ordonner des faits : placer des évènements sur une frise chronologique.</td><td colspan="4">Mettre en relation des faits d'une époque ou d'une période : construire une frise chronologique simple.</td><td colspan="4">Mettre en relation des faits d'une époque ou d'une période : construire une frise chronologique complexe.</td></tr>
<tr><td>1</td><td>2</td><td>3</td><td>4</td><td>1</td><td>2</td><td>3</td><td>4</td><td>1</td><td>2</td><td>3</td><td>4</td></tr>
<tr><td rowspan="2">2. Se repérer dans l'espace</td><td colspan="4">• Nommer, localiser, situer des repères géographiques : lire une carte simple.
• Caractériser un espace géographique simple (exercice guidé ou tâche complexe simple).</td><td colspan="4">• Nommer, localiser, situer des repères géographiques : prélever des informations sur une carte de synthèse et sa légende.
• Caractériser des espaces complexes (exercices moins guidés ou tâche complexe avec 3-4 documents).</td><td colspan="4">• Nommer, localiser, situer des repères géographiques : répondre à une problématique générale à partir d'une carte de synthèse.
• Caractériser des espaces complexes (exercices peu guidés ou tâche complexe avec 5-6 documents).</td></tr>
<tr><td>1</td><td>2</td><td>3</td><td>4</td><td>1</td><td>2</td><td>3</td><td>4</td><td>1</td><td>2</td><td>3</td><td>4</td></tr>
<tr><td rowspan="2">3. Raisonner, justifier une démarche et les choix effectués</td><td colspan="4">Poser des questions, se poser des questions simples.</td><td colspan="4">• Poser des questions, se poser des questions plus élaborées.
• Construire des hypothèses d'interprétation de phénomènes simples.</td><td colspan="4">• Poser des questions, se poser des questions plus élaborées, avec des liens de causalité.
• Construire des hypothèses d'interprétation de phénomènes plus complexes.</td></tr>
<tr><td>1</td><td>2</td><td>3</td><td>4</td><td>1</td><td>2</td><td>3</td><td>4</td><td>1</td><td>2</td><td>3</td><td>4</td></tr>
<tr><td rowspan="2">4. S'informer dans le monde du numérique</td><td colspan="4">• Trouver, sélectionner, exploiter des informations simples à partir d'une source numérique.
• Vérifier la source d'information.</td><td colspan="4">• Trouver, sélectionner, exploiter des informations simples à partir de plusieurs sources numériques.
• Vérifier la pertinence de la source d'information.
• Utiliser des SIG (systèmes d'information géographique) pour des exercices simples et guidés.</td><td colspan="4">• Trouver, sélectionner, exploiter des informations à partir de plusieurs sources numériques pour répondre à une question générale.
• Vérifier la pertinence des sources d'information et exercer son esprit critique.
• Utiliser des SIG en autonomie.</td></tr>
<tr><td>1</td><td>2</td><td>3</td><td>4</td><td>1</td><td>2</td><td>3</td><td>4</td><td>1</td><td>2</td><td>3</td><td>4</td></tr>
</table>

<table>
<tr><th>Cycle 3</th><th colspan="4">À la fin du CM1, je dois être capable de…</th><th colspan="4">À la fin du CM2, je dois être capable de…</th><th colspan="4">À la fin de la 6e, je dois être capable de…</th></tr>
<tr><td rowspan="2">5. Analyser et comprendre un document</td><td colspan="4">• Présenter un document.
• Prélever les informations principales d'un document simple.
• Enrichir les informations d'un document simple avec un autre document et/ou ses connaissances de façon guidée.</td><td colspan="4">• Contextualiser un document de façon guidée.
• Sélectionner des informations dans un document plus riche et de façon guidée.
• Enrichir les informations d'un document simple avec un autre document et/ou ses connaissances de façon plus autonome.</td><td colspan="4">• Contextualiser un document de façon autonome.
• Sélectionner des informations dans un document plus riche et de façon autonome.
• Enrichir les informations d'un document plus riche avec un autre document et/ou ses connaissances de façon autonome.
• Identifier le point de vue développé dans un document.</td></tr>
<tr><td>1</td><td>2</td><td>3</td><td>4</td><td>1</td><td>2</td><td>3</td><td>4</td><td>1</td><td>2</td><td>3</td><td>4</td></tr>
<tr><td rowspan="2">6. Pratiquer différents langages</td><td colspan="4">• Rédiger un texte organisé de moins de 500 signes en s'aidant des consignes proposées pour répondre à une question générale.
• Élaborer un récit oral traitant un sujet de façon claire.
• Compléter un croquis simple et sa légende.</td><td colspan="4">• Rédiger un texte organisé de 500 signes en s'aidant des consignes proposées pour répondre à une question générale.
• Élaborer un récit oral organisé en plusieurs points.
• Construire un croquis simple et sa légende de façon guidée.</td><td colspan="4">• Rédiger un texte organisé de 1 000 signes en s'aidant des consignes proposées pour répondre à une question générale.
• Élaborer un récit oral organisé en plusieurs points, sans notes écrites.
• Construire un croquis simple et sa légende de façon autonome.</td></tr>
<tr><td>1</td><td>2</td><td>3</td><td>4</td><td>1</td><td>2</td><td>3</td><td>4</td><td>1</td><td>2</td><td>3</td><td>4</td></tr>
<tr><td rowspan="2">7. Coopérer et mutualiser</td><td colspan="4">Réaliser un travail au sein d'un groupe.</td><td colspan="4">Discuter, expliquer, argumenter au sein d'un groupe.</td><td colspan="4">Organiser le travail, gérer les discussions d'un groupe.</td></tr>
<tr><td>1</td><td>2</td><td>3</td><td>4</td><td>1</td><td>2</td><td>3</td><td>4</td><td>1</td><td>2</td><td>3</td><td>4</td></tr>
</table>

Enseigner le temps au cycle 1

Programmes

« L'un des objectifs de l'école maternelle est précisément d'amener progressivement [les enfants] à considérer le temps et l'espace comme des dimensions relativement indépendantes des activités en cours, et à commencer à les traiter comme telles. Elle cherche également à les amener à dépasser peu à peu leur propre point de vue et à adopter celui d'autrui.
[Sur le temps,] l'école maternelle vise la construction de repères temporels et la sensibilisation aux durées : temps court (celui d'une activité avec son avant et son après, journée) et temps long (succession des jours dans la semaine et le mois, succession des saisons). L'appréhension du temps très long (temps historique) est plus difficile, notamment en ce qui concerne la distinction entre passé proche et passé lointain. »

BO n° 25 du 24/06/2021.

L'enseignement du temps s'inscrit dans 1 des 5 domaines d'apprentissage du cycle 1 : « Explorer le monde ».

LES 4 OBJECTIFS PRINCIPAUX :

- Stabiliser les premiers repères temporels
- Introduire les repères sociaux
- Consolider la notion de « chronologie »
- Sensibiliser à la notion de « durée »

ENJEU SCIENTIFIQUE

Quels sont les enjeux du temps en maternelle ?

A « Le temps » : un concept philosophique

Certains philosophes, comme Henri Bergson (1859-1941), se sont détachés des sciences pour tenter de qualifier le rapport de l'homme au temps. Le philosophe français critique les sciences et leur conception commune du temps, fondée essentiellement sur des propriétés spatiales et qui ne permet pas de saisir l'essence même de celui-ci mais plutôt sa mesure (jours, heures, secondes…). Pour les sciences, il est, en effet, question d'un temps que l'on représente sur un repère orthonormé, puisque c'est le propre des éléments spatiaux que de pouvoir se soumettre aux mesures et au quantifiable. Cette idée était déjà présente chez Aristote dans la *Physique* lorsqu'il écrivait que le temps est *« le nombre du mouvement selon l'antérieur et le postérieur »*. Bergson permet de prendre en compte une dimension qualitative de ce temps, qui, selon l'intuition humaine, peut varier d'un individu à l'autre.

B Une dimension sociale aujourd'hui omniprésente

La vie de l'*Homo numericus* est régie par le temps : le réveil règle notre heure de lever, les rendez-vous rythment nos journées, des applications sur notre Smartphone organisent nos trajets et en fixent les délais théoriques. Le temps a donc une composante sociale très forte car il est construit comme un moyen d'orientation élaboré par les hommes et les femmes en vue d'accomplir des tâches sociales précises. Dans la société, son caractère polysémique – irréversibilité, simultanéité, continuité, durée, cycle, rythme… – renforce sa complexité.

C La structuration du temps chez Piaget et Bruner

▶ **Dans *Le Développement de la notion de temps chez l'enfant* (1946),** le psychologue suisse **Jean Piaget** (1896-1980) montre qu'il existe un contraste entre les capacités présupposées par le professeur et la réalité du développement psychologique de l'enfant qui, du fait d'un égocentrisme persistant, éprouve des difficultés à établir des relations, à dépasser le présent, l'immédiat.

CHAPITRE 2, P. 64

À SAVOIR

Henri Wallon, dans *L'Enfant turbulent* (1925), montre que ces enfants ont, souvent, des difficultés d'orientation temporelle. Leurs difficultés émotionnelles semblent liées à leur incapacité à anticiper ou prévoir des durées.

▶ Jean Piaget considère que **l'apprentissage se fait par stade** et qu'avant cinq ans le temps est un temps « intuitif » : l'enfant est alors centré sur son activité, incapable de prendre conscience du temps qui s'écoule, d'anticiper ou de reconstituer certains évènements. Pour passer de l'intuition à la représentation du temps, l'enfant doit l'expérimenter car *« une vérité apprise n'est qu'une demi-vérité »*. Piaget considère que *« la contrainte est la pire des méthodes pédagogiques,* […] *l'exemple doit jouer un rôle plus important que la contrainte »*.

▶ **Contrairement à Piaget, Jerome Bruner (1915-2016) affirme que le concept de « temps » se construit de manière spiralaire.** Pour le psychologue américain, l'enfant n'a pas besoin de construire et de maîtriser totalement une notion pour pouvoir l'utiliser. Il l'appréhende à son niveau de compréhension et l'affine progressivement. La connaissance du temps grandit au fur et à mesure de son développement psychique mais aussi grâce à des pratiques scolaires appropriées (pédagogie de la découverte, approche spiralaire, travail en groupes…).

L'approche spiralaire

Une progression « en spirale » vise à ordonner et planifier les chapitres du programme sur la durée du cycle. Elle laisse, ainsi, le temps à l'élève d'assimiler et de s'approprier les concepts, de développer ses compétences, de se situer dans ses apprentissages… Son rapport à la difficulté et à l'erreur s'en trouve modifié car il sait qu'il pourra revenir sur les notions qu'il ne maîtrise pas.

▶ Pour Bruner, le professeur ne doit pas se borner à suivre le développement réel de l'enfant, mais **anticiper** quelque peu en stimulant son activité intellectuelle. L'enfant n'étant pas l'égocentrique dépeint par Piaget, il apprend par l'interaction, laquelle est plus importante que la relation à l'objet.

D Du concept abstrait à la médiation par le professeur

Au cours de leurs développements linguistique et cognitif, **les enfants appréhendent plusieurs temporalités** : le temps à la maison, le temps en fonction des besoins physiologiques, le temps à l'école… Si le rôle des parents est primordial dans la concrétisation de ce concept abstrait, le professeur reste, pour Jerome Bruner, le médiateur majeur du savoir temporel et de son usage social : il transmet et interroge les outils élaborés par les hommes au cours de leur histoire pour résoudre des problèmes temporels, tels que les horloges et les calendriers, qui sont de précieux instruments permettant aux adultes de se repérer, de se rencontrer, de planifier des activités.

L'importance du contexte familial

Des travaux comme ceux de Jerome Bruner ont montré que la façon dont les parents discutent avec leur enfant joue un rôle important dans sa construction du rapport au temps. La présence de l'adulte, ses explications régulières et précises dans un langage approprié accroissent ses capacités à construire des repères temporels précis (avant/après…), qui sont renforcés par les échanges avec autrui.

ENJEU DIDACTIQUE

Comment construire en classe un temps social commun ?

A Introduire les repères sociaux

▶ **La construction du temps est un enjeu fondamental** du programme du cycle 1. À travers des rituels et des séances spécifiques, l'enfant doit s'approprier un temps social commun, différent des temporalités qu'il peut vivre dans son quotidien familial. Il passe alors de son temps personnel, subjectif et éclaté, à un temps continu et structuré : celui de la classe, où le temps est organisé autour de rituels.

▶ **Les rituels de début de matinée** relèvent de l'instauration, dans la classe, d'un « vivre-ensemble » : l'élève trouve sa place dans le groupe (quand il s'assoit), il est nommé et reconnu (lors de l'appel), il s'approprie les règles de vie (par la réitération d'activités rituelles) et entre de manière plus autonome dans les activités (situées sur l'emploi du temps).

CONSEIL

En cas de sujet invitant à proposer une réflexion sur la maternelle, le candidat veillera à réfléchir aux rituels qui permettent de faire manipuler, par les élèves, des instruments de repérage chronologique (calendriers, emplois du temps) et de mesure des durées (sabliers, horloges). Ces outils favorisent l'appropriation des « marques verbales de la temporalité » (*maintenant*, *avant*, *après*, *demain*…). Plusieurs types de rituels peuvent être proposés : météo, date, emploi du temps, répartition des responsabilités…

B Stabiliser les premiers repères temporels

Le rôle du professeur est donc de **rendre concret et de marquer visuellement le temps qui passe** dans la classe. Le professeur utilise, ainsi, des systèmes symboliques (*cf.* exemple ci-contre), des calendriers, des agendas simplifiés ou une frise du temps pour se repérer dans la journée. Des photos agencées en séquences-types de la journée peuvent, par exemple, servir d'outils d'orientation temporelle. Sur l'année, des petits trains peuvent représenter les mois de l'année marqués par les anniversaires des élèves de la classe.

EXPLOITATION PÉDAGOGIQUE, P. 61

Exemple de frise du temps.

CONSEIL

Pour une classe de PS, le candidat peut proposer une activité avec un certain nombre de photographies représentant les élèves dans des moments clés de la journée : accueil des parents, regroupement du matin, récréation, repas, ateliers de motricité de l'après-midi… Le travail consiste alors à remettre ces évènements dans l'ordre de succession. Un panneau représentant ces différents moments dans l'ordre chronologique est, ensuite, affiché.

C Structurer et consolider la notion de « chronologie »

▶ La construction du temps en cycle 1 passe par la **découverte progressive et spiralaire de ce temps conventionnel** qui rythme notre société (l'heure, la date…). La prise de conscience du temps qui s'écoule de manière insaisissable est un long chemin, fait de patience et de rituels.

EXPLOITATION PÉDAGOGIQUE, P. 58

▶ Pour **consolider la chronologie**, il faut toujours anticiper et rappeler les évènements qui marquent l'avancement de la journée, de la semaine. En ancrant dans la réalité de la classe les outils réalisés par le professeur, les élèves progressent dans l'appropriation des marqueurs temporels sociaux qu'ils manipulent quotidiennement.

CONSEIL

Pour une classe de MS, le candidat peut commencer par dire que les jours ont un nom : « Aujourd'hui s'appelle… » Il les différencie par les marqueurs qui les caractérisent : « Le lundi, c'est le jour de Mme/M… » ; « Le mardi, c'est le jour de la grande motricité » ; « Le jeudi, nous allons à la bibliothèque »… Chaque activité se joue donc dans une temporalité scolaire qu'il s'agit de verbaliser auprès des élèves, afin de consolider la notion de « chronologie » et le fait que le temps passe, puis recommence. Les élèves comprennent alors progressivement la notion de « temps cyclique » (chaque semaine recommence lundi). Chaque matin, il faut ritualiser le jour, en le faisant nommer, deviner, et en positionnant, sur un tableau, les éléments relatifs à ce jour. Grâce à ce rituel, on revient sur ce qui a été fait hier et ce qui va être fait aujourd'hui.

D Sensibiliser à la notion de « durée »

▶ **La notion de « durée » n'est pas innée** chez l'enfant de maternelle. Elle doit être réfléchie et faire l'objet de situations d'apprentissage spécifiques.

▶ **Les objets mesurant le temps** et accessibles aux élèves, comme le sablier, le compteur musical ou l'horloge, peuvent être introduits dès la Moyenne Section, afin que les élèves commencent à intégrer la notion de « durée ».

CONSEIL

Pour tout sujet ou réflexion sur le cycle 1, le candidat doit penser à faire *manipuler* les objets du quotidien par les élèves. Dans un contexte où le langage est encore fragile, l'appropriation des savoirs et des enjeux sociaux de la maternelle passe aussi par le toucher, qui permet à l'élève de mieux comprendre les fonctionnements de ces objets.

Mesurer le temps avec un sablier pour comprendre la notion de « durée »

Matériel : gommettes et sablier. Modalité : en trinômes.
Chaque enfant dispose d'une feuille remplie de 10 ronds vides et d'une planche de gommettes.
Les élèves 1 et 2 doivent poser leurs mains à plat, sur la table, dans l'attente du signal de départ.
Le professeur explique : *« Dès que le signal de départ sera donné, vous devrez coller une gommette au centre de chaque rond dessiné sur la feuille. Dès que le sablier aura fini de s'écouler, votre camarade dira "Stop". Il faudra alors vous arrêter immédiatement. »*
L'élève 3 est chargé de retourner le sablier et de donner les signaux de départ et de fin. Cet élève ne joue pas : il observe le sablier, il est « le maître du temps ».
À l'arrêt du sablier, les enfants constatent qu'ils n'ont pas pu remplir tous les ronds, que la durée du travail était limitée dans le temps, et que certains en ont rempli plus que d'autres ! On peut recommencer l'exercice pour montrer que, sur la même durée, on fait à peu près le même travail.

E « Le temps » : une notion transversale

Toutes les tâches sont vécues par les élèves dans une temporalité que le professeur veille à expliciter et à marquer. Pour permettre l'appropriation des premiers repères temporels, il s'appuie sur toutes les opportunités qu'offre le programme. L'enjeu est de **donner du sens aux enseignements**, tout en développant les savoirs des autres parties du programme :

- **écriture :** écrire les jours de la semaine, des mois, des saisons ;
- **nombres :** savoir compter le nombre de jours, identifier le nombre de jours dans une semaine ;
- **arts plastiques :** dessiner/représenter les éléments constitutifs d'une saison ; illustrer une frise du temps ; associer une couleur à un jour de la semaine, à un mois ;
- **musique :** apprendre le vocabulaire du temps par les comptines, le chant ;
- **espace/EPS :** faire une course sur un parcours de motricité et déterminer quel élève est allé le plus vite.

CONSEIL

Dans un sujet sur le temps, en cycle 1, invitant à traiter de questions interdisciplinaires ou de polyvalence, le candidat peut s'appuyer sur la *Comptine des canards*. La comptine permet, en effet, de croiser temps et musique dans l'apprentissage. Elle dote les élèves d'un moyen mnémotechnique pour retenir les jours de la semaine :

« Lundi, Les canards vont à la mare, mare, mare
Mardi, Ils s'en vont jusqu'à la mer, mer, mer
Mercredi, Ils organisent un grand jeu, jeu, jeu
Jeudi, Ils se promènent dans le vent, vent, vent
Vendredi, Ils se dandinent comme ça, ça, ça
Samedi, Ils se lavent à ce qu'on dit, dit, dit
Dimanche, Ils se reposent et voient la vie en rose
La semaine recommencera demain, coin, coin. »

De la théorie à la pratique

« Pour comprendre le développement des connaissances de notre système de représentation du temps, il faut bien garder à l'esprit qu'il s'agit d'un système purement arbitraire. Il ne peut en rien être déduit de l'observation. Il n'y a, en effet, aucune raison d'appeler tel jour mercredi et tel autre dimanche. De même, dans notre calendrier, la division du temps en mois n'a aucune signification concrète pour l'homme. Quel enfant a-t-il déjà constaté le moindre rapport entre un mois de 30 jours et un cycle complet de lune ? Il lui est donc impossible de le découvrir seul. Ce sont les parents, les professeurs qui l'enseignent. Aussi apprend-on la liste des jours de la semaine, comme on apprend les lettres de l'alphabet, en les récitant par cœur. Avec de l'entraînement, des enfants âgés de 4 ans parviennent à réciter les différents jours de la semaine, mais ils ne savent pas pour autant s'orienter dans le temps, car, comme nous l'avons vu, ils ne savent pas quel jour ils sont. En fait, jusqu'à 8 ans, leurs connaissances restent fragmentaires. Par exemple, malgré l'établissement, dès 3 ans, de la notion d'hier, à la question : "Hier c'était quel jour ?", seulement 26 % des enfants entre 5 et 6 ans répondent correctement et 51 % entre 6-7 ans (Godard et Labelle, 1998). »

Sylvie Droit-Volet, « Les différentes facettes du temps »,
in *Enfances & Psy* n° 13, 2001, pp. 26-40.

F Le langage au service de la construction du temps

▶ **En maternelle, le langage est l'outil d'explicitation** par excellence pour le professeur et d'appropriation pour les élèves. Les différentes activités de la journée sont systématiquement reliées au temps de la classe et aux repères fixés sur ses murs.

▶ D'après le *Guide pour enseigner le vocabulaire à l'école maternelle* (février 2020), **l'école maternelle correspond**, dans le développement de l'enfant, **à une période d'explosion lexicale**. C'est donc le moment idéal pour aider tous les enfants à élargir leur capital lexical. De nombreuses recherches illustrent ce que l'expérience et la connaissance empirique laissent supposer : Alain Lieury a, ainsi, montré que les corrélations entre réussite scolaire et connaissances lexicales sont plus élevées que celles que l'on peut établir entre réussite scolaire et niveau intellectuel.

▶ **Dès la Petite Section, le langage d'évocation se met progressivement en place** pour raconter, expliquer, argumenter, convaincre. Il permet d'évoquer le passé, le futur, et de se situer dans le temps. Il est une occasion permanente pour structurer ce dernier.

▶ **Les mots relatifs au temps s'apprennent tout au long du cycle 1 :** ils sont introduits, puis appropriés pour que les enfants les réutilisent à bon escient. Ceux-ci sont répartis en 3 familles :
– les noms et les adjectifs : *seconde*, *minute*, *heure*, *jour*, *semaine*, *mois*, *saison*, *année* ; *vieux*, *jeune* ; *passé*, *présent*, *futur*…
– les prépositions, les conjonctions et les adverbes de temps : *avant*, *après*, *puis*, *quand*, *lorsque*, *dès que*, *pendant que*, *tard*, *tôt*, *autrefois*, *longtemps*, *depuis*…
– le temps grammatical et la conjugaison des verbes : le présent, le passé, le futur.

CONSEIL

Dans toute situation proposée en cycle 1, le candidat veillera à préciser quels sont les objectifs langagiers. Ces objectifs, présentés en lien avec les activités, lui permettent, ainsi, de montrer qu'il prend en compte la progressivité des apprentissages et qu'il se projette concrètement dans la classe auprès des élèves.

! Les difficultés des élèves

Les divers contextes socioculturels des familles induisent une très grande hétérogénéité dans les classes de cycle 1. Cette difficulté est, d'ailleurs, souvent renforcée par certains regroupements de classes dans les écoles maternelles (PS/MS, MS/GS et, parfois même, PS/MS/GS).
Sur un concept aussi abstrait que « le temps », le professeur peut gérer cette hétérogénéité en proposant une pédagogie variée qui élabore un éventail de démarches :
– selon des rythmes d'apprentissage différents (on n'apprend pas la même chose au même moment) ;
– dans des durées variables (10 minutes pour les uns et 20 minutes pour les autres ; activité répétée chaque jour de la semaine pour les uns et 1 fois par semaine pour les autres) ;
– par des itinéraires diversifiés (travail de groupe ou travail individuel ; travail dirigé ou travail autonome) ;
– dans des situations et sur des supports différents (écriture pour les uns et oral pour les autres ; supports écrits pour les uns et supports visuels pour les autres)…

FICHE 1 Se repérer dans le temps au cycle 1

Textes officiels *« L'école maternelle vise la construction de repères temporels et la sensibilisation aux durées : temps court (celui d'une activité avec son avant et son après, journée) et temps long (succession des jours dans la semaine et le mois, succession des saisons). »*

BO n° 25 du 24/06/2021.

La consolidation des programmes de l'été 2020 permet d'établir comment les élèves doivent se repérer dans le temps à la fin du cycle 1.

A. Les objectifs du cycle 1

Ce tableau résume les objectifs des **programmes de maternelle** sur le temps : l'objectif principal sur l'acquisition des repères sociaux, puis les 3 objectifs complémentaires.

PS *Objectif principal :* Stabiliser les premiers repères temporels du quotidien	MS *Objectif principal :* Introduire les repères sociaux et consolider la notion de « chronologie »	GS *Objectif principal :* Consolider les repères sociaux, appréhender le temps à travers des éléments patrimoniaux
Organiser l'emploi du temps de la ½ journée. Utiliser un calendrier simple, linéaire.	Organiser l'emploi du temps de la journée. Comprendre l'aspect cyclique de la journée/semaine.	Organiser l'emploi du temps de la journée, de la semaine, du mois. Comprendre l'aspect cyclique des semaines/mois/années. Aborder/utiliser la diversité des calendriers.
Situer les évènements les uns par rapport aux autres sur la ½ journée.	Situer les évènements les uns par rapport aux autres sur la journée, la semaine.	Situer les évènements les uns par rapport aux autres sur le mois, l'année.
Introduire la notion de « durée » par les sabliers.	Sensibiliser à la notion de « durée » de façon subjective.	Sensibiliser à la notion de « durée » de façon objective.
Appréhender le temps court (avant, après, journée).	Appréhender le temps long (succession jours, semaines, mois, saisons).	Appréhender le temps très long (distinguer passé très proche et passé plus lointain). → *Poursuivi au cycle 2.*

B. Des mots pour le dire, des mots pour savoir

Ce tableau propose une liste non exhaustive du **vocabulaire sur le temps** que les professeurs peuvent faire apprendre progressivement à leurs élèves par le biais de diverses situations.

Pour parler de durée	Situations possibles
Longtemps, tout le temps ; quelquefois/souvent ; *jamais/toujours ; rapidement/lentement ;* *longuement/brièvement ;* *plus vite / plus lentement ;* *moins rapidement / moins lentement…*	• Situations d'activités physiques. • Situations de travail sur le rythme : – rythme vécu avec le corps (danse) ; – rythme vocal ; – rythme écrit (tracés rythmés).
Pour parler de succession	**Situations possibles**
• *Aujourd'hui, maintenant, d'abord, immédiatement, tout de suite, déjà…* • *Demain, après, ensuite, et, puis, enfin, tout à l'heure, tard, plus tard, trop tard…* • *Hier, avant, autrefois, jadis, il était une fois…*	• Discours/récits. • Lecture d'histoires. • Ordonnancement d'images séquentielles. • Déroulé d'une recette, parcours, trajets, règles de jeux…
Pour parler de simultanéité	**Situations possibles**
• *En même temps que…* • *Pendant que…* • *Tandis que…* • *Juste…*	• Bilans comparatifs des activités d'une journée, de la fréquentation des ateliers. • Distribution des responsabilités, des rôles dans les travaux de groupes…
Pour parler de l'écoulement du temps	**Situations possibles**
• Mesures du temps : *seconde, minute, heure, jour, semaine, mois, année.* • Moments de la journée : *matin, midi, après-midi, soir, nuit, le lendemain, la veille, demain soir…* • Noms des jours de la semaine, des mois de l'année, des saisons.	• Situer la vie de la classe dans le temps (utilisation de l'horloge, du sablier, du calendrier, de l'emploi du temps…). • Indiquer les fêtes collectives, les anniversaires. • Raconter une histoire en utilisant les temps du présent, du passé, du futur.
Pour parler de continuité	**Situations possibles**
Ensuite, plus tôt, plus tard, pas encore, bientôt, peu à peu, dès que, sitôt, à partir de, depuis, jusqu'à, en premier, en dernier…	• Lectures, récits de personnages. • Jeux de marottes…

CONSEIL

Dans un sujet sur le temps en cycle 1, le candidat doit avoir à l'esprit que le travail mené en classe vise une appropriation progressive des repères temporels dans les 3 années du cycle. À l'entrée au CP, de nombreux élèves n'auront pas encore fixé ce vocabulaire, qui ne sera acquis définitivement qu'au cours du cycle 2. Il faut donc également être vigilant sur la diversité des publics qui existent en maternelle, que ce soit en REP/REP+ ou hors REP, et adapter chaque année son enseignement.

EXPLOITATIONS PÉDAGOGIQUES

Enseigner la notion de « chronologie »

A La séquence et ses objectifs

Cycle	1
Niveau	Moyenne Section
Domaines	Temps/Histoire
Séquence	Consolider la notion de « chronologie »
Séances	5
Période	2

1. Prérequis

CHAPITRE 1, P. 53

- ☑ Savoir remettre dans l'ordre les repères temporels principaux d'une journée.
- ☑ Connaître le fonctionnement de la roue du temps de la classe et la notion de « succession » *(avant, maintenant, après)*.

2. Objectifs de la séquence

- ☑ Savoir ordonner une suite d'images pour rendre compte d'une situation vécue.
- ☑ Apprendre à situer des évènements vécus les uns par rapport aux autres.
- ☑ Savoir utiliser les marqueurs temporels adaptés dans des récits.

3. Compétences travaillées

- ☑ Travailler en groupe.
- ☑ Stabiliser les premiers repères temporels.
- ☑ Consolider la notion de « chronologie ».

4. Préparations matérielle et documentaire

- ☑ Livres de littérature pour la jeunesse au choix.
- ☑ Éléments photocopiés nécessaires pour découper, coller, colorier, dessiner.

B Organisation de la séquence

Séance 1	**Phase de réactivation :** à partir du rituel de la roue du temps de la journée installée en période 1, les élèves énoncent les différentes étapes du matin et de l'après-midi. C'est l'occasion, pour le professeur, de diagnostiquer les prérequis sur ces repères temporels.
Séance 2	**Phase de découverte :** les élèves écoutent l'histoire d'un album pour la jeunesse. Suite à plusieurs écoutes, ils essaient de repérer les protagonistes et les différentes étapes du récit.
Séance 3	**Phase de réinvestissement :** par groupes, les élèves doivent trier les personnages représentés sur des images et se mettre d'accord entre ceux présents dans l'histoire et ceux qui ne le sont pas.
Séance 4	**Phase d'appropriation :** à partir d'une petite histoire très courte avec un seul protagoniste, les élèves remettent dans l'ordre chronologique des vignettes illustrant certains moments du récit. Après ce travail individuel, ils confrontent, en groupes, leurs résultats et tâchent de se mettre d'accord. Le professeur régule les travaux individuels et collectifs des élèves en leur faisant verbaliser leurs choix.
Séance 5	**Phase de consolidation :** le même travail est réalisé à partir d'une histoire plus longue et contenant 8 protagonistes. Le même suivi est effectué par le professeur.

▶ À vue d'œil, la séquence d'apprentissage présente des exercices qui peuvent sembler répétitifs. **Elle est, pourtant, construite de manière progressive et spiralaire.** Les notions sont découvertes, puis consolidées dans un autre contexte et selon une difficulté graduelle. Les élèves de maternelle sont, en effet, loin d'avoir les mêmes prérequis et la même appréhension du temps et de la notion de « chronologie ».

▶ La séquence permet également de réinvestir et valoriser les rituels de vie de classe réalisés à partir de la roue du temps, ainsi que le vocabulaire. Dans chacune des séances, le professeur s'appuie sur l'exemple de la succession chronologique des étapes de la journée et sur les mots tels que *avant*, *après*, *maintenant*.

C Exemple d'une exploitation pédagogique : séance 5

1. Objectif d'apprentissage

☑ Consolider les notions de « succession » et de « chronologie ».

2. Choix opérés pour conduire l'exploitation pédagogique

EXEMPLE DE SÉANCE N° 5			
Phase	**Durée**	**Dispositif**	**Déroulement**
❶ « Lecture offerte » de l'album pour la jeunesse	5 min	Collectif oral	Le professeur lit une histoire à partir d'un album pour la jeunesse.
❷ Phase de présentation	5 min	Collectif oral	• Le professeur fait formuler aux élèves les différents protagonistes de l'histoire et affiche, au tableau, les différentes vignettes les représentant. • Le professeur présente l'activité à réaliser individuellement.
❸ Phase de recherche	10 min	Individuel écrit Collectif oral	• Les élèves mettent les différentes vignettes de personnages (les animaux) dans l'ordre chronologique de leur apparition. • Le professeur relit l'histoire collectivement plusieurs fois et régule individuellement, si nécessaire. • Les élèves associent, ensuite, les étiquettes des noms d'animaux avec ceux inscrits sur les étiquettes des personnages.
❹ Phase de mise en commun	5 min	Collectif oral et écrit	• Les élèves confrontent leurs travaux en groupe et tâchent de se mettre d'accord. • Certains élèves viennent, au tableau, placer les vignettes dans le bon ordre, et d'autres associer les noms d'animaux aux étiquettes.
❺ Phase d'institutionnalisation	5 min	Collectif oral et écrit	• Après la mise en commun, les élèves collent les étiquettes et les noms au bon emplacement. • Le professeur vérifie et fait verbaliser, par certains élèves, la succession des personnages.

3. Travaux réalisés en classe

▶ La séance 5 est la plus riche de la séquence en termes d'apprentissages, puisqu'elle s'appuie sur une construction progressive de la notion de « chronologie ». Les élèves réinvestissent la succession d'images et développent des compétences socio-comportementales déjà mobilisées précédemment pour valider et améliorer leur travail : ils échangent avec leurs camarades, débattent (conflit sociocognitif) et s'aident de leurs pairs pour résoudre le problème posé. Le professeur peut également s'appuyer sur une plus grande autonomie que lors des séances précédentes, car les élèves ont déjà réalisé un travail similaire en séance 4.

▶ Dans la séance 4, les élèves étaient confrontés à un seul personnage et à 4 images séquentielles. Ils devaient déjà coopérer pour vérifier la qualité de leur travail.

▶ Dans la séance 5, le travail est guidé par le professeur, qui lit plusieurs fois l'histoire et passe dans les rangs pour accompagner les élèves. Pour ceux qui sont en difficulté, la mise en ordre successive des différents animaux de la ferme peut être réalisée à partir d'une dictée du professeur. Le travail de groupe et la confrontation des travaux entre les élèves, à nouveau mis en œuvre dans la séance 5, consolident les compétences socio-comportementales mobilisées par les élèves dans les séances précédentes.

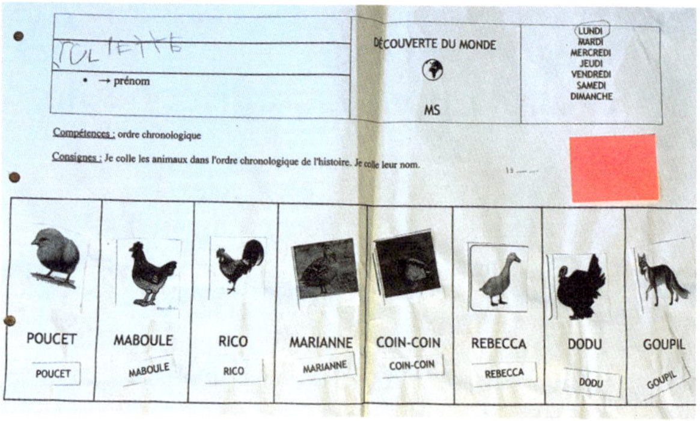

D Questionnement possible à partir de l'exploitation pédagogique

• Dans quelle mesure la séquence d'enseignement respecte-t-elle les enjeux d'enseignement du cycle 1 ?

Cette séquence s'inscrit dans le cadre réglementaire et les conditions spécifiques d'enseignement en maternelle. Non seulement elle mobilise des compétences socio-comportementales permettant la sociabilisation des élèves et la compréhension d'un temps social commun, mais elle s'appuie aussi, de manière explicite, sur la polyvalence du professeur.

À la croisée avec d'autres disciplines, la séquence est dans le prolongement d'activités transversales autour de l'écriture (recopier des mots et en identifier les lettres), de la numération (compter les personnages et les images à remettre dans l'ordre), des sciences (« Explorer le monde du vivant » en découvrant les animaux de la ferme) et de l'espace (manipuler et coller les vignettes sur l'espace de la feuille et dans des cases correspondantes).

EXPLOITATIONS PÉDAGOGIQUES

Ritualiser le temps de la classe

Cycle	1
Niveau	Grande Section
Domaines	Temps/Histoire
Durée	10 min
Fréquence	Tous les matins
Période	1 à 5

A Les objectifs

1. Prérequis

CHAPITRE 1, P. 52

- Connaître les jours de la semaine et les mois.
- Savoir manipuler le TBI (Tableau blanc interactif) et/ou connaître les différents rôles sociaux de la classe.

2. Objectifs du rituel

- Manipuler et s'approprier les différents marqueurs temporels de la classe.
- Exercer un rôle social dans la classe.

3. Compétence travaillée

- Consolider les repères temporels.

4. Préparations matérielle et documentaire

- TBI ou affichage mural.
- Jours de la semaine, mois, nombres de 1 à 31, plastifiés et aimantés.

B Organisation du rituel

▶ La Grande Section (GS) est l'aboutissement d'un cycle d'apprentissage sur le temps. Durant cette année, qui n'est pas qu'une transition vers l'élémentaire, le professeur réactive et remobilise les connaissances du temps social commun. Les élèves ont, progressivement, découvert, en PS et MS, les temps de la journée, les jours de la semaine, les mois, les notions de « succession » et de « chronologie ». Ils ne sont jamais, pour autant, au même niveau d'appropriation, et le professeur doit gérer une hétérogénéité importante.

▶ Le professeur de GS met en place des rituels dès la période 1 pour consolider la notion de « temps social commun » et responsabiliser les élèves dans la vie de la classe. Au mois de septembre, il présente donc 4 outils de calendrier, que ces derniers vont devoir manipuler en début de journée dans le cadre des responsabilités de la classe : la journée, la semaine, le mois, l'année.

▶ 2 possibilités s'offrent au professeur : introduire tous ces éléments dès la période 1 ou installer un outil par période, la période 5 permettant de mobiliser tous les outils en même temps. Le choix dépend du travail mené précédemment en MS et dont le professeur prend connaissance lors du conseil de cycle.

C Exemples d'exploitations pédagogiques

▶ En arrivant dans la classe, le matin, les élèves de GS ont, souvent, plusieurs responsabilités, que le professeur a mises en place en période 1 : tenir le rang, sonner la cloche, ramasser les feutres, compléter le calendrier… Cette gestion du calendrier se réalise sous son regard et mobilise 3 ou 4 élèves.

▶ **La journée** (à gauche sur la photo ci-dessous) **:** un curseur fait évoluer les différents moments du matin et de l'après-midi. Ce travail consolide le caractère cyclique du temps (la journée recommence le lendemain !).

▶ **La semaine :** chaque matin, l'élève responsable de la semaine habille un petit ourson avec 1 des 7 jours (ici, l'habit du mardi). Il place également l'étiquette du mot de la semaine sous le petit ourson.

▶ **Le mois :** l'élève responsable du mois place l'étiquette correspondante, ainsi que le numéro à côté du jour de la semaine.

▶ **L'année :** ici, à l'aide d'un TBI (mais cela peut également se faire sur un affichage mural), l'élève responsable raye le jour précédent et vérifie que ses camarades ont bien noté le jour, la date et le mois.

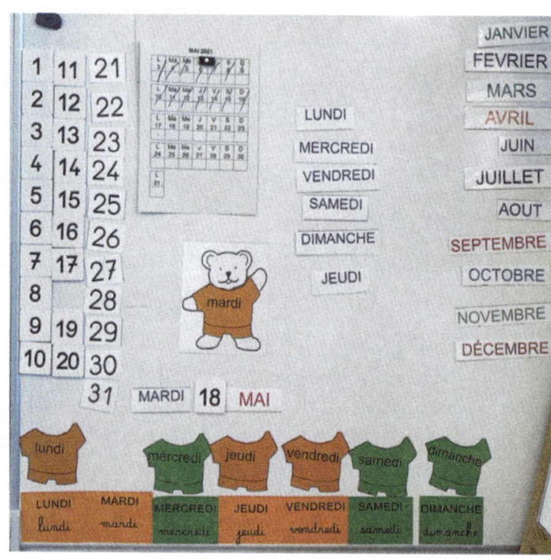

D Questionnement possible

• Comment responsabiliser des élèves qui ont des repères temporels lacunaires ?

En début d'année, pour impliquer tous les élèves dans les outils temporels et aider au mieux ceux qui rencontrent des difficultés pour se repérer dans le temps, le professeur peut mettre en place un système de tutorat, avec un élève « expert » et un élève en difficulté. Tout en gérant l'hétérogénéité, il développe, ainsi, l'entraide et le vivre-ensemble dans la classe. Il accroît également la responsabilisation de certains élèves, qui mettent leurs compétences au service des autres.

Enseigner le temps au cycle 2

Programmes

« Les élèves passent progressivement d'un temps individuel autocentré à un temps physique social décentré. Cette capacité de décentration leur permet de comprendre d'abord l'évolution de quelques aspects des modes de vie à l'échelle de deux ou trois générations. En fin de cycle, les élèves entrent dans la compréhension du temps long, donc de l'histoire. Cette démarche est enrichie en explorant la diversité des œuvres humaines réalisées selon le temps et les lieux. Dès le CP, les élèves, guidés par le professeur, mènent, sur le terrain, des observations, manipulations, explorations et descriptions, complétées par des récits, des témoignages et des études de documents. Ils repèrent ainsi des régularités, des transformations, des corrélations, et dégagent des faits remarquables. »

BO n° 31 du 30/07/2020.

L'enseignement du temps en cycle 2 s'inscrit dans le domaine « Questionner le monde ».

LES 3 OBJECTIFS PRINCIPAUX :

- Se repérer dans le temps et le mesurer
- Repérer et situer quelques évènements dans un temps long
- Comparer des modes de vie

ENJEU SCIENTIFIQUE

Comment se préparer au temps historique au cycle 2 ?

A Du cycle 1 vers le cycle 2

▶ **En maternelle, les élèves** découvrent le temps social et les rythmes liés à la vie de la classe. Ils **se décentrent** progressivement de leur temps familial personnel pour aller vers un temps social commun.

▶ **Le cycle 2 vise à poursuivre** la structuration du temps dans **cette logique de décentration**. Il faut, en effet, comprendre que l'élève de CP doit, d'abord, stabiliser les repères temporels abordés au cycle 1, pour pouvoir, ensuite, appréhender les premiers repères historiques et les traces du passé. Toujours dans cette logique qui suit la maturation de l'enfant, le temps présent du CP bascule, en CE1, vers un temps familial passé, tandis que le temps historique est, finalement, introduit en CE2.

▶ Au cycle 2, l'enjeu principal revient donc à **faire passer l'enfant d'un temps personnel à un temps historique**. Selon Jean Piaget, cela revient à le faire passer du « temps mémorisé » de la maternelle à un « temps construit » puis « conçu », dans lequel l'enfant est à même de distinguer l'Histoire de la fiction et de concevoir une périodisation du temps historique.

B Du « temps construit » au « temps conçu »

▶ **Jean Piaget reste incontournable** pour comprendre le rapport au temps de l'enfant en fonction de son âge. Le pédagogue suisse établit ainsi que, de 5 à 8 ans, un enfant est dans le « temps construit », où les notions d'« ordre » et de « succession » d'évènements se stabilisent et les repères journaliers et hebdomadaires introduits au cycle 1 se consolident. Cette appropriation des repères temporels sociaux s'effectue dès le début du CP et jusqu'au CE1, où l'élève comprend que la journée et la semaine sont structurées par des étapes qu'il peut progressivement anticiper et replacer sur la frise du temps de la classe.

CHAPITRE 1, P. 50

À SAVOIR

Dans son ouvrage *Le Développement de la notion de temps chez l'enfant* (PUF, 1946), Jean Piaget considère 5 étapes pour construire le temps : « temps vécu », « temps perçu », « temps mémorisé », « temps construit » et « temps conçu ».

▶ **En CE2, l'enfant est, selon Jean Piaget, dans le « temps conçu »,** c'est-à-dire qu'il peut comprendre des notions temporelles abstraites. Par exemple, la notion de « siècle » ne s'expérimente pas concrètement, mais se conçoit et se représente sur une frise chronologique.

Une approche utile mais à nuancer

Jean Piaget considère que l'enfant ne peut apprendre qu'après avoir atteint un certain stade de développement lié à son âge. Cette approche peut donc permettre au candidat de justifier ses choix pédagogiques en fonction de la maturation et des rythmes biologiques de l'enfant. Il faut, cependant, veiller à nuancer son propos : de nombreux auteurs, comme Jerome Bruner ou Valérie Tartas, tiennent aussi compte de l'importance du contexte social et culturel de l'enfant pour déterminer sa maturation face au temps.

C Apprendre à distinguer l'Histoire de la fiction

▶ À la différence de la fiction, qui repose sur des faits inventés par son auteur, « ***le temps est une construction sociale****, indissociable du travail même de générations d'historiens, une conquête dont rien ne nous garantit qu'elle soit définitive* » (Antoine Prost, dans l'ouvrage collectif *Historiographies. Concepts et débats I*, Gallimard, 2010).

▶ **Face au passé, l'historien établit donc des faits avérés** et tente de comprendre les actions des hommes et des femmes. Pour ce faire, il s'appuie sur des matériaux : des archives et des témoignages qu'il croise et entrecroise. Il intègre, dans sa démarche, les travaux de ses prédécesseurs ou de ses contemporains. Néanmoins, tous ces matériaux ne sont rien sans le questionnement du chercheur. Produite dans un contexte déterminé, l'archive est disséquée et questionnée : l'historien tente de la faire parler ; il construit ses sources. Cette posture de questionnement, ajoutée à la démarche scientifique de la recherche de preuves et de la construction du document-source, contribue, ainsi, à distinguer l'Histoire de la fiction, le savoir des croyances (*cf.* Dominique Borne, *Enseigner la vérité à l'école*, Armand Colin, 2007).

D La périodisation : une longue construction occidentale

▶ **À la fin du cycle 2, la périodisation est un outil majeur de lecture et de compréhension du temps historique.** Elle consiste à le découper en périodes. Pour Antoine Prost, l'historien *« doit trouver les articulations pertinentes pour découper l'histoire en périodes, c'est-à-dire substituer à la continuité insaisissable du temps une structure signifiante.* [...] *L'action de périodiser est unanimement légitime et aucun historien ne peut s'en passer »* (*Douze Leçons sur l'histoire*, Seuil, 1996).

▶ Pour Jacques Le Goff, la chronologie est un moyen de mise en ordre et un outil de compréhension indispensable.

▶ L'Histoire est, aujourd'hui, divisée en **4 grandes périodes**, avec, pour chacune d'entre elles, des dates clés qui sont censées marquer des ruptures.

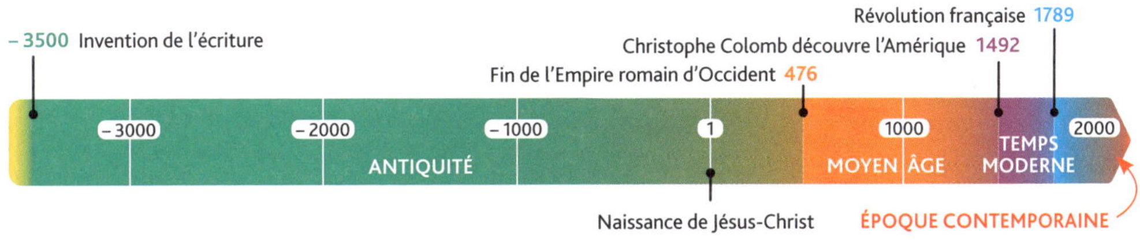

Les grandes périodes de l'Histoire.

▶ Si le temps historique a une origine et une direction, comme le suggère la frise, **toutes les civilisations n'ont pas, cependant, la même origine de temporalité**.

▶ **Notre temps occidental résulte d'une longue évolution** et s'est unifié en prenant pour évènement fondateur la naissance du Christ. Cette façon de compter a été utilisée pour la première fois au VIIIe siècle par Bède le Vénérable, qui a imaginé également la datation négative « avant J.-C. ». Ce temps s'est, ensuite, imposé à partir du IXe siècle dans l'Occident chrétien, et la colonisation l'a exporté sur tous les continents à partir du XVe siècle.

▶ **Le monde musulman** prend pour date, quant à lui, un autre évènement fondateur : l'Hégire (622), qui est le départ de Mahomet de La Mecque pour Médine. Et le **calendrier juif** prend pour origine la date biblique de la création du monde (3761 av. J.-C.).

ENJEU DIDACTIQUE

Comment passer du temps social au temps historique ?

A Une confusion sur le temps qui peut perdurer au cycle 2

En français, on ne différencie pas le temps qui passe et le temps qu'il fait, alors que, pour un jeune Anglais, *weather* et *time* définissent deux réalités bien distinctes. De ce fait, **le mot « temps » peut générer des confusions** chez les élèves, y compris au cycle 2. L'étude du temps dans ce cycle a donc pour buts d'éclairer cette notion complexe et de développer, chez l'élève, des compétences lui permettant de comprendre un passé qui s'éloigne progressivement de lui, du XXIe siècle vers les temps préhistoriques.

B Du temps construit de l'élève au temps conçu

Textes officiels

« Cette compétence transversale, indispensable à la structuration cognitive des élèves, se construit à partir d'une verbalisation et de rituels quotidiens ainsi que de séquences dédiées, qui installent progressivement des repères temporels ainsi qu'un langage précis. »

Programme consolidé du cycle 2, 2020.

▶ La période que Jean Piaget appelle **« temps construit »** concerne les 5-8 ans et se situe donc entre la fin du cycle 1 et le cycle 2. À cet âge, l'enfant peut construire des notions d'« ordre » et de « succession des évènements » (*avant*, *après*, passé, présent et futur proche). Les repères journaliers découverts en maternelle (*jour*, *nuit*, *ce matin*, *ce midi*, *ce soir*…), puis hebdomadaires (*lundi*, *mardi*, *semaine*…) se stabilisent, et il se les approprie définitivement.

▶ À partir de 8 ans (CE2), l'enfant entre dans le **« temps conçu »**, c'est-à-dire qu'il peut coordonner les différents systèmes (heures, jours, mois) et en maîtriser l'aspect cyclique. L'enfant arrive à structurer le temps et peut, ainsi, commencer à comprendre le passé à l'aide de documents divers. Il peut, ensuite, prendre conscience du caractère irréversible du temps (par exemple, l'éruption du Vésuve a entraîné la destruction de Pompéi) et du fait que le temps qu'il étudie est, par définition, un temps révolu.

CONSEIL

Pour atténuer la confusion qui peut perdurer sur le temps, le candidat peut proposer de partir du quotidien des élèves, de leurs habitudes, de leur histoire personnelle. Ceux-ci n'en seront que mieux impliqués dans les apprentissages. Il peut également proposer la mise en place de rituels pour remédier à cette confusion. Instaurés au cycle 1 pour donner du sens à la notion de « temps », les rituels gardent toute leur place au cycle 2 pour stabiliser les repères sociaux communs (frise de la journée, calendrier, roue du temps…).

C Repérer quelques évènements sur le temps long…

▶ Pour mobiliser et développer cette compétence, le professeur rend visibles les traces du passé. Le **patrimoine historique** situé dans l'environnement proche des élèves leur permet de toucher du doigt le temps qui passe.

CONSEIL

Si le candidat est invité à réfléchir sur la manière d'initier les élèves de CE1 ou de CE2 à distinguer « Histoire » et « fiction », il peut s'appuyer sur des albums d'*Astérix le Gaulois*. À partir de vignettes repérées dans une BD, il peut demander aux élèves si ce qu'ils voient correspond au fruit de l'imagination de l'auteur ou si cela représente une réalité historique. Ceux-ci approfondissent, ensuite, la réflexion en confrontant les vignettes avec des documents historiques. Le candidat peut alors évoquer la « médiation du professeur » pour faire le lien avec les dessins (armure d'un soldat romain, par exemple) ou prendre des distances (la potion magique n'existait pas durant l'Antiquité !).

▶ **Cette découverte des traces du passé** peut être réalisée à partir de différents supports : des photographies récentes d'un bâtiment, des archives où sont exposés de vieux papiers et documents, une sortie autour d'un élément incontournable du quartier de l'école (un château, une vieille bastide, un pont, un musée…). Ce travail d'initiation aux marqueurs visibles du passé en CP/CE1 permet d'outiller les élèves en vue du développement d'une vision plus historique du temps, en CE2 puis au cycle 3. Cette découverte peut s'inscrire dans des projets pédagogiques interdisciplinaires.

D … et les situer dans un temps familial, puis historique

▶ Dès le cycle 1, l'élève est habitué à des affichages collectifs qui gardent une trace du temps. Au cycle 2, la **frise chronologique** devient le support pour garder cette trace.

▶ Pour que l'élève de cycle 2 mobilise la compétence « Se repérer et se situer dans le temps », il ne doit pas coller une frise déjà toute faite par le professeur. Il doit aussi la manipuler : il la complète, l'illustre et s'y réfère à l'écrit ou à l'oral pour replacer un évènement. La frise devient alors un outil de repérage et d'appropriation du temps, une mémoire visuelle de ce qui a été appris en cours (des faits historiques, la vie d'un personnage…).

CONSEIL

Si le candidat est confronté à un sujet sur le temps au cycle 2, il peut imaginer un projet interdisciplinaire autour du patrimoine local pour donner du sens aux apprentissages et aider les élèves à mieux se repérer sur le temps long. La littérature pour la jeunesse (français) permet d'acquérir un vocabulaire spécifique et offre des illustrations simplifiées de la réalité. Confrontés en sortie à leur espace proche (géographie), les élèves découvrent des traces historiques qu'ils peuvent associer à celles de la faune environnante *(Questionner le monde du vivant)*. Les émotions (EMC et arts plastiques) les amènent à réfléchir sur ce qu'ils voient, entendent, touchent…

▶ **En CP,** la frise porte sur le temps de l'enfant (le temps vécu), dans la suite immédiate de ce qui est construit en maternelle.

▶ **En CE1,** la frise représente des évènements familiaux qui s'étalent sur les XXe et XXIe siècles, à partir d'un travail sur la généalogie des élèves. À partir de 7-8 ans, l'enfant accède, en effet, au « temps conçu » : il peut commencer à classer des évènements dans un ordre chronologique et représenter la durée (traits de longueurs différentes classés du moins long au plus long).

▶ **En CE2,** le découpage périodisé de l'Histoire est introduit. Les évènements vus en classe, contextualisés dans leur période historique, sont alors reportés sur la frise chronologique de la classe et mis en perspective sur le temps long.

E Comparer les modes de vie dans le temps

Textes officiels

« Au CE2, on commence l'étude du temps long [...] à travers quelques évènements, personnages et modes de vie caractéristiques des principales périodes de l'histoire de France et du monde occidental. »

Programme consolidé du cycle 2, 2020.

EXPLOITATION PÉDAGOGIQUE, P. 78

▶ Monique Fionneau, dans son ouvrage *De la découverte du monde à l'histoire aux cycle 2 et 3* (Nathan, 1996), montre que l'enfant recherche d'abord dans le passé des choses qu'il connaît ou qui l'interpellent : il interroge le passé à la lumière du présent. En comparant le passé au présent et les différentes périodes historiques entre elles, l'élève découvre ce qui existait autrefois. Associée à la construction de la frise chronologique, la comparaison des modes de vie dans le temps lui permet de comprendre l'**ordre chronologique du temps**.

CONSEIL

Une réflexion peut être demandée au candidat à propos de l'appropriation des repères historiques au cycle 2. Pour y répondre, il peut expliquer que la frise chronologique se construit plutôt au CE2, de manière progressive et avec les élèves. La frise devient un outil collectif qui permet de consolider les repères évoqués dans chacune des périodes historiques.

EXPLOITATION PÉDAGOGIQUE, P. 74

▶ **Les premiers repères éloignés dans le temps sont construits au CE1.** Ces repères s'inscrivent dans un temps perceptible pour l'élève : celui de la famille proche. L'étude d'un thème tel que « L'école de mes grands-parents » permet aux élèves de faire leurs premiers pas dans la représentation du passé et la démarche d'investigation. La comparaison avec la façon dont leurs grands-parents étudiaient à l'école motive les élèves à découvrir un passé à échelle humaine et facile d'accès.

CONSEIL

Si le candidat est invité à produire une réflexion didactique autour de la thématique « Comparer les modes de vie dans le temps », il faut qu'il explique d'abord ce que *comparer* signifie. *Comparer* invite à articuler le présent et le passé. Cette articulation ne peut s'envisager que lorsque les premiers repères de structuration de temps sont acquis et que l'élève est capable de se décentrer du présent. Les niveaux CE1 et CE2 paraissent donc plus adaptés pour mettre en œuvre cette thématique en classe.

▶ **Les proximités temporelle et spatiale avec le sujet** rendent possibles la manipulation et l'observation de documents divers (photographies, témoignages, objets...), tout en favorisant une approche concrète du thème choisi. Enfin, elles encouragent le recours à une démarche qui initie les élèves au questionnement sur la source et à son analyse. Les échanges leur permettent aussi de croiser leurs représentations temporelles et de renforcer la comparaison dans le temps.

L'étude de documents au cycle 2

L'étude de documents constitue la 1re approche pour construire la compréhension des objets historiques. Si l'on construit un questionnaire, il faut éviter les questions littérales (qui est l'auteur ? qui sont les personnages ? que font-ils ?) qui empêchent de mener une enquête visant à produire un regard critique sur le passé. Il s'agit plutôt d'initier les élèves à la recherche d'indices, à formuler des hypothèses et à les confronter à celles des autres. Le rôle du professeur demeure essentiel car il rend explicite l'acquisition de la méthode historique à propos du document :

1. « Ce document est... » : auteur, date, lieu de fabrication, nature...
2. « Selon ce document... » : niveau d'exactitude du document, hypothèses sur le document...
3. « En fait, ce document... » : motivations et conséquences du texte pour l'historien.

▶ La comparaison des modes de vie dans le temps se renforce et s'approfondit en CE2, avec **une analyse des documents qui devient plus critique** et une description qui fait appel à un vocabulaire davantage historique. Elle est également l'occasion d'une utilisation régulière de la frise chronologique.

▶ En CE2, les sujets concernant l'évolution des modes de vie se concentrent encore sur des lieux proches et connus de l'élève. Le sujet étudié est, désormais, comparé de la préhistoire à l'Époque contemporaine. La **démarche comparative et historique** a, ici, pour objectifs de susciter la curiosité des élèves et marquer schématiquement les périodes historiques. Elle se prête également à l'utilisation de supports variés, qui peuvent être simplifiés en vue d'une meilleure appropriation par les élèves (le dessin d'une scène de banquet au Moyen Âge, la représentation ludique d'une maison à l'époque des Gaulois…). Les albums ou romans pour la jeunesse, rarement écrits dans un souci de vérité historique, peuvent être utilisés et permettre de développer des compétences transdisciplinaires (lecture, compréhension…). L'usage de ces fictions est une occasion de développer l'esprit critique des élèves en les amenant à s'interroger sur leur pertinence au regard de l'Histoire.

CONSEIL

Tout sujet sur le temps au cycle 2 peut amener le candidat à proposer aux élèves une initiation à l'esprit critique. Il peut alors imaginer les faire s'interroger sur la source d'un document, et notamment sur le décalage temporel entre le document proposé et les faits historiques étudiés. Par exemple, à propos du célèbre tableau *Vercingétorix jette ses armes aux pieds de Jules César* (1899) de Lionel Royer, il peut demander aux élèves si cette peinture représente réellement les faits étudiés à propos de la bataille d'Alésia (52 av. J.-C.).

▶ Enfin, des documents, dont la source et le contexte sont présentés, peuvent être progressivement introduits auprès des élèves et contribuer à les initier au **raisonnement historique**. Ce n'est, en effet, qu'au cycle 3 que le professeur s'appuie sur une démarche uniquement historique, en utilisant des documents-sources, contextualisés à l'époque étudiée (ci-contre, une simple illustration et non un document-source).

FICHE 2, P. 24

Vercingétorix fait prisonnier par Jules César devant Alésia, dessin de Jean-Pierre Ariel.

Les difficultés des élèves

Les élèves de cycle 2 ne sont pas tous capables de distinguer l'Histoire de la fiction sans la médiation du professeur. Avant de développer leur esprit critique et de leur demander de prendre de la distance avec un document historique, ce dernier doit penser à initier les élèves au prélèvement d'informations. En posant des questions simples qui interrogent directement le document étudié, il montre qu'il s'assure d'abord que les élèves ont bien les capacités requises de compréhension et de lecture d'un document historique.
Ensuite, il peut envisager la critique d'un document historique, selon 2 niveaux de difficultés :
- soit à partir d'un étayage de plusieurs questions, qui permettent de guider les élèves dans le raisonnement historique ;
- soit à partir d'une consigne ouverte, qui demande aux élèves ce que le document nous apprend réellement sur la période étudiée et en quoi il n'est pas « historique ».

FICHE 1 Se repérer dans le temps et le mesurer

Textes officiels

Connaissances et compétences associées	*Exemples de situations, d'activités et de ressources pour les élèves*
Identifier les rythmes cycliques du temps. *Lire l'heure et les dates.* *L'alternance jour/nuit.* *Le caractère cyclique des jours, semaines, mois, saisons.*	*Calendriers pour marquer les repères temporels (année, mois, semaine, jour).* *Emploi du temps d'une journée.* *Horloge, pendule pour appréhender quelques repères de codification du temps.*

CHAPITRE 1, P. 56

▶ **Depuis le cycle 1, les élèves apprennent à se situer dans le temps,** c'est-à-dire qu'ils sont en capacité, d'une part, de s'y repérer, de mesurer des durées et, d'autre part, de repérer et situer quelques événements dans un temps plus long. L'ensemble des savoirs fondamentaux du cycle 1 sont stabilisés en début de cycle 2, au CP.

▶ **L'heure et les dates rythment le temps social.** Les élèves les apprennent progressivement et les associent aux différents moments de la journée : celle-ci est divisée en heures, de la même façon que la semaine est divisée en jours.

▶ **Le caractère cyclique** des jours, des semaines, des mois, des saisons est également stabilisé au CP autour de marqueurs temporels et d'un affichage dans la classe qui peut fortement s'inspirer de celui de la maternelle.

▶ **En lien avec les mathématiques** (grands nombres, unités de mesure…), l'initiation au temps long permet de donner davantage de sens au vocabulaire de la mesure du temps : *jour, semaine, heure, minute, seconde, mois, année, siècle, millénaire*. Il permet aussi de comparer les unités de mesure entre elles et de les inscrire sur une frise.

CONSEIL

Dans tous les sujets qui portent sur le temps au cycle 2, le candidat doit montrer qu'il a compris la polyvalence du professeur des écoles. Celle-ci s'exprime notamment par le croisement des disciplines, qui permettent de donner plus de sens aux apprentissages. Le candidat pourra, ainsi, associer le caractère cyclique du temps avec les sciences et l'étude du système de révolution de la Terre autour du Soleil. Ce système de 365 jours permet, en effet, de mieux comprendre le passage des saisons mais aussi l'alternance jour/nuit.

FICHE 2 À la découverte d'un passé familial ancré dans l'histoire française récente

A. Le temps des grands-parents : la France des années 1950-1960

EXPLOITATION PÉDAGOGIQUE, P. 74

▶ Dans les années 1950-1960, en France, la démocratie est renforcée et plus sociale : le suffrage est véritablement universel, puisqu'il est étendu aux femmes, et de nouveaux droits sociaux sont affirmés dans la Constitution.

▶ **Au niveau politique, l'année 1958 marque une rupture,** avec la mise en place du régime politique dans lequel nous vivons aujourd'hui. Entre 1958 et 1962, il s'agit de mettre fin à l'instabilité gouvernementale caractéristique de la IVe République en asseyant l'autorité du chef de l'État. La crise algérienne amène le retour au pouvoir de Charles de Gaulle, élu président de la République en 1962.

▶ Ces années 1950-1960 s'inscrivent dans les grandes évolutions sociales et économiques des **Trente Glorieuses** : place des femmes dans la société, nouvelles aspirations de la jeunesse, développement de l'immigration, vieillissement de la population, montée du chômage, recul du monde agricole. Si le principe de l'égalité entre hommes et femmes figurait déjà dans la Constitution de 1946, ce n'est qu'en 1965 que les femmes mariées peuvent exercer une profession sans l'autorisation de leur mari.

B. Le temps des parents : la France des années 1970-1980

▶ **Marquées par la crise de 1968 et la révolte estudiantine,** les années 1970-1980 entraînent une nouvelle évolution des droits des femmes, liée à celle de la famille : « l'autorité paternelle » devient « autorité parentale » en 1970, et l'année 1975 voit l'introduction du divorce par consentement mutuel.

▶ **Au niveau politique,** la présidence de Georges Pompidou (1969-1974) garantit la continuité du régime. Les élections de 1981 et de 1986-1988 testent la solidité des institutions : le Parti socialiste et ses alliés gouvernent sans remise en question du cadre institutionnel, et, de 1986 à 1988, le président François Mitterrand et le Premier ministre Jacques Chirac appartiennent à des camps différents : c'est la cohabitation.

À SAVOIR

Changement majeur de la seconde moitié du XXe siècle, la **loi Veil** autorise, en 1975, l'interruption volontaire de grossesse (IVG), après des débats houleux à l'Assemblée nationale. La loi, qui encadre l'avortement, permet, notamment, aux femmes de disposer librement de leur corps.

▶ **L'année 1974 marque un tournant important :** alors que le chômage augmente et que le baby-boom est fini, la crise économique conduit à une restriction de l'immigration. Les années 1980 voient également apparaître la question de l'intégration sociale de la « 2e génération », c'est-à-dire celle des enfants d'immigrés nés en France.

CONSEIL

Si le candidat est confronté à un sujet sur le temps des parents ou sur celui de la mémoire familiale, il devra évoquer le contexte politique et économique des années 1950-1960 ou 1970-1980. Ces contextes permettent, en effet, de comprendre les enjeux et les changements sociaux considérables vécus par les familles des élèves.

FICHE 3 Les modes de vie : l'alimentation à travers les âges

Textes officiels

Connaissances et compétences associées	*Exemples de situations, d'activités et de ressources pour les élèves*
L'évolution des sociétés à travers des modes de vie et des techniques à diverses époques.	*Élaborer une frise chronologique et situer des évènements.*
Repérer des périodes de l'histoire du monde occidental et de la France en particulier, quelques grandes dates et personnages clés.	*Ressources locales (monuments, architecture…), récits, témoignages, films, vus comme éléments d'enquête.*

A. L'alimentation à la préhistoire

CHAPITRE 3, P. 88

▶ **La période de la préhistoire s'étale sur des centaines de milliers d'années.** Les régimes alimentaires préhistoriques sont donc très variés et dépendent de l'espèce d'hominidés étudiée (*Homo erectus, Homo sapiens…*), de son environnement et des conditions climatiques dans lesquelles elle a vécu.

▶ **Il y a 35 000-40 000 ans, 2 espèces d'hommes coexistaient encore sur Terre.** Leurs comportements alimentaires n'étaient pas nécessairement les mêmes.

▶ Les **Néandertaliens** avaient un régime essentiellement carnivore. À mesure que l'on avance dans le temps, alors que le climat reste froid et les ressources alimentaires à peu près identiques, on assiste quand même à une diversification des régimes. ***Homo sapiens*** consomme plus de petits gibiers, d'oiseaux, de coquillages, de poissons. Cette évolution correspond peut-être à une complexification de la société et à des stratégies d'exploitation des ressources naturelles.

À SAVOIR

L'homme de Néandertal ou *Homo neanderthalensis* (de 430 000 à 30 000 ans) et l'homme de Cro-Magnon ou *Homo sapiens* (depuis 300 000 ans) ont coexisté dans de nombreux territoires.

▶ **Le climat joue donc aussi un rôle.** Les régimes alimentaires des temps glaciaires sont extrêmement carnés, reposant sur la viande et la graisse de grand gibier. À la fin des périodes glaciaires, il y a 11 000-11 500 ans, le réchauffement permet l'éclosion des composantes végétales, qui prennent une plus grande place dans l'alimentation. La « révolution néolithique », qui repose sur le développement de l'agriculture, offre une alimentation plus variée et stabilisée.

B. L'alimentation au Moyen Âge

EXPLOITATION PÉDAGOGIQUE, P. 78

Le festin médiéval, d'un raffinement inouï comme le montre la miniature, était un spectacle qui se déroulait selon un rituel très codifié, accompagné par des musiciens, des conteurs et des acrobates. Les paysans se contentaient de pain, de bouillies de céréales et de légumes communs. Le style d'alimentation du mangeur médiéval était donc conforme à son rang social.

Miniature, *Histoire d'Olivier de Castille et d'Artus d'Algarbe*, XVe siècle.

D'autres modes de vie possibles

La vie à l'école, l'habitat, les outils, la guerre, les déplacements sont les autres thématiques possibles pour explorer les modes de vie des hommes et des femmes dans le temps. La stratégie reste la même, quel que soit le sujet : construire une progression dans le temps à partir d'éléments culturels qui diffèrent au fur et à mesure que les périodes historiques sont abordées.

C. L'alimentation à l'Époque moderne

▸ À l'Époque moderne, l'alimentation est fondée sur des **produits de proximité**. Les céréales, sous forme de pain, galettes, bouillies ou pâtes, sont une nourriture indispensable. La viande, même s'il ne s'agit parfois que de viandes de conserve, est appréciée des Européens pour qui elle est un symbole de force et d'aisance. Le poisson n'est pas dédaigné, même s'il est associé aux impératifs du carême dans l'Europe catholique (le carême existe aussi chez les musulmans). Parmi les boissons, vins et bières sont largement diffusés, à tous les niveaux de la société.

MOT-CLÉ

Carême : jeûne de 40 jours (ni viande, ni œuf, ni alcool), prenant fin la veille de Pâques chez les catholiques ; c'est une période de pénitence et de partage, et un geste de solidarité avec les pauvres.

▸ Manger en Europe du XVIe au début du XIXe siècle revêt aussi **une dimension sociale et politique** très forte : la table sert à montrer son pouvoir, à affirmer son adhésion à une religion, à mettre en scène sa prééminence sociale, à se soigner…

D. L'alimentation à l'Époque contemporaine

Aux XIXe et XXe siècles, **les régimes alimentaires se diversifient** et dépendent encore de la condition sociale. Le XXIe siècle est, quant à lui, marqué par des courants qui interrogent le sens même de l'alimentation de l'être humain (malbouffe, véganisme…).

CONSEIL

Si le candidat doit traiter un sujet demandant de « comparer les modes de vie dans le temps » au cycle 2, il n'est pas obligé de commencer par la préhistoire. Il peut, en effet, partir du présent et développer le sujet dans d'autres aires géographiques. En prenant l'exemple de l'alimentation comme mode de vie, il peut, ainsi, croiser les programmes sur le temps et l'espace (« Explorer les organisations du monde ») et comparer les modes de vie dans l'espace : « l'alimentation en France », « l'alimentation au Brésil », « l'alimentation en Chine », etc. Ce croisement entre le temps et l'espace permet au candidat de montrer sa capacité à être polyvalent et à rendre plus efficace sa programmation.

EXPLOITATIONS PÉDAGOGIQUES

Se repérer dans le temps à partir de la mémoire familiale

A La séquence et ses objectifs

Cycle	2
Niveau	CE1
Domaines	Temps/Histoire
Séquence	Se repérer dans le temps à partir de la mémoire familiale
Séances	4
Période	2 ou 3

1. Prérequis

- Les longueurs (mathématiques).
- CHAPITRE 1, P. 53 Notions de « durée », d'« ordre chronologique », de « succession ».
- Vocabulaire temporel basique (*avant*, *après*…).

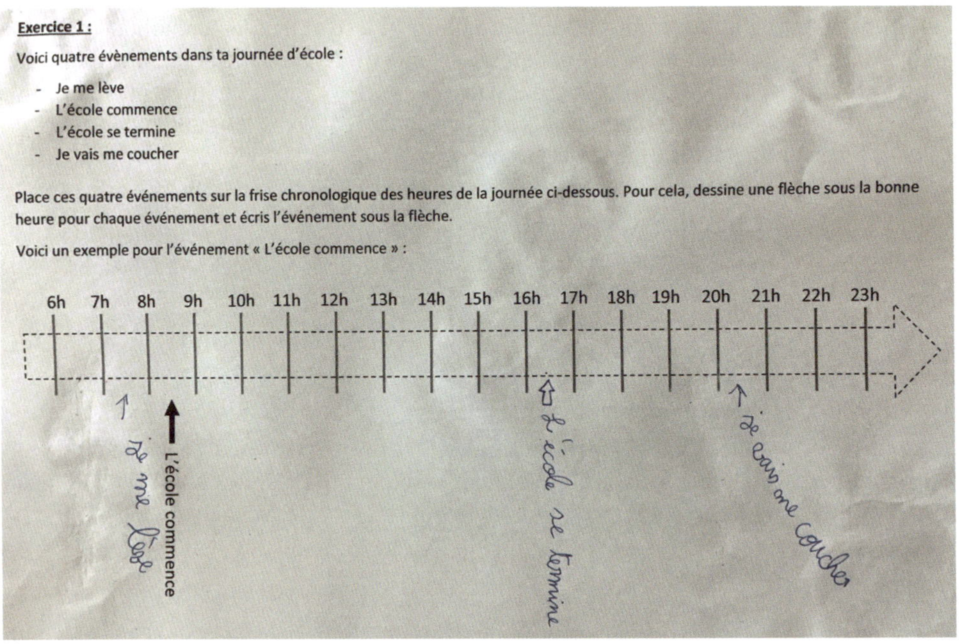
Exercice 1 :

Voici quatre évènements dans ta journée d'école :

- Je me lève
- L'école commence
- L'école se termine
- Je vais me coucher

Place ces quatre événements sur la frise chronologique des heures de la journée ci-dessous. Pour cela, dessine une flèche sous la bonne heure pour chaque événement et écris l'événement sous la flèche.

Voici un exemple pour l'événement « L'école commence » :

2. Objectifs de la séquence

- Prendre conscience que le temps qui passe est irréversible.
- S'éloigner du temps proche vers un passé familial et intelligible.
- CHAPITRE 2, P. 71 Découvrir la mémoire familiale et la vie dans les années 1950 à 1980.
- Prendre conscience des similitudes/différences entre passé et présent.
- Élaborer une frise personnelle puis collective du temps séculaire (XXe siècle).

3. Compétences travaillées

- Travailler en groupes.
- Comprendre un document.
- S'initier à la démarche d'investigation historique.
- Construire une frise chronologique.

4. Préparations matérielle et documentaire

☑ Questionnaire pour les grands-parents et les parents.

☑ Objets, documents, photographies montrant des aspects de la vie des parents et des grands-parents, dans leur enfance et leur scolarité (encrier, photos de classes, manuels scolaires anciens, objets du quotidien…).

B Organisation de la séquence

Séance 1	Découverte de l'arbre généalogique. Mise en place de l'enquête à mener à la maison auprès de la famille ou des voisins, le cas échéant.
Séance 2	Analyse des photos, des objets, des documents, des questionnaires apportés par les élèves et le professeur. Élaboration de l'arbre généalogique des élèves.
Séance 3	Élaboration de la frise chronologique collective représentant les dates de naissance des parents et des grands-parents des élèves.
Séance 4	Réalisation d'affiches sur l'école d'autrefois (à partir des documents du professeur et des recherches des élèves). Évaluation formative des affiches/exposés à partir de critères de réalisation préétablis.

C Exemple d'une exploitation pédagogique : séance 3

1. Objectifs d'apprentissage

☑ Faire travailler les élèves en groupes, développer des compétences socio-comportementales.

☑ Initier les élèves à la construction d'une frise chronologique respectant un certain nombre de codes.

☑ Découvrir la vie d'autrefois dans les années 1950 à 1980, à partir de témoignages.

2. Choix opérés pour conduire l'exploitation pédagogique

EXEMPLE DE SÉANCE N° 3			
Phase	**Durée**	**Dispositif**	**Déroulement**
❶ Présentation de l'activité	5 min	Collectif oral	Le professeur présente l'activité.
❷ Passation de la consigne	5 min	Collectif oral	• Le professeur fait réfléchir les élèves sur les critères de réussite de la compétence travaillée en groupes : s'écouter, collaborer, se mettre d'accord ensemble, se partager le travail en cas de difficulté, etc. • Rappel des règles de vie en classe.
❸ Travail en groupes	20-25 min	Collectif et individuel oral/écrit	• Les élèves construisent leur frise et s'entraident. • Le professeur régule les difficultés et rappelle les critères de réussite.
❹ Restitution et mise en commun	15 min	Collectif	Le temps de correction collective permet au professeur de revenir sur les difficultés rencontrées et de réinvestir les connaissances sur le temps découvertes lors de la séance précédente.

▶ En groupes hétérogènes, les élèves peuvent s'entraider et construire, ensemble, leur frise personnelle.

▶ Le professeur régule plus efficacement les difficultés en passant directement dans les groupes.

▶ Pour anticiper d'éventuelles difficultés à constituer la frise, il peut fournir le support de celle-ci sous la forme d'un coup de pouce, avec un étayage de questions qui décompose chronologiquement l'activité.

3. Travaux réalisés en classe

3-1. Lors de la séance 2

▶ Au cours de cette séance, les élèves ont analysé le questionnaire rempli par leurs parents et grands-parents au sujet de leur enfance.

▶ D'une grande richesse, ces questionnaires sont analysés par les élèves, qui comparent leur mode de vie présent avec celui de leurs proches.

▶ Même si certains questionnaires sont empreints de nostalgie (que le professeur peut analyser avec les élèves), ils permettent de faire émerger des marqueurs temporels différents du présent et d'initier les élèves à la démarche d'investigation en histoire.

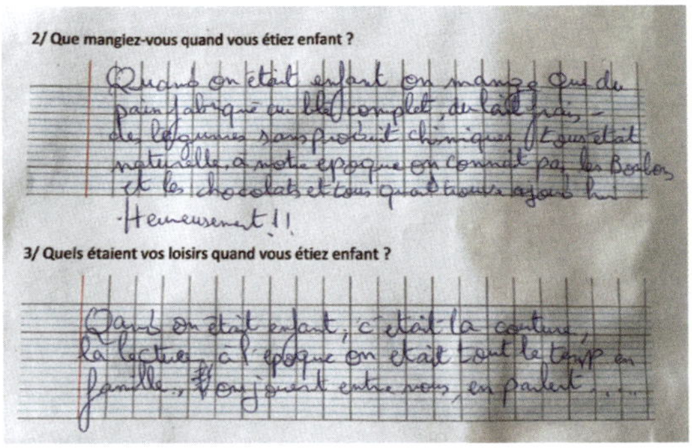
2/ Que mangiez-vous quand vous étiez enfant ?

Quand on était enfant on mangeait que du pain fabriqué au blé complet, du lait frais, des légumes sans produit chimique. Tout était naturelle, à notre époque on connaît pas les Bonbons et les chocolats

Heureusement !!

3/ Quels étaient vos loisirs quand vous étiez enfant ?

Quand on était enfant, c'était la couture, la lecture, à l'époque on était tout le temps en famille, on jouait entre nous, en parlant...

▶ À partir des questionnaires réalisés à la maison auprès de leurs parents et grands-parents, les élèves relèvent leur date de naissance. Ils effectuent un exercice les invitant à différencier certains aspects de leur vie présente de celle de leurs proches. Dans un dernier exercice, ils rédigent, individuellement, un petit texte pour qu'ils comparent leurs modes de vie dans le temps.

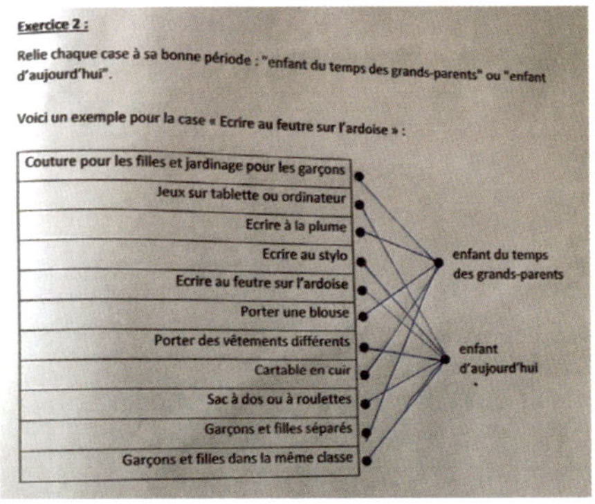
Exercice 2 :

Relie chaque case à sa bonne période : "enfant du temps des grands-parents" ou "enfant d'aujourd'hui".

Voici un exemple pour la case « Ecrire au feutre sur l'ardoise » :

Couture pour les filles et jardinage pour les garçons
Jeux sur tablette ou ordinateur
Ecrire à la plume
Ecrire au stylo
Ecrire au feutre sur l'ardoise
Porter une blouse
Porter des vêtements différents
Cartable en cuir
Sac à dos ou à roulettes
Garçons et filles séparés
Garçons et filles dans la même classe

enfant du temps des grands-parents

enfant d'aujourd'hui

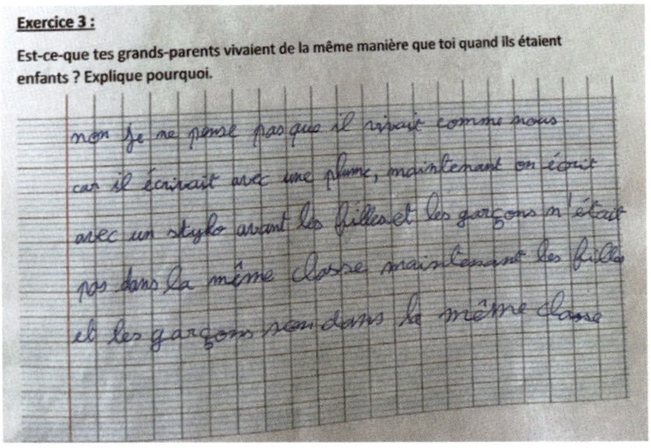
Exercice 3 :

Est-ce-que tes grands-parents vivaient de la même manière que toi quand ils étaient enfants ? Explique pourquoi.

non je ne pense pas que il vivait comme nous car il écrivait avec une plume, maintenant on écrit avec un stylo avant les filles et les garçons n'était pas dans la même classe maintenant les filles et les garçons son dans la même classe

3-2. Lors de la mise en commun de la séance 3

▶ La mise en commun permet de faire prendre conscience aux élèves qu'à mesure que l'âge des personnes augmente, on s'éloigne dans le passé pour indiquer leur naissance.

▶ Chaque élève a pu contribuer à construire la frise collective (voir ci-contre), en venant placer ses points au tableau, aux bonnes dates. Le professeur en profite pour introduire un repère historique fondamental : la Seconde Guerre mondiale. Prise en photo et photocopiée, la frise figure également dans le cahier d'histoire des élèves.

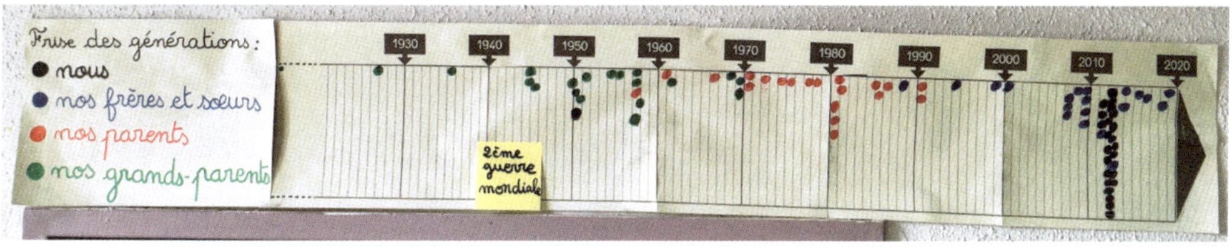

D Questionnements possibles à partir de l'exploitation pédagogique

• Pourquoi proposer la démarche d'investigation en cycle 2 ?

Au CE1, tout en étant guidés par le questionnement du professeur, les élèves ont suffisamment de maturité pour émettre et formuler des hypothèses, réfléchir sur la temporalité d'un document, se confronter à des problèmes. En leur demandant de créer le questionnaire et de le conduire à la maison auprès de leurs proches, le professeur suscite leur intérêt et leur esprit d'initiative. Il contribue aussi à développer la coopération avec les parents d'élèves. Si certains élèves n'ont pas de grands-parents, ils peuvent travailler en binômes ou trinômes ou bien soumettre le questionnaire à un autre parent ou voisin âgé.

• Quels prolongements peuvent être proposés sur l'espace, à partir de cette séquence ? et en EMC ? Justifiez votre réponse.

On peut proposer un prolongement sur les modes de vie dans l'espace, à travers la thématique de l'école, dans les autres pays. En EMC, la question de l'égalité filles/garçons peut être abordée, la mixité dans l'école publique n'étant généralisée que depuis les années 1970.

• Pour amener les élèves à mieux saisir l'école de leurs grands-parents ou parents, quels documents ou objets pourriez-vous proposer ?

Des photos de classe ou de la vie sociale de l'époque peuvent permettre aux élèves de saisir non seulement les différences avec le temps présent, mais aussi les similitudes. La présentation d'objets concrets du passé (ancienne radio, ancien mobilier de classe, etc.) permet également aux élèves de toucher du doigt les marques du passé.

• Quel(s) autre(s) type(s) de situation(s) d'apprentissage permet(tent) de mobiliser la compétence « Repérer et situer quelques évènements dans un temps long » en cycle 2 ?

Au CE2, l'étude des modes de vie dans le temps, à travers la préhistoire et les 4 périodes historiques, contribue à enrichir la frise chronologique tout au long de l'année. L'étude de grands personnages historiques, replacés aux bons endroits sur la frise (individuellement ou collectivement), vise aussi à réinvestir cette frise et remobiliser la compétence.

• Si le sujet vous avait demandé d'exploiter un document en CE2, comment vous y seriez-vous pris ?

On n'exploite pas un document en cycle 2 comme en cycle 3, mais on peut proposer, dans une classe de CE2, une initiation au raisonnement historique. En fonction de la nature du document, la médiation du professeur sera plus ou moins importante pour faire le lien entre l'objet historique (le document) et le savoir historique (l'information qu'il donne). Il faudra étayer l'approche du document par un questionnement progressif et par un positionnement sur la frise chronologique.

EXPLOITATIONS PÉDAGOGIQUES

Comparer les modes de vie dans le temps

A La séquence et ses objectifs

Cycle	2
Niveau	CE2
Domaine	Histoire
Séquence	Comparer l'alimentation à travers le temps
Séances	4
Période	4 ou 5

1. Prérequis

CHAPITRE 2, P. 68

- ☑ Avoir construit la frise chronologique.
- ☑ Connaître et savoir placer dans l'ordre la préhistoire et les 4 grandes périodes historiques.

2. Objectifs de la séquence

- ☑ Faire approprier la frise chronologique et consolider la connaissance des grandes périodes historiques.
- ☑ Initier les élèves au raisonnement historique, en leur demandant de répondre à une question ouverte, à partir de documents-sources.
- ☑ Consolider la notion de « chronologie dans le temps ».

3. Compétences travaillées

- ☑ Coopérer et mutualiser.
- ☑ Comprendre un document historique.
- ☑ Se repérer dans le temps.
- ☑ S'exprimer à l'oral.

4. Préparations matérielle et documentaire

- ☑ Répartition des corpus documentaires dans les différents îlots : chaque groupe de 3 ou 4 élèves travaille sur une période historique.
- ☑ Les documents proposés sont des documents iconographiques d'époque, des reconstitutions réalisées par des archéologues, des textes d'historiens et des photographies de vestiges d'époque.

B Organisation de la séquence

Séance 1	À partir des corpus documentaires, les groupes répondent à la question : Comment les hommes et les femmes s'alimentaient-ils à travers le temps (préhistoire, Antiquité, Moyen Âge) ?
Séance 2	Exposés des groupes à partir de leurs recherches et productions. Mise en commun par le professeur. Réalisation d'une trace écrite commune. Enrichissement de la frise chronologique de la classe.
Séance 3	À partir des corpus documentaires, les groupes répondent à la question : Comment les hommes et les femmes s'alimentaient-ils à travers le temps (Époque moderne, Époque contemporaine) ?
Séance 4	Exposés des groupes à partir de leurs recherches et productions. Mise en commun par le professeur. Réalisation d'une trace écrite commune. Enrichissement de la frise chronologique de la classe.

C Exemple d'une exploitation pédagogique : séance 1

1. Objectif d'apprentissage

☑ Initier les élèves au raisonnement historique, en leur demandant de répondre à une question ouverte, à partir de documents-sources.

2. Choix opérés pour conduire l'exploitation pédagogique

EXEMPLE DE SÉANCE N° 1			
Phase	**Durée**	**Dispositif**	**Déroulement**
❶ Présentation de l'activité	5 min	Collectif oral	• Le professeur présente l'activité. • La question est notée au tableau.
❷ Passation de la consigne	5 min	Collectif oral	• Les élèves proposent des critères de réussite pour la compétence « Travailler en groupes ». • Le professeur rappelle les règles de vie en classe.
❸ Travail en groupes	45 min	Collectif oral	• Les élèves se mettent au travail, lisent individuellement les documents, se répartissent les tâches. • Le professeur régule et passe dans les îlots.
❹ Restitution et mise en commun	Séance 2	Collectif	Les travaux des élèves permettent de construire le bilan réalisé à la fin de la séance 2.

3. Travaux réalisés en classe

3-1. Présentation de l'activité

Le professeur réactive les prérequis des élèves dans un temps d'échanges dialogués :

– « Quelles sont les périodes historiques ? »

– « Comment se nourrit-on aujourd'hui ? »

– …

3-2. Passation de la consigne

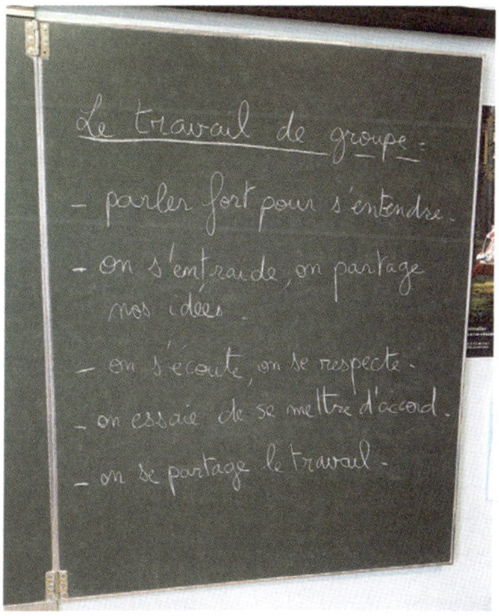

▶ L'élaboration des critères de réussite se fait avec les élèves afin qu'ils se les approprient.

▶ La présence des critères de réussite permet aux élèves de comprendre la démarche du travail de groupe durant l'activité. Le professeur s'appuie dessus s'il repère des élèves qui ne les respectent pas. Il s'assure, ainsi, que tous les élèves mobilisent la compétence du travail de groupe de la manière la plus efficace possible.

▶ Le professeur peut proposer, à la fin de l'activité, des remédiations individuelles à partir de ces critères, afin que les élèves progressent.

LE TEMPS

3-3. Travail en groupes

▶ En autonomie, les élèves découvrent et lisent les documents de leur corpus.

▶ Ici, une AVS (Auxiliaire de vie scolaire) aide un élève à besoin éducatif particulier, en lui expliquant un document avec ses camarades.

▶ Après un temps d'autonomie, le professeur aide les élèves quand cela est nécessaire. Il leur apporte, comme ici, un éclairage lexical sur les mots de vocabulaire qui occasionnent des difficultés. Il régule le travail de groupe, rappelle les critères de réussite, encourage les élèves à bien se répartir les tâches, corrige les éventuelles fautes.

▶ La complexité de la tâche, le nombre de documents (5 ou 6 par groupe) et la consigne dite « ouverte » (en une seule question très large) obligent les élèves à mutualiser. C'est, en effet, l'un des objectifs fondamentaux de la séance : faire coopérer les élèves dans les groupes.

▶ La frise chronologique de la classe est visuellement disponible pendant le travail des élèves. Le professeur s'appuie sur elle pour rendre explicites les différentes temporalités abordées dans l'activité.

3-4. Restitution et mise en commun

Le bilan, réalisé en séance 2, est construit à partir des exposés des élèves et reformulé, sous la forme d'une dictée, au professeur pour permettre son appropriation : les élèves expriment à l'oral ce qu'ils ont retenu de la séance 1, répondent à la question initiale, tandis que le professeur institutionnalise le bilan en rédigeant la synthèse à partir de leurs idées.

D Questionnements possibles à partir de l'exploitation pédagogique

• Peut-on proposer une autre façon d'aborder la question des modes de vie dans le temps en CE2 ?

Ici, le choix a été fait d'aborder cette thématique dans la 2nde moitié de l'année, avec la frise chronologique déjà élaborée et affichée en classe. On peut aussi aborder les modes de vie comme un fil rouge tout au long de l'année : durant la préhistoire (période 1), durant l'Antiquité (période 2), etc. La frise chronologique est construite étape par étape. L'apprentissage, par les élèves, des grands repères historiques du CE2 serait, ainsi, davantage progressif.

• Quels sont les objectifs d'apprentissage de la séance 2 ?

En leur demandant de restituer leur travail à l'oral, on invite aussi les élèves à expliquer les choix qu'ils ont faits pour arriver au résultat exposé. Les élèves répondent à la question posée, la mettent en relation avec la période historique étudiée, comparent le mode de vie avec le précédent. Ils expliquent aussi à la classe comment s'est déroulé le travail de groupe, comment ils ont collaboré et comment ils se sont réparti les tâches. Ces explications permettent au professeur de proposer des remédiations utiles pour le prochain travail de groupe.

Enseigner l'histoire au cycle 3

Programmes

« En travaillant sur des faits historiques, les élèves apprennent d'abord à distinguer l'histoire de la fiction et commencent à comprendre que le passé est source d'interrogations. Le projet de formation du cycle 3 ne vise pas une connaissance linéaire et exhaustive de l'histoire. Les moments historiques retenus ont pour objectif de mettre en place des repères historiques communs, élaborés progressivement et enrichis tout au long des cycles 3 et 4, qui permettent de comprendre que le monde d'aujourd'hui et la société contemporaine sont les héritiers de longs processus, de ruptures, de choix effectués par les femmes et les hommes du passé. […] Si le programme offre parfois des sujets d'étude précis, les professeurs veillent à permettre aux élèves d'élaborer des représentations globales des mondes explorés. »

BO n° 31 du 30/07/2020.

CM1 Thème 1 – Et avant la France ?

- Quelles traces d'une occupation ancienne du territoire français ?
- Celtes, Gaulois, Grecs et Romains : quels héritages des mondes anciens ?
- Les grands mouvements et déplacements de populations (IVe-Xe siècles)
- Clovis et Charlemagne, Mérovingiens et Carolingiens dans la continuité de l'Empire romain

CM1 Thème 2 – Le temps des rois

- Louis IX, le « roi chrétien » au XIIIe siècle
- François Ier, un protecteur des Arts et des Lettres à la Renaissance
- Henri IV et l'édit de Nantes
- Louis XIV, le Roi-Soleil à Versailles

CM1 Thème 3 – Le temps de la Révolution et de l'Empire

- De l'année 1789 à l'exécution du roi : Louis XVI, la Révolution, la Nation
- Napoléon Bonaparte, du général à l'Empereur, de la Révolution à l'Empire

CM2 Thème 1 – Le temps de la République

- 1892 : la République fête ses cent ans
- L'école primaire au temps de Jules Ferry
- Des républiques, une démocratie : des libertés, des droits et des devoirs

CM2 Thème 2 – L'âge industriel en France

- Les énergies majeures de l'âge industriel (charbon puis pétrole) et les machines
- Le travail à la mine, à l'usine, à l'atelier, au grand magasin
- La ville industrielle
- Le monde rural

CM2 Thème 3 – La France, des guerres mondiales à l'Union européenne

- Deux guerres mondiales au vingtième siècle
- La construction européenne

ENJEU SCIENTIFIQUE

Quelle histoire enseigner au primaire au XXIe siècle ?

A Les héritages

▸ **L'histoire s'est d'abord forgée dans la recherche d'une vérité passée** que l'on voulait recréer. Il s'agissait donc d'accumuler des faits, dans un souci d'exhaustivité, malgré les lacunes des sources, la relativité des témoignages, la subjectivité des auteurs, tels les chroniqueurs du Moyen Âge.

▸ **Le XVIIIe siècle marque un premier tournant.** Dans son article « Histoire », de l'*Encyclopédie*, Voltaire pose la question de l'utilité de cette histoire. Il interroge la multiplication des faits et anecdotes comme seule finalité et insiste sur la relativité de toute histoire.

▸ **Le XIXe siècle persiste**, malgré tout, dans la recherche d'une vérité passée. Fustel de Coulanges (1830-1889) affirme encore que *« l'histoire est une science pure qui vise uniquement à trouver des faits, à découvrir des vérités »*.

▸ **Au début du XXe siècle,** l'école historique dite « positiviste » est encore dominante. Elle se veut **une « histoire-bataille »**, qui doit former les jeunes citoyens à leurs devoirs de futurs soldats, désireux de défendre leur patrie.

▸ **Dans les années 1920,** un tournant fondamental se produit avec la fondation des ***Annales d'histoire économique et sociale***, à l'initiative des historiens Lucien Febvre et Marc Bloch. L'école des Annales veut rompre avec l'histoire strictement politique et événementielle, pour privilégier la réflexion sur les sources, comprendre et expliquer, sur le temps long, des phénomènes démographiques, sociaux, économiques.

▸ **En 1974,** Jacques Le Goff et Pierre Nora publient un ouvrage intitulé *Faire de l'histoire*, qui s'impose comme l'acte de naissance d'une **« nouvelle histoire »**. Celle-ci reprend les principes des Annales (une histoire globale, de longue durée) tout en élargissant ses intérêts aux mentalités, aux sentiments ou aux représentations des individus.

Les prémices de l'enseignement de l'histoire en primaire

« Tant que le débat politique restait limité aux notables, l'histoire concernait l'élite cultivée et n'avait de place que dans l'enseignement secondaire. […] C'est après le triomphe des républicains que l'histoire s'impose dans les classes : il faut attendre 1882 pour qu'elle prenne sa place définitive dans les horaires (deux heures hebdomadaires) et les programmes de l'école. L'enseignement de l'histoire se met alors en place. […]

Les réformes scolaires des années 1959-1965, qui généralisent la scolarisation au-delà de l'école élémentaire, transforment la fonction même de l'école primaire. Désormais, elle n'est plus la seule école du peuple : elle n'a plus à fournir seule aux futurs citoyens le bagage de connaissances dont ils auront besoin leur vie durant. »

Antoine Prost, *Douze Leçons sur l'histoire*, Seuil, 1996, pp. 27-32.

B Les courants historiques actuels

▶ **L'histoire culturelle** est devenue, à partir des années 1980-1990, l'un des chantiers les plus féconds de la recherche historique. Les historiens adeptes de cette histoire culturelle étudient l'évolution des idées, des croyances, des représentations, des valeurs et des pratiques communes, des coutumes collectives de différents groupes sociaux. Héritière de l'histoire sociale, l'histoire culturelle s'intéresse à l'ensemble des représentations collectives propres à un groupe d'individus qui peut avoir une identité démographique (une classe d'âge), professionnelle (les paysans, les ouvriers, le patronat, etc.), culturelle (les intellectuels, les artistes, etc.), historique (les anciens combattants, les pieds-noirs, les résistants, etc.), territoriale (les habitants d'un État, d'une région, d'une ville, etc.).

▶ Les années 1990 se caractérisent également par l'émergence d'une **histoire des femmes**, avec des publications qui se multiplient sur leur rôle au sein de la famille et de la société, leur participation aux guerres, leurs combats de citoyennes, leur rapport au travail ou au pouvoir.

▶ Dans la continuité de travaux d'historiens italiens, on observe un processus de fragmentation de l'histoire, devenue **« micro-histoire »**. Les études se font alors dans des cadres chronologiques ou géographiques restreints. Les micro-historiens s'intéressent aux individus, aux acteurs anonymes, à leurs journaux de bord, à leur correspondance privée. Il en est ainsi des *Paroles de Poilus, Lettres de Stalingrad* ou *Paroles d'étoiles*. Les biographies se multiplient également.

▶ Ces évolutions se sont accompagnées du **retour d'une histoire politique**, qui est reconsidérée. Elle s'intéresse aux pratiques politiques et du pouvoir, aux relations internationales (histoire et géographie se retrouvent dans le camp de la géopolitique), à la vie politique (les élections, l'évolution de l'opinion publique, les mutations de la démocratie, le rôle des médias).

De l'« activité d'éveil » au retour de l'histoire à l'école primaire (1970-2020)

« À partir de 1969, l'histoire fait partie, avec la géographie, les sciences, la morale, le dessin, le chant et le travail manuel, des "activités d'éveil". [...] L'école primaire a perdu sa fonction d'école unique du peuple. On pouvait donc abandonner la visée de transmettre un savoir encyclopédique élémentaire dans la mesure où l'enseignement secondaire aurait tout loisir de compléter les premiers savoirs acquis à l'école. [...]

L'intégration de l'histoire dans les activités d'éveil suscite doutes et oppositions. [...] De cet ensemble de critiques, naît l'idée que le ministère voudrait purement et simplement supprimer l'enseignement de l'histoire. Dès lors, tout le monde se lance dans la bataille pour "sauver" cet enseignement : politiques, universitaires, relayés par l'ensemble des médias. [...]

C'est en 1985 que le Ministre de l'Éducation nationale annonce "une nouvelle organisation de l'enseignement primaire, fondée sur la distinction en disciplines". »

Jean Vogler, *Pourquoi enseigner l'histoire à l'école ?*, Hachette Éducation, 1999, pp. 27-67.

ENJEU DIDACTIQUE

Comment choisir les savoirs enseignés en histoire ?

A Des savoirs pour construire une mémoire commune

► **Dès l'origine, l'histoire enseignée à l'école est constitutive d'un projet politique.** Elle apparaît comme l'instrument d'une volonté de l'État de rassembler les citoyens autour d'une vision commune de leur passé et de la France. Après la Seconde Guerre mondiale et surtout dans les années 1960, la création d'une mémoire commune ne disparaît pas mais devient un objectif qui s'estompe, au profit d'une volonté de substituer au récit du professeur une démarche pédagogique qui donne priorité à la formation intellectuelle des élèves. Puis, à partir des années 1980, l'importance de la mémoire collective est réaffirmée plus fortement par les Instructions officielles, qui déterminent des grandes périodes de l'histoire nationale, 25 figures historiques et des repères chronologiques dont la date doit être mémorisée.

> « Le professeur a besoin de savoir que l'histoire sert à quelque chose pour être certain d'exercer une profession légitime et il faut savoir précisément à quoi elle sert pour décider comment il l'enseignera. »
>
> Charles Seignobos (1854-1942), historien français.

► **Le programme actuel** est encore organisé autour de personnages significatifs et de repères chronologiques qui s'inscrivent dans notre histoire nationale. Néanmoins, il ne propose plus une liste officielle ni exhaustive des savoirs permettant de construire une culture commune, construction à laquelle l'enseignement de l'histoire au cycle 3 doit contribuer.

CONSEIL

Le candidat doit construire la chronologie enseignée autour de personnages et de groupes représentatifs de leur temps : les Celtes, les Gaulois, les Grecs et les Romains pour découvrir les héritages anciens de la France ; Clovis et Charlemagne pour comprendre l'œuvre des Mérovingiens et des Carolingiens ; Louis IX, François Ier, Henri IV et Louis XIV pour analyser la création d'une monarchie qui aspire à devenir absolue ; Louis XVI pour aborder la remise en cause de cette monarchie absolue et les évènements de la période révolutionnaire ; Napoléon Bonaparte et son empire ; Jules Ferry, dont les lois pour l'École s'inscrivent dans le projet d'enracinement de la République ; le monde ouvrier pour comprendre l'industrialisation du XIXe siècle ; les résistants qui refusent l'Occupation et la collaboration d'État pendant la Seconde Guerre mondiale.

B Des savoirs limités, à hiérarchiser et qui font sens

► Au cycle 3, le professeur doit avoir **des ambitions limitées concernant les savoirs que les élèves doivent mémoriser**. Le risque serait de viser un encyclopédisme, autrefois attendu, qui n'est plus la finalité d'une leçon en histoire. Désormais, l'objectif est de fournir aux élèves un cadre chronologique simple leur permettant de situer un choix limité d'événements, de personnages majeurs et de groupes significatifs (par exemple, les Celtes, les seigneurs, le monde ouvrier…) au sein de grandes périodes dont le professeur s'attache à faire ressortir le sens global, à partir de quelques caractéristiques fondamentales.

▶ **La sélection des repères historiques nécessite une réflexion globale** sur les enjeux de la leçon. Ainsi, il n'est pas préconisé d'adopter une approche strictement chronologique ou linéaire des périodes inscrites au programme, car elle risquerait de conduire le professeur à accumuler des faits dans une seule logique événementielle.

▶ Si les dates retenues font bien office de repères, c'est au sens où elles aident à **comprendre les grands enjeux** de la période étudiée. La sélection des repères historiques que le professeur va aborder en classe doit donc se faire **autour d'une problématique simple**, à partir de laquelle quelques idées directrices sont analysées. Le rôle du professeur consiste alors à construire, avec ses élèves, une réflexion à partir de faits datés qui font sens et de personnages dont les actions éclairent les enjeux de la période étudiée. Les repères sélectionnés seront d'autant mieux mémorisés qu'ils seront rattachés les uns aux autres par des liens de causalité, lesquels faciliteront la compréhension des enjeux de la leçon.

CONSEIL

Le candidat doit construire chaque leçon avec un nombre limité de notions, de repères chronologiques et de personnages clés. S'il cite un nombre plus important de dates, d'acteurs et d'événements, à l'occasion d'un récit à destination de la classe ou d'une étude de documents, il doit veiller à ce que les notions et les repères inscrits dans le cahier de l'élève soient hiérarchisés, pour distinguer ceux à apprendre de ceux qui n'ont servi qu'à la compréhension du récit ou de l'analyse des documents. Les repères choisis doivent permettre de baliser les idées directrices qui constituent la réponse à la problématique de la leçon. Par exemple, dans une séance envisagée sur Louis XIV, l'année 1661 est déterminante car elle montre la volonté affirmée du jeune roi de gouverner seul et d'imposer une monarchie absolue.

C Des savoirs pour travailler des compétences

Textes officiels

« En travaillant sur les faits historiques, les élèves apprennent d'abord à distinguer l'histoire et la fiction et commencent à comprendre que le passé est source d'interrogations. […] Les élèves comprennent que les récits de l'histoire sont constamment nourris et modifiés par de nouvelles découvertes archéologiques et scientifiques et des lectures renouvelées du passé. »

Programme du cycle 3, 2020.

FICHE 4, P. 33

▶ La dimension mémorielle de l'enseignement de l'histoire à l'école n'est pas exclusive. Dominique Borne, inspecteur général, souligne, ainsi, que le professeur des écoles doit donner aux élèves le sentiment d'appartenance à une communauté, mais que **son rôle est aussi de leur apprendre à repérer, analyser, classer, se poser des questions, vérifier une information,** pour montrer que l'histoire se construit. La dimension civique du cours d'histoire impose donc de donner à son enseignement au cycle 3 une dimension scientifique.

▶ Le programme du cycle 3 est, dès lors, construit de telle sorte qu'il explicite non seulement les savoirs à transmettre, mais aussi les **compétences à travailler** : se repérer dans le temps, raisonner et justifier une démarche, s'informer dans le

« Si ce sont les pouvoirs publics qui fixent les programmes et veillent à leur bonne application, c'est parce que la question de la formation civique des citoyens leur incombe au premier chef. »

Gérard Noiriel (né en 1950),
historien français.

monde du numérique, comprendre un document, pratiquer différents langages (écrire pour structurer sa pensée, argumenter, communiquer et échanger, s'exprimer à l'oral), coopérer et mutualiser. L'introduction de l'apprentissage des compétences dans l'enseignement au cycle 3 marque une rupture avec la centration sur les savoirs. Elle confirme que les savoirs ont le statut de repères chronologiques au service d'une démarche d'analyse et qu'ils ne sont plus la seule finalité de l'enseignement de l'histoire, au cycle 3 comme au cycle 4. La démarche par compétences va au-delà de la seule mémorisation de faits historiques.

▸ Pour autant, **le travail par compétences n'entraîne pas la disparition des savoirs**. Le passage qui s'opère est celui d'une logique de restitution vers une logique de compréhension. Le travail attendu ne se limite plus à une simple récitation des savoirs mémorisés. L'élève doit s'approprier des connaissances qui lui permettront d'y sélectionner des dates, des personnages ou des notions, et hiérarchiser les informations à retenir. Cette maîtrise des savoirs disciplinaires facilite la compréhension des consignes et des questions qui guident le travail d'analyse de documents et est une condition indispensable à l'élaboration d'un récit, écrit comme oral, précis.

FICHE 4, P. 33

CONSEIL

Le candidat doit considérer, dans son projet de leçon, la maîtrise des savoirs essentiels et le travail par compétences comme 2 enjeux complémentaires. Chaque activité proposée sera accompagnée de l'énoncé explicite des connaissances visées et des compétences travaillées. Il faut limiter le nombre de notions à comprendre et réduire les compétences ciblées à 2 ou 3 au maximum, dans une logique de progressivité des apprentissages. Cette progressivité gagnera à tenir compte de l'hétérogénéité du niveau des élèves, par la mise en œuvre d'une pédagogie différenciée.

Les difficultés des élèves

Les élèves ne sont confrontés à une tâche complexe qu'après avoir effectué, au préalable, des exercices simples, qui leur ont permis d'acquérir progressivement les ressources nécessaires pour maîtriser la compétence visée au cycle 3. Par exemple, ils doivent d'abord apprendre à sélectionner des repères sur une frise chronologique, à prélever des informations dans un texte et à décrire une image à l'aide de questions simples, fermées puis de plus en plus ouvertes, pour, ensuite, pouvoir réaliser une tâche complexe, pour laquelle ils devront, en autonomie, répondre à une seule question générale en exploitant ensemble une frise chronologique, un texte et une image.

FICHE 4, P. 33

De nombreux élèves seront, dans un premier temps, en difficulté face à la réalisation d'une telle tâche complexe, car l'autonomie visée repose sur la maîtrise de multiples capacités, qui s'inscrivent dans une progression des apprentissages. Il faut donc accompagner chaque élève en lui donnant des conseils tout au long de la séance. Il faut également anticiper les difficultés en préparant des aides et consignes écrites qui faciliteront la lecture de tel ou tel document, la réalisation de la production écrite de l'élève. Ceux qui auront recours à ces aides pourront, finalement, réaliser leur tâche complexe mais devront poursuivre l'apprentissage des capacités visées dans la mise en œuvre de l'exercice.

FICHE 4, P. 33

▶ Le travail par compétences implique que les élèves doivent acquérir une plus grande autonomie. Ils doivent être capables de mobiliser à la fois des connaissances et des compétences, d'exploiter des ressources numériques, de prendre des initiatives et d'établir leurs propres stratégies dans le cas de situations nouvelles. Cette ambition peut être mise en œuvre en demandant aux élèves de résoudre des tâches complexes, qui se substituent à un travail guidé par une succession de questions plus ou moins ouvertes. La consigne de travail est alors plus globale, avec une seule question générale à laquelle les élèves répondent en réinvestissant leurs savoirs et leurs compétences. Le professeur apprend, ainsi, à ses élèves à réinvestir des ressources (comprendre le sens général d'un document et en prélever les informations importantes, le contextualiser, exercer son regard critique) pour résoudre la situation-problème plus globale qui leur est proposée.

FICHE 7, P. 44

À SAVOIR

Les capacités sont des ressources indispensables à la maîtrise d'une compétence. Le travail en classe vise d'abord l'apprentissage de chacune des capacités, puis leur mise en œuvre simultanée permet d'évaluer la maîtrise d'une compétence.

Du cycle 3 vers le cycle 4

- Le programme de 6e clôture le cycle 3. Les thématiques proposées s'inscrivent dans une approche spiralaire, puisque les élèves retrouvent, à leur entrée au collège, des périodes historiques connues : le temps des débuts de l'humanité, le néolithique, les premiers États, les cités grecques et l'Empire romain. Leur horizon est élargi avec, notamment, l'étude des relations de l'Empire romain avec d'autres mondes anciens (l'ancienne route de la Soie et la Chine des Han).
- Tout au long du cycle 4, de la 5e à la 3e, la démarche est chronologique et thématique, avec des programmes qui réinvestissent à nouveau des savoirs acquis à l'école primaire : le Moyen Âge, puis les XVIe et XVIIe siècles en 5e, les XVIIIe et XIXe siècles en 4e, et enfin le XXe siècle en 3e.
- L'approche spiralaire de ces programmes des cycles 3 et 4 induit un approfondissement des savoirs enseignés au collège, mais toujours avec le souci d'éviter l'excès d'érudition et de trouver un équilibre entre les connaissances et les compétences.
- L'apprentissage des compétences travaillées au cycle 3 se poursuit au collège, dans une logique progressive :

– « Se repérer dans l'espace »
– « Raisonner, justifier une démarche »
– « S'informer dans le monde du numérique »
– « Analyser et comprendre un document »
– « Pratiquer différents langages »
– « Coopérer et mutualiser »

FICHE 1 Les traces d'une occupation ancienne du territoire français

Textes officiels

« À partir de l'exploration des espaces familiers des élèves, on identifie des traces de la préhistoire dans leur environnement proche, pour situer ces traces dans le temps et construire des repères historiques. […] On confronte ces traces proches à des traces préhistoriques relevées dans un autre lieu en France, pour montrer l'ancienneté du peuplement et la pluralité des héritages. »

BO n° 31 du 30/07/2020.

A. Des premiers habitants encore mal connus

▶ D'après des études récentes, notamment avec la découverte, en 2008-2009, d'outils sur le site de Lézignan-la-Cèbe (Hérault), on sait que les hominidés vivent dans le Sud de la France depuis **1,57 million d'années**.

▶ Il est, en revanche, encore difficile de connaître avec certitude l'espèce à laquelle appartenaient ces premiers habitants : parmi les possibilités peuvent être citées la branche européenne de l'***Homo erectus*** (terme, désormais, plutôt utilisé par les préhistoriens pour nommer des espèces asiatiques) et l'espèce ***Homo ergaster***.

À SAVOIR

Le plus ancien fossile humain découvert en France date de –550 000 et a été trouvé sur le site de la grotte de l'Arago, dans les Pyrénées-Orientales. Il s'agit d'une dent d'adulte, exhumée parmi des ossements d'animaux et des pierres taillées.

Espèce	Période	Quelques caractéristiques
Homo habilis	2,5 à 1,6 million d'années	• Fabrication des premiers outils taillés. • Utilisation d'un langage articulé.
Homo ergaster	2 à 1 million d'années	• Fabrication d'outils. • 1er hominidé à consommer régulièrement de la viande.
Homo erectus	1,8 million d'années à 400 000 ans	• Taille des bifaces. • Domestication du feu (vers –400 000). • L'homme de Tautavel compte parmi les plus connus.
Homo neandertalensis	300 000 à 30 000 ans	Enterre ses morts.
Homo sapiens	300 000 ans (depuis des découvertes réalisées au Maroc en 2017)	• Il est contemporain de l'homme de Neandertal. • L'homme de Cro-Magnon est un *Homo sapiens* qui a vécu en Europe il y a environ 45 000 ans (depuis des études récentes qui repoussent donc la date de 10 000 ans).

Nos principaux ancêtres.

B. Les premières traces datent du paléolithique

▶ **Le paléolithique est la période de la « pierre » *(lithos)* « ancienne » *(paléo)*.** Sur le site de Lézignan-la-Cèbe, par exemple, ont été découverts des choppers ainsi que des bifaces. La fabrication de ces silex est avérée sur le site de la grotte du Vallonnet,

CHAPITRE 2, P. 64

CONSEIL

Pour ce 1er chapitre d'histoire du cycle 3, le candidat pourra inscrire la mise en place des repères chronologiques dans une progression des apprentissages, en tenant compte des enjeux de la découverte du temps au cycle 2.

à Roquebrune-Cap-Martin, dans les Alpes-Maritimes, où l'on trouve également des os de nombreux herbivores qui portent des traces de brisures faites par l'homme. Des bifaces ont aussi été découverts dans la grotte de l'Arago.

▶ Au cours du paléolithique, **les habitants de la France sont des chasseurs nomades**. *Homo habilis* est nomade, mais inaugure le 1er habitat construit par l'homme. Il crée des campements temporaires. La viande constitue la base de son alimentation. Ses premiers outils lui permettent de dépecer les animaux et de casser les os pour en manger la moelle. *Homo erectus* et *Homo neandertalensis* se nourrissent de chasse, de pêche et de cueillette. Ce sont des chasseurs de mammouths, de rhinocéros, de bovidés, de chevaux, de cervidés.

À SAVOIR

La plus ancienne trace de foyer en France se situe, à ce jour, à Menez-Dregan, dans le Finistère. Elle est datée de 465 000 ans.

▶ **La domestication du feu** (vers 400 000 ans) contribue à la sédentarisation des populations, dont l'habitat est regroupé autour du foyer. La découverte de traces de foyers sur les sites de fouilles ne permet pas toujours d'en déterminer la fonction : se chauffer, se protéger des animaux sauvages, cuire les aliments ?

Le site de Terra Amata

Ce site de fouilles se situe dans la commune de Nice. S'y trouvaient, il y a environ 400 000 ans, des chasseurs nomades appartenant à l'espèce *Homo erectus*. Le site constituait une crique abritée au bord de la mer. Les habitants utilisaient les galets trouvés sur la plage pour fabriquer leurs outils : des choppers, des bifaces, des pics, des hachereaux, des racloirs. Ils s'abritaient sous des huttes temporaires construites avec des branchages (des traces d'empreintes de piquets et de poteaux ainsi que des lignes de pierre ont été découvertes par les archéologues). Des foyers aménagés au centre des huttes laissent supposer des prémices de la domestication du feu. Les animaux chassés ont pu être identifiés par la présence de restes d'éléphants, de cerfs, de daims, de sangliers et de rhinocéros.

@ https://www.hominides.com/html/lieux/terra-amata-site-prehistorique.php

▶ **Les premiers habitants pratiquent l'art pariétal** dans les grottes, protégés de la lumière du jour. Cet art représente, en grande majorité, des animaux : chevaux, bisons, mammouths, ours, cerfs, lions, rhinocéros. Certains sont imaginaires, telle la licorne de la grotte de Lascaux. L'homme n'est que rarement représenté. Les animaux sont, parfois, associés à des symboles dont le sens échappe encore aux scientifiques : points, lignes, cercles, rectangles.

À SAVOIR

Les principaux sites français d'art pariétal se situent dans le Périgord (grotte de Lascaux), les Pyrénées et la vallée du Rhône (les grottes Cosquer et Chauvet).

Taureau à longues cornes peint sur un roc de la salle des Taureaux à Lascaux.

La grotte de Lascaux

Localisée dans le Périgord, la grotte de Lascaux a été découverte en 1940. La méthode de datation au carbone 14 a permis d'estimer sa fréquentation il y a 17 000 ans. Le dessin et la gravure sont les 2 principales techniques artistiques qui caractérisent l'art pariétal paléolithique. Lascaux se singularise par l'utilisation de la peinture, à la main le plus souvent, mais aussi par des outils retrouvés sur le site (blocs de pigment, broyeurs, pochoirs en peau, tampons, pinceaux). Les artistes utilisaient souvent les formes des parois pour créer des figures ou en suggérer les contours. Les animaux constituent la principale source d'inspiration des artistes de Lascaux. Le cheval est le plus fréquemment représenté, puis viennent les cerfs et les aurochs, le bouquetin, le bison et les ours parmi près de 600 animaux qui constituent le bestiaire de la grotte.

@ https://www.hominides.com.

C. Les habitants au cours du néolithique

► ***Homo sapiens* inaugure le polissage des pierres** avec du sable et de l'eau. Cette technique rend possible la fabrication de matériaux plus solides qui permettent la réalisation de nouveaux outils. *Homo sapiens* développe, ainsi, l'artisanat avec de nombreuses innovations : la faucille, la hache, la céramique, le tissage. Il construit également des arcs et des flèches pour la chasse, mais aussi des filets, des harpons et des hameçons pour la pêche.

Repère

Le néolithique : âge de la « pierre polie », période qui se situe, approximativement, entre 6 000 et 2 200 ans avant notre ère. Elle débute au Proche-Orient, puis se diffuse en Europe au cours des VIIe et VIe millénaires.

Outils	Période	Créateurs	Caractéristiques
Le chopper 	Oldowayen 2,7 à 1,3 million d'années	*Homo habilis*	Le plus vieil outil retrouvé, en Afrique. Fabriqué par percussion avec une pierre ou un galet (les campements étaient fréquemment installés près d'un fleuve).
Le biface 	Acheuléen 1,6 à 0,3 million d'années	*Homo ergaster*	Premières découvertes de bifaces en Afrique. Taillés par percussion avec un matériau moins dur que la pierre, comme le bois, pour un tranchant plus fin.
Le hachereau 			
Les premiers outils composites : pointes, lames, racloirs, grattoirs 	Moustérien 200 000 à 40 000 ans	• *Homo neandertalensis* • *Homo sapiens*	Utilisation des éclats pour fabriquer de petits outils plus fins, employés avec d'autres éléments pour fabriquer des outils plus élaborés et pensés avant leur construction.
Les outils en os : grattoirs, couteaux, perçoirs, aiguilles, harpons, arcs, hameçons 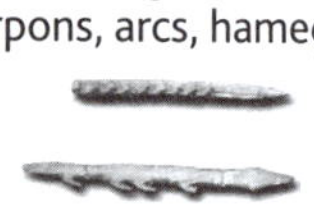	Paléolithique supérieur 35 000 à 10 000 ans	*Homo sapiens*	Spécialisation accrue des objets, avec un travail de plus en plus précis.

Les outils de nos ancêtres.

▶ Au néolithique, **les chasseurs nomades deviennent des agriculteurs sédentaires**. *Homo sapiens* domestique des céréales et des végétaux présents à l'état sauvage qu'il sème ensuite : engrain et amidonnier (ce sont des espèces de blé), orge, tubercules. Il sélectionne également des espèces animales, les capture, les domestique : le mouton (à partir du mouflon), le porc (à partir des sangliers), le bœuf. *Homo sapiens* crée des villages de maisons en bois, en brique et en torchis, proches des sites cultivés. D'abord construits en hauteur, les villages sont, peu à peu, fortifiés.

Le site de Carnac

Carnac est un site majeur du mégalithisme en Europe, avec des alignements de menhirs, des menhirs isolés, des dolmens, des cromlechs, érigés entre le Ve et le IIIe millénaire avant J.-C. par des populations devenues sédentaires. Aujourd'hui, on peut y observer plus de 3 000 mégalithes (sur les 10 000 qui semblent avoir été construits au néolithique).

▶ **De nouvelles sépultures** sont créées, désormais collectives dans la majorité des cas. Il s'agit des hypogées, des mégalithes, des dolmens.

CONSEIL

L'étude d'un site paléolithique ou néolithique permettra d'expliquer aux élèves les caractéristiques essentielles des modes de vie des premiers habitants. Un site proche de l'école sera privilégié, mais des visites virtuelles sont également envisageables à partir de sites Internet.

Problématiques possibles

- Qui étaient les premiers habitants du territoire français au paléolithique ?
- Quelle était la vie quotidienne de l'homme de Tautavel ?
- Quelles traces ont laissées les habitants de la grotte de Lascaux ?
- Quelle était la vie quotidienne des habitants au néolithique ?

FICHE 2 Celtes, Gaulois, Grecs et Romains : quels héritages ?

Textes officiels

« Les Gaules sont caractérisées par le brassage de leurs populations et les contacts entre Celtes, Gaulois et Grecs. L'histoire de la colonisation romaine des Gaules ne doit pas faire oublier que la civilisation gauloise, dont on garde des traces matérielles, ne connaît pas de rupture brusque. Les apports de la romanité sont néanmoins nombreux [...]. »

BO n° 31 du 30/07/2020.

A. Les Celtes

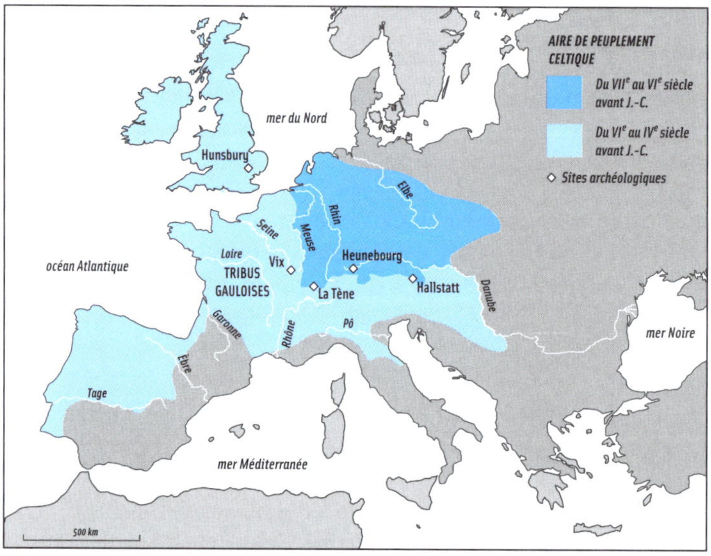

L'expansion des Celtes.

▶ **Les Celtes sont un peuple indo-européen** venu d'Asie centrale s'installer en Europe centrale avant de migrer plus à l'Ouest. Cette migration vers l'Ouest semble s'expliquer par la recherche de nouveaux espaces de peuplement, de nouvelles ressources.

▶ Dominés par des chefs guerriers, **ils s'installent d'abord à l'est du territoire français** (Alsace, Bourgogne, Franche-Comté), à la recherche de sites riches en minerai de fer, indispensable à la fabrication de leurs armes.

▶ **Ils construisent des sites fortifiés à proximité des routes commerciales** terrestres ou fluviales. Citons, par exemple, la butte du mont Lassois en Bourgogne, au pied de laquelle des fouilles ont permis de trouver, sur la commune de Vix, une statue et un grand vase (1,65 m de hauteur), ainsi que de nombreuses amphores. Ces découvertes attestent l'existence d'une route commerciale importante (commerce du vin et de l'étain, notamment).

B. Les Gaulois

▶ **Les Gaulois sont des Celtes.** Les Celtes sont nommés, dans la littérature grecque, *Galate*, « les envahisseurs ». Les auteurs latins traduisent *Galate* par *Galli*, « Gaulois », terme utilisé par Jules César pour désigner les peuples du territoire qu'il vient de conquérir, la Gaule, qui appartient à un monde celtique plus vaste.

À SAVOIR

Les Gaulois ne furent longtemps connus que par le récit de Jules César dans ***La Guerre des Gaules*** : un peuple guerrier, installé sur un territoire ayant le Rhin comme frontière naturelle. Les travaux universitaires récents ont permis de mieux connaître ce peuple.

▶ Les Gaulois vivent dans des villages ou dans des villes fortifiées, **les *oppida***, en hauteur ou à côté d'un cours d'eau.

▶ **Les Gaulois ne sont pas de simples guerriers.** La recherche archéologique a permis de démontrer qu'ils sont aussi de bons agriculteurs : ils cultivent le blé, l'orge, le millet, l'olive, le figuier, la vigne. Ils élèvent des porcs, des bœufs, des moutons, dont ils conservent la viande en la salant ou en la fumant. Ce sont également de bons artisans : ils construisent des chars à 4 roues, inventent la moissonneuse et le tonneau (qui remplace l'amphore), fabriquent du savon, perfectionnent la fabrication des armes (épées), créent des boucliers en bronze, des monnaies et des bijoux en or, en argent ou en bronze. Ils font du commerce dans tout le Bassin méditerranéen (du cuir, de l'étain, du vin, des esclaves).

▶ **Les Gaulois sont polythéistes.** Les dieux sont communs à tous les Celtes ou locaux. Ce sont des dieux de la Végétation, de la Guerre. Le cheval, l'ours, le taureau, le sanglier, le cerf sont des animaux sacrés. Les lieux de culte peuvent se situer dans la nature. Un arbre (chêne ou hêtre) peut faire office de sanctuaire, mais les Celtes ont aussi construit des temples dans les *oppida*. Les druides sont les intermédiaires entre les dieux et les hommes. Ministres du culte, ils détiennent la maîtrise de l'écriture, donc le savoir, qui leur permet de s'imposer au même titre que l'enseignant, le médecin, le juriste.

CONSEIL

Un extrait de la bande dessinée *Astérix et Obélix* est envisageable pour découvrir le polythéisme des Gaulois.

L'histoire de la Gaule est récente

Des recherches sont amorcées dès le XVIe siècle, mais il faut attendre le XIXe siècle pour noter un intérêt croissant pour ce peuple de la part d'historiens qui reprennent la présentation de la Gaule proposée par César, qui portait seulement le regard de l'ennemi et du conquérant. Les recherches menées depuis une quarantaine d'années, en particulier les fouilles archéologiques, révèlent la diversité « des Gaules » et la richesse de la civilisation gauloise.

C. La romanisation de la Gaule et la civilisation gallo-romaine

La guerre des Gaules.

▶ **La romanisation fait suite à la guerre des Gaules,** par laquelle les Romains intègrent le territoire des Gaulois à un vaste empire qui s'étend autour de la Méditerranée. La conquête de la Gaule est, pour l'essentiel, l'œuvre de Jules César, qui compte sur une campagne militaire victorieuse pour imposer son pouvoir à Rome face à son rival Pompée.

> **Repère**
>
> **121 av. J.-C. :** la 1re province gauloise conquise par les Romains est la Narbonnaise.

▶ **César entre en Gaule en 58 av. J.-C.** Il profite des rivalités entre les Gaulois pour mener ses conquêtes. En 56 av. J.-C., toute la Gaule est sous sa domination, à l'exception du Massif central. S'il annonce la pacification de la Gaule, les troubles s'y multiplient. En 52 av. J.-C., la grande cérémonie annuelle de la cueillette du gui, qui réunit les druides gaulois dans la forêt des Carnutes près d'Orléans, lance un appel à la lutte unie contre les Romains, qui impose le retour de César.

> **À SAVOIR**
>
> Après la conquête des Gaules, Caius Julius Caesar (101-44 av. J.-C.) rentre à Rome et impose son pouvoir comme consul unique.

▶ **Battu à Gergovie, César replie** et réorganise ses légions, puis l'emporte face à Vercingétorix après le siège (40 jours), puis la capitulation d'Alésia en septembre 52 av. J.-C. La gloire de César est à son apogée, mais il n'impose qu'un tribut modéré aux Gaulois et ménage leurs structures sociales, religieuses et politiques.

> **Repère**
>
> **Vercingétorix (vers 80-46 av. J.-C.) :** chef de la tribu des Arvernes. Emprisonné à Rome après sa défaite à Alésia, il y meurt étranglé.

▶ La conquête de la Gaule par les Romains entraîne **l'émergence d'une civilisation gallo-romaine** : les Gaulois conservent, en partie, leurs traditions, mais adoptent aussi la langue, les techniques et les modes de vie des Romains.

▶ **La majorité de la population gallo-romaine est rurale.** Dans les campagnes, des *villae* sont construites sur le modèle des fermes romaines.

▶ Les Romains construisent, dans toute la Gaule, de multiples routes, les ***via romana***, pavées de pierres, ou améliorent le réseau gaulois de voies déjà existantes, pour faciliter les échanges commerciaux et les déplacements des garnisons et des fonctionnaires.

▶ **Des villes sont également bâties sur le modèle de Rome,** parées de multiples bâtiments romains : forums, thermes, théâtres, amphithéâtres, cirques, temples, arcs de triomphe. Ce sont aussi des lieux de romanisation culturelle par la diffusion de la langue latine.

Le christianisme

Le christianisme est interdit dans l'Empire romain, jusqu'à la conversion de l'empereur Constantin qui met fin aux persécutions des chrétiens et autorise la religion chrétienne en 313 ap. J.-C. En **380**, l'empereur Théodose Ier en fait la religion officielle de l'Empire romain. Avec la romanisation, le culte qui prévaut est celui de l'empereur romain, en signe de la dévotion envers Rome. Tous les autres cultes sont interdits à partir de 392.

La ville d'Arles

Arles est une cité de la Gaule narbonnaise, qui soutient Jules César contre Marseille. Elle devient une colonie romaine, où s'installent des vétérans de la 6e légion de César. La cité gallo-romaine (❸) est fortifiée et dotée d'un théâtre (❶), d'un amphithéâtre (❷) et d'un forum dont il ne reste que des vestiges. Le quadrillage des rues est caractéristique des plans d'urbanisme romains.

D. La colonisation grecque et son héritage

Le monde grec entre le IXe et le Ve siècle avant J.-C.

► **La colonisation grecque débute au cours du VIIIe siècle av. J.-C.** De nombreuses cités grecques, dont le nombre d'habitants augmente, sont pénalisées par des territoires trop étroits et des ressources insuffisantes. Les riches familles se sont accaparé les terres, et la grande majorité du peuple en souffre.

▶ **Les premiers territoires colonisés** (775-675 av. J.-C. environ) se situent en Italie du Sud, en Sicile, en Libye ou sur les rives de la mer Noire. Une seconde phase de colonisation (675-500 av. J.-C.) débute avec la volonté des cités grecques de développer leurs activités commerciales en contrôlant les échanges en mer Méditerranée.

▶ **Les Grecs installent des comptoirs** sur les rivages de la Méditerranée occidentale. C'est ainsi qu'est créée Marseille par les Phocéens en 600 av. J.-C. Comme les autres cités grecques, elle dispose d'un port, d'une agora, d'un théâtre et de temples édifiés en l'honneur des dieux grecs. Elle est protégée par des remparts.

Marseille et la diffusion de la culture grecque en Gaule

Les historiens relativisent le rôle de la fondation de Marseille dans la diffusion de la culture grecque en Gaule. Alors que, dans la plupart des colonies, les populations cherchent à cultiver de nouvelles terres, la ville privilégie l'essor de son activité commerciale maritime. La cohabitation entre Grecs et Gaulois a, certes, contribué à la diffusion de l'usage du grec, mais l'aire de diffusion demeure limitée (vers Arles, Orange, les Alpilles).

CONSEIL

L'étude des Gaulois et de la conquête de la Gaule pourra être abordée à partir d'un extrait de *La Guerre des Gaules* ou d'une reconstitution du site d'Alésia. De nombreux musées permettent de découvrir les vestiges de la civilisation gallo-romaine.

Problématiques possibles

- Qui étaient les Gaulois ?
- Quelle était la vie quotidienne des Gaulois ?
- Quelles sont les origines de Marseille, la « plus vieille ville de France » ?
- Quelles sont les traces de la colonisation romaine en Gaule ?
- Comment disparaît l'Empire romain ?

FICHE 3 Les mouvements et déplacements de populations (IVe-Xe s.)

Textes officiels

« On n'oublie pas d'expliquer aux élèves qu'à partir du IVe siècle, des peuples venus de l'Est, notamment les Francs et les Wisigoths, s'installent sur plusieurs siècles dans l'Empire romain d'Occident, qui s'effondre définitivement vers la fin du Ve siècle. »

BO n° 31 du 30/07/2020.

A. L'Empire romain est menacé

▶ Depuis sa création, l'Empire romain est menacé par les peuples qu'il qualifie de « **barbares** ». Les Germains, notamment, sont présents sur les frontières du Rhin.

▶ **Au IIIe siècle, l'Empire romain subit des invasions** qui causent de multiples destructions, en particulier sur le territoire gallo-romain. Les Romains contiennent les Barbares, sous l'impulsion notamment de Dioclétien (empereur de 284 à 305), qui renforce les garnisons militaires le long du limes. Des attaques se répètent, malgré tout, durant le IVe siècle.

▶ En 395, à la mort de l'empereur Théodose Ier, l'Empire romain est partagé entre ses deux fils : Arcadius règne sur l'Empire romain d'Orient, Honorius sur celui d'Occident.

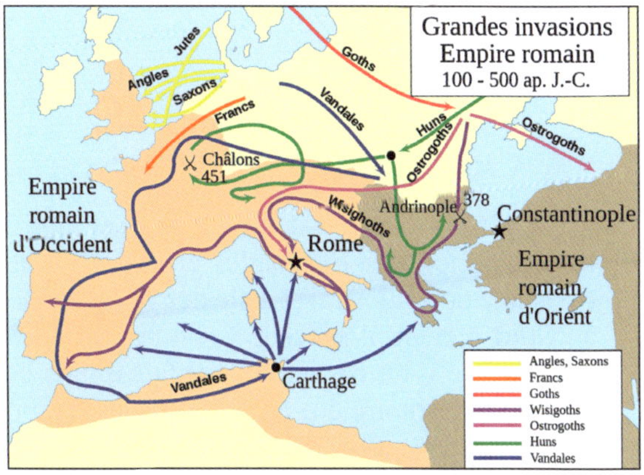

Les conquêtes de Rome du IVe siècle au Ie siècle av. J.-C.

MOT-CLÉ

Le **limes** est la frontière de l'Empire romain, constituée de fortifications et surveillée par des camps militaires.

B. L'Empire romain d'Occident est disloqué

▶ **Au Ve siècle, l'Empire romain d'Occident ne résiste plus aux attaques** des peuples barbares, eux-mêmes menacés par l'avancée des Huns d'Attila (v. 395-453) venus de l'Est.

▶ En 401, les Wisigoths pénètrent en Italie ; en 406-407, les Vandales, les Suèves et les Burgondes franchissent le Rhin et traversent tout le territoire gallo-romain. Ils sont suivis, en 410-420, par les Wisigoths, les Alamans et les Francs.

Repères

410 : sac de Rome par Alaric Ier.
476 : abdication du dernier empereur (Romulus Auguste) et déclin de l'Empire romain d'Occident.

CONSEIL

Le travail sur ce thème pourra être envisagé à partir d'une carte. Il pourra être utile d'insister également sur le personnage d'Attila.

Problématiques possibles

- Comment l'Empire romain a-t-il disparu ?
- Par quels peuples l'Empire romain est-il attaqué puis détruit ?

FICHE 4 Clovis et Charlemagne, Mérovingiens et Carolingiens

Textes officiels

« Clovis, roi des Francs, est l'occasion de revisiter les relations entre les peuples dits barbares et l'Empire romain, de montrer la continuité entre mondes romain et mérovingien, dont atteste le geste politique de son baptême. Charlemagne, couronné empereur en 800, roi des Francs et des Lombards, reconstitue un empire romain et chrétien. […]
Le professeur pourra également s'appuyer sur la pratique du récit historique notamment quand il s'agira de replacer l'exemple étudié dans un contexte historique ou de distinguer l'histoire de la fiction. »

BO n° 31 du 30/07/2020.

A. Clovis impose sa domination en Gaule

> **Repère**
> **481-511 :** Clovis règne sur le royaume franc.

▶ **En 476, la Gaule est une mosaïque politique,** avec la domination des Burgondes et des Wisigoths au Sud (royaume de Toulouse) et celle des Francs et des Alamans au Nord. Lorsqu'il succède à son père Childéric, Clovis est à la tête d'un royaume dont la capitale est Tournai, au sein du territoire des Francs Saliens, voisin du royaume de Syagrius et du territoire des Francs Rhénans (ou Ripuaires).

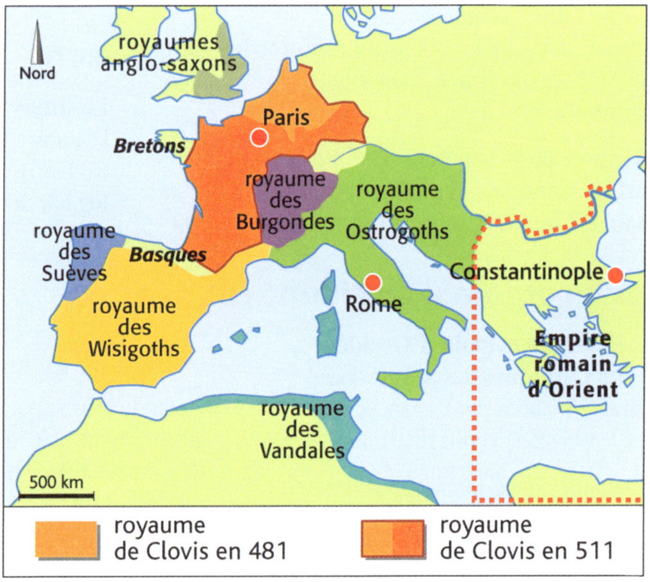

Le royaume franc et les royaumes barbares.

> **Repère**
> **508 :** Clovis fait de Paris la capitale du royaume franc.

▶ Dans un premier temps, **Clovis s'applique à réaliser l'union des peuples francs** sous son autorité. Il obtient l'alliance des Francs de Cologne par un premier mariage avec la fille du roi de Cologne, puis en combattant les Alamans qui menacent les Francs Rhénans. Au nord du territoire, il s'impose face à Syagrius, dont la capitale est Soissons. Clovis étend, ensuite, son pouvoir au détriment des autres royaumes barbares : les Wisigoths sont attaqués jusqu'à Bordeaux, puis rejetés vers l'Espagne ; les Burgondes sont attaqués mais résistent.

B. Clovis se convertit au christianisme

▶ Selon la tradition (discutée), **Clovis est baptisé** par l'évêque de Reims, saint Remi. Suite à sa victoire contre les Alamans à Tolbiac, il devient le chef de l'État franc, mais aussi de l'Église, et se considère comme le digne successeur des empereurs romains.

▶ **Le catholicisme** est, dès lors, un socle du pouvoir politique de Clovis et des Mérovingiens. Le roi ne combat plus seulement pour conquérir des terres et amasser du butin. Ministre de Dieu, il est, désormais, chargé d'œuvrer pour le salut de son peuple.

Le baptême de Clovis, enluminure extraite des *Grandes Chroniques de Charles V*.

Des dates qui font débat

Les dates de la bataille de Tolbiac et du baptême de Clovis font débat. Selon certains historiens, la bataille de Tolbiac a pu se dérouler en 506 et non en 496, comme indiqué par Grégoire de Tours. De même, certains estiment que la conversion de Clovis n'est pas nécessairement liée à une promesse faite en cas de victoire contre les Alamans mais peut résulter d'une tradition familiale, de l'essor du christianisme au sein du monde gallo-romain, ou de la fascination personnelle du roi franc pour le faste liturgique.

CONSEIL

Expliciter aux élèves les incertitudes autour de cette date peut être une initiation à ce qu'est le travail de l'historien.

C. Clovis renforce le pouvoir mérovingien

Clovis et ses successeurs tentent de structurer et de renforcer leur pouvoir par la **domination d'une monarchie dynastique** : le roi est choisi dans la famille de Clovis et de ses descendants. Cette dynastie conforte sa légitimité par les victoires militaires. Clovis promulgue la loi salique qui impose la transmission du pouvoir par les descendants mâles du roi.

Repère

511 : Clovis meurt. Lui succèdent 4 fils : Thierry, Clodomir, Childebert et Clotaire, dont les querelles fratricides aboutissent à la division du royaume franc en trois : l'Austrasie, la Neustrie et la Bourgogne.

D. Des Mérovingiens affaiblis après Clovis

▶ **S'ils font des conquêtes,** au détriment des Saxons ou des Frisons, par exemple, les Mérovingiens qui succèdent à Clovis épuisent leurs ressources financières. Or la fidélité des pouvoirs locaux repose, pour une grande part, sur les dons financiers importants du roi.

À SAVOIR

Les Mérovingiens qui succèdent à Clovis conquièrent le royaume des Burgondes (522-534), puis la Provence (537).

▶ **Le pouvoir des rois mérovingiens se fragilise par les partages successoraux** et les conflits qui les accompagnent. Ces rivalités profitent à l'aristocratie, détentrice des charges de maires du palais, serviteurs des rois en charge de l'administration de leur royaume, qui constitue des pouvoirs locaux de plus en plus autonomes.

E. Les Carolingiens imposent leur pouvoir

▶ Les Carolingiens agrandissent leur territoire par de **multiples conquêtes** de Pépin le Bref contre les Lombards en Italie, puis de Charlemagne contre les Lombards en Italie, les Bavarois et les Avars en Europe centrale, les Saxons dans le Nord-Ouest de la Germanie.

▶ **Proclamé roi des Francs** par les seigneurs du royaume puis couronné par les évêques en 751, **Pépin le Bref** est sacré par le pape Étienne II en 754. Ce sacre renforce les liens du pouvoir politique avec l'Église. En 756, le roi de France devient « Roi Très Chrétien ».

F. Charlemagne renforce ses pouvoirs

▶ **Roi en 768** pendant trois ans en compagnie de son frère Carloman, qui meurt en 771, Charlemagne se retrouve alors seul à la tête du royaume, dont la capitale devient Aix-la-Chapelle en 794. En 800, il se fait sacrer **empereur**.

▶ **Dans la tradition franque, Charlemagne fonde d'abord son pouvoir sur les conquêtes,** sources de terres et de butins. Il réorganise, ensuite, le territoire de son empire avec le souci de renforcer son autorité. Il multiplie les lois pour constituer un nouveau cadre législatif. L'encadrement de la population repose sur un gouvernement plus puissant et une nouvelle administration fondée sur 3 piliers : les comtes, dotés de pouvoirs militaires, judiciaires et fiscaux ; l'Église ; et les *missi dominici*, qui vérifient que les lois sont appliquées et supervisent le gouvernement des comtes et les missions des évêques et des abbés.

G. Les Capétiens succèdent aux Carolingiens

▶ **Les successeurs de Charlemagne multiplient les querelles,** favorisent le renforcement des puissances locales, seigneuriales, et ne parviennent pas à maintenir l'héritage carolingien.

▶ Leurs rivalités s'expriment lors de la bataille de Fontenoy (Yonne), qui aboutit au **traité de Verdun en 843** et au partage de l'empire.

▶ Au sein de ces royaumes, **les grandes principautés** renforcent leur indépendance. Les Carolingiens sont contraints au partage du pouvoir royal pendant un siècle, jusqu'à l'avènement de Hugues Capet en 987.

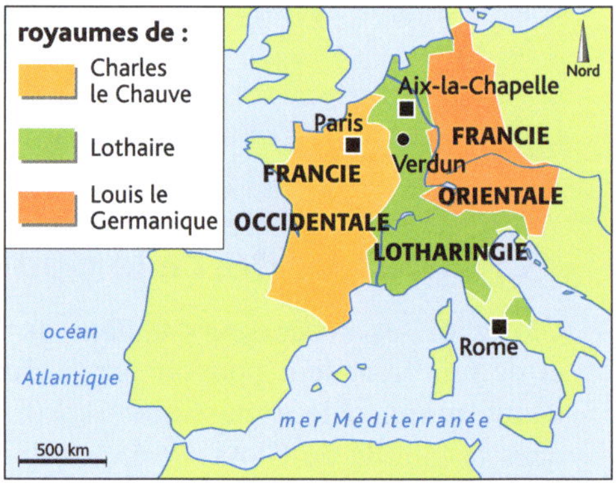

Le partage du royaume suite au traité de Verdun.

CONSEIL

L'étude des Mérovingiens sera centrée sur Clovis, dont le baptême peut être une entrée efficace, car il permet d'aborder les conquêtes, le renforcement du pouvoir et le rapprochement avec l'Église. Plus généralement, il est conseillé de retenir comme fil directeur la volonté des Mérovingiens puis des Carolingiens d'agrandir leur territoire, de renforcer leur autorité et de poursuivre leur rapprochement avec l'Église.

Problématiques possibles

- Comment Clovis construit-il un territoire qui deviendra la France ?
- Comment Charlemagne et les Carolingiens ont-ils participé à la création de la France ?

FICHE 5 Louis IX, le « roi chrétien » au XIIIe siècle

Textes officiels

« L'étude de la monarchie capétienne se centre sur le pouvoir royal, ses permanences, et sur la construction territoriale du royaume de France. [...] Les élèves découvrent ainsi des éléments essentiels de la société féodale. »

BO n° 31 du 30/07/2020.

A. Les Capétiens accentuent leur autorité

▸ **Les Capétiens imposent une monarchie héréditaire de 987 à 1328.** Pour éviter le partage de leurs terres, ils pratiquent le même principe que tout seigneur féodal : la transmission se fait à l'aîné. Pour s'assurer une descendance mâle, ils multiplient les mariages. Ils évitent toute crise de succession, chaque roi ayant pu transmettre les biens de sa principauté territoriale et faire couronner, de son vivant, son fils aîné.

Un mariage d'intérêt

En 1137, le roi capétien **Louis VII épouse Aliénor d'Aquitaine**. Ce mariage lui permet d'agrandir le domaine royal jusqu'aux Pyrénées, par l'annexion de l'Aquitaine et des fiefs qui en dépendent, tels que Limoges, Poitiers, Bordeaux, Angoulême.

▸ **L'autorité de Hugues Capet est, au départ, très limitée,** à l'image de son domaine royal qui n'est d'abord qu'une seigneurie. Le territoire français est divisé en grandes principautés dirigées par des ducs ou des comtes. Les premiers Capétiens sont des princes territoriaux parmi d'autres, moins puissants que certains d'entre eux.

À SAVOIR

Le renforcement du pouvoir royal est l'œuvre de 3 rois : Philippe Auguste (roi de 1180 à 1223), Louis IX (Saint Louis, roi de 1226 à 1270), Philippe IV le Bel (roi de 1285 à 1314).

▸ **Lorsque Philippe Auguste devient roi en 1180,** le domaine royal reste exigu, entouré de principautés toujours puissantes dont les princes ne reconnaissent pas l'autorité des Capétiens (en particulier, le roi d'Angleterre).

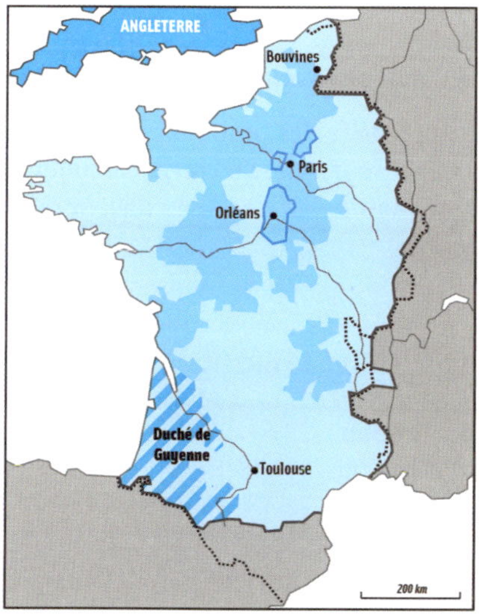

À SAVOIR

Lors de la bataille de Bouvines, en 1214, les Anglais perdent la majeure partie des territoires qu'ils possédaient en France, à l'exception du Périgord et de la Guyenne.

▶ Philippe Auguste fait de **nouvelles conquêtes** au détriment des Anglais (bataille de Bouvines, 1214), en Normandie, en Anjou, en Aquitaine. Et, alors que les Capétiens se faisaient appeler « rois des Francs » *(rex Francorum)*, il remplace ce titre par celui de « roi de France » *(rex Franciae)*.

▶ **Louis IX agrandit également le domaine royal** vers le Languedoc et met fin aux volontés d'indépendance des grands seigneurs féodaux du royaume. Il renforce les institutions par la création d'une Cour de justice et impose l'autorité royale aux administrateurs locaux.

À SAVOIR

Mère de Louis IX, roi à 12 ans, Blanche de Castille (1188-1252) a contribué à réduire l'influence des grands seigneurs du royaume.

▶ **Le système féodal** joue, peu à peu, en faveur de la royauté, qui utilise les liens féodaux au service de son pouvoir : les Capétiens se placent au sommet de la chaîne de vassalité. Ils font des châtelains voisins leurs vassaux dont ils exigent l'aide et le conseil. Ils interviennent militairement dans les conflits pour imposer la paix sous leur autorité, qui s'étend ainsi, progressivement, du seul domaine royal à l'ensemble du royaume.

Le système féodal

La féodalité se caractérise par les liens qui unissent un seigneur et son vassal : le seigneur donne au chevalier qui lui a juré fidélité un fief (une terre). En contrepartie, le vassal lui doit le conseil pour rendre la justice, l'aide militaire tant pour la guerre contre un autre seigneur que pour assurer la sécurité de son château, et l'aide financière.

B. Des liens renforcés avec l'Église

▶ **Le royaume de France devient « très chrétien »,** qualité qui est étendue au roi qui prétend avoir reçu de Dieu les insignes royaux, les fleurs de lys et leur oriflamme.

▶ Les Capétiens fondent des églises, accordent des privilèges au clergé, en échange de quoi ils reçoivent **l'appui de l'Église**. Les rois capétiens se définissent également comme thaumaturges : ils prétendent faire des miracles, soignant, par exemple, des malades par simple attouchement des mains royales.

La place centrale de l'Église dans la société

La population dans son ensemble étant fortement imprégnée des pratiques et croyances religieuses, l'Église impose son autorité à la totalité du royaume. Le **clergé séculier** vit en contact avec la société laïque, tandis que le **clergé régulier** vit dans un couvent ou un monastère, selon les principes d'une règle commune.

▶ **Louis IX renforce les liens de la monarchie capétienne avec l'Église.** Membre de l'ordre des Franciscains, il s'entoure de frères mendiants et se présente comme un chevalier qui se bat pour Dieu. Il se considère comme investi par Lui de conduire son peuple vers le salut et rend la justice en Son nom. Il lutte contre les hérétiques et s'engage à 2 reprises dans la croisade (1248-1254 et 1270). Louis IX est canonisé en 1297 et devient Saint Louis.

CONSEIL

Les multiples Croisades pourront être présentées à partir d'une carte.

Les Croisades

Le pape Urbain II lance, en 1095, un appel à la croisade en Orient. La 1re croisade permet la prise de Jérusalem en 1099. Quelques milliers de croisés demeurent en Orient et fondent 4 principautés chrétiennes (le comté d'Édesse, la principauté d'Antioche, le comté de Tripoli et le royaume de Jérusalem). Face à la résistance musulmane, les Croisades se succèdent. Elles se terminent, en 1291, avec la chute de Saint-Jean-d'Acre, capitale du royaume de Jérusalem, et la disparition des États latins en Orient.

Le sacre de Louis IX en 1226

Le sacre unit de façon étroite le roi à l'Église. Au cours de la cérémonie, le roi prête serment de protéger les pauvres, les veuves et le clergé. Dès lors investi d'un pouvoir divin, le roi doit conduire son peuple au salut.

C. Les Capétiens profitent de la prospérité du royaume

▶ Le domaine royal offre lui-même de bonnes terres pour **l'agriculture**, qui bénéficie, après les nombreux défrichements, de la mise en place de l'assolement triennal. Les vins et les cultures industrielles (chanvre, lin) et maraîchères sont exportés, d'autant plus facilement que le territoire des Capétiens se situe sur une grande voie de commerce. Paris, la capitale, est l'une des villes les plus florissantes du territoire français car située sur la plus riche région agricole du royaume. La Seine favorise les échanges de marchandises. Cette richesse permet aux Capétiens de lever et d'entretenir des troupes militaires.

MOT-CLÉ

Assolement triennal : partage d'une parcelle en 3 divisions avec rotation des cultures chaque année.

▶ Les Capétiens profitent également du **prestige culturel de la France**. Le XIIIe siècle, notamment, est une période de rayonnement de la civilisation française en Europe. Ce prestige repose d'abord sur le modèle de la cathédrale gothique, qui se diffuse, à partir de la construction de l'église de Saint-Denis (vers 1140), dans tout le royaume puis à l'extérieur de ses frontières. La langue française jouit aussi d'un succès qui repose, en particulier, sur la diffusion d'œuvres romanesques. Chrétien de Troyes est parmi les plus illustres auteurs du temps. Cette littérature assure la promotion de la langue française bien au-delà des frontières du royaume. Enfin, le rayonnement du pays repose sur le prestige de l'université de Paris, qui attire des étudiants de tout l'Occident, en particulier avec l'émergence de la scolastique.

MOT-CLÉ

Scolastique : philosophie qui lie la théologie chrétienne aux héritages de la pensée grecque antique. Saint Thomas d'Aquin en est l'un des principaux auteurs ; il vise notamment la distinction de ce qui relève de la raison et de ce qui est du registre de la foi.

Notre-Dame de Paris, une cathédrale gothique

L'art gothique apparaît en région parisienne. Il se diffuse, à partir du XIIe siècle, en Europe. Les cathédrales abritent le siège de l'évêque (il y en a une par diocèse). Par leurs dimensions, elles expriment la puissance de l'Église, au sein de villes qui sont, elles-mêmes, en plein essor tout au long du XIIIe siècle.

CONSEIL

On peut proposer aux élèves un travail à partir des miniatures qui illustrent l'œuvre de Guillaume de Saint-Pathus, *Histoire de la vie et des miracles du roi Saint Louis*, manuscrit rédigé en latin en 1330-1350 et consultable sur le site Gallica de la BNF. Ce chapitre étant difficile, l'objectif est de centrer le propos autour de la personne de Saint Louis, avec des miniatures qui servent à la fois d'illustrations et de supports à une initiation au travail d'historien, puisque les élèves seront amenés à décrypter des documents d'archives, à mener une enquête pour en trouver le sens. Ils travailleront, ainsi, la compétence « Raisonner, justifier une démarche et les choix effectués (poser des questions, se poser des questions, formuler des hypothèses) ».

Problématiques possibles

- Qu'est-ce que la société féodale ?
- Comment Louis IX et les Capétiens renforcent-ils les pouvoirs du roi ?
- Quel était le rôle du clergé au temps de Louis IX ?
- Qu'étaient les Croisades ?

FICHE 6 François Ier, protecteur des arts à la Renaissance

Textes officiels *« Les figures royales étudiées permettent de présenter aux élèves quelques traits majeurs de l'histoire politique, mais aussi des questions économiques et sociales et celles liées aux violences. »*

BO n° 31 du 30/07/2020.

A. Une volonté d'étendre le domaine royal

▸ Le pouvoir royal est alors toujours fondé sur le **principe féodal du roi suzerain**, renforcé par le sacre, mais le roi aspire à être le seul souverain en son royaume, sans avoir de compte à rendre à ses sujets.

▸ Le renforcement de cette autorité passe par l'**extension du domaine royal**. Cela signifie la disparition des dernières grandes principautés du territoire : la Bretagne est, ainsi, rattachée à la France en 1532.

À SAVOIR

Le renforcement de l'autorité monarchique est particulièrement l'œuvre de **François Ier** (roi de 1515 à 1547), puis de son fils **Henri II** (roi de 1547 à 1559).

Anne de Bretagne (1477-1514)

Anne est la fille du duc de Bretagne, prince qui résiste à la volonté du roi de France Louis XI d'agrandir son territoire. Devenue duchesse de Bretagne en 1489, elle épouse, en 1491, le roi Charles VIII, qui lui promet, en retour, de mettre fin à la menace des armées royales contre Rennes et de préserver certaines libertés de la Bretagne, dont elle reste duchesse sans avoir le droit d'en utiliser le titre. À la mort de Charles VIII, elle doit épouser son successeur Louis XII (obligation imposée par son 1er contrat de mariage), mais parvient à améliorer l'indépendance de la Bretagne.

▸ **L'Italie est une autre ambition pour François Ier.** Désireux de diffuser la pensée humaniste et l'art de la Renaissance, il considère la péninsule comme le creuset fondamental. À peine roi, il prend donc, avec ses armées, la direction de l'Italie. La bataille de Marignan (1515) lui permet de vaincre l'armée suisse qui exerce sa tutelle sur le Milanais. Cette bataille, qualifiée de « bataille des géants », fut très violente : le nombre de soldats, incertain et variable selon les sources, fut jugé important et la durée des combats exceptionnelle (une vingtaine d'heures). C'est l'artillerie française qui permit de disloquer les rangs des fantassins suisses. Suite à cette victoire, la France prend le contrôle du Nord de la péninsule, mais pour un temps limité, puisque la bataille de Pavie, en 1525, se solde par une cuisante défaite, au cours de laquelle François Ier est fait prisonnier. Libéré, il perd tous ses droits sur les territoires italiens.

À SAVOIR

La bataille de **Marignan** a pris de l'ampleur dans la mémoire populaire sous la plume des chroniqueurs qui ont multiplié les images légendaires et vanté l'héroïsme du jeune roi, symbole d'un idéal chevaleresque.

B. Une volonté de renforcer l'autorité royale

► Pour renforcer son autorité, François Ier doit tenir compte de l'étendue du territoire. Il dispose de **gouverneurs** qui le représentent et veillent au maintien de l'ordre. Dans les provinces plus récemment rattachées au royaume (la Bretagne, la Bourgogne, la Provence), une partie des **institutions locales**, gages d'une plus grande autonomie, est maintenue. Les **parlements**, qui enregistrent les actes royaux, remplissent des missions judiciaires et administratives. Le prélèvement des impôts est sous la responsabilité d'un **receveur général des Finances**, en charge d'une généralité (le royaume est divisé, en 1542, en 16 généralités).

► **L'ordonnance de Villers-Cotterêts** inaugure, en 1539, l'état civil en imposant aux curés de paroisses l'enregistrement des naissances, des mariages et des décès. Elle institue le français comme langue administrative officielle du royaume.

À SAVOIR

Cette ordonnance est le 1er texte officiel rédigé en français (et non plus en latin).

► **Le concordat** signé en 1516 par François Ier et le pape Léon X renforce, par ailleurs, la surveillance du clergé par le roi, qui nomme, dès lors, les évêques, les abbés et les prieurs.

C. Une volonté d'explorer le monde

François Ier a l'ambition de développer le commerce avec les Indes et de rivaliser avec l'Espagne et le Portugal dans l'**exploration des Amériques**. Magellan a découvert un passage vers l'Asie en 1520, mais en naviguant par le Sud ; la France souhaite alors découvrir un passage plus au Nord. En 1532, Jacques Cartier se rend au Mont-Saint-Michel pour rencontrer le roi François Ier. Ce dernier le charge d'organiser une expédition visant à conquérir des terres et des îles situées au-delà de Terre-Neuve et d'y découvrir un passage vers les Indes et la Chine (le « passage du Nord-Ouest »).

À SAVOIR

Au cours de 2 voyages (1534 et 1535-1536), **Jacques Cartier** découvre et explore le Canada par le fleuve Saint-Laurent, donnant à François Ier une place parmi les grands souverains ayant contribué aux Grandes Découvertes.

D. Un autre foyer de la Renaissance

► Le 1er foyer de la Renaissance artistique est **l'Italie**. Florence en est le berceau : les princes, comme Laurent le Magnifique de la famille des Médicis, sont des grands mécènes qui financent de multiples œuvres. Rome et Venise prennent, ensuite, le relais, avec Michel-Ange comme chef de file.

CONSEIL

L'exploration du monde et la renaissance artistique sont les 2 thèmes de cette fiche les plus aisés à aborder avec de jeunes élèves.

Un art nouveau

Les artistes de la Renaissance créent un art nouveau, inspiré de l'Antiquité. La peinture et la sculpture privilégient la création de corps nus, à l'image des statues grecques. Les tableaux sont réalisés selon des procédés mathématiques, initient l'utilisation de la perspective, les effets de lumière, le trompe-l'œil. L'architecture se caractérise par de larges ouvertures, des lignes géométriques, des colonnes, des frontons, des bas-reliefs, la multiplication des fresques.

▶ **La France est l'autre pays européen profondément marqué par la Renaissance.** Le château de Fontainebleau est la résidence favorite du roi et devient un centre de la Renaissance. François Ier y installe « l'école de Fontainebleau », placée sous la direction de Rosso, disciple de Michel-Ange, puis de Gilles Le Breton, avec lesquels viennent travailler de multiples artistes. Il fait construire de nombreux châteaux et s'affirme comme un roi mécène en attirant des artistes italiens, tel Léonard de Vinci, qu'il côtoie au début de son règne et qui dessine les plans d'un palais à Romorantin.

Le château de Fontainebleau (www.chateaudefontainebleau.fr).

E. Le temps des réformes religieuses

▶ Les catastrophes des XIVe et XVe siècles (pestes, guerres, famines) conduisent les populations chrétiennes à **une quête vaine de réponse divine**. Le sentiment de la nécessité d'une réforme de l'Église s'amorce, ainsi, dès le XVe siècle.

▶ Cette aspiration rencontre, à la fin du Moyen Âge, **la pensée humaniste**, diffusée par les progrès de l'imprimerie. Dans leur quête du retour aux sources antiques, les humanistes reprennent les Saintes Écritures, les corrigent des approximations de traductions. Surtout, ils élaborent de multiples critiques à l'encontre de l'Église catholique : la complexité des rites et des cérémonies, la multitude des intermédiaires entre le peuple chrétien et Dieu, le poids des obligations imposées aux fidèles, l'ignorance des moines, la richesse du clergé.

▶ **Les réformes sont d'abord protestantes.** La première est l'œuvre du moine allemand **Martin Luther** (1483-1546).

L'humanisme

Les humanistes placent l'homme au centre de leur pensée. Ils le considèrent comme un être bon, libre et responsable. Sa raison, nourrie par la connaissance et l'éducation, le conduit au respect d'autrui, à la tolérance, à l'élévation personnelle. Les ateliers d'imprimerie, qui se multiplient en Europe au cours du XVIe siècle, ont favorisé la diffusion de la pensée humaniste.

Ce dernier condamne, dans ses *Quatre-vingt-quinze Thèses* (1517), la pratique des indulgences (qui permettent de racheter ses pêchés par l'argent) et fonde sa théorie sur 2 principes : la justification par la foi (principe selon lequel il suffit à l'homme de croire pour obtenir son salut, cette foi lui étant donnée par Dieu indépendamment de ses actes) et le sacerdoce universel (principe selon lequel tous les croyants sont prêtres et égaux entre eux sur le plan spirituel).

▶ La seconde réforme protestante est menée par **Jean Calvin** (1509-1564), théologien français qui expose sa thèse dans l'*Institution de la religion chrétienne* (1536). Il reprend le sacerdoce universel, la justification par la foi, puis développe le principe de la **double prédestination** : selon ce principe, le salut est accordé par Dieu à certains, tandis que d'autres sont condamnés ; les œuvres quotidiennes doivent s'inscrire dans la perspective du salut accordé et traduire la confiance en Dieu.

▶ **En réaction, le pape Paul III met en œuvre une contre-réforme** lors du concile de Trente, qui débute en 1545 : ce concile réaffirme que le salut est un don de Dieu que le fidèle mérite par ses actes ; il rappelle la nécessité des sept sacrements, du culte de la Vierge et des saints, et l'autorité du pape. Cinq ans auparavant, Ignace de Loyola avait fondé la Compagnie de Jésus, congrégation de clercs réguliers appelés « jésuites ». Leurs collèges assurent l'instruction des clercs et des fidèles, et multiplient les missions pour défendre la religion catholique.

CONSEIL

François Ier pourra être le fil directeur de la séquence. L'œuvre du roi, ses ambitions diplomatiques, politiques et culturelles permettront d'éclairer l'évolution du territoire, l'affirmation des pouvoirs royaux, la diffusion de la Renaissance artistique, des idées humanistes ou des réformes religieuses. Présenter un de ses châteaux pourra être une entrée intéressante dans le thème.

Problématiques possibles

- Comment les Européens sont-ils partis à la découverte du monde ?
- Comment François Ier renforce-t-il les pouvoirs du roi ?
- Comment François Ier participe-t-il à la diffusion de la Renaissance en France ?

FICHE 7 Henri IV et l'édit de Nantes

Textes officiels

« Les figures royales étudiées permettent de présenter aux élèves quelques traits majeurs de l'histoire politique, mais aussi des questions économiques et sociales et celles liées aux violences. »

BO n° 31 du 30/07/2020.

A. Un pays divisé par les guerres de Religion

▶ Les guerres de Religion constituent **une crise politique**. Elles opposent les catholiques aux protestants entre lesquels les tensions augmentent à la suite de nombreuses conversions au calvinisme qui menacent l'unité du royaume. En effet, le principe alors fondamental est qu'il ne doit exister qu'une seule religion : celle du roi. Dans ce contexte, Henri II, Charles IX, puis Henri III se sont montrés incapables de réconcilier les deux camps.

Catherine de Médicis (1519-1589)

Fille du duc de Florence et nièce du pape Clément VII, elle épouse, en 1533, le fils cadet de François Ier, le futur Henri II. Elle s'impose comme une actrice majeure des guerres de Religion. Elle s'illustre au cours de la régence, en tentant, dans un premier temps, de concilier les catholiques et les protestants, en vain. Par la suite et bien qu'elle ait donné sa fille Marguerite en mariage au protestant Henri de Navarre, futur Henri IV, elle s'engage dans la lutte contre les protestants.

▶ Les guerres de Religion constituent **une crise religieuse**. On distingue, traditionnellement, 8 guerres, qui forment 8 épisodes d'un même conflit, entrecoupés de périodes de trêves. Les effectifs qui combattent sont peu importants ; les opérations militaires demeurent cantonnées à des espaces réduits. Cette guerre débute en 1562, lorsque les hommes de François de Guise massacrent les protestants de Wassy en Champagne. Les conflits sont, ensuite, une succession de défaites pour les protestants.

▶ L'épisode le plus douloureux pour les protestants est **le massacre de la Saint-Barthélemy le 24 août 1572**. Catherine de Médicis donne l'ordre d'exécuter leurs chefs venus à Paris pour le mariage d'Henri de Bourbon-Navarre avec Marguerite (la reine Margot), sœur du roi Charles IX. 3 000 protestants sont victimes de ces violences à Paris (d'autres massacres ont lieu dans plusieurs villes de province).

Le Massacre de la Saint-Barthélemy **de François Dubois. Pour l'analyse détaillée du tableau : histoire-image.org/de/node/6370.**

▶ Les guerres de Religion constituent **une crise économique et sociale**. Le conflit et l'affaiblissement du pouvoir central s'accompagnent de crises de subsistance, aggravées par l'inflation des impôts royaux et seigneuriaux, la chute des productions agricoles et artisanales, le ralentissement du commerce intérieur et les nombreux actes de pillages commis par les combattants.

Traités de paix

Malgré leurs défaites, les protestants obtiennent la signature de traités de paix qui améliorent leurs conditions d'existence : l'édit d'Amboise (1563) leur accorde la liberté de culte dans les faubourgs d'une ville par baillage ; l'édit de Saint-Germain (1570) leur permet de tenir 4 places fortes ; l'édit de Beaulieu (1576) leur rend la liberté de culte et augmente de 4 à 8 les places fortes qui leur sont octroyées.

B. Henri IV met fin aux guerres de Religion

▶ En 1584, avec la mort de François d'Alençon désigné comme successeur du roi Henri III, l'héritier direct de la couronne de France devient **Henri de Bourbon, roi de Navarre, chef de l'armée protestante**. Cette perspective est condamnée par la majorité des catholiques du pays. Mais, en 1589, alors qu'il agonise, Henri III officialise Henri de Navarre comme son successeur.

Repère

1593-1994 : Henri IV abjure le protestantisme en 1593 et se fait sacrer à Chartres en 1594.

▶ Henri IV met un terme aux guerres de Religion en promulguant l'**édit de Nantes** (1598), qui reconnaît le catholicisme comme religion officielle du royaume mais accorde aux protestants la liberté de conscience et de culte dans certains lieux. L'équilibre instauré par cet édit demeure, cependant, fragile. Henri IV doit faire face à l'hostilité persistante de la haute noblesse et à la méfiance des protestants comme des catholiques.

Repère

1610 : Henri IV est assassiné par Ravaillac, un catholique hostile à l'édit de Nantes.

CONSEIL

Ce thème peut être abordé à partir de l'analyse du tableau de François Dubois, qui sera l'occasion d'évoquer Catherine de Médicis, et d'un extrait de l'édit de Nantes. Un lien sera envisageable avec le programme d'EMC (tolérance, respect d'autrui et acceptation des différences).

Problématiques possibles

- Comment les guerres de Religion divisent-elles les Français ?
- Comment Henri IV met-il fin aux guerres de Religion ?

FICHE 8 Louis XIV, le Roi-Soleil à Versailles

Textes officiels

« Les figures royales étudiées permettent de présenter aux élèves quelques traits majeurs de l'histoire politique, mais aussi des questions économiques et sociales et celles liées aux violences. »

BO n° 31 du 30/07/2020.

A. L'apogée de la monarchie absolue

▶ À la mort de son principal ministre, Mazarin, **en 1661, Louis XIV gouverne seul** et concentre tous les pouvoirs. Il est le suzerain suprême, ses sujets sont ses vassaux. Conformément aux principes établis par les juristes du XVIIe siècle, le roi peut seul légiférer, déclarer la guerre, juger, nommer les magistrats et les officiers, accorder les privilèges, décider l'impôt, modifier le statut social d'un sujet (anoblissement) : il concentre les pouvoirs exécutif, législatif, judiciaire et militaire.

SUJET 2, P. 297

Louis XIV (1638-1715)

Louis XIV a 4 ans et demi lorsqu'il succède à son père Louis XIII, le 14 mai 1643. Anne d'Autriche assure la régence en vertu des lois fondamentales du royaume. Elle gouverne avec l'assistance de Mazarin, qui lui a été conseillé par le cardinal de Richelieu.
Tout au long de son enfance, Louis XIV reçoit une éducation qui le prépare au métier de roi. Il est majeur le 7 septembre 1652. Le pouvoir reste aux mains de sa mère et de Mazarin jusqu'en 1661, mais il participe aux séances du Conseil du roi.

▶ **La monarchie absolue est de droit divin :** le roi est sacré (à Reims) ; il est le représentant de Dieu sur Terre.

▶ **Louis XIV contrôle le gouvernement et l'administration du royaume.** Il nomme les ministres, qui sont responsables personnellement devant lui. Ils lui doivent une fidélité absolue, d'autant qu'ils lui sont redevables. Les parlements, qualifiés de cours « supérieures » et non plus « souveraines » à partir de 1665 (leurs décisions n'étant alors plus souveraines), n'influent pas davantage sur les édits du roi.

EXPLOITATION PÉDAGOGIQUE, P. 150

Louis XIV en costume de sacre par Hyacinthe Rigaud.

▶ **Louis XIV désigne les membres de son Conseil.** Ce dernier est divisé en divers organismes spécialisés (le Conseil d'en haut pour les affaires intérieures et étrangères, le Conseil des parties pour les affaires judiciaires, le Conseil des finances pour le budget et les affaires économiques, le Conseil des dépêches pour la correspondance avec les généralités du royaume), qu'il consulte.

▶ Le chancelier, le contrôleur général des Finances et les secrétaires d'État aux Affaires étrangères, à la Guerre, à la Marine, à la Maison du roi sont **les collaborateurs privilégiés** de Louis XIV.

▶ **Les intendants constituent un rouage essentiel** de ce système de centralisation. Ils doivent assurer la présence du roi partout dans tout le royaume.

B. La surveillance stricte des sujets du roi

▶ Louis XIV aspire au contrôle absolu de ses sujets, en particulier de **la haute noblesse**, qu'il veut écarter du gouvernement. Il possède seul le pouvoir d'anoblir, qu'il accorde comme récompense du service fidèle à sa personne. Il impose des recherches pour supprimer le titre nobiliaire de toute personne l'ayant acquis par usurpation.

▶ **Louis XIV surveille aussi le peuple.** En 1667, il crée la fonction de lieutenant de police avec pour missions le maintien de l'ordre, l'entretien de la voirie, la réglementation des métiers, la surveillance des lieux publics, le contrôle de l'imprimerie et de la librairie.

▶ Le contrôle absolu de la société nécessite aussi, pour Louis XIV, **l'unité religieuse** en vertu du principe « un roi, une foi, une loi ». Il impose la religion catholique, interdit le culte protestant par l'édit de Fontainebleau (1685) et persécute ceux qui refusent de se convertir. 200 000 protestants sont contraints à l'exil.

La Fronde

De 1648 à 1653, le Parlement organise une fronde afin de limiter le pouvoir monarchique, qui pousse la régente et Louis XIV enfant à se réfugier à Saint-Germain en 1649, avant de conclure la paix de Rueil. Puis, de 1651 à 1653, la noblesse, qui souhaite accroître son influence politique dans le royaume, organise une fronde plus grave : les princes (Condé, Conti...) multiplient les conspirations, qui déstabilisent le pouvoir royal avant d'être réprimées. Cet épisode, qui a marqué Louis XIV, explique sa volonté d'asservir la noblesse.

Les *Fables* (1668-1694) de Jean de la Fontaine

Sous couvert de fables mettant en scène des animaux, qui lui ont permis d'échapper à la censure, Jean de La Fontaine a critiqué la monarchie absolue, la vie de Cour et la société d'Ancien Régime : le roi est incarné par le Lion, la reine par la Lionne, les courtisans par le Loup, l'Ours, le Renard, le Singe, etc., et le peuple par l'Âne, le Cerf, le Chien, le Mouton, la Chèvre, la Brebis...

C. Un absolutisme qui a des limites

▶ **Louis XIV doit respecter les lois fondamentales du royaume :**
– Selon la loi salique qui s'impose à tout roi de France, la Couronne ne peut être transmise qu'aux hommes par ordre de primogéniture.
– *« Le roi est mort, vive le roi ! »* : dès la mort du roi, son successeur en prend le titre et les pouvoirs.
– Il n'est majeur qu'à partir de 13 ans.
– Par le serment du sacre, le roi s'engage auprès des évêques à respecter leurs privilèges.
– Le domaine royal est inaliénable ; les biens personnels du souverain tombent dans ce domaine royal à son avènement.
– La France est un pays catholique : le roi doit l'être aussi.

▶ La centralisation est, par ailleurs, incomplète. Elle n'efface pas les **particularismes régionaux**, pas plus que les privilèges de la noblesse, du clergé, des villes et des provinces.

▶ **La conjoncture économique et financière est fragilisée** par les guerres et l'exil des protestants. Le rendement de l'impôt est insuffisant, malgré la création du dixième pendant les guerres de Succession d'Espagne, de Pologne et d'Autriche. Les sujets du roi souffrent de pénuries entre 1692 et 1713, qui entraînent misère et surmortalité.

MOT-CLÉ

Dixième : prélèvement de 10 % des revenus des propriétaires fonciers, des fonctionnaires, des commerçants et des industriels.

Le Petit Poucet de Charles Perrault

Paru en 1697, ce conte rappelle les difficultés de la population et la famine de 1693-1694, au cours de laquelle plus de 2 millions de personnes sont mortes.

D. Versailles : un palais à la gloire du roi

EXPLOITATION PÉDAGOGIQUE, P. 150

▶ D'abord simple pavillon de chasse en brique et en pierre, le château est agrandi et embelli tout au long du règne de Louis XIV. **Ce dernier fait de Versailles sa résidence officielle** à partir de 1682, d'abord pour s'éloigner de Paris, suspecte à ses yeux depuis la Fronde.

▶ **L'organisation de l'espace** est au service de la gloire du roi : Versailles doit permettre à Louis XIV de donner à sa Cour, au royaume et au monde le spectacle de sa puissance. La chambre du roi est le centre du palais ; les bâtiments et jardins sont ordonnés autour d'un axe qui part de la statue du roi dans la cour d'accès.

▶ **La galerie des Glaces** est construite à partir de 1678. Elle relie le grand appartement du roi à celui de la reine. La voûte est peinte à sa gloire et est encore magnifiée par les statues. Ses vastes dimensions, la richesse de son décor et ses peintures rappellent aux courtisans (qui s'y rendent tous les matins pour voir passer le roi), à la haute noblesse (qui participe aux grandes fêtes royales) ou aux ambassadeurs étrangers (qui y sont accueillis par Louis XIV sur son trône) qu'ils sont les spectateurs de la puissance de la France et de son Roi-Soleil.

▶ En 1661, Louis XIV charge André Le Nôtre de la création et de l'aménagement des **jardins de Versailles**, qui reprennent le style classique du château avec des lignes géométriques, une organisation symétrique de l'espace et l'utilisation de la perspective, qui symbolisent la maîtrise de la nature, l'ordre. Ils sont structurés par l'allée centrale et le Grand Canal (creusé entre 1667 et 1679), selon un axe est-ouest (qui suit la course du Soleil).

La galerie des Glaces ; pour une visite virtuelle : chateauversailles.fr.

E. Un palais pour contrôler la Cour

▶ À Versailles, **Louis XIV s'entoure de sa Cour**, jusqu'alors itinérante, pour mieux la contrôler et réduire l'influence des nobles dans leurs domaines et leurs provinces. En s'éloignant de Paris, il isole la noblesse de ses terres et la sépare de la bourgeoisie. La chasse, les jeux, les bals s'ajoutent aux banquets et fêtes nocturnes pour occuper cette société courtisane.

▶ La Cour est astreinte, au quotidien, à un cérémonial rigoureux : **l'étiquette**. En réduisant les nobles au rôle de spectateurs, Louis XIV entend à la fois rehausser son propre prestige et prévenir les troubles qu'ils pourraient causer.

L'étiquette

La journée du monarque est rythmée par des rendez-vous auxquels les membres de la Cour sont conviés en fonction de leur rang : le lever, le coucher, le dîner, le souper du souverain. Cette étiquette est une manière de capter l'attention de sa Cour et de la contrôler. Le roi veut, ainsi, faire en sorte que les nobles n'aient d'yeux que pour lui.

F. Versailles, phare de la politique culturelle

▶ Tout au long de son règne, Louis XIV n'a de cesse d'encourager, par un **mécénat d'État**, les sciences, les lettres, les arts, qui doivent contribuer non seulement à glorifier sa personne, mais aussi à renforcer le rayonnement du royaume de France en Europe.

▶ **Ce mécénat se concrétise par le versement de pensions** annuelles aux personnalités, artistes, savants tels que Corneille, Molière, Racine, Cassini. Les académies se multiplient également, comme l'Académie royale de peinture et de sculpture (1648), l'Académie royale de danse (1661), l'Académie royale des sciences (1666), l'Académie royale de musique (1669), l'Académie royale d'architecture (1671).

CONSEIL

Le château de Versailles constitue une entrée privilégiée dans le thème. On y célèbre la grandeur du roi, et la vie de Cour la met en spectacle tout en canalisant la noblesse française. Le site du château offre de nombreuses ressources qui permettent d'en donner une vision précise et concrète.

Problématiques possibles

- Comment Louis XIV impose-t-il une monarchie absolue ?
- Pourquoi Versailles symbolise-t-il la puissance du roi ?

FICHE 9 De 1789 à l'exécution de Louis XVI

Textes officiels *« La Révolution française marque une rupture fondamentale dans l'ordre monarchique établi et on présente bien Louis XVI comme le dernier roi de l'Ancien Régime. On apportera aux élèves quelques grandes explications des origines économiques, sociales, intellectuelles et politiques de la Révolution. Cette première approche de la période révolutionnaire doit permettre aux élèves de comprendre quelques éléments essentiels du changement et d'en repérer quelques étapes clés. »*

BO n° 31 du 30/07/2020.

A. L'influence des Lumières

▶ **Les textes fondateurs** de la pensée des Lumières sont multiples. Le *Dictionnaire historique et critique* de Pierre Bayle (1647-1706) est un plaidoyer contre les superstitions et les préjugés, et pour la tolérance. En Angleterre, le philosophe John Locke (1632-1704) juge illégitime tout gouvernement qui ne reposerait pas sur le consentement du peuple. Il faut aussi tenir compte de 2 textes fondateurs de la monarchie parlementaire anglaise, née au XVIIIe siècle : l'*Habeas Corpus*, qui protège les libertés individuelles et condamne les arrestations et les détentions arbitraires ou abusives ; le *Bill of Rights*, qui entérine la naissance de la monarchie parlementaire et impose au roi d'Angleterre le partage des pouvoirs avec le Parlement et la liberté d'expression du peuple.

Les philosophes

Montesquieu, Voltaire, Rousseau, Diderot, Condorcet comptent parmi les auteurs les plus célèbres. Pour autant, les Lumières ne forment pas un groupe homogène, tant par leurs écrits que par leur origine sociale. Si certains sont illustres et font partie de l'aristocratie ou de la bourgeoisie, d'autres sont socialement modestes et inconnus mais multiplient pamphlets et feuilles qui reprennent le message des Lumières.

▶ Les Lumières ne condamnent pas la monarchie en soi, mais l'**absolutisme** royal qu'ils veulent réformer en limitant les pouvoirs du roi. Ils refusent les abus de pouvoir, les emprisonnements arbitraires, les lettres de cachet, la censure, et militent pour le libéralisme économique. Montesquieu expose, ainsi, les conditions d'une monarchie tempérée dans *De l'esprit des lois* (1748), définissant la séparation des 3 pouvoirs comme indispensable à la garantie des libertés individuelles.

▶ Les Lumières dénoncent aussi **le pouvoir de la religion sur la société**. Ils lui préfèrent les sciences et leurs progrès, voulant *« examiner la religion à la lueur de la raison »*. Tous ne condamnent pas la foi : si Diderot se proclame athée, Voltaire croit en Dieu comme nombre de ces Lumières qui se qualifient de « déistes », c'est-à-dire croyant en l'existence de Dieu mais refusant l'adhésion au christianisme.

▶ Les Lumières écrivent pour **la protection des libertés** plutôt que pour l'égalité entre les hommes. Dans son article « Égalité » de l'*Encyclopédie*, par exemple, Voltaire présente le principe d'une égalité garantie entre tous les hommes comme un vœu illusoire et contradictoire avec la nature humaine.

▶ Les Lumières trouvent, dans la société du XVIIIe siècle, **un écho amplifié par l'évolution des mentalités** collectives. Des changements culturels favorisent la diffusion de discours qui fragilisent le modèle de l'Ancien Régime. L'accès au savoir, à l'écrit s'accroît au sein de l'élite (qui fréquente les académies, les salons) et favorise la diffusion des idées des Lumières. Cette société aspire à davantage d'éducation, tandis que s'affirme la curiosité pour les découvertes scientifiques.

▶ **L'*Encyclopédie*,** œuvre clé des Lumières, nourrit cette aspiration avec l'objectif de réunir toutes les connaissances de l'époque. Elle est aussi facteur de diffusion de leurs idées mais seulement auprès d'une minorité d'intellectuels (25 000 exemplaires imprimés entre 1751 et 1789).

L'*Encyclopédie*

Ce *Dictionnaire raisonné des sciences, des arts et des métiers* a pour maître d'œuvre Diderot, qui s'associe à d'Alembert, puis à 135 auteurs. Le 1er volume paraît en **1751**, le 2e l'année suivante. L'ouvrage est interdit par l'Église dès 1752, mais les Lumières en poursuivent la publication. La vente ayant été de nouveau interdite en 1759, l'impression se fait dans la clandestinité jusqu'au dernier des 28 volumes en 1772.

B. Les autres causes de la Révolution

▶ **La révolution américaine** se nourrit de la pensée des Lumières. En 1775, les colons anglais installés en Amérique se révoltent contre le roi d'Angleterre. Ayant la volonté de s'affranchir de la tutelle de la Couronne britannique pour obtenir leur liberté, les représentants des 13 colonies signent une Déclaration d'indépendance le 4 juillet 1776. Après une guerre (1775-1783) à laquelle la France prit part aux côtés des colons, la Grande-Bretagne signe, en 1783, le traité de Paris qui reconnaît l'indépendance des États-Unis d'Amérique. La Constitution rédigée en 1787 instaure une république et nourrit en France la contestation de ceux qui veulent mettre un terme à la monarchie absolue. Le 1er président de ce nouveau pays, investi le 30 avril 1789, est George Washington.

▶ **Les mutations** culturelles de la société, les crises économique (mauvaise récolte), sociale (hausse des prix, misère) et financière (les caisses de l'État sont vides), la vie de Cour et les excès de Marie-Antoinette fragilisent Louis XVI.

▶ **Louis XVI** (1754-1793), roi de France de 1774 à 1792, est un homme cultivé, instruit, ouvert aux idées des Lumières, qui influencent son exercice du pouvoir (il s'entoure de ministres réformistes et rappelle les parlements que Louis XIV avait tenté de réduire au silence). Il hérite, cependant, d'une image dégradée de la monarchie et d'une situation financière difficile. Les historiens attribuent son échec à une personnalité manquant d'autorité, un caractère trop indécis, et à l'impopularité de son épouse Marie-Antoinette.

▶ Pour répondre aux craintes de ses sujets, le roi leur demande de rédiger des **cahiers de doléances** et, dans le même temps, convoque les États Généraux. La rédaction de ces cahiers suscite de nombreux espoirs parmi la population. Les cahiers ruraux expriment le souci d'égalité face à l'impôt et la condamnation des droits seigneuriaux. Ceux du tiers état des villes ont plutôt des revendications institutionnelles. Ceux de la noblesse et du clergé revendiquent le maintien de leurs privilèges.

À SAVOIR

Les États Généraux est l'assemblée des 3 ordres (noblesse, clergé et Tiers État). Le 8 août 1788, Louis XVI les convoque pour qu'ils votent de nouveaux impôts permettant d'assainir la situation financière de l'État.

C. Les grands épisodes de 1789

▶ **La réunion des États Généraux, le 5 mai 1789,** à Versailles, déçoit les espoirs des députés du Tiers État, qui se heurtent à l'impossibilité de voter des réformes, la noblesse et le clergé bénéficiant du soutien royal et du vote par ordre plutôt que par tête.

À SAVOIR

Le vote par ordre permet à la noblesse et au clergé (2 suffrages) de dominer le Tiers État (1 suffrage).

▶ La Révolution débute par la **révolte des députés du Tiers État**. Le 17 juin 1789, ils se proclament Assemblée nationale. Le 20, ils font, au Jeu de Paume, le serment de ne jamais se séparer avant d'avoir donné à la France une Constitution. Le 9 juillet, le roi cède et demande aux députés de la noblesse et du clergé de rejoindre ceux du Tiers État au sein de l'Assemblée, proclamée constituante.

Jacques-Louis David, *Le Serment du Jeu de Paume* (1790).

▶ La Révolution mobilise, ensuite, le peuple de Paris. Le 14 juillet, ce dernier, aidé par des soldats du roi qui se mutinent, prend le contrôle de la Bastille, symbole des pouvoirs arbitraires du roi.

La Bastille

La prise de la Bastille vaut, surtout, pour sa dimension symbolique. Dans cette prison royale ne sont détenus que quelques prisonniers. Le soulèvement contre cet édifice caractérise la révolte du peuple contre les arrestations arbitraires et pour la défense de la liberté.

***Prise de la Bastille et arrestation du gouverneur M. De Launay, le 14 juillet 1789* (peinture anonyme).**

▶ **La vague révolutionnaire se diffuse dans le royaume.** La « révolution municipale » se solde, dans les villes, par le départ des intendants du roi et la prise de pouvoir de la bourgeoisie. En juillet-août 1789, la Révolution se propage dans les campagnes. Les villageois prennent les armes et attaquent les châteaux des seigneurs, y détruisent les chartes des droits féodaux, pillent les greniers (ce mouvement de révolte est appelé « Grande Peur »).

▶ La nuit du 4 août 1789 condamne la société d'Ancien Régime par l'**abolition des droits seigneuriaux et des privilèges**. Le 26 août, la *Déclaration des droits de l'homme et du* *citoyen* affirme la **souveraineté de la nation**, l'indispensable séparation des pouvoirs, la défense des libertés et l'égalité de tous devant la loi.

> **_Déclaration des droits de l'homme et du citoyen_ (26 août 1789)**
>
> *« Article Premier – Les hommes naissent et demeurent libres et égaux en droits. Les distinctions sociales ne peuvent être fondées que sur l'utilité commune.*
> *Article 2 – Le but de toute association politique est la conservation des droits naturels* [...] *de l'Homme. Ces droits sont la liberté, la propriété, la sûreté et la résistance à l'oppression. »*
>
> Bien que l'article 1 défende le principe d'« égalité », il faut attendre la *Déclaration des droits* qui précède la Constitution de 1793 pour voir apparaître l'égalité comme droit naturel de l'homme.

▶ Le 5 octobre 1789, un cortège de 6 000 à 7 000 femmes se rend à Versailles pour demander davantage de pain. Le lendemain, **le roi et sa famille doivent quitter Versailles pour s'installer à Paris**, au palais des Tuileries.

D. La condamnation finale du roi

▶ **En vertu de la Constitution** rédigée d'août 1789 à septembre 1791, Louis XVI devient « roi des Français ». Le roi partage ses pouvoirs avec un Parlement, et la souveraineté nationale se traduit par un vote censitaire (réservé aux citoyens qui paient l'impôt du cens) : la monarchie devient constitutionnelle.

▶ **Mais, le 21 juin 1791,** le roi, qui a quitté Paris la veille pour rejoindre son armée à la frontière, à Montmédy, et tenter de reprendre les rênes du pays par la force, **est arrêté à Varennes** et ramené à Paris. Le pacte entre le peuple et lui est définitivement rompu.

▶ L'année 1792 entérine cette rupture. Le 20 avril, la France déclare la guerre à l'Autriche, sur proposition de Louis XVI qui espère qu'une défaite facilitera le retour à une monarchie plus forte. L'Assemblée proclame, le 11 juillet, *« la patrie en danger »* : elle en appelle aux volontaires. Parmi eux, ceux venus de Marseille chantent, lors de leur entrée dans Paris, le 30 juillet 1792, le texte de Rouget de l'Isle qui deviendra, ainsi, *La Marseillaise*.

> **À SAVOIR**
>
> *La Marseillaise* est, à l'origine, le *Chant de guerre pour l'armée du Rhin*, composé alors que la France est en guerre contre l'Autriche.

▶ Le 10 août, les sans-culottes envahissent le palais des Tuileries : la famille royale est emprisonnée et le roi est déchu ; une nouvelle assemblée, la Convention, est élue, qui doit élaborer une nouvelle Constitution. La royauté est abolie et la République est proclamée le 21 septembre, suite à la victoire française à Valmy (20 sept.). **Louis XVI est guillotiné le 21 janvier 1793**.

▶ Le 5 septembre 1793, la Convention met à l'ordre du jour **la Terreur** au nom de la défense de la République, orchestrée par le Comité de Salut Public que Robespierre dirige à partir de 1794. Les nombreuses condamnations finissent par n'inspirer que peur et incompréhension, jusqu'à la chute et l'exécution de Robespierre, le 28 juillet 1794.

> **À SAVOIR**
>
> Le Tribunal révolutionnaire se donne le droit de juger sans avoir besoin de preuves, en se fondant sur l'intime conviction du juge. La Terreur fait de très nombreuses victimes (plus de 40 000).

E. Les principaux acquis de la Révolution

▶ La Révolution a permis la **conquête de libertés** : la liberté individuelle n'est plus menacée par les arrestations arbitraires ; la liberté d'opinion accompagne la liberté *« de parler, écrire, imprimer librement »* ; la liberté de conscience est permise par la fin de l'absolutisme religieux ; la liberté politique est le corollaire du principe de « souveraineté nationale ».

▶ **Le principe d'*« égalité entre les hommes »*** est proclamé après la condamnation des privilèges. Pour autant, les ségrégations ne sont pas effacées et les inégalités sociales demeurent.

Les droits des femmes

Les femmes ont été des actrices de la Révolution. Elles participent aux pétitions, s'engagent dans des clubs, sont présentes dans des assemblées. Elles sont, pourtant, peu concernées par les progrès obtenus : la question des femmes n'est guère débattue en 1789. Elles ne sont pas mentionnées dans la Constitution de 1791 ; n'ayant pas le droit de vote, elles ne sont pas incluses dans le peuple citoyen.

▶ La Révolution contribue à **réduire l'emprise de la religion** sur la société. Le 2 novembre 1789, les biens du clergé sont mis à la disposition de la nation. Le 12 juillet 1790, avec la Constitution civile du clergé, l'Église de France devient Église d'État : les curés puis les évêques deviennent des fonctionnaires qui doivent prêter serment de fidélité à la nation, à la loi et au roi.

CONSEIL

La prise de la Bastille et la *Déclaration des droits de l'homme et du citoyen* semblent incontournables. Le risque est, ensuite, de multiplier à l'excès les repères chronologiques. Un objectif raisonnable peut être de bien faire comprendre la distinction entre les 2 phases de la Révolution : 1789 et 1792-1793.

Problématiques possibles

- Quelles sont les causes de la Révolution française ?
- Quels sont les principaux épisodes de la Révolution française ?
- Comment la Révolution française a-t-elle amélioré les droits du peuple ?

FICHE 10 Napoléon Bonaparte, de la Révolution à l'Empire

Textes officiels « *Napoléon Bonaparte, général dans les armées républicaines, prend le pouvoir par la force et est proclamé empereur des Français en 1804, mais il conserve certains des acquis révolutionnaires.* »

BO n° 31 du 30/07/2020.

A. L'arrivée au pouvoir

▶ Après l'exécution de Robespierre (1794), la République est dominée par **la bourgeoisie,** qui **met fin à la Terreur**. Mais les difficultés s'accumulent : l'hiver 1794 provoque la hausse des prix, la misère et la famine. Des royalistes se révoltent dans l'Ouest de la France en 1795, mais sont contrés par l'armée du général Bonaparte.

▶ Une nouvelle Constitution donne naissance au **Directoire** en 1795. Très vite, le nouveau régime se révèle impuissant à résoudre les difficultés économiques et sociales persistantes. Seule une minorité prospère. L'opinion publique réclame, de plus en plus, un nouveau pouvoir.

▶ Dans ce contexte, **le général Bonaparte**, victorieux lors de sa campagne en Italie (contre l'Autriche et le Piémont) et lors des premières batailles menées en Égypte (contre l'Angleterre, rivale en Méditerranée et sur la route des Indes), renverse le Directoire par un coup d'État, le 18 Brumaire an VIII (9 novembre 1799). Napoléon impose la création d'un **Consulat** provisoire (avec 3 consuls : Bonaparte, Premier Consul, Sieyès et Ducos).

B. De Bonaparte à Napoléon Ier

▶ Consul à vie en 1802, Bonaparte est, ensuite, proclamé **« empereur des Français »** par un plébiscite. Napoléon Ier est sacré en 1804, en présence du pape Pie VII, qui obtient, en contrepartie, l'adhésion des évêques de France au Concordat et leur soumission au pape. Voté en 1801, le Concordat reconnaît la religion catholique non comme religion de l'État français, mais comme religion de la majorité des Français ; les évêques sont choisis par le gouvernement français et reçoivent leurs pouvoirs religieux du pape Pie VII.

À SAVOIR

Napoléon Bonaparte (1769-1821) est favorable à la France républicaine née de la Révolution mais regrette le pouvoir pris par le peuple depuis le 10 août 1792.

Jacques-Louis David, *Sacre de l'empereur Napoléon Ier et Couronnement de l'impératrice Joséphine dans la cathédrale Notre-Dame de Paris*, le 2 décembre 1804

Cet immense tableau (6,1 m × 9,3 m) de style classique, qui immortalise le sacre de Napoléon, est au service de la propagande impériale : 191 personnages y sont représentés, regroupés par rang ou par fonction (frères et sœurs de l'Empereur, généraux, membres du clergé, ministres…). Parmi eux se trouve également la mère de Napoléon, au centre du tableau, bien qu'elle n'ait pas assisté à la cérémonie. Napoléon, revêtu du manteau impérial et coiffé de la couronne de laurier, est le personnage central, faisant le lien entre les pouvoirs politique (à gauche) et religieux (à droite).

▶ Napoléon souhaita se couronner lui-même et couronner l'impératrice Joséphine. Pie VII se contenta de bénir la couronne. David représente le moment où l'Empereur couronne Joséphine. On note aussi que le pape est représenté assis, moins haut que l'Empereur : le tableau montre, avant tout, la somptuosité et la grandeur du faste impérial (les colonnes qui encadrent la scène du sacre, l'or des costumes et des décors y contribuent), l'indépendance du pouvoir politique vis-à-vis du religieux.

Napoléon et la politique culturelle

Napoléon empereur s'inspire, plus généralement, de la politique culturelle de Louis XIV. Les peintres et les sculpteurs deviennent des artistes de Cour ; ses portraits en costume de sacre sont inspirés des grands portraits royaux. D'autres œuvres célèbrent ses conquêtes et ses victoires par des représentations de scènes militaires dans lesquelles l'Empereur est, souvent, présenté à cheval au milieu de ses maréchaux, dans une attitude posée.

C. Napoléon et l'héritage révolutionnaire

▶ **La légende dorée** présente Napoléon comme le continuateur de la Révolution, ayant assuré les conditions de sa pérennité par un renforcement du pouvoir central garant d'un retour à l'ordre jugé indispensable à la protection de l'héritage révolutionnaire. Le Code Napoléon, ou Code civil, publié en 1804, préserve ainsi le principe d'« égalité » devant la loi et les libertés de conscience et de propriété, la liberté religieuse ayant déjà été assurée par la signature du Concordat. Par la création de la Légion d'honneur et des lycées (1802) accessibles par bourses aux fils des serviteurs les plus fidèles de l'Empire, Napoléon entérine la suppression de la féodalité, en favorisant les capacités plutôt que la naissance.

À SAVOIR

L'analyse de la politique de Napoléon et du devenir des acquis de la Révolution pendant son règne donne lieu à 2 interprétations, qualifiées de « légende dorée » et de « légende noire ».

▶ **La légende noire** insiste sur les acquis remis en cause. Napoléon concentre à nouveau les pouvoirs ; les assemblées législatives sont mises à l'écart ou supprimées ; la démocratie est compromise par la pratique du plébiscite et la nomination des maires, qui se substitue à leur élection. La liberté individuelle est limitée par la surveillance de la police, la légalisation de la détention arbitraire, la censure qui contrôle journaux et imprimeries, et l'Université impériale qui rassemble tous les établissements scolaires et leur impose la propagande impériale. L'idéal d'égalité est oublié dès lors que les plus modestes sont tenus à l'écart des progrès économiques. Leur analphabétisme perdure avec la disparition des petites écoles, tandis que l'entrée dans les lycées est réservée aux fils de bonne famille et aux enfants des serviteurs les plus fidèles du régime.

CONSEIL

Pour ce thème, il est possible d'envisager une problématique qui invite à comprendre « comment Bonaparte est devenu Napoléon ». On pourra également évoquer le patrimoine laissé par Napoléon à la France.

Problématiques possibles

- Comment Bonaparte devient-il Napoléon ?
- Napoléon Bonaparte a-t-il respecté les acquis de la Révolution pour le peuple ?

FICHE 11 1892 : la République fête ses cent ans

Textes officiels

« L'étude du centenaire de la République célébré en 1892 est mise en perspective pour montrer que les Français ont vécu différentes expériences politiques depuis la Révolution, y compris celles ayant suscité conflits et violences (1830, 1848, 1870). [...] On montre aux élèves que pendant cette période s'enclenche également un nouveau processus de colonisation. »

BO n° 31 du 30/07/2020.

A. De multiples régimes politiques (1815-1870)

▶ Le XIXe siècle se caractérise, après l'exil de Napoléon, par **l'alternance politique** de multiples régimes, qui montrent que l'idéal républicain ne semble partagé que par une minorité, qui doit mener un âpre combat politique pour s'imposer : la Restauration, la monarchie de Juillet, la IIe République et le Second Empire. Ces changements se soldent par la mise en place d'une IIIe République.

▶ **La Restauration (1815-1830),** dirigée par Louis XVIII puis Charles X (tous deux frères de Louis XVI), met en place une **monarchie constitutionnelle** qui respecte certains fondements acquis pendant la période révolutionnaire, dont le partage des pouvoirs du roi avec un Parlement en partie élu, qui vote la loi et contrôle le budget. Pour autant, des principes républicains sont abolis. La démocratie est fragilisée par un régime censitaire qui n'accorde le droit de vote qu'aux hommes âgés de plus de 30 ans et payant au moins 300 francs de contribution directe. Les Républicains n'ont alors pas l'espace politique pour défendre leurs idées. La Restauration tombe lors des « Trois Glorieuses ».

Les Trois Glorieuses (27-29 juillet 1830)

FICHE 2, P. 27

Eugène Delacroix,
La Liberté guidant le peuple (1830).

Au cours de ces journées, le peuple parisien se soulève, dresse des barricades et appelle à l'abdication du roi Charles X auquel il est reproché sa volonté de renforcement du pouvoir royal. Le tableau de Delacroix représente cette révolte dite « des Trois Glorieuses ». On y retrouve les symboles républicains (Marianne, le bonnet phrygien, le drapeau), le peuple de Paris (Notre-Dame est en arrière-plan) rassemblé contre les soldats du roi (un soldat de l'armée royale gît sur les barricades).

▶ **La monarchie de Juillet (1830-1848),** dirigée par Louis-Philippe (d'Orléans), est une monarchie parlementaire qui va dans le sens d'une démocratisation : le cens électoral est abaissé de 300 à 200 francs ; l'âge pour voter est diminué à 25 ans, ce qui permet de doubler le nombre d'électeurs. Le roi reprend le titre de

À SAVOIR

Sous la monarchie de Juillet, le drapeau tricolore, supprimé depuis la Restauration, est rétabli comme emblème national.

« roi des Français ». Le parti républicain reste fragilisé par son hétérogénéité. Surtout, son action est encore largement insurrectionnelle, par le vecteur d'associations, de sociétés secrètes, qui subissent une forte répression.

▶ Le régime de Louis-Philippe s'effondre dans un contexte de crise économique et sociale : mauvaises récoltes, flambée des prix, crise de subsistance, crise industrielle, chômage fragilisent l'équilibre et poussent le peuple dans la rue. Son abdication, le 24 février 1848, provoque le retour de la République : la **IIe République (1848-1852)**. Un **gouvernement provisoire** est formé, qui rétablit les libertés individuelles (presse, réunions publiques). Il instaure le suffrage universel masculin, qui permet à plus de 9 millions de personnes d'accéder à la citoyenneté et fait de **Louis-Napoléon Bonaparte le 1er président de la République élu** (le 10 décembre 1848). Il installe une République conservatrice, qui contrôle les libertés et réduit le corps électoral.

> **Repère**
>
> **23-26 juin 1848 :** dans un contexte de crise financière, une grave insurrection éclate à Paris qui subit une répression violente (1 500 morts, 25 000 arrestations).

▶ Le 2 décembre 1851, Louis-Napoléon Bonaparte dissout l'Assemblée, qui lui refuse une révision de la Constitution (selon laquelle un président ne pouvait être élu que pour 4 ans sans possibilité de briguer un second mandat).

▶ **Le 2 décembre 1852, il devient l'empereur Napoléon III.** C'est le début du **Second Empire (1852-1870)**. Le règne de Napoléon III est d'abord autoritaire, même si la Constitution garantit, en principe, le partage des pouvoirs. Dans les faits, l'empereur garde l'initiative des lois : le Sénat est nommé par lui, et les membres des Assemblées doivent lui prêter serment. La pratique du plébiscite, la surveillance des élections et les candidatures officielles (celles qui reçoivent le soutien de l'État) vident la démocratie et le suffrage universel masculin de leur sens, dans une société où l'opinion publique s'éteint, avec une presse sous contrôle. Les partisans de la république sont surveillés, assignés à résidence ou déportés.

B. La République s'installe difficilement

▶ La guerre engagée contre la Prusse en juillet 1870 met un terme à l'Empire après la capture de Napoléon III à Sedan, en septembre, suivie d'une insurrection révolutionnaire à Paris, contrée par **les républicains modérés** qui **proclament la République, le 4 septembre 1870**.

> **À SAVOIR**
>
> La paix signée en mai 1871 entérine la défaite et la perte de l'Alsace-Lorraine.

▶ **La IIIe République (1870-1940) naît dans un contexte de crises.** La crise est diplomatique : la guerre contre la Prusse se poursuit jusqu'en janvier 1871. La crise est aussi politique et sociale. Une guerre civile oppose, durant les mois d'avril et mai 1871, l'armée à « la Commune de Paris », qui rassemble des Parisiens qui, outre leur refus de la défaite, craignent une nouvelle restauration monarchique et réclament une nouvelle république démocratique et sociale (les communards revendiquent, par exemple, la gratuité de l'enseignement). Durant la « Semaine sanglante », du 21 au 28 mai 1871, la guerre fait plusieurs milliers de victimes (les historiens les ont longtemps estimées à plus de 20 000, mais retiennent, aujourd'hui, plutôt un bilan qui se situe entre 5 000 et 7 000 morts).

> **À SAVOIR**
>
> L'Assemblée élue en février 1871 réunit 400 députés monarchistes, 30 bonapartistes et 200 républicains.

▶ Il faut 4 années pour que la IIIe République soit **véritablement aux mains des républicains**. La Constitution votée en 1875 entérine un régime parlementaire. Les élections de 1876 modifient la composition de la Chambre des députés, où la majorité devient républicaine, mais le Sénat reste à majorité royaliste (il ne devient républicain qu'en 1879).

À SAVOIR

La Constitution accentue les pouvoirs du Parlement. Le président de la République est élu et rééligible pour 7 ans par la Chambre des députés et le Sénat. Le gouvernement est également responsable devant le Parlement.

▶ Les républicains doivent rapidement surmonter de nouvelles difficultés, dont la **crise boulangiste**. Républicain mais belliqueux, le général Boulanger, ministre de la Guerre, est écarté lors de la formation du nouveau gouvernement en mai 1887. Il parvient, toutefois, à rassembler autour de lui des bonapartistes, des monarchistes et des nationalistes désireux de vengeance contre la Prusse. Son mouvement, qui se caractérise, finalement, par une idéologie nationaliste et antiparlementaire, séduit de nombreux Français jusqu'en 1889.

À SAVOIR

Les républicains tentent de profiter du centenaire de la République (1892) pour ancrer davantage encore la République en France en en vantant les mérites et les acquis obtenus pour le peuple.

Une affiche du centenaire de la République

Cette affiche met en scène Marianne, allégorie de la République, qui porte le bonnet phrygien des sans-culottes. Elle tient le drapeau tricolore. La corne d'abondance au 1er plan, le viaduc, le train à vapeur et les agriculteurs au travail sont autant de symboles d'une prospérité que les républicains veulent mettre au crédit du régime en place.

▶ **L'affaire Dreyfus** est l'autre crise majeure qui fragilise la République. Accusé à tort d'avoir transmis à la Prusse des documents secrets pendant la guerre, le capitaine Dreyfus est condamné, en 1894, à la déportation en Guyane, suite à un procès irrégulier. Le soupçon de son innocence se diffuse mais les républicains sont divisés entre dreyfusards et anti-dreyfusards, sur fond d'antisémitisme. Dreyfus n'est réhabilité qu'en 1906.

C. La colonisation en Afrique et en Asie

▶ Les rivalités coloniales entre les puissances européennes se déclenchent tardivement dans le siècle, autour de 1880. Il n'est plus question de renouer avec l'esclavage. La visée est dorénavant **impérialiste**, car il s'agit de dominer politiquement, militairement, économiquement et culturellement de nouveaux territoires.

À SAVOIR

La traite des esclaves puis l'esclavage sont abolis, respectivement, en 1807 et 1833 dans les colonies britanniques, en 1815 et 1848 par la France.

▶ **À partir de 1880, la conquête coloniale s'accélère,** dans un climat de rivalités entre les puissances européennes, parmi lesquelles la Grande-Bretagne et la France, mais aussi la Belgique, l'Allemagne, l'Italie, qui colonisent l'Afrique, l'Asie et l'Océanie. L'Empire britannique est finalement le plus vaste. L'Empire français comprend le Maghreb, l'Indochine, l'AOF (Afrique-Occidentale française) et l'AEF (Afrique-Équatoriale française).

CONSEIL

Chaque fois que le recours à un planisphère est envisagé, prévoir une révision de la localisation des continents, océans et lignes remarquables (équateur, tropiques).

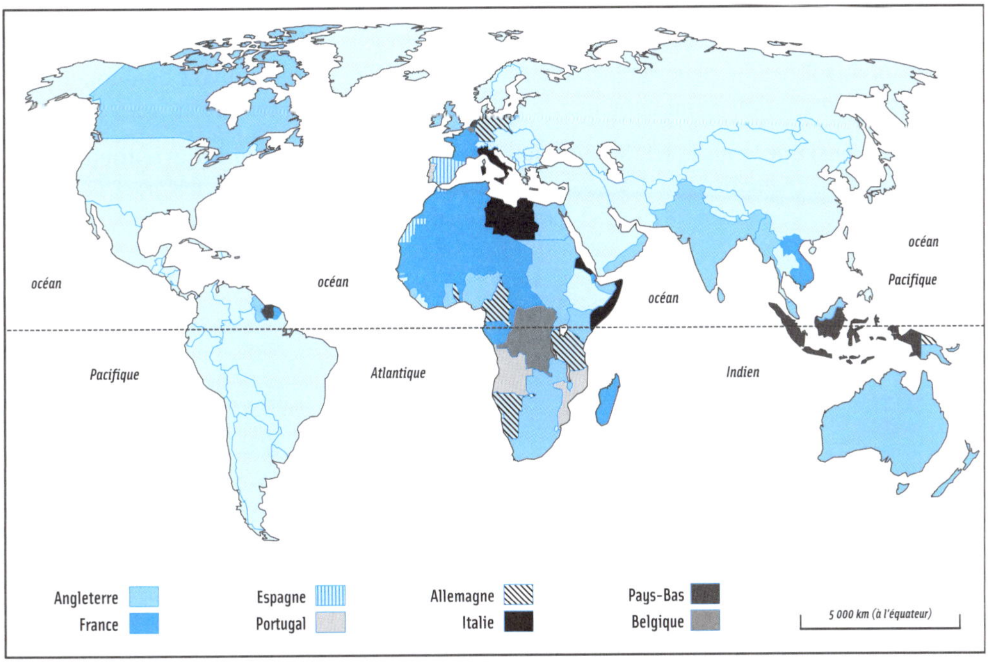

Carte des empires coloniaux en 1914.

CONSEIL

Pour aborder ce thème, le risque est de vouloir accumuler les repères chronologiques qui structurent l'histoire politique du pays. Il sera préférable de ne pas chercher à trop détailler les fondements des régimes qui se succèdent, pour faire plutôt comprendre les difficultés rencontrées par les républicains pour imposer la République en France.

Problématiques possibles

- Pourquoi fête-t-on le centenaire de la République en 1892 ?
- Qui dirige la France après l'échec de la République (1815-1848) ?
- Comment la République est-elle rétablie et renforcée ?
- Quels sont les territoires colonisés par la France au XIXe siècle ?

FICHE 12 L'école primaire au temps de Jules Ferry

Textes officiels *« À partir des années 1880, l'adhésion à la République se construit en partie par l'école gratuite, laïque et obligatoire. »*

BO n° 31 du 30/07/2020.

A. Enraciner le modèle républicain

SUJET 1, P. 290

▶ Malgré les difficultés et les crises affrontées, la IIIe République s'affirme comme **le régime le plus durable** et le plus stable depuis 1789. Les dirigeants au pouvoir ont, notamment, su multiplier les actions pour enraciner le modèle républicain au sein de la société.

▶ C'est ainsi que, sous la IIIe République, **les symboles républicains deviennent symboles de la nation française** : la devise *« Liberté, Égalité, Fraternité »* ; *La Marseillaise*, proclamée hymne national en 1879 ; le 14 Juillet, instauré fête nationale en 1880.

B. L'école au service de l'idéal républicain

❶ la leçon de morale
❷ une carte de France
❸ la *Déclaration des droits de l'homme et du citoyen*
❹ les élèves : des garçons, en blouse, assis derrière leur bureau
❺ une leçon de mathématiques
❻ l'instituteur

▶ **L'œuvre de Jules Ferry** rend l'école primaire gratuite (1881), obligatoire de 6 à 13 ans (1882) et laïque (les locaux et les programmes en 1882, le corps enseignant en 1886).

▶ **La pédagogie de l'enseignement primaire vise**, en principe, **à valoriser la liberté, l'esprit critique.** Dans les faits, elle se traduit par une approche directive de la part de l'instituteur, soucieux d'abord de la docilité de ses élèves. Les contenus sont ambitieux, à l'image des visées de l'*Encyclopédie*.

CONSEIL

Le candidat peut proposer de faire comparer une salle de classe du XIXe siècle avec une salle actuelle (effectifs, matériel pédagogique, etc.).

▶ **Cette acculturation** se fait autour de 3 grands principes : renforcer le patriotisme, le républicanisme et le rationalisme. Pour ce faire, l'enseignement au primaire fait une large part à l'œuvre de Victor Hugo. Le manuel scolaire *Le Tour de France par deux enfants* doit également nourrir l'amour de la patrie.

MOTS-CLÉS

Patriotisme : sentiment d'appartenance à la nation française.
Républicanisme : enracinement des valeurs de la République.
Rationalisme : recul de la place des superstitions, des légendes, au profit du savoir et de la science.

▶ **L'enseignement de l'histoire** valorise Vercingétorix ou les grandes figures de la période révolutionnaire. Le programme d'histoire transmet aussi les grands principes de la République, le respect des droits de l'homme, la nécessité du débat démocratique. La mission de l'école primaire est d'enraciner la République dans l'esprit des futurs citoyens, en entérinant la rupture avec le cléricalisme par la défense de la laïcité.

Le Tour de France par deux enfants

Ce manuel scolaire raconte l'expédition, à travers la France, de deux jeunes orphelins d'Alsace-Lorraine qui ont fui leur ville annexée par les Prussiens : « *Quand je pense que nous avons eu tant de peine pour être français et que nous le sommes maintenant !* [...] *Puis, songeant à son cher père qui aurait tant voulu le savoir français, il se mit à répéter à nouveau à pleine voix : J'aime la France ! J'aime la France ! la France !* »

G. Bruno, *Le Tour de France par deux enfants*, 1877, p. 297.

C. Des effectifs d'élèves encore limités

▶ Les lois de Jules Ferry ne modifient pas fondamentalement les effectifs scolaires. Elles ne signifient pas, non plus, une révolution dans l'assiduité, qui ne progresse que lentement.

▶ Si elles veulent garantir l'égalité des droits des enfants, les lois de Jules Ferry instaurent, malgré tout, de multiples **distinctions entre les filles et les garçons**. Les écoles de filles et de garçons sont séparées ; les programmes qui y sont enseignés ne sont pas similaires.

CONSEIL

L'étude des lois de Jules Ferry, d'un extrait du *Tour de France par deux enfants* et d'une photographie d'une classe permet de saisir les enjeux du thème.

Problématiques possibles

- Pourquoi Jules Ferry veut-il rendre l'école primaire gratuite et obligatoire ?
- Qui va à l'école après les lois de Jules Ferry ?

FICHE 13 Des républiques, une démocratie

Textes officiels *« À partir de quelques exemples accessibles, on montre que les libertés (liberté d'expression, liberté de culte...) et les droits (droit de vote, droits des femmes...) en vigueur aujourd'hui sont le fruit d'une conquête. »*

BO n° 31 du 30/07/2020.

A. Des libertés protégées

▶ La protection des libertés est proclamée par la ***Déclaration des droits de l'homme et du citoyen***, le 26 août 1789. La liberté est, dès lors, considérée comme un droit naturel pour tout individu.

▶ En 1848, le gouvernement provisoire de la **IIe République** instaure les libertés de la presse et de réunion, et supprime l'esclavage dans les colonies.

▶ Les lois votées sous la **IIIe République** confirment les libertés : liberté de réunion (1881), liberté de la presse (1881), liberté de créer des syndicats (1884).

Repère

1905 : loi de séparation des Églises et de l'État. La France devient laïque. La liberté religieuse est garantie (elle est rappelée dès 1789), avec un devoir de tolérance et de neutralité de la part de l'État.

B. Des droits acquis pour les citoyens

▶ Avec la *Déclaration des droits de l'homme et du citoyen*, **les sujets du roi deviennent des citoyens** : ils acquièrent de nouveaux droits, en particulier celui de voter, puisque la souveraineté doit appartenir à la nation. Le suffrage devient universel, mais uniquement pour les hommes en 1848. Les femmes n'obtiennent le droit de vote qu'en 1944.

▶ Les lois de Jules Ferry constituent un tournant majeur de l'évolution des **droits sociaux**, puisqu'elles garantissent l'accès à l'école pour tous, garçons et filles.

▶ Les droits acquis le sont en **contrepartie de devoirs**, en particulier le respect des lois ou le paiement des impôts. Avec la fin des privilèges depuis la Révolution française, les devoirs sont les mêmes pour tous.

À SAVOIR

Les lois de Jules Ferry favorisent le recul du travail des enfants dans les usines, les mines ou les champs.

CONSEIL

L'étude de ce thème est étroitement liée à l'EMC, dont le programme est construit autour de la notion de « citoyenneté républicaine ».

Problématique possible

- Comment les citoyens ont-ils acquis des droits depuis 1789 ?

14 Énergies et machines de l'âge industriel

Textes officiels

« Parmi les sujets d'étude proposés, le professeur en choisit deux. […] On montre que l'industrialisation est un processus qui s'inscrit dans la durée, qui touche tous les secteurs de la production et qui entraîne des évolutions des mondes urbain et rural et de profonds changements sociaux et environnementaux. »

BO n° 31 du 30/07/2020.

A. De nouvelles énergies

▶ **La 1re phase d'industrialisation se caractérise par l'utilisation du charbon,** comme source d'énergie et matière première. Le charbon alimente les nouvelles machines à vapeur (travaux de James Watt dans les années 1780), qui permettent la mécanisation de la production, textile notamment (métiers mécaniques). Il est aussi utilisé dans la fabrication de l'acier, grâce au convertisseur Bessemer qui permet de transformer la fonte en acier (1855).

CONSEIL

Le terme de *révolution* est, souvent, employé pour évoquer ces multiples transformations. Il est préférable de l'éviter car les changements sont progressifs, sur le long terme.

▶ **La 2nde phase d'industrialisation se caractérise par de multiples inventions,** qui utilisent 2 nouvelles sources d'énergie : le pétrole et l'électricité. L'électricité transforme la production industrielle, moins dépendante des mines de charbon, améliore l'éclairage des rues puis des foyers, et facilite les transports urbains. Le moteur à explosion associe l'électricité au pétrole.

B. Le temps de la mécanisation

▶ La mécanisation de la production permet une plus grande productivité du travail. Pour autant, les techniques de production ne se modernisent pas toutes : **le processus est lent** et ne signifie pas la disparition des ateliers artisanaux, ruraux, tout au long du XIXe siècle. L'usage de la machine à vapeur se diffuse progressivement dans les filatures de coton et la sidérurgie.

▶ **Les facteurs de la mécanisation sont multiples.** L'augmentation de la production rendue, ainsi, possible permet de répondre à une demande croissante de consommation. L'industrialisation est également permise par l'essor du capitalisme. L'industrie stimule le placement de capitaux dans la recherche de nouvelles techniques : l'investissement a permis l'innovation et l'augmentation de la productivité.

Quelques inventions qui caractérisent la 2nde phase d'industrialisation

1869 : Mise au point de la dynamo.
1876 : Invention du téléphone par Graham Bell et Elisha Gray.
1879 : Invention de la lampe à filament par Thomas Edison.
1885 : Gottlieb Daimler et Carl Benz créent l'automobile à essence.
1890 : Édouard Branly et Guglielmo Marconi créent la TSF (transmission sans fil).
1895 : Invention du cinématographe par les frères Lumière.

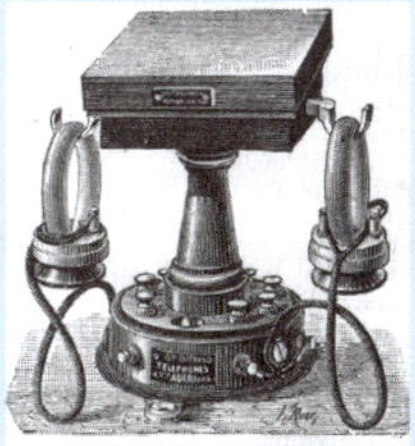

C. De nouveaux modes de transport

À SAVOIR

En 1878, le ministre des Travaux publics, Charles de Freycinet, conçoit un réseau de lignes secondaires destinées à raccorder au réseau principal toutes les sous-préfectures. En 1890, les pouvoirs publics français décident que tous les chefs-lieux de canton sans exception doivent être desservis par la voie ferrée.

▶ **Le chemin de fer et la production de l'acier se développent** avec la machine à vapeur. Les premières locomotives sont construites pour tirer les wagonnets de charbon dans les mines. Les premières lignes installées en Angleterre sont de courte distance, créées à l'initiative des compagnies minières pour transporter leur production vers les voies d'eau. Le réseau se densifie, ensuite, rapidement en Europe. En France, une loi promulguée en 1842 détermine la structure des axes principaux du réseau, centré sur Paris.

Locomotive à vapeur 210 Crampton (1852).

▶ **Avec le chemin de fer, les marchandises circulent en plus grande quantité,** sur terre comme sur mer. Les régions peuvent spécialiser leurs productions. Les hommes se déplacent plus nombreux et plus loin ; les informations se diffusent plus rapidement. À partir des années 1850, les premières Expositions Universelles sont organisées à Paris en 1855, 1867, 1878, 1889 et 1900, témoignages d'une nouvelle ère culturelle.

▶ **Le moteur à explosion et l'électrification** des transports permettent de franchir une nouvelle étape : les progrès dans l'automobile et l'aviation, mais aussi dans les transports urbains, avec le développement des tramways électriques, sont importants.

À SAVOIR

Lors de l'Exposition automobile de Paris de 1899, une vingtaine de firmes américaines et françaises présentent des voitures.

Témoignage de membres de l'Académie de médecine de Lyon (1835)

« Le mouvement de trépidation suscitera des maladies nerveuses [...]. Pour une femme enceinte, tout voyage en chemin de fer entraînera une fausse couche. »

▶ **Ces transformations modifient les mentalités,** les représentations que les sociétés peuvent se faire de leur espace de vie. Elles accélèrent la diffusion des savoirs, les échanges culturels. Pour autant, il ne faut pas croire à un enthousiasme unanime. Ces changements suscitent aussi de l'inquiétude, du scepticisme.

CONSEIL

De nombreux sites Internet permettent la visite virtuelle de sites industriels prospères au XIXe siècle. Les progrès dans les transports pourront être privilégiés comme entrée dans le thème.

Problématiques possibles

- Quelles sont les inventions qui se multiplient au XIXe siècle ?
- Quels sont les progrès réalisés dans les transports ?

FICHE 15 Le travail au XIXe siècle

Textes officiels

« Parmi les sujets d'étude proposés, le professeur en choisit deux. [...] On montre que l'industrialisation est un processus qui s'inscrit dans la durée, qui touche tous les secteurs de la production et qui entraîne des évolutions des mondes urbain et rural et de profonds changements sociaux et environnementaux. »

BO n° 31 du 30/07/2020.

A. Le travail dans les mines

▶ Les mineurs chargés de l'extraction du charbon sont, pour l'essentiel, employés dans des **entreprises de petite taille**, mises à part quelques grandes compagnies. Le travail se fait à la main : la houille est extraite à la pioche, et le charbon est transporté dans des wagonnets déplacés, le plus souvent, par la force de l'homme ou du cheval.

▶ **Les conditions de travail et de vie quotidienne des mineurs sont pénibles.** Les accidents sont nombreux, et les mineurs ont des salaires qui sont faibles. Ils ne bénéficient pas de protection de santé ni d'indemnisation en cas d'accident.

À SAVOIR

Émile Zola a consacré son roman *Germinal* (1885) à ce sujet.

Mine de Lens au XIXe siècle.

Les mines, symboles de la lutte ouvrière

Les mines de charbon ont été des lieux symboliques de la lutte ouvrière. Les mineurs furent aux avant-postes du combat pour les 8 h de travail quotidien, la hausse des salaires, le droit à la retraite ou la protection contre les accidents du travail. Ils furent très virulents dans les grèves.

B. Les ouvriers dans les usines

▶ La mécanisation implique une nouvelle organisation du travail, avec le regroupement d'ouvriers dans un même local : **la manufacture**. Mais, à nouveau, le processus est lent et ne signifie pas la disparition des ateliers artisanaux.

▶ Le machinisme réduit la nécessité de la force physique et facilite **l'emploi de femmes**, moins payées. L'industrie utilise la main-d'œuvre féminine, surtout dans le textile. Les femmes travaillent dans des conditions très précaires.

▶ **Les conditions de travail et de vie** sont, d'une manière générale, pénibles pour l'ensemble du monde ouvrier : des journées de 15 h ; des salaires très faibles ; le risque de chômage du fait de la croissance démographique ; des règlements de fabrique très sévères ; l'absence de protection en cas d'accident, de maladie ou de chômage. Le budget familial oblige à une alimentation frugale, qui consomme l'essentiel des revenus. Les logements sont, souvent, insalubres. Les enfants doivent travailler.

Usine de Trois-Fontaines.

C. Les artisans et les boutiquiers

▶ De grandes manufactures apparaissent en ville, mais **le travail artisanal, à domicile, se maintient** dans de nombreuses régions tout au long du XIXe siècle.

▶ Le XIXe siècle voit aussi **l'émergence d'une classe moyenne** de petits producteurs, artisans, boutiquiers qui parviennent, parfois, à obtenir une ascension sociale.

▶ **Les premiers grands magasins** font leur apparition dans les grandes villes, en particulier à Paris. Ils se caractérisent par leurs nombreuses boutiques, qui attirent une clientèle aristocrate et bourgeoise.

D. De nouvelles revendications sociales

▶ La mécanisation, la baisse des salaires et le chômage déclenchent **des mouvements sociaux de grande ampleur**. Les organisations syndicales se multiplient, puis s'unissent en, 1895, au sein de la Confédération générale du travail (CGT). Leurs revendications concernent l'augmentation des salaires, l'amélioration des conditions de travail et la diminution des horaires.

Repères

1864 : Napoléon III accorde le droit de grève.
1884 : les syndicats sont autorisés.

***Manifeste du Parti communiste* (1848)**

Karl Marx et Friedrich Engels sont les théoriciens de la lutte contre le capitalisme et du socialisme. Ils prônent la révolution, afin que les prolétaires prennent possession des moyens de production et d'échange, et que les profits soient répartis entre tous. Leur but est l'égalité sociale et la disparition des classes.

▶ Les syndicats sont relayés par un courant politique nouveau, **le socialisme**, qui condamne le libéralisme capitaliste. Les partis socialistes qui se créent en Europe ne sont pas révolutionnaires. Les Français qui s'unissent, par exemple, derrière Jean Jaurès, au sein de la SFIO, en 1905, sont davantage réformistes.

Jean Jaurès à un meeting en 1913.

CONSEIL

Les documents iconographiques peuvent être privilégiés pour aborder la vie quotidienne des mineurs et des ouvriers. Des extraits du film *Germinal* peuvent également être un support de travail avec les élèves.

Problématiques possibles

- Quels sont les différents modes de production au XIXe siècle ?
- Quelles sont les conditions de travail des ouvriers au XIXe siècle ?

16 La ville industrielle

Textes officiels

« Parmi les sujets d'étude proposés, le professeur en choisit deux. […] On montre que l'industrialisation est un processus qui s'inscrit dans la durée, qui touche tous les secteurs de la production et qui entraîne des évolutions des mondes urbain et rural et de profonds changements sociaux et environnementaux. »

BO n° 31 du 30/07/2020.

A. L'industrialisation accélère l'urbanisation

	Année	Population totale en millions	Population urbaine en pourcentage
France	1851	35,7	25,5
	1911	39,6	44,2
Royaume-Uni	1851	25,5	48
	1911	45,9	73
Allemagne	1871	40,9	36,1
	1911	64,8	60
États-Unis	1870	17	10,8
	1911	91	45,7

Annuaire SCG.

▶ **L'ampleur du phénomène est géographiquement variable.** En Grande-Bretagne, la proportion de population urbaine est supérieure à 50 % dès 1850, tandis qu'en France l'urbanisation est plus limitée et tardive.

▶ En France, **certaines villes sont nées avec l'industrialisation**, grâce à l'exploitation de gisements de charbon (Saint-Étienne) ou au développement de l'activité textile (Roubaix) ou de la métallurgie (Le Creusot).

▶ Pour l'essentiel, les villes connaissent un essor de leur tissu urbain préexistant, avec **une croissance démographique** permise par le recul de la mortalité grâce aux progrès de la médecine et par l'exode rural.

Repère

1885 : Pasteur met au point le vaccin contre la rage.

▶ **Des cités ouvrières construites** par les patrons d'industrie, puis des banlieues ouvrières se forment. Elles se caractérisent par l'entremêlement des usines, des ateliers, et des logements et de leurs jardins individuels.

À SAVOIR

Les banlieues ouvrières sont éloignées des banlieues résidentielles habitées par la bourgeoisie.

B. Les transports transforment les villes

▶ Maintes villes se transforment selon le modèle parisien réalisé par le baron **Haussmann**, préfet de la Seine sous Napoléon III, de 1853 à 1870. Il s'agit de construire de grands boulevards bordés de hauts immeubles de pierre de taille où loge la classe aisée, pour favoriser la circulation

À SAVOIR

Haussmann, nommé préfet de la Seine en juin 1853, est célèbre pour les transformations de Paris par la création des grands boulevards dont il est l'initiateur.

automobile, des tramways ou des omnibus, mais aussi le maintien de l'ordre en facilitant les interventions policières. Le second objectif d'Haussmann est de relier les nouvelles gares aux grands axes de circulation.

❶ la gare
❷ un tramway électrique
❸ un omnibus

▸ **La construction des gares** transforme les villes : des axes de circulation y sont ouverts ; de nouveaux immeubles sont édifiés.

La Gare Saint-Lazare de Claude Monet (1877)

Dans cette série, Claude Monet (1840-1926) peint une locomotive qui entre en gare (❶) en laissant s'échapper un nuage de fumée (❷) et un train qui quitte la gare (❸). Des voyageurs sont sur le quai (❹). Le pont de l'Europe (❺), qui enjambe les voies ferrées (❻), apparaît en arrière-plan. La charpente métallique (❼) et la verrière de la marquise (❽), les façades des immeubles (❾) du nouveau quartier de l'Europe, construit par le baron Haussmann, sont autant de symboles du nouvel âge industriel, qui transforme les villes.

CONSEIL

La visite de quartiers hérités du XIXe siècle, de friches industrielles urbaines est aussi possible de façon virtuelle, sur les villes de Saint-Étienne ou de Clermont-Ferrand, par exemple. Plus généralement, il est conseillé de privilégier, dans ses projets pédagogiques, les témoignages des habitants de ces villes et des usagers des nouveaux moyens de transport, ainsi que la lecture de photographies des villes transformées par l'industrialisation et les transports.

Problématiques possibles

- Comment les villes s'agrandissent-elles au XIXe siècle ?
- Comment les villes se transforment-elles au XIXe siècle ?

17 Le monde rural

Textes officiels « *Parmi les sujets d'étude proposés, le professeur en choisit deux.* [...] *On montre que l'industrialisation est un processus qui s'inscrit dans la durée, qui touche tous les secteurs de la production et qui entraîne des évolutions des mondes urbain et rural* [...]. »

BO n° 31 du 30/07/2020.

A. La modernisation du travail agricole

La machine à battre

La machine à battre caractérise l'impact de l'industrialisation dans les campagnes. Elle apparaît dans les grandes régions céréalières où se situent de grandes propriétés. Une autre innovation importante est la charrue à versoir, qui apparaît dans les années 1820, puis se diffuse lentement car elle nécessite l'achat de chevaux pour sa traction.

▶ **La révolution industrielle** contribue à la modernisation des campagnes. Les progrès techniques permettent l'évolution des modes de production et l'amélioration de la productivité du travail agricole. Des machines à vapeur se multiplient peu à peu, pour l'essentiel dans la 2nde moitié du XIXe siècle et dans les plus vastes exploitations.

▶ Le XIXe siècle est aussi celui du **développement des engrais**, notamment des phosphates, naturels puis chimiques, que produisent les usines, de plus en plus nombreuses à partir des années 1870.

▶ **La persistance de pratiques anciennes,** tel l'usage de la faucille manuelle ou du glanage, ne traduit pas un refus du modernisme. Elle s'explique par le manque de moyens pour investir dans de nouvelles machines et par la volonté de ne pas gaspiller une partie de la récolte, tout en continuant d'employer une main-d'œuvre familiale composée de femmes et d'enfants.

À SAVOIR

L'utilisation de la faucille est un travail manuel qui évite l'éparpillement de la récolte et permet de ramasser le blé en le séparant des mauvaises herbes.

B. La spécialisation des productions

▶ **La révolution des transports** permet de vendre les produits agricoles sur des marchés plus lointains, sur le territoire national puis en Europe. Les villes consomment également davantage les produits des campagnes environnantes. Se développe, ainsi, une agriculture commerciale plutôt que vivrière.

À SAVOIR

En **agriculture vivrière**, l'agriculteur ne produit que pour ses propres besoins.

▶ **Dès lors, des exploitations se spécialisent.** Celles proches des grandes agglomérations produisent, par exemple, des cultures maraîchères ou de l'élevage. Mais cette spécialisation ne signifie pas la disparition de la polyculture.

C. L'exode rural

▶ Les départs des campagnes débutent **vers les années 1830**. Ils sont, alors, la conséquence de la croissance démographique. Les premières régions concernées (Pyrénées, Massif central) sont les moins propices au développement d'une agriculture prospère.

À SAVOIR

On compte plus de 100 000 départs par an en 1870, 160 000 entre 1876 et 1880. Vers 1911, la population rurale représente encore 56 % de la population totale de la France.

Les marginaux

Cette population hétéroclite contrainte à la mendicité et/ou au vagabondage fuit aussi pour trouver, en ville, les structures de charité et d'assistance qui n'existent pas à la campagne.

▶ **La grande phase de l'exode rural** se situe des années 1870 à la fin du XIXe siècle. Les petits artisans et commerçants, les salariés agricoles sont les plus nombreux à partir, davantage que les paysans propriétaires de leur exploitation. Ces départs s'expliquent à la fois par l'espoir de profiter de meilleurs salaires et par l'attraction des villes elles-mêmes, qui apparaissent comme les symboles de la modernité.

CONSEIL

Dans la perspective du concours, il sera possible d'envisager un projet pédagogique qui intègre une enquête sur les campagnes environnantes de l'école, à l'aide de documents disponibles dans les archives ou les musées locaux.

Problématiques possibles

- Quelles sont les transformations dans les campagnes au XIXe siècle ?
- Pourquoi de nombreux habitants quittent-ils la campagne ?

18 La Première Guerre mondiale

Textes officiels *« On présente l'ampleur des deux conflits en les situant dans leurs contextes européen et mondial. »*

BO n° 31 du 30/07/2020.

A. Un conflit local, puis européen et mondial

EXPLOITATION PÉDAGOGIQUE, P. 154

▶ La Première Guerre mondiale débute, durant l'été 1914, par un **conflit dans les Balkans** entre l'Autriche-Hongrie et la Serbie qui s'affrontent pour le contrôle de la Bosnie. Par l'engrenage des alliances, le conflit local des Balkans devient **une guerre européenne**. Elle oppose la Triple-Alliance (l'Allemagne, l'Autriche-Hongrie et l'Italie) à la Triple-Entente (la France, la Russie et le Royaume-Uni, alliés de la Serbie). L'Allemagne déclare la guerre à la France le 3 août 1914.

▶ **La guerre devient mondiale** lorsque les colonies des pays européens et les États-Unis participent aux combats. Le 2 avril 1917, le président Wilson demande au Congrès de déclarer officiellement la guerre à l'Allemagne, et le 6, les États-Unis rejoignent la Triple-Entente.

Quelques dates clés de la Première Guerre mondiale

- **28 juin 1914 :** assassinat de l'archiduc d'Autriche François-Ferdinand à Sarajevo ; l'Autriche-Hongrie déclare la guerre à la Serbie.
- **1-3 août 1914 :** la Russie, la France et l'Angleterre entrent en guerre aux côtés de la Serbie, puis l'Allemagne déclare la guerre à la France.
- **Avril 1917 :** la Russie de Lénine se retire du conflit ; les États-Unis entrent en guerre.
- **11 novembre 1918** : armistice signé à Rethondes.
- **28 juin 1919 :** signature du traité de Versailles ; l'Allemagne vaincue est jugée responsable de la guerre.

B. Guerre de mouvement et guerre de position

▶ La Grande Guerre est d'abord **une guerre de mouvement jusqu'en 1915**, qui s'organise autour de 2 fronts : à l'Ouest et à l'Est de l'Europe. À l'Ouest, les Allemands sont arrêtés par l'armée française à 60 km de Paris. À l'Est, les combats opposent les Allemands aux Russes.

▶ À partir de 1915, aucun des adversaires ne parvient à gagner de territoires. C'est le début de **la guerre de tranchées**. La guerre de mouvement reprend en 1918 et se termine par la défaite des Allemands, qui demandent l'arrêt des combats.

Repère

21 février 1916 : début de l'offensive allemande sur Verdun, qui devient le symbole de la guerre de tranchées.

Tranchée à Verdun.

C. Une guerre industrielle et totale

▶ L'enlisement du conflit dans les tranchées s'accompagne d'une **industrialisation de la guerre**. Les armes nouvelles se multiplient : les mines souterraines, les obus lancés par les avions ou depuis les dirigeables, les lance-flammes et grenades, le gaz asphyxiant, les chars d'assaut.

▶ **Dans les tranchées,** les soldats (les poilus) subissent, outre la menace des armes de plus en plus perfectionnées, la dégradation de leurs conditions de vie. La boue, les poux, le froid, la faim, la soif, la solitude aggravent la violence de cette guerre qui déshumanise ses acteurs.

À SAVOIR

En 1917, **Clemenceau** est appelé à la présidence du Conseil par le président de la République Poincaré pour amener la France à la victoire. Il s'illustre par ses visites dans les tranchées. Il reste à la tête du gouvernement jusqu'en 1920.

▶ La Première Guerre mondiale entraîne **la mobilisation de toute la population** des pays belligérants, les civils à l'arrière comme les soldats sur le front. L'économie tout entière est tournée vers l'effort de guerre. Les femmes travaillent dans les usines pour la fabrication des armes ou dans les champs. Les civils participent à l'effort financier en répondant aux appels de l'État à la souscription à l'emprunt de guerre. Ils souffrent des bombardements, des conditions de vie dégradées, de la pénurie, du rationnement alimentaire et de la perte de proches.

D. Un lourd bilan, une paix fragile

▶ **Aux 10 millions de morts** s'ajoutent les millions de blessés, de mutilés (les gueules cassées) et les victimes du génocide arménien (massacre par les Turcs de plus de 1 million de civils).

▶ **L'Europe est ruinée,** endettée auprès des États-Unis. Elle doit réorganiser sa production industrielle. De nombreux territoires sont détruits (maisons, usines, routes, voies ferrées, terres agricoles). La puissance européenne laisse place à la domination américaine. Les métropoles européennes sont fragilisées par les mouvements de contestation au sein des colonies.

▶ **Les traités de paix** renforcent plus qu'ils n'effacent les antagonismes. De nouvelles frontières sont établies avec la disparition des grands empires et la naissance de nouveaux États (l'URSS et la Pologne, par exemple), ce qui multiplie les tensions aux frontières. Le territoire de l'Allemagne est réduit (au profit, notamment, de la France qui récupère l'Alsace et la Lorraine) et coupé en deux (par la Pologne). Elle doit payer les réparations aux pays vainqueurs.

Repère

1917 : Lénine et les bolcheviks prennent le pouvoir en renversant le tsar Nicolas II. En 1922 est créée l'URSS par le rassemblement de la Russie et des pays voisins.

Les monuments aux morts

De nombreux monuments aux morts sont construits dans les années 1920 pour rendre hommage aux victimes de la guerre, valoriser l'amour de la patrie, condamner la guerre ou appeler à la vengeance contre l'ennemi. Les commémorations du 11 Novembre, qui se déroulent autour de ces monuments, contribuent au devoir de mémoire.

Problématiques possibles

- Quels pays s'affrontent pendant la Première Guerre mondiale ?
- Quelles sont les violences subies par les soldats dans les tranchées et par les civils ?
- Quel est le bilan de la Première Guerre mondiale pour la France et pour l'Europe ?

19 La Seconde Guerre mondiale

Textes officiels *« On présente l'ampleur des deux conflits en les situant dans leurs contextes européen et mondial. »*

BO n° 31 du 30/07/2020.

A. Une paix condamnée par les nazis

▶ En Allemagne, la république de Weimar est peu soutenue par la population car elle a accepté le traité de Versailles, qui a ruiné le pays. Au début des années 1930, **la crise économique mondiale** affaiblit encore le régime, qui ne parvient pas à aider la population confrontée au chômage et à la misère. Dans ces conditions, le Parti nazi gagne les élections législatives et, le 30 janvier 1933, le président Hindenburg nomme Hitler chancelier. En mars, ce dernier se fait accorder les pleins pouvoirs par le Parlement, puis il supprime les libertés et élimine l'ensemble des partis et des syndicats ; le Parti nazi devient parti unique (juillet 1933). À la mort du président Hindenburg, **en août 1934, Hitler devient le Führer** (« le Guide ») du IIIe Reich (« IIIe Empire »). Il est, désormais, le seul chef. Il organise la propagande et le culte de sa personnalité. La population est embrigadée et surveillée ; les opposants sont traqués par les SS et la Gestapo.

À SAVOIR

À partir de 1935, les lois de Nuremberg excluent les Juifs de la citoyenneté allemande. Les Allemands de religion juive sont, peu à peu, privés de tous leurs droits.

▶ **Hitler veut recréer une Grande Allemagne.** Il oriente donc l'économie allemande vers l'effort de guerre pour reconstituer une armée nombreuse et puissante. Hitler viole de nombreuses fois le traité de Versailles : il remilitarise la Rhénanie en 1936, puis annexe l'Autriche, les Sudètes et la Bohême-Moravie en 1938.

À SAVOIR

Espérant encore pouvoir éviter la guerre, les démocraties européennes ne réagissent pas face aux provocations allemandes.

B. Un conflit mondial

Quelques dates clés de la Seconde Guerre mondiale

- **1er septembre 1939 :** l'Allemagne envahit l'Ouest de la Pologne.
- **3 septembre 1939 :** la France et l'Angleterre entrent en guerre.
- **Mai 1940 :** l'Allemagne attaque la France.
- **17 juin 1940 :** la France de Pétain demande l'armistice et en accepte les conditions le 22 juin.
- **1941 :** Hitler rompt le pacte de non-agression signé avec Staline.
- **7 décembre 1941 :** les États-Unis entrent en guerre après l'attaque de leur base militaire de Pearl Harbor par l'aviation japonaise.
- **Juillet 1942-février 1943 :** la bataille de Stalingrad est la 1re défaite de l'Allemagne sur le front russe.
- **6 juin 1944 :** Anglais et Américains débarquent en Normandie.
- **8 mai 1945 :** l'Allemagne capitule.
- **6 et 9 août 1945 :** les États-Unis bombardent, avec une bombe nucléaire, la ville d'Hiroshima puis celle de Nagasaki.
- **2 septembre 1945 :** le Japon capitule.

▶ La Seconde Guerre mondiale commence le **1er septembre 1939**, quand l'Allemagne envahit la moitié Ouest de la Pologne et l'URSS de Staline la moitié Est. Le 3 septembre, la France et l'Angleterre entrent en guerre face aux pays de l'Axe (Allemagne, Italie, Japon).

▶ L'Allemagne conquiert rapidement ***(Blitzkrieg)*** le Danemark, la Norvège, les Pays-Bas et la Belgique, puis le Nord de la France (mai-juin 1940). En juin 1941, l'Allemagne trahit le pacte de non-agression conclu avec Staline et envahit l'URSS jusqu'à Stalingrad.

À SAVOIR

Hitler s'allie à l'URSS de Staline et à l'Italie de Mussolini (axe Rome-Berlin en 1936, pacte germano-soviétique en 1939).

À SAVOIR

L'Allemagne commence l'invasion de l'URSS après son échec dans sa volonté de conquête de l'Angleterre.

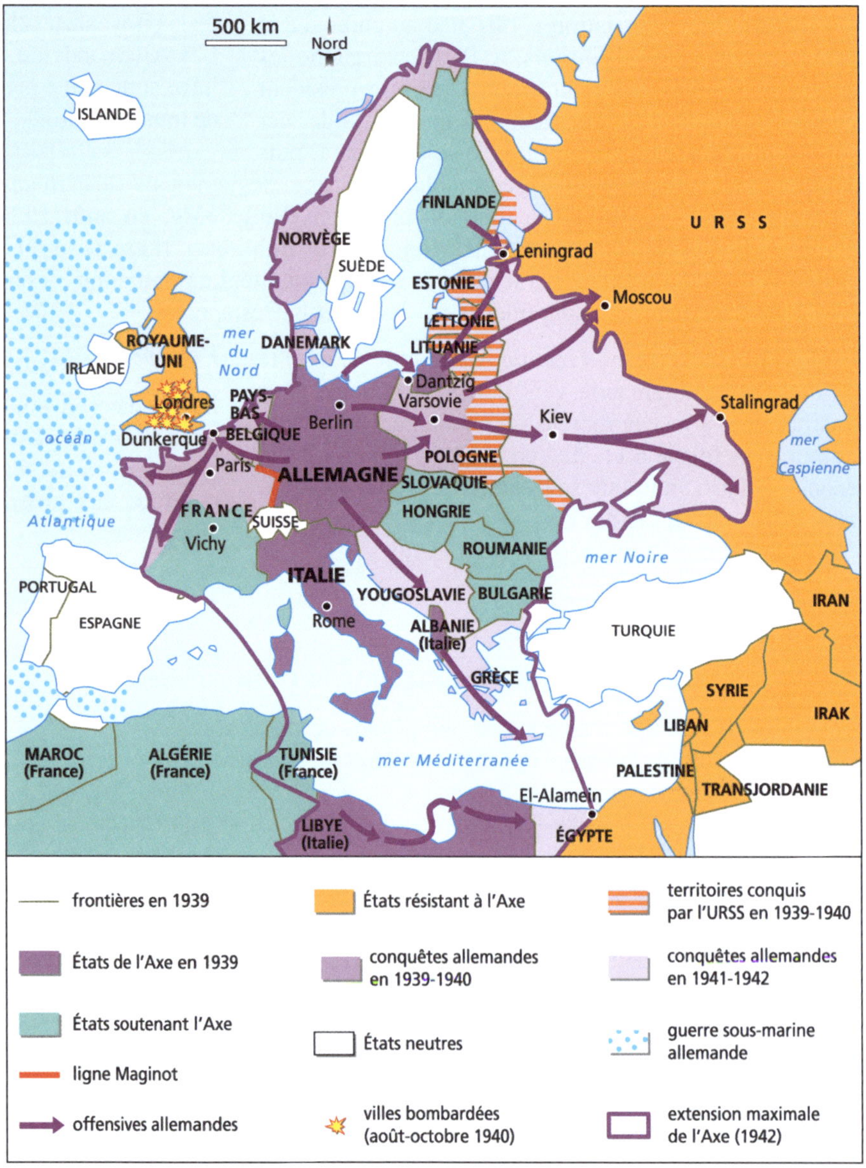

Une guerre de mouvement planétaire.

▶ **En Asie et dans le Pacifique,** le Japon multiplie les conquêtes puis attaque la base américaine de Pearl Harbor (Hawaii) le 7 décembre 1941. Ceci provoque l'entrée en guerre des États-Unis, qui apportent un soutien matériel et financier, puis humain aux Alliés.

▶ **À partir de 1942,** les Alliés stoppent les avancées de l'Axe. Les Soviétiques imposent à l'Allemagne sa 1re défaite sur le front de l'Est, à Stalingrad (février 1943). En 1944, les Anglais et les Américains débarquent en Normandie (6 juin) puis en Provence (août) et libèrent la France. Les troupes russes et américaines qui ont, ensuite, envahi le territoire de l'Allemagne la contraignent à capituler le **8 mai 1945**.

À SAVOIR

La guerre se termine plus tardivement en Asie, où les États-Unis multiplient les reconquêtes. Mais le Japon résiste. L'emploi de la bombe atomique à Hiroshima (6 août 1945) et Nagasaki (9 août 1945) le contraint à capituler le 2 septembre 1945.

C. Un lourd bilan

▶ **En 1945, le monde est traumatisé** par la mort de 60 millions de personnes (plus de civils que de militaires), les dommages matériels (nombreuses villes en ruines), la découverte des camps de concentration et d'extermination, et la bombe nucléaire.

▶ **La vie diplomatique** est, désormais, dominée par 2 puissances, les États-Unis et l'URSS, qui décident du sort de l'Allemagne et du Japon.

À SAVOIR

À Yalta (février 1945) puis à Potsdam (juillet 1945), les dirigeants américains (Roosevelt à Yalta et Truman à Postdam), soviétique (Staline) et anglais (Churchill) imposent la démilitarisation et le partage du territoire allemand en 4 zones d'occupation.

Problématiques possibles

- Comment commence la Seconde Guerre mondiale ?
- Quelles furent les violences commises pendant la Seconde Guerre mondiale ?
- Comment se termine la Seconde Guerre mondiale ?

FICHE 20 La France dans la Seconde Guerre mondiale

Textes officiels *« On évoque la Résistance, la France combattante et la Collaboration. On aborde le génocide des Juifs ainsi que les persécutions à l'encontre d'autres populations. »*

BO n° 31 du 30/07/2020.

A. La défaite de mai-juin 1940

▶ **Après la déclaration de guerre à l'Allemagne** le 3 septembre 1939, suivent plusieurs mois d'une « drôle de guerre » sans conflit. Puis, le 10 mai 1940, les troupes allemandes attaquent la France par le Nord-Est.

▶ L'armée allemande impose **une défaite rapide** à l'armée française, pour occuper la moitié Nord de la France dès le mois de juin. Cette défaite entraîne la fuite de 6 millions de civils vers le Sud.

▶ La défaite entraîne également l'arrivée au pouvoir du **maréchal Pétain**, héros de la bataille de Verdun (1916) : il est nommé chef du gouvernement le 16 juin 1940. Immédiatement, Pétain reconnaît la défaite française et demande aux Allemands **l'armistice, signé le 22 juin 1940**.

Repère

18 juin 1940 : depuis la BBC, à Londres, le général de Gaulle prononce un appel à la résistance des Français.

B. La France de Vichy

▶ **Après l'armistice, le pays est alors coupé en deux** par une ligne de démarcation : le Nord est occupé par l'Allemagne, et le Sud est gouverné par Pétain depuis Vichy (envahi, ensuite, par l'occupant en novembre 1942). De plus, l'Allemagne récupère l'Alsace et la Moselle.

▶ Dans la « zone libre », Pétain se voit confier les pleins pouvoirs par le Parlement à partir du 11 juillet 1940 : il décrète une **« révolution nationale »** par laquelle il met fin à la IIIe République et condamne la démocratie. Il devient chef de l'« État français » et impose une nouvelle devise : *« Travail, Famille, Patrie »*, qui entérine le retour à une société traditionnelle et la suppression des libertés et du principe d'« égalité ». Les populations souffrent de multiples pénuries causées par le manque de main-d'œuvre, les destructions, la priorité donnée à l'effort de guerre et les réquisitions de l'occupant.

La ligne de démarcation sous l'Occupation.

C. Collaboration et Résistance

▶ Pétain et son gouvernement engagent **une collaboration d'État** avec l'occupant. Sa rencontre avec Hitler, à Montoire, le 24 octobre 1940, symbolise cette collaboration. Outre sa politique antisémite, le gouvernement de Vichy participe, par ailleurs, à la lutte contre les communistes avec l'envoi de troupes de soldats volontaires (la Légion des volontaires français) pour combattre l'URSS. Le STO (Service du travail obligatoire) est imposé à partir de février 1943, obligeant des jeunes Français à partir travailler en Allemagne au service de l'effort de guerre nazi.

Le maréchal Pétain et son chef de gouvernement Pierre Laval.

Les lois antisémites

À partir de juillet 1940, Pétain multiplie les lois antisémites, qui entraînent la perte de nationalité pour 8 000 Juifs naturalisés et leur interdisent d'exercer dans la fonction publique et dans les professions libérales, artisanales, industrielles, commerciales. À partir de 1942, les Juifs sont obligés de porter l'étoile jaune. Puis le gouvernement de Pétain, avec Laval, participe à l'arrestation et à la déportation de milliers de familles juives vers les camps de concentration et d'extermination.

▶ Des Français luttent contre l'Occupation et la Collaboration en s'engageant dans **la Résistance**. Durant l'été 1940, de Gaulle rassemble quelques milliers d'hommes au sein des FFL (Forces françaises libres), à Londres. Une résistance intérieure organise également la lutte sur le territoire français. Les mouvements créent des journaux et distribuent des tracts. Les réseaux sont spécialisés dans les actions de sabotage et les évasions. La création du STO amplifie le désir de résistance, et les maquisards se multiplient. De Gaulle et Jean Moulin tentent d'unifier les actions de résistance à l'intérieur du pays : le Conseil national de la Résistance est créé en mai 1943 pour organiser les actions de lutte ; les résistants sont regroupés au sein des FFI (Forces françaises de l'intérieur).

À SAVOIR

Les Français qui ont caché des Juifs victimes de la persécution des nazis et de la Milice ou de la police de Vichy sont appelés « les Justes ».

Jean Moulin (1899-1943)

Jean Moulin rejoint la France libre à Londres dès 1940. Chargé par de Gaulle d'unifier les mouvements de Résistance en France, il fonde le CNR (Conseil national de la Résistance) en mai 1943. Arrêté par la Gestapo lors d'une réunion, le 21 juin de la même année, puis torturé, il meurt le 8 juillet.

▶ La Résistance participe, finalement, aux opérations liées au débarquement des Anglais et des Américains en Normandie (6 juin 1944), puis à **la libération** de tout le territoire en février 1945.

Repère

19 au 25 août 1944 : libération de Paris.

Problématiques possibles

- Quelles sont les conséquences de la défaite de la France en 1940 ?
- Quelles sont les actions du général de Gaulle et des résistants ?

HISTOIRE

FICHE 21 Le génocide des Juifs

Textes officiels *« On aborde le génocide des Juifs ainsi que les persécutions à l'encontre d'autres populations. »*

BO n° 31 du 30/07/2020.

A. Les camps de concentration

▶ **Les nazis créent des camps de travail forcé** dès 1933 (celui de Dachau), dans lesquels sont rassemblés, sous la surveillance de l'armée ou de la police, soit des populations civiles, soit des prisonniers de guerre ou des détenus politiques.

▶ **Près de 1 millier de camps de concentration** ont été recensés, dont certains ont compté jusqu'à 60 000 détenus à la fois. Dans ces camps, les prisonniers sont victimes de violences morales (nudité, perte d'identité, tatouage d'un numéro, perte d'humanité) et physiques (dureté du travail, coups, menace omniprésente de la mort, tortures, exécutions, faim, soif, maladies).

Les camps de concentration

Les plus grands camps de concentration se trouvent en Pologne (Auschwitz, Birkenau), en Allemagne (Dachau, Buchenwald, Bergen-Belsen, Ravensbrück), en Autriche (Mauthausen), en Bohême (Theresienstadt), en Alsace (Natzweiler-Struthof) et dans les États baltes (Riga).

B. Les camps d'extermination

▶ Les camps d'extermination sont construits à partir de 1942, suite à la conférence de Wannsee (20 janvier), au cours de laquelle les dirigeants nazis décident de précipiter l'extermination des Juifs et des Tsiganes par la **« solution finale »**. Ce sont des « camps de la mort » : les personnes qui y sont déportées sont assassinées dans des chambres à gaz, puis leurs corps sont brûlés. Ces camps sont au nombre de 6, tous situés sur le territoire de l'ancienne Pologne. Le camp de Maïdanek, près de Lublin, et celui d'Auschwitz furent à la fois des camps de concentration et d'extermination.

À SAVOIR

Parmi ces 6 camps, 4 sont des camps uniquement d'extermination : Chelmno (environ 150 000 victimes), Belzec (550 000), Sobibor (200 000) et Treblinka (750 000).

▶ **Auschwitz fut le camp le plus meurtrier** et le symbole des mécanismes de l'extermination planifiée par les nazis. Le complexe se divise ainsi en 3 structures : Auschwitz I est la 1re structure créée en 1940 (c'est un camp de concentration) ; Auschwitz II, ou Auschwitz-Birkenau, est un centre d'extermination (sur la « rampe de Birkenau », les détenus y sont triés : à gauche, les hommes valides et les femmes sans enfant, qui peuvent constituer une main-d'œuvre pour le camp de concentration ; à droite, les hommes affaiblis, les enfants, la plupart des femmes et les personnes âgées, qui sont exterminés) ; enfin, Auschwitz III est une zone industrielle consacrée à la participation à l'effort de guerre des nazis.

C. La libération des camps

▶ La libération des camps se fait, pour l'essentiel, **sans combats** entre les Alliés et les troupes hitlériennes, qui préférèrent abandonner les lieux sans bataille. Le 1er d'entre eux qui est découvert par les Occidentaux est celui d'Ohrdruf, dépendant du camp de Buchenwald. Les prisonniers ont, parfois, tenté de mettre en place des organisations secrètes de résistance à l'intérieur des camps et pris part à leur libération.

▶ À leur arrivée, **les Alliés découvrent l'horreur des camps,** les cadavres, la faiblesse des survivants. Mais nombre de camps ont été, en grande partie, vidés par les nazis, qui imposent aux détenus des « marches de la mort » fatales pour des hommes et des femmes trop affaiblis par l'épuisement, la faim et les maladies.

Repères

1944 : libération des premiers camps.
27 janvier 1945 : les soldats de l'Armée Rouge soviétique entrent dans le camp d'Auschwitz.

À SAVOIR

Les évaluations ont abouti à un minimum de 5 millions de Juifs et 250 000 Tsiganes (environ le tiers de leur population) exterminés.

D. Le procès de Nuremberg

▶ Le procès organisé par les Alliés à Nuremberg vise 24 responsables du régime nazi, qui doivent répondre de leurs actes ; manquent Hitler, Goebbels et Himmler, qui se sont suicidés.

Repère

1945-1946 : procès de Nuremberg.

▶ Au départ, les Américains et les Britanniques insistent sur le chef d'accusation de « crime contre la paix », tandis que les Soviétiques et les Français privilégient les accusations de « crimes de guerre » dont relèvent, selon eux, de nombreuses violences infligées aux populations juives d'Europe. Mais ces chefs d'accusation ne permettent pas de juger la politique d'extermination, d'où la **création du « crime contre l'humanité »**.

▶ **L'ambition du procès est de juger les nazis,** mais aussi d'apporter une contribution à l'écriture de l'histoire du nazisme. Certains ont regretté, pour cela, que ce n'ait été que le procès des vainqueurs sur les vaincus, qui ne fit pas la lumière sur la collaboration des populations des nations victorieuses.

CONSEIL

Le candidat peut privilégier les témoignages des acteurs et victimes des 2 guerres pour faire comprendre les violences de ces conflits (lire, par exemple, *Paroles de Poilus* ou *Paroles d'étoiles*). Un travail peut être envisagé sur le devoir de mémoire, en particulier avec l'étude des monuments aux morts.

Problématiques possibles

- De quelles violences sont victimes les Européens de religion juive ?
- Pourquoi peut-on qualifier ces violences de « génocide » ?
- Comment ces violences sont-elles jugées ?

FICHE 22 La construction européenne

Textes officiels *« L'élève découvre que des pays européens, autrefois en guerre les uns contre les autres, sont aujourd'hui rassemblés au sein de l'Union européenne. »*

BO n° 31 du 30/07/2020.

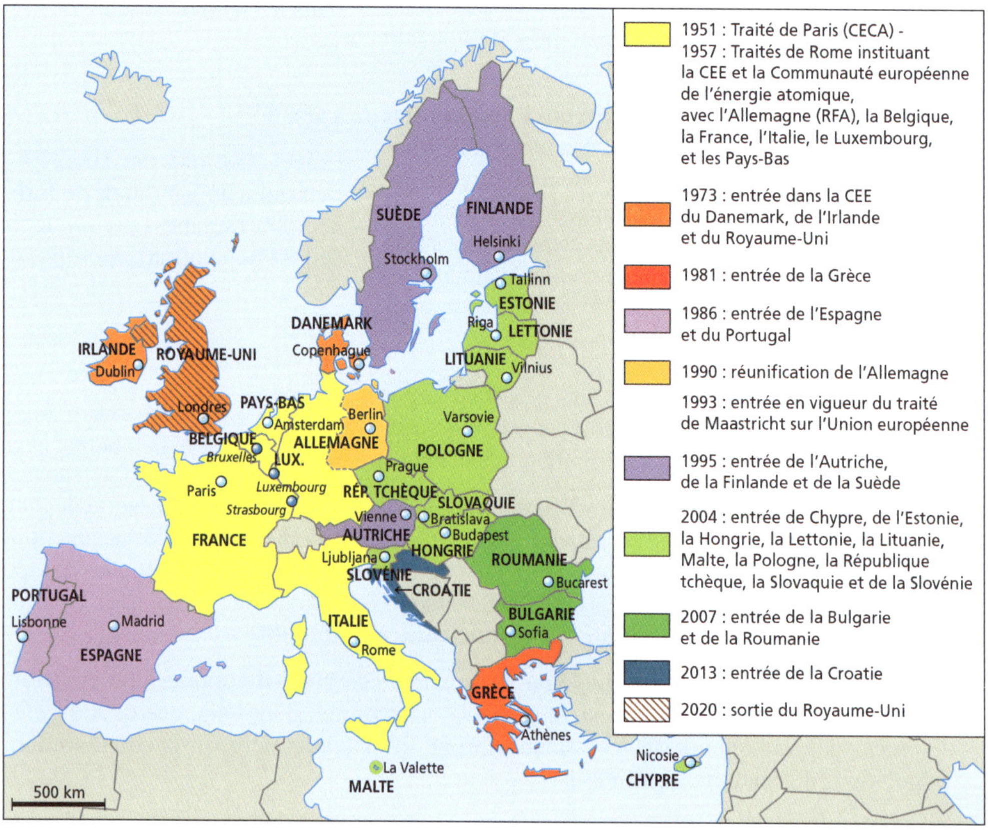

A. La naissance de la CEE

▶ **Le Congrès de l'Europe** est créé dès la fin de la Seconde Guerre mondiale. En mai 1948, un 1er congrès réunit les pays européens à La Haye, sous la présidence de Winston Churchill. À cette occasion se confrontent 2 approches de la construction européenne : les Français prônent la création d'une fédération européenne et d'un Parlement européen élu, tandis que les Britanniques préfèrent une simple coopération d'États-nations.

▶ Le Conseil de l'Europe, **1re institution européenne**, est, finalement, créé le 5 mai 1949 par le traité de Londres ; il est signé par 10 pays : la Belgique, le Danemark, la France, l'Irlande, l'Italie, le Luxembourg, la Norvège, les Pays-Bas, le Royaume-Uni et la Suède.

> **Article 1 du traité de Londres**
>
> L'objectif est de « *réaliser une union plus étroite entre ses membres afin de sauvegarder et de promouvoir les idées et les principes qui sont leur patrimoine commun et de favoriser leur progrès économique et social* ».

▶ **Le 9 mai 1950, Robert Schuman,** ministre français des Affaires étrangères, propose la mise en commun des productions de charbon et d'acier de la France et de la République fédérale d'Allemagne. La CECA (Communauté européenne du charbon et de l'acier) est, ainsi, créée par le traité de Paris, signé le 18 avril 1951. Elle réunit non seulement la France et la RFA, mais aussi l'Italie et le Benelux (Belgique, Pays-Bas, Luxembourg).

Déclaration de Robert Schuman, le 9 mai 1950

« Le rassemblement des nations européennes exige que l'opposition séculaire de la France et de l'Allemagne soit éliminée. [...] La mise en commun des productions de charbon et d'acier, [...] première étape de la fédération européenne, [...] changera le destin de ces régions longtemps vouées à la fabrication des armes de guerre dont elles ont été les plus constantes victimes. »

▶ En 1950, le président du Conseil français, René Pleven, propose la **création d'une structure militaire européenne** associée à l'OTAN, qui réunirait les armées nationales des États membres. Ce « plan Pleven » est validé par le traité de Paris qui instaure la Communauté européenne de Défense (CED) en mai 1952. Ratifié par les parlements du Benelux, de RFA et d'Italie, ce traité est rejeté, en 1954, par la France, pays initiateur, suite à un débat qui témoigne des cicatrices laissées par la Seconde Guerre mondiale.

▶ Le projet européen est relancé, après quelques années de balbutiement. Le 25 mars 1957, les 6 pays membres de la CECA signent le traité de Rome par lequel ils fondent la **Communauté économique européenne** et la Communauté européenne de l'énergie atomique. Ce traité fixe les orientations de la construction européenne :
– créer un marché unique par l'abolition des droits de douane ;
– mettre en place une politique agricole commune ;
– assurer une prospérité commune, avec le souci de réduire les écarts entre les États membres.

Traité de Rome (25 mars 1957)

« Art. 3 – L'action de la Communauté comporte :

a. l'élimination, entre les États membres, des droits de douane et des restrictions quantitatives à l'entrée et à la sortie des marchandises [...].

c. l'abolition, entre les États membres, des obstacles à la libre circulation des personnes, des services et des capitaux. »

B. L'élargissement de la CEE puis de l'UE

▶ **L'élargissement de 6 à 9 États membres,** en 1973, met un terme aux multiples débats sur l'intégration du Royaume-Uni, à laquelle la France, présidée par le général de Gaulle, s'est longtemps opposée (elle impose son veto en 1963 et en 1967), par souci de limiter l'ingérence des États-Unis. L'Irlande et le Danemark rejoignent aussi la CEE.

▶ **Le passage de 9 à 12 États membres,** entre 1981 et 1986, marque une volonté d'ouverture au Sud, qui accompagne puis favorise, grâce aux programmes d'aides régionales, les progrès économiques de la Grèce, de l'Espagne et du Portugal, tout en faisant de la CEE le 1er pôle commercial du monde.

▶ **L'ouverture au Nord et à l'Est** débute en 1995, dans le contexte de l'éclatement du bloc de l'Est, après la chute du Mur de Berlin (9 novembre 1989) et la réunification de l'Allemagne (3 octobre 1990). Outre les nouveaux länder allemands, la CEE, devenue **Union européenne** suite au traité de Maastricht, accueille 3 nouveaux pays riches soucieux de la protection de l'environnement et de la défense des valeurs démocratiques : la Finlande, la Suède et l'Autriche.

▶ **Enfin, l'élargissement de 15 à 28 États** entérine l'ouverture de l'Union européenne à l'Est, avec l'adhésion des pays d'Europe centrale et orientale (la Pologne, la République tchèque, la Slovaquie, la Slovénie, la Hongrie, la Lituanie, la Lettonie, l'Estonie), ainsi que 2 îles (Malte et Chypre). En 2007, la Roumanie et la Bulgarie les rejoignent. En 2013, la Croatie devient le 28e État membre.

À SAVOIR

Certains spécialistes considèrent que les derniers élargissements, dès lors que l'Union européenne réunit des pays des anciens blocs Ouest et Est, ont soldé la « guerre froide ».

▶ **Suite au Brexit** voté par référendum au Royaume-Uni, en 2016, le nombre des États membres est réduit à 27 à partir de 2020.

C. L'approfondissement de l'UE

▶ Par le traité de Maastricht, la CEE devient l'Union européenne, qui instaure la **citoyenneté européenne**. Les citoyens des pays membres peuvent circuler librement au sein du territoire de l'UE. Ils ont le droit d'étudier, de travailler dans tout pays membre, sans avoir à fournir de document autorisant leur installation dans ce pays. Ils peuvent participer à certaines élections (municipales, européennes) dans leur pays de résidence.

Repère

1992 : signature du **traité de Maastricht**.

Des valeurs et des principes communs

Les citoyens de l'Union européenne doivent partager les valeurs et les principes énoncés en 1992 : le respect des droits de l'homme (la liberté, l'égalité), la démocratie, la solidarité, la tolérance. Ils ont en commun de nouveaux symboles : le drapeau (12 étoiles sur fond bleu), l'hymne (l'*Ode à la joie* de Beethoven) et la devise *(« Unis dans la diversité »)*. Le 9 mai est instauré Journée de l'Europe.

▶ Le traité de Maastricht annonce également la création d'une monnaie unique : **l'euro**. Laquelle devient réalité en 1999, et les citoyens des pays qui l'ont adoptée l'utilisent à partir du 1er janvier 2002. Les critères qui sont imposés aux pays membres de la « zone euro » sont rigoureux : ces pays doivent garantir la maîtrise des dettes de l'État et de l'inflation (hausse des prix) et la stabilité de leur monnaie nationale.

▶ La création de l'euro devait permettre de **renforcer les liens économiques** entre les pays membres et contribuer à la puissance économique et financière de l'Union européenne face aux États-Unis en concurrençant le dollar. L'euro s'est, effectivement, imposé comme la 2e monnaie internationale après le dollar, notamment pour les échanges commerciaux, mais de nombreux pays membres ont préféré garder leur monnaie nationale, par volonté de conserver leur identité et une autonomie économique et financière. Par ailleurs, l'adoption de cette monnaie a provoqué des mécontentements dans de nombreux pays de la « zone euro ».

À SAVOIR

Certains Européens reprochent, notamment, à l'euro la montée des prix à la consommation et le ralentissement de la croissance économique des pays qui l'ont adopté.

Les 19 États membres de la « zone euro »

11 premiers pays de l'Union européenne adoptent l'euro en 1999 : l'Allemagne, l'Autriche, la Belgique, l'Espagne, la Finlande, la France, l'Irlande, l'Italie, le Luxembourg, les Pays-Bas et le Portugal. La Grèce les rejoint en 2001. La Slovénie adopte l'euro en 2007, Chypre et Malte en 2008, la Slovaquie en 2009, l'Estonie en 2011, la Lettonie en 2014 et la Lituanie en 2015.
À noter que 4 micro-États (Andorre, Monaco, Saint-Marin et le Vatican), qui ne sont pas membres de l'UE, ont également adopté légalement l'euro comme monnaie officielle. De même, le Kosovo et le Monténégro utilisent cette monnaie mais ne peuvent pas en produire, faute d'une convention monétaire.

▸ En 1995, l'Union européenne tente encore de renforcer la cohésion des États membres par la création de **l'espace Schengen**. Les États signataires suppriment leurs frontières internes pour ne garder qu'une frontière extérieure unique. Mais certains pays membres refusent d'adhérer à cet espace (aujourd'hui également critiqué par des pays en faisant partie).

À SAVOIR

Certains Européens reprochent à l'espace Schengen de favoriser les migrations clandestines et la mobilité des migrants au sein de l'UE.

▸ Les enjeux et difficultés actuels de l'UE liés à son élargissement concernent **la bonne intégration des derniers entrants, les PECO** (pays d'Europe centrale et orientale, membres de l'UE depuis 2004), qui sont en retard en termes de richesse, de développement ou de respect des valeurs européennes.

CONSEIL

L'étude de cartes permet d'identifier les pays membres de l'Union européenne, ceux qui ont adopté l'euro et ceux qui font partie de l'espace Schengen.

Problématiques possibles

- Quels pays créent l'Union européenne et pourquoi ?
- Quels pays ont, peu à peu, rejoint l'Union européenne ?
- Quels sont les pays de la « zone euro » ?
- Que signifie « être citoyen européen » ?

EXPLOITATIONS PÉDAGOGIQUES

Enseigner à partir d'une œuvre d'art : Louis XIV, le Roi-Soleil

A La séquence et ses objectifs

Cycle	3
Niveau	CM1
Domaine	Histoire
Séquence	Louis XIV, le Roi-Soleil à Versailles
Séances	5
Période	4

1. Prérequis

CHAPITRE 3, P. 101

- Connaître le fonctionnement de la monarchie capétienne et le pouvoir royal.
- Savoir comment s'est construit le royaume avant Louis XIV.
- Quelques repères de l'Époque moderne.
- Quelques compétences en histoire des arts.

2. Objectifs de la séquence

CHAPITRE 3, P. 111

- Approfondir et consolider la notion de « monarchie ».
- Comprendre la figure royale de Louis XIV et l'étendue de son pouvoir.
- Mobiliser des compétences propres à l'histoire des arts.

3. Compétences travaillées

- Coopérer et mutualiser.
- Comprendre un document.
- Raisonner, justifier une démarche et des choix effectués.
- Se repérer dans le temps et construire des repères historiques.

4. Préparations matérielle et documentaire

- Corpus documentaire : documents à propos des pouvoirs de Louis XIV et de Versailles (textes, documents iconographiques, cartes du royaume…).
- Frise chronologique de la classe et vidéoprojecteur.

B Organisation de la séquence

Séance 1	À partir de plusieurs documents historiques, les élèves résolvent, en petits groupes, la situation-problème suivante : Qu'est-ce que le tableau *Louis XIV en costume de sacre*, de Hyacinthe Rigaud (*cf.* p. 111), nous apprend sur la monarchie du Roi-Soleil ?
Séance 2	Les élèves découvrent les différents espaces du château de Versailles. Chacune de ses parties (galerie des Glaces, chambre du Roi, jardins…) est attribuée à un groupe de 4 élèves, qui la décrit à travers l'enregistrement d'un audioguide de 1 min.
Séance 3	Les élèves approfondissent le travail sur le château de Versailles. À partir d'un corpus documentaire et du site Internet du monument historique, ils répondent, individuellement, à des questions pour comprendre le fonctionnement de la Cour et l'usage qu'en a fait Louis XIV pour renforcer son pouvoir.
Séance 4	À partir d'un corpus documentaire, les élèves répondent, individuellement, à des questions pour comprendre comment vivaient les Français sous le règne de Louis XIV. Ces questions permettent au professeur d'introduire les questions économiques et sociales, Colbert et l'émergence du 1er empire colonial français.
Séance 5	Évaluation sommative. Un temps de révision est organisé la semaine précédant cette évaluation.

C Exemple d'une exploitation pédagogique : séance 1

1. Objectifs d'apprentissage

SUJET 2, P. 297

- Faire progresser les élèves dans le travail en groupes, en évaluant la compétence « Coopérer et mutualiser ».
- Confronter les élèves à un problème pour développer leur réflexivité et leur autonomie.
- Consolider les compétences en histoire des arts et comprendre le message contenu dans une œuvre.

2. Choix opérés pour conduire l'exploitation pédagogique

EXEMPLE DE SÉANCE N° 1			
Phase	**Durée**	**Dispositif**	**Déroulement**
❶ Présentation de l'activité	5 min	Collectif oral	Le professeur présente l'activité et réactive les prérequis du thème 2 (« Le temps des rois »).
❷ Passation de la consigne	5 min	Collectif oral	• Le professeur rappelle les critères de réussite de la compétence « Coopérer et mutualiser » et distribue la grille d'autoévaluation. • Lecture de la situation-problème et présentation de l'œuvre *Louis XIV en costume de sacre*.
❸ Travail en groupes	20 min	Collectif écrit	• Les élèves formulent des hypothèses, se confrontent aux documents, coopèrent. • Le professeur régule les difficultés et rappelle les critères de réussite, si besoin. • Le professeur distribue un étayage de questions, sous la forme d'un coup de pouce, si un groupe est en difficulté.
❹ Restitution et mise en commun	10 min	Collectif	• Chaque groupe formule ses hypothèses. Les autres élèves donnent leur avis. • À partir de l'œuvre projetée au tableau, le professeur propose une interprétation plus précise du message délivré par l'auteur.
❺ Institutionnalisation	10 min	Collectif	• Avec la participation des élèves, le professeur élabore quelques phrases en guise de trace écrite finale. • Le professeur demande à un élève de placer le tableau de Hyacinthe Rigaud au bon endroit sur la frise chronologique de la classe, puis d'y noter les dates du règne de Louis XIV.

▶ Les programmes étant conçus de manière spiralaire, chaque chapitre permet d'approfondir les notions phares étudiées précédemment. La séance 1 permet donc de réinvestir les prérequis des élèves sur la monarchie et d'y intégrer les notions d'« absolutisme » et de « droit divin ».

▶ En groupes hétérogènes, les élèves peuvent s'entraider et se partager les tâches (répartition des documents, écriture des hypothèses dans le cahier d'histoire, formulation des hypothèses à l'oral…).

▶ La situation-problème oblige l'élève à émettre des hypothèses et à se confronter aux documents distribués pour envisager des réponses possibles.

3. Travaux réalisés en classe

3-1. Présentation de l'activité

Le professeur réactive les prérequis des élèves en échangeant avec eux : Qu'avons-nous appris, précédemment, sur le temps des rois ? Qu'est-ce qu'une monarchie ? Où ce thème se situe-t-il sur la frise chronologique ?

3-2. Passation de la consigne

▶ En période 4, la grille d'évaluation de la compétence « Coopérer et mutualiser » a déjà été utilisée. Le professeur distribue les grilles et demande à quelques élèves de reformuler les critères. Ils peuvent, ainsi, s'appuyer sur celle-ci pour coopérer plus efficacement pendant l'activité. Ils devront donner leur avis personnel et se mettre aussi d'accord en proposant un avis de groupe.

Autoévaluation – Compétence « Coopérer et mutualiser »								
	Avis personnel				Avis du groupe			
Participation à l'activité	**Jamais**	**Parfois**	**Souvent**	**Toujours**	**Jamais**	**Parfois**	**Souvent**	**Toujours**
Chacun a expliqué/justifié son point de vue.								
Nous avons tenu compte de l'avis de tous.								
Nous nous sommes posé des questions les uns aux autres.								
Nous nous sommes réparti les tâches dans le groupe.								
Nous avons géré le temps pour terminer la tâche.								
Nous avons respecté les règles de comportement établies.								
L'avis du groupe sur la maîtrise de la compétence « Coopérer et mutualiser » durant cette activité	Entourez le niveau de maîtrise qui correspond : *1* *2* *3* *4*							
L'avis du professeur sur la maîtrise de la compétence « Coopérer et mutualiser » durant cette activité	Niveau de maîtrise : *1* *2* *3* *4*							

▶ Le professeur expose, ensuite, la situation-problème : « Hyacinthe Rigaud veut raconter à ses petits-enfants ce qui l'a inspiré pour réaliser ce tableau de Louis XIV. Mais, à cause de son âge avancé, il ne se le rappelle plus du tout. À partir des documents fournis, aidez M. Rigaud à retrouver la mémoire et à percer les mystères de son tableau. »

3-3. Travail en groupes

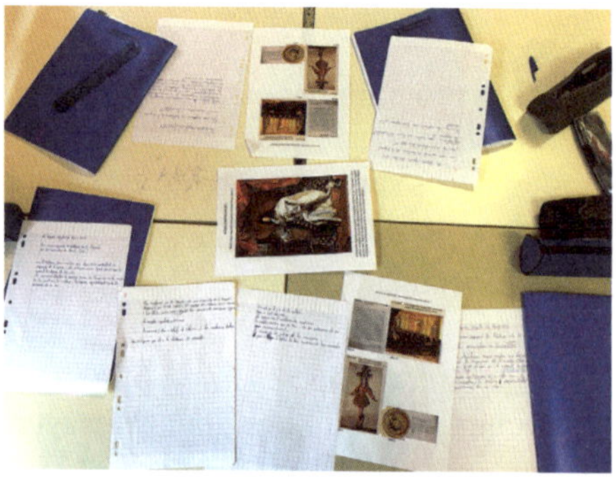

▶ Les élèves découvrent et lisent seuls les documents de leur corpus.

▶ Après ce temps en totale autonomie, le professeur aide les élèves en difficulté. Il régule le travail de groupe, rappelle les critères de réussite, encourage les enfants à bien se répartir les tâches, corrige les éventuelles fautes et distribue les coups de pouce (ici, un étayage de questions pour guider un peu plus la réflexion des élèves qui bloquent sur la situation).

▶ La complexité de la tâche, le nombre de documents (5 ou 6 par groupe) et la consigne dite « ouverte » (en une seule question très large) obligent les élèves à mutualiser. C'est, en effet, un des objectifs fondamentaux de la séance : faire coopérer les enfants dans les groupes.

▶ Le coup de pouce distribué par le professeur permet aux élèves de poursuivre le travail de groupe en autonomie, sans être guidés davantage.

3-4. Restitution et mise en commun

Une fois que les élèves sont parvenus à dégager toutes les idées principales du tableau et à faire le lien entre celui-ci et la monarchie, le professeur organise la restitution. Le rapporteur de chaque groupe évoque leurs résultats et le professeur prend des notes au tableau. La mise en commun est également l'occasion de revenir sur les difficultés rencontrées par les élèves. Le professeur leur laisse, enfin, un moment pour compléter la grille d'évaluation.

3-5. Institutionnalisation

La trace écrite finale est réalisée à partir de ce que les élèves ont retenu. Le professeur organise les idées et fait formellement le lien entre les attributs du pouvoir royal mis en scène et la monarchie.

D Questionnements possibles à partir de l'exploitation pédagogique

• Quelles compétences du programme d'histoire des arts peuvent être remobilisées dans les séances 1 à 3 de la séquence ?

L'enseignement de l'histoire des arts est pluridisciplinaire et transversal. Il est donc mis à contribution dans le programme d'histoire pour développer un regard sensible, instruire et faire réfléchir sur les œuvres. Dans ces séances, l'élève s'entraîne, ainsi, à identifier une œuvre d'art en donnant un avis argumenté sur ce qu'elle exprime et à analyser ses principales caractéristiques techniques et formelles.

• Quels sont les atouts et les limites d'une situation-problème comme activité en histoire ?

Pour Philippe Meirieu, le succès d'une situation-problème repose sur la capacité des élèves à franchir un certain nombre d'obstacles. Elle permet de sortir du schéma classique de la séance conçue autour d'un questionnement guidé par des documents. Elle stimule les enfants, qui doivent élaborer des stratégies personnelles, vise à les faire réfléchir et développe, ainsi, leur esprit critique.

La situation-problème nécessite, cependant, que les élèves puissent mobiliser des ressources à la fois internes (connaissances, capacités) et externes (documents). Sans elles et sans une habitude à travailler en groupe et/ou en autonomie, l'élève dépend du guidage du professeur pour contourner les obstacles de la situation-problème. En histoire, les connaissances des élèves étant parfois lacunaires, ils peuvent se trouver en échec dans ce genre d'activité.

• Dans cette séquence, comment la frise chronologique peut-elle être exploitée ?

De toute la scolarité obligatoire, le CM1 est le niveau qui couvre la plus longue période historique, de la préhistoire à la chute de Napoléon. La frise chronologique apparaît, de ce fait, comme un outil indispensable pour faire construire et mémoriser les nombreux repères historiques tout au long de l'année.

La frise chronologique de la classe est réemployée dans cette séquence pour y institutionnaliser les repères du chapitre et y faire figurer le document phare de la séquence : la peinture de Hyacinthe Rigaud représentant Louis XIV. Ce repère visuel permet aux élèves d'associer efficacement un évènement avec un document patrimonial essentiel à leur culture commune. Pendant la séance 1, le professeur s'appuie sur la frise de la classe pour rendre explicites les différentes temporalités abordées durant l'activité.

EXPLOITATIONS PÉDAGOGIQUES

Enseigner avec des documents-sources : la Première Guerre mondiale

A La séquence et ses objectifs

Cycle	3
Niveau	CM2
Domaine	Histoire
Séquence	La Première Guerre mondiale
Séances	5
Période	4

1. Prérequis

- ☑ Comprendre un document historique.
- ☑ Savoir travailler en groupes.

2. Objectifs de la séquence

- ☑ Réinvestir la frise chronologique à partir de la période contemporaine.
- ☑ Initier les élèves au raisonnement historique, en leur demandant de répondre à une question ouverte à partir de documents d'époque.

3. Compétences travaillées

- ☑ Coopérer et mutualiser.
- ☑ Comprendre un document : extraire des informations importantes pour répondre à une question, identifier le document.
- ☑ Se repérer dans le temps.
- ☑ Pratiquer différents langages : s'exprimer à l'oral pour communiquer et échanger.

4. Préparations matérielle et documentaire

- ☑ Répartition des corpus documentaires dans les différents groupes.
- CHAPITRE 3, P. 137 ☑ Dans la séance 4, les groupes travaillent sur le même corpus de 10 documents : 1 carte de l'Europe en 1916, 7 photographies prises dans les tranchées entre 1914 et 1917, et 2 textes (un mémoire et une lettre de poilu).

B Organisation de la séquence

Séance 1	Si les conditions le permettent, une sortie est organisée dans le village/quartier pour observer le monument aux morts. Le professeur réinvestit les symboles de la République (EMC), met en valeur le patrimoine local et introduit les 2 guerres mondiales.
Séance 2	À partir de plusieurs cartes de 1914 à 1918, les élèves travaillent individuellement et prennent la mesure de la dimension mondiale de la Grande Guerre. Ils en découvrent les différents acteurs et le jeu d'alliances qui a conduit au déclenchement du conflit.
Séance 3	Les élèves sont répartis en groupes d'experts sur les thèmes « Le rôle des femmes dans la guerre », « La mobilisation de toute la société » et « La guerre jusqu'au bout : Verdun 1916 ». Après ce travail en groupes, la mise en commun permet de répondre à la question « Pourquoi la Première Guerre mondiale est-elle une guerre totale ? ».
Séance 4	À partir de plusieurs documents d'époque et de témoignages d'acteurs, les élèves travaillent en groupes et s'organisent pour répondre à la question « Comment les poilus vivaient-ils dans les tranchées ? ».

Séance 5	La dernière séance est un bilan de la Première Guerre mondiale. Les documents et témoignages montrent le lourd tribut des militaires. Un débat et un prolongement en EMC peuvent être proposés par le professeur autour de la question « Qu'est-ce qui a pu motiver les soldats à combattre pendant la Première Guerre mondiale ? ».

C Exemple d'une exploitation pédagogique : séance 4

1. Objectifs d'apprentissage

☑ Faire découvrir aux élèves des documents d'archives et les mettre en relation avec les témoignages d'acteurs de la Grande Guerre.

☑ Faire travailler les élèves en groupes et les faire progresser dans la compétence « Coopérer et mutualiser ».

2. Choix opérés pour conduire l'exploitation pédagogique

EXEMPLE DE SÉANCE N° 4			
Phase	**Durée**	**Dispositif**	**Déroulement**
❶ Présentation de l'activité	5 min	Collectif oral	• Le professeur présente l'activité et réinvestit la frise chronologique en y repérant la Première Guerre mondiale dans la Période contemporaine. • La question est notée au tableau : « Comment les poilus vivaient-ils dans les tranchées ? »
❷ Passation de la consigne	5 min	Collectif oral	• La grille d'autoévaluation du travail de groupe est distribuée. • Le professeur discute, avec les élèves, de la démarche historique, fondée sur une recherche de la vérité et sur l'étude documentaire.
❸ Travail en groupes	30 min	Collectif écrit	• Les élèves se mettent au travail, lisent individuellement les documents, se répartissent les tâches, choisissent la forme du rendu. • Le professeur régule et passe dans les groupes.
❹ Restitution et mise en commun	10 min	Collectif oral	• Selon le timing, le professeur peut soit demander aux groupes volontaires de présenter, au tableau, le travail à leurs camarades, soit interroger individuellement les élèves. • Le professeur commence à rédiger la trace écrite à partir des réponses des élèves.
❺ Institutionnalisation	5 min	Collectif oral Individuel écrit	• La trace écrite est rédigée au tableau. • Les productions des élèves sont prises en photo. Elles seront imprimées et collées dans le cahier d'histoire.

3. Travaux réalisés en classe

▸ Même si c'est un travail de groupes, et quelle que soit la répartition des tâches, il apparaît nécessaire que les élèves découvrent et lisent tous les documents du corpus. Avec des groupes hétérogènes (composés d'enfants ayant des besoins et des compétences différents), des binômes peuvent se constituer pour parcourir, par exemple, les documents les plus difficiles : ici, des lettres écrites par des poilus.

▸ Ces lettres pouvant être très émouvantes, le professeur doit faire comprendre aux élèves la nécessité de les traiter, avant tout, comme des documents historiques, qui contribuent à répondre à la question posée au début de la séance.

▶ Une fois les documents parcourus, les élèves ont toujours sous la main l'évaluation formative avec les critères de réussite de la compétence « Coopérer et mutualiser ». Devant l'importante densité documentaire, ils comprennent vite qu'ils doivent se répartir les tâches : les uns travaillent sur quelques documents et formulent des éléments de réponse ; les autres élaborent la fiche sur laquelle seront restitués l'ensemble de ces éléments de réponse et les illustrations choisies.

▶ Pendant ou à la fin de l'activité, les élèves remplissent individuellement la grille d'auto-évaluation. Celle-ci leur permet de s'engager efficacement dans le travail, mais aussi de réfléchir à ce qu'ils pourraient améliorer dans leur façon de coopérer et le mutualiser.

D Questionnements possibles à partir de l'exploitation pédagogique

• Quelles notions de la thématique sur les 2 guerres mondiales sont considérées comme des « questions socialement vives » ?

La question de la mémoire des 2 guerres, ainsi que celle des persécutions et des génocides juif et tzigane, peuvent venir perturber l'enseignement du professeur. Pour s'en prémunir, il faut s'attacher au seul devoir d'histoire, c'est-à-dire celui qui se fonde sur la rigueur scientifique d'une démarche visant à ne prendre en considération que les documents avérés par la recherche. Contrairement au devoir de mémoire, il s'agit, en effet, de ne pas émouvoir, ni de rendre spectaculaires les évènements, mais bien de donner les moyens aux élèves de comprendre les mécanismes humains et idéologiques complexes qui ont conduit, notamment, à une extermination radicale de peuples en Europe.

• Comment faire en sorte que les élèves s'approprient les nombreuses connaissances et les repères historiques de la séquence ?

La frise chronologique affichée dans la classe est complétée tout au long de la séquence. Les repères historiques sont donc disponibles visuellement en permanence, réinvestis régulièrement par le professeur au fil de l'année et positionnés par les élèves sur leur frise personnelle, dans le cahier.
De plus, les notions, acteurs et évènements, nombreux en CM2, peuvent être travaillés sous la forme de petites fiches de questions : les *flash cards*. À chaque fin de séance, le professeur propose un temps de révision de 5 minutes, pendant lequel les élèves repèrent les informations essentielles à retenir et se posent des questions sur leur cours : « En quelle année s'est déroulée la bataille de Verdun ? » ; « Quels pays étaient alliés de la France pendant la Première Guerre mondiale ? »… Une fois validées par le professeur ou par le groupe d'élèves, ces questions sont recopiées sur des cartes avec la réponse au dos. À la fin de la séquence, un élève dispose d'une dizaine de cartes-questions, avec lesquelles il peut interroger ses camarades. Les enfants développent, ainsi, leur capacité à apprendre, et le professeur peut évaluer leurs connaissances, sans forcément organiser une évaluation sommative.

Enseigner l'espace au cycle 1

Programmes

« L'un des objectifs de l'école maternelle est précisément d'amener progressivement [les enfants] à considérer le temps et l'espace comme des dimensions relativement indépendantes des activités en cours, et à commencer à les traiter comme telles. Elle cherche également à les amener à dépasser peu à peu leur propre point de vue et à adopter celui d'autrui. »

BO n° 25 du 24/06/2021.

L'enseignement de l'espace s'inscrit dans 1 des 5 domaines d'apprentissage du cycle 1 : « Explorer le monde ».

LES 3 OBJECTIFS PRINCIPAUX :

- Faire l'expérience de l'espace
- Représenter l'espace
- Découvrir l'environnement

ENJEU SCIENTIFIQUE

Quels sont les enjeux de l'espace en maternelle ?

A « L'espace » : un concept géographique et philosophique

« La géographie est souvent considérée comme la science de l'espace par excellence. [...] les géographes ont toute légitimité à s'interroger sur l'espace, comme concept général abstrait. Ils sont également tournés vers la description des différents espaces, définis par les réalités géophysiques, végétales, climatiques, humaines ou politiques qui les caractérisent. Ce faisant, **ils retiennent la notion d'espace en tant que lieu**. »

Michel Denis, *Petit Traité de l'espace*, Mardaga, 2016.

▸ Pour comprendre cette notion d'« espace » dans la pensée géographique, il faut remonter jusqu'à Kant. Pour le philosophe allemand, l'espace est une représentation nécessaire qui fournit à l'esprit le cadre organisateur de toute expérience humaine. L'espace géographique se définit, ainsi, comme **un espace localisable, changeant, qui se décrit**.

À SAVOIR

Au début du XXe siècle, Henri Poincaré proposera une réflexion plus avancée sur la notion d'« espace ». Le théoricien associe approche philosophique et réflexion sur la géométrie, affirmant qu'il n'y a pas de cadre spatial unique et que plusieurs systèmes sont possibles.

▸ Dans *Phénoménologie de la perception*, Maurice Merleau-Ponty contribue, après la Seconde Guerre mondiale, au renouveau de l'intérêt philosophique pour l'espace. Le philosophe récuse l'idée d'un espace universel et met en avant la **multiplicité des espaces**, en suggérant que chacun d'eux a son statut particulier. Il considère que l'espace est expérimenté par des sujets spécifiques et dans des contextes spécifiques, comme l'espace parcouru par l'enfant, l'espace du rêveur ou du schizophrène… Pour Merleau-Ponty, le regard du sujet sur cet « espace vécu » est différent de celui du géographe qui se penche sur une carte du monde. L'expérience de l'espace y est alors une expérience propre, individuelle, et donc subjective : le corps est le repère central.

B La structuration de l'espace chez l'enfant selon Piaget

▸ **Pour Jean Piaget, la vision de l'espace varie fortement en fonction de la maturation de l'enfant.** Dans ses recherches sur la structuration de l'espace chez l'enfant, le psychologue suisse observe que les objets dans l'espace ont, certes, des propriétés (poids, longueur), mais que les actions que l'enfant effectue sur eux sont plus importantes, car elles déterminent son appréhension de l'espace.

À SAVOIR

La psychologue française Liliane Lurçat remet en cause, dans les années 1980, cette approche de Piaget. Pour elle, l'enfant se représente dès sa naissance l'espace dans lequel il vit. L'évolution de la structuration de l'espace serait liée à ses progrès dans le langage.

▸ Au « stade sensorimoteur » (2 à 3 ans), l'espace est « perceptif » chez l'enfant, c'est-à-dire qu'il est directement lié à ses actions, ses perceptions, ses manipulations et ses déplacements.

▶ Au cycle 1, la transition vers les formes plus avancées de la connaissance de l'espace se fait par **« l'espace représentatif »**. Dans ce « stade préopératoire » (3 à 6 ans), l'enfant parvient à se représenter et à identifier les objets dans leur espace, sans s'y déplacer. Il perçoit également les objets à partir d'un point de vue, qui se décentre progressivement de sa vision personnelle de l'espace. Le cycle 1 correspond donc au moment où l'enfant peut comparer ses diverses expériences spatiales avec les autres.

C Le rapport de l'enfant à l'espace selon Brousseau

▶ Le didacticien des mathématiques Guy Brousseau a apporté un éclairage intéressant sur le rapport de l'enfant à l'espace en cycle 1, en développant 3 modèles conceptuels, qui dépendent de la taille de l'espace avec lequel un sujet est en interaction : le micro-espace, le méso-espace et le macro-espace.

▶ **Le micro-espace est l'espace proche du sujet.** Ce dernier peut voir, toucher et déplacer les objets de cet espace. Il distingue le tout et ses parties, à condition de manipuler l'objet pour en voir toutes ses faces. Il est à l'extérieur de l'espace et peut avoir plusieurs points de vue sur l'objet étudié. C'est l'espace des mathématiques (géométrie) auquel est confronté l'élève dès la Petite Section : sa feuille, son cahier, sa table. La structuration de cet espace est décisive pour l'apprentissage de la lecture et de la motricité fine (l'écriture, par exemple).

▶ **Le méso-espace est un espace intermédiaire, accessible à une vision globale.** Le sujet est à l'intérieur de l'espace dont l'ensemble peut être accessible par une vision plus large. Il peut s'y déplacer pour observer selon différents points de vue. Au cycle 1, une conceptualisation (maquette, plan) peut être utile pour appréhender cet espace (la classe, la cour…).

▶ **Le macro-espace est un espace que le sujet ne peut pas appréhender directement.** Une partie de cet espace est directement visible, mais le sujet doit coordonner de nombreuses autres informations pour conceptualiser ce large espace. Pour aider à y parvenir, le passage par le plan, la carte ou la maquette est nécessaire. L'étude du macro-espace est donc plus adaptée au cycle 2, car c'est l'espace de la géographie (le village, le quartier, la région…). On peut l'aborder également en toute fin de cycle 1, avec des élèves qui maîtrisent bien le micro-espace et le méso-espace.

Explosion lexicale et réussite scolaire

Le psychologue français Alain Lieury a montré que l'étendue du vocabulaire à l'école maternelle est un facteur de réussite scolaire bien plus important que le niveau intellectuel. Toutes les situations d'apprentissage doivent donc être autant d'occasions de permettre aux enfants de s'approprier et de mobiliser un vocabulaire spécifique, comme celui lié à l'espace. Mais un tel enrichissement lexical implique des séquences spécifiques et des activités régulières de mémorisation de mots et de réutilisation du vocabulaire dans un contexte adapté.

ENJEU DIDACTIQUE

Comment faire approprier l'espace aux élèves ?

A Faire l'expérience de l'espace

EXPLOITATION PÉDAGOGIQUE, P. 166

▶ L'espace de l'élève de maternelle est celui de son champ d'action. Sa perception de l'espace est donc liée au mouvement, à ses déplacements, à son expérience. Au cycle 1, la représentation de l'espace familier de l'école est encore incomplète : il n'y a pas de porte entre la classe des MS et celle des GS, pas de couloir entre les classes pour les élèves. Ces espaces de liaison sont ignorés parce que les enfants ne peuvent y associer une fonction, une personne, contrairement à d'autres espaces identifiés comme « la classe des grands », « le bureau du directeur ou de la directrice »… **Pour considérer et s'approprier l'espace, l'élève doit donc en faire l'expérience.**

EXPLOITATION PÉDAGOGIQUE, P. 167

▶ L'élève de cycle 1 vit les relations spatiales avec son corps : il est son propre repère (*« l'objet est devant moi », « je me suis assis sous la table »…*). Faire l'expérience de l'espace revient, ainsi, à placer l'élève en situation :
– d'**agir** sur un objet (déplacer une peluche autour d'une chaise) ;
– de **se mouvoir** dans un parcours de motricité (franchir des obstacles) ;
– d'**explorer** un espace donné (trouver un objet caché dans la classe).

▶ Ce langage corporel est, ensuite, verbalisé par les élèves, avec la médiation du professeur, pour :
– mettre en lumière les **verbes d'action** (*ramper, sauter, marcher, chercher…*) ;
– utiliser concrètement les **adverbes et prépositions de lieu** (*au-dessus, à côté…*) ;
– apprendre aux élèves à restituer leurs déplacements.

CONSEIL

Dans le cas d'un sujet invitant à réfléchir aux moyens permettant à l'élève de s'approprier un espace donné, le candidat peut choisir les micro-espace et méso-espace du cycle 1 et réfléchir à l'organisation d'un parcours de motricité. Ce dernier permet de s'approprier un petit espace, tout en offrant un large éventail de compétences à mobiliser par les élèves : faire l'expérience de l'espace, adopter un vocabulaire adapté sur le chemin parcouru, représenter le parcours sur un plan ou en dessin, faire de l'EPS, compter, coopérer, etc.

▶ Toutes les situations proposées par le professeur de cycle 1 permettent aux enfants d'observer les positions des éléments travaillés, qu'ils soient fixes (affichages, mobilier de la classe) ou mobiles (élèves, matériel de la classe). **Ces situations favorisent**, ainsi, par l'action et la description, **l'organisation des premiers repères spatiaux**.

B Représenter l'espace

▶ La représentation des premiers repères spatiaux acquis en cycle 1 est l'occasion, pour le professeur, de **structurer l'espace des élèves** et de les initier progressivement aux 3 dimensions (longueur, largeur, profondeur). Les élèves établissent, ainsi, une relation entre leurs déplacements et les représentations de ceux-ci sur différents supports (photos, maquettes, dessins, plans, cahiers…). L'objectif est de leur faire comprendre que l'on peut représenter un espace sans avoir besoin nécessairement de l'expérimenter, simplement avec un code graphique compréhensible par tous. Ce travail est un premier jalon, dont la finalité est de rendre les élèves capables de réaliser une production graphique à la fin de l'élémentaire.

▶ Comme indiqué par le programme consolidé de 2020, le passage aux représentations planes par le biais du dessin amène d'abord les élèves à **mettre intuitivement en relation** des perceptions en 3 dimensions et des codages en 2 dimensions. Les figures géométriques (rectangles, carrés, cercles, triangles) sont les premiers supports pour représenter des formes en PS et MS (figure 1). La première traduction d'une réalité spatiale en langage codé peut s'appuyer sur la représentation des élèves dans un espace connu (dans la figure 2, des gommettes de différentes couleurs représentent les élèves dans l'espace de la cour).

Figure 1

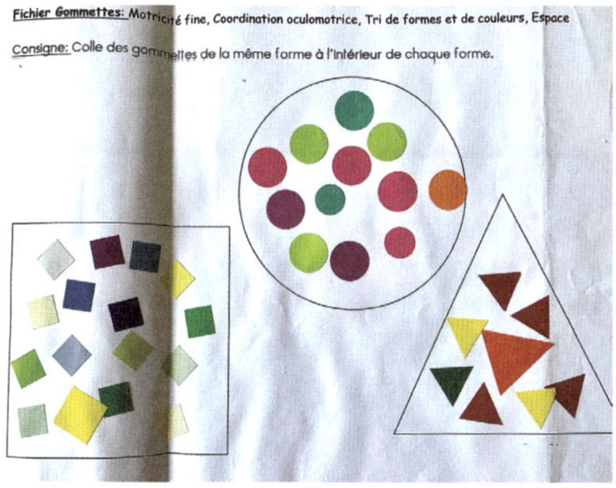

Figure 2

Travaux d'élèves sur la motricité fine et la représentation sur l'espace de la feuille.

▶ Ce travail peut se complexifier au fur et à mesure du cycle 1 :
- faire correspondre, sur le plan de la cour, un élève ou un groupe d'élèves disposant d'objets colorés par des gommettes de la même couleur ;
- trouver un objet caché dans la classe en fonction de son positionnement sur le plan de la classe…

Ce travail de traduction d'une réalité spatiale en une représentation plane se réalise progressivement et à partir des micro- et méso-espaces, facilement délimités par les élèves.

CONSEIL

Si le candidat doit produire une réflexion sur la représentation de l'espace dans un sujet de géographie, il lui faudra prendre le temps de remettre en perspective cette compétence sur le temps long et expliquer l'importance du cycle 1 dans sa construction. Ce cycle permet à l'élève d'être initié à la modélisation de la réalité tout en passant par un codage très simple : 1 élève = 1 gommette. Ce codage s'enrichit au cycle 2 avec l'intégration de la légende. Au cycle 3, un codage plus complexe permet de considérer un macro-espace inaccessible à l'œil nu. L'élève est alors capable de faire lui-même le lien entre la réalité spatiale considérée et sa modélisation.

▶ **Les jouets et figurines** aident les élèves à représenter l'espace en 3D. Concrète et pouvant être associée à un jeu, cette forme de représentation est accessible dès la Petite Section et permet au professeur de contourner les difficultés techniques du passage par le plan, qui se conçoit plutôt en fin de cycle 1. La conception de l'espace en 2D nécessite, en effet, une décentration du point de vue et une nécessaire prise en compte conceptuelle et donc abstraite de l'espace.

▶ **En cycle 1, les élèves sont initiés au codage** des déplacements ou des représentations spatiales. Réalisé d'abord avec des gommettes de couleur, ce travail **doit être guidé par le professeur**. À partir de dessins d'élèves sur la réalité qu'ils se font d'un espace donné, il les amène d'abord à faire des choix graphiques (« Dessine ta classe », « Dessine le parcours de motricité », « Dessine-toi avec la peluche au-dessus de la tête »…). Dans la mise en commun de ces dessins, le professeur discute, ensuite, certains choix et dégage les éléments qui sont souvent représentés (tables, chaises…). Il fait, ainsi, des liens entre la réalité spatiale considérée et les représentations des élèves et propose une codification commune (1 chaise = 1 gommette verte, par exemple).

En théorie

Pour Liliane Lurçat, le dessin n'est pas un témoin littéral de la représentation que l'enfant se fait de l'espace. Il n'est qu'un moyen indirect d'apprécier ce qu'un enfant peut isoler par la vue et sa capacité à transposer ce qu'il voit dans l'espace graphique. Pour compléter ce travail, le professeur doit donc faire verbaliser les choix de l'élève et confronter son point de vue aux autres, à travers une mise en commun des dessins.

▶ **Cet aller-retour entre la modélisation et la réalité est fondamental** pour faire approprier par les élèves les repères spatiaux qui les entourent et le vocabulaire adapté. À partir de supports variés, tels que des photos ou des maquettes de la classe, les élèves décrivent leurs déplacements, imaginent plusieurs chemins possibles, verbalisent leurs actions et celles de leurs camarades. Leurs actions, photographiées ou dessinées par des pairs, amènent ces mêmes élèves à se décentrer de leur point de vue et à mieux concevoir l'espace dans lequel ils se trouvent.

C Découvrir l'environnement

▶ Pour explorer l'espace qui les entoure et se l'approprier, les élèves doivent observer. **Cette activité centrale de l'observation est d'abord conduite à « hauteur d'élève »,** au sein de l'école et de ses abords : la classe, l'école, le village, le quartier. Cet espace proche, que l'élève peut facilement appréhender, est celui des premiers repères nécessaires à la vie en collectivité. Le professeur initie alors ses élèves à une attitude responsable : respect des lieux, gestes du quotidien, importance du respect des règles, vivre-ensemble.

CONSEIL

Pour tout sujet de géographie invitant à considérer un espace (proche ou lointain), le candidat peut imaginer la réalisation d'une sortie scolaire, dont il doit connaître les différentes modalités d'organisation. La sortie en cycle 1 permet de décentrer le regard des élèves sur leur espace de vie. Elle contribue également à enrichir leur vocabulaire et produit un questionnement sur les interactions de l'homme avec son milieu. De retour en classe, le professeur exploite les situations vécues dans le milieu considéré et favorise, ainsi, une première découverte du monde.

▶ **À partir de la Moyenne Section, le professeur aborde des espaces moins familiers.** En fonction de leur lieu de vie, les élèves découvrent la montagne, la ville, la mer, la campagne, le désert… Le professeur peut alors varier les supports et s'appuyer sur des photographies, des documentaires, des sites Internet. Cette décentration du regard de l'élève vers un monde plus lointain et plus varié est une étape indispensable de l'initiation à la géographie.

Découverte de l'environnement en MS ou GS

- Objectif : favoriser une première découverte d'un pays et de sa culture pour ouvrir les élèves à la diversité du monde. *Ex. :* la Chine.
- Matériel : globe terrestre, cartes, photos de paysages, calligraphies, livre pour la jeunesse.
- Modalité : travail en groupes.

Après avoir fait découvrir le globe terrestre, le professeur lit le passage d'un ouvrage racontant la vie d'un(e) enfant chinois(e). Ensuite, chaque groupe étudie un corpus d'images à partir duquel les élèves racontent aux autres ce qu'ils voient et essaient de comparer le mode de vie observé au leur (alimentation, écriture, langue, paysages, etc.). La mise en commun peut donner lieu à un affichage sur le pays : photos, carte, drapeau et quelques phrases d'élèves rapportées par le professeur.

- Prolongement : sensibilisation à la pluralité des langues.

D « L'espace » : une notion transversale

« L'espace » est une notion transversale, dans la mesure où toutes les activités scolaires sont vécues spatialement par les élèves. Le professeur doit donc veiller à expliciter et à distinguer ces premiers repères spatiaux par un affichage approprié dans la classe. Pour permettre leur appropriation, il doit s'appuyer sur toutes les opportunités qu'offre le programme. Ainsi, **il donnera du sens aux enseignements** tout en développant les savoirs des autres parties du programme :
– temps : sur la frise, associer les temps de la journée à leurs espaces dédiés ;
– nombres : compter la quantité d'objets à identifier sur un espace donné ;
– arts plastiques : dessiner/représenter un espace considéré (la classe, la cour…) ;
– musique : apprendre le vocabulaire de l'espace par les comptines, le chant ;
– EPS : réaliser un parcours de motricité et mobiliser du vocabulaire spatial.

CONSEIL

Comme pour le temps, si le candidat est amené à construire une réflexion didactique sur l'espace en cycle 1, il doit montrer qu'il a bien saisi les enjeux de la polyvalence de la maternelle et de la transversalité de la notion d'« espace ». Les activités autour de l'espace sont, en effet, sujettes à des prolongements dans de nombreuses autres disciplines : activités de motricité (EPS), verbalisation pour exprimer des déplacements (français), codage et orientation sur un plan (mathématiques), réalisation de dessins et maquettes (arts plastiques), découverte de la flore locale lors d'une sortie (sciences)…

! Les difficultés des élèves

L'articulation entre la réalité spatiale et sa représentation paraît être l'activité la plus compliquée en cycle 1, tant le public d'élèves y est hétérogène. Il ne s'agit donc pas de demander à ces derniers de réaliser seuls des productions graphiques légendées, comme cela peut se faire à partir du milieu du cycle 2, mais de les guider dans la réflexion sur le codage. Le travail de groupes, dans un premier temps, permet aux élèves de confronter leurs vues et de partager leurs réflexions. Ensuite, la mise en commun des travaux par le professeur permet de gérer l'hétérogénéité et d'initier les élèves aux considérations graphiques de la géographie, c'est-à-dire de faire concrètement le lien entre le code retenu et l'espace concerné.

FICHE 1 Se repérer dans l'espace au cycle 1

Textes officiels

« L'école maternelle vise la construction de repères […]. Ce qui est attendu des enfants en fin d'école maternelle : situer des objets par rapport à soi, entre eux, par rapport à des objets repères. Se situer par rapport à d'autres, par rapport à des objets repères. Dans un environnement bien connu, réaliser un trajet, un parcours à partir de sa représentation. […] Utiliser des marqueurs spatiaux adaptés (devant, derrière, droite, gauche, dessus, dessous, etc.) dans des récits, descriptions ou explications. »

BO n° 25 du 24/06/2021.

A. Les objectifs du cycle 1

Ce tableau résume les 3 objectifs du programme consolidé de maternelle sur l'espace.

CHAPITRE 5, P. 178

PS	MS	GS
Faire l'expérience de l'espace Expériences centrées autour du corps de l'élève.	**Faire l'expérience de l'espace** Expériences autour du corps, puis dans la classe et la salle de motricité.	**Faire l'expérience de l'espace** Expériences hors de la classe et de l'école.
Représenter l'espace Des formes géométriques simples, sur une feuille (micro-espace).	**Représenter l'espace** Utilisation de codes un peu plus complexes mais dans un espace restreint (classe, cour).	**Représenter l'espace** Représentation de méso-espaces uniquement. Codification plus complexe.
Découvrir l'environnement L'école, ses acteurs, ses différents lieux.	**Découvrir l'environnement** Le quartier ou le village autour de l'école.	**Découvrir l'environnement** D'autres types d'espaces (montagne, mer, campagne) et d'autres pays du monde.

B. Des mots pour le dire, des mots pour savoir

Ce tableau propose une liste non exhaustive du vocabulaire sur l'espace, que les professeurs peuvent faire apprendre progressivement à leurs élèves, à travers diverses situations.

Pour se situer dans l'espace et mesurer des distances	Situations possibles
• *Dans, dedans, à l'intérieur* • *Dehors, à l'extérieur* • *Dessus/dessous, entre, en bas, à côté, loin/près, ici/là/là-bas, autour, au milieu, à gauche / à droite, devant/derrière, loin/près, en face de, à travers, au coin de, après/avant…*	• Raconter l'organisation de la salle de classe, de l'école. Réalisation d'une affichette sur les différents éléments de la classe… • Jeux dans les « coins » de la classe. • Reprendre le récit d'un livre pour la jeunesse. Décrire les positions des personnages, des objets. • Préparer/raconter son parcours de motricité. • Rechercher un objet caché.

Pour expliquer son déplacement, son action	Situations possibles
Aller, marcher, se diriger, ramper, sauter, enjamber, grimper…	• Préparer/raconter son parcours de motricité. • Raconter comment on a trouvé un objet caché. • Réaliser une course d'orientation.
Pour explorer le monde et découvrir d'autres cultures	**Situations possibles**
• Dans le quartier proche de l'école ou le village : *maisons, commerces, monuments, routes, plages, bâtiments…* • Dans des espaces moins familiers : *campagne, ville, mer, montagne…*	• Observations et descriptions au cours d'une sortie et restitutions au retour en classe. • Réalisation d'un roman-photos de la sortie, reprenant les noms des différents lieux visités, avec les élèves. • Aménagement d'un espace de jardinage, de tri. • Réalisation d'un panneau indiquant toutes les informations abordées sur un pays.

CONSEIL

Dans un sujet sur l'espace en cycle 1, le candidat doit avoir à l'esprit que le travail mené en classe vise à une appropriation progressive des repères spatiaux dans les 3 années du cycle. À l'entrée au CP, de nombreux élèves n'auront pas encore fixé ce vocabulaire, qui ne sera acquis définitivement qu'au cours du cycle 2. Il faut donc également être vigilant sur la diversité des publics qui existent en maternelle, que ce soit en REP/REP+ ou hors REP, et adapter chaque année son enseignement.

EXPLOITATIONS PÉDAGOGIQUES

Faire l'expérience de l'espace

A La séquence et ses objectifs

Cycle	1
Niveaux	Petite Section / Moyenne Section
Domaines	Espace/Géographie
Séquence	Faire l'expérience de l'espace et situer les objets entre eux
Séances	4
Période	1

1. Prérequis

CHAPITRE 4, P. 160

- Parcours de motricité.
- Vocabulaire du déplacement et du positionnement dans l'espace.

2. Objectifs de la séquence

- Réinvestir, consolider et enrichir le vocabulaire spatial.
- Rendre l'espace de la classe et de l'école plus familier.
- Décentrer le point de vue des élèves.

3. Compétences travaillées

- Se repérer dans son environnement proche.
- Situer des objets par rapport à d'autres objets et à soi-même.

4. Préparations matérielle et documentaire

- Mascotte et mobilier de la classe.
- Photographies représentant des positions de la mascotte et des élèves.

B Organisation de la séquence

Séance 1	**Phase de découverte :** les élèves font la connaissance de la mascotte. Le professeur introduit le vocabulaire nécessaire pour la situer dans la classe : « Où est assise la mascotte ? » Il en prend des photos dans les diverses positions observées par les élèves.
Séance 2	**Phase d'entraînement :** les uns après les autres, les élèves tirent au hasard une des photos de la mascotte. Ils doivent replacer celle-ci sur une chaise comme sur la photo. Les autres élèves verbalisent le positionnement et corrigent si besoin.
Séance 3	**Phase de consolidation :** les élèves doivent trouver la photo correspondant au positionnement de la mascotte proposé par le professeur. Toutes les positions sont revues les unes après les autres.
Séance 4	**Élargissement de l'espace :** les élèves n'ont plus accès aux photos. Le professeur balade la mascotte sur d'autres espaces de la classe et de la cour et interagit avec les élèves pour remobiliser les notions et en introduire de nouvelles.

C Exemple d'une exploitation pédagogique : séance 2

1. Objectifs d'apprentissage

- Réinvestir, à bon escient, le vocabulaire de localisation.
- Apprendre à situer un objet par rapport à un autre.
- Passer d'une représentation photographique à une situation vécue.

2. Choix opérés pour conduire l'exploitation pédagogique

EXEMPLE DE SÉANCE N° 2			
Phase	**Durée**	**Dispositif**	**Déroulement**
❶ Présentation de l'activité	5 min	Collectif oral	Le professeur présente l'activité, les photographies de la mascotte et le panneau où est affiché le vocabulaire.
❷ Phase de recherche et mise en commun	15 min	Individuel puis collectif oral	• Les uns après les autres, les élèves tirent au hasard une des photos de la mascotte. Ils doivent replacer celle-ci sur une chaise comme sur la photo. • Les autres élèves verbalisent le positionnement proposé par leur camarade et le corrigent. • Le professeur propose un jeu de devinette pour retrouver un objet caché autour de la chaise.
❸ Institutionnalisation	5 min	Collectif oral et écrit	À la fin de la séance, le professeur place les différentes photos de la mascotte sur le panneau, avec le vocabulaire correspondant : *devant la chaise, sous la chaise…*

► Cette séance est l'occasion, pour le professeur, de créer des interactions entre les élèves. Il se repose sur ces derniers et peut proposer des rôles sociaux pour corriger ou aider le camarade qui doit positionner correctement la mascotte.

► En proposant un passage individuel, le professeur responsabilise les élèves et régule plus efficacement les éventuelles difficultés.

► Dans une classe où les élèves se sont bien approprié le vocabulaire spatial, le professeur peut les faire travailler directement en groupes et en autonomie.

3. Travaux réalisés en classe

Au coin « regroupement », l'élève déplace la mascotte de la classe et fait l'expérience de l'espace. Il apprend à s'orienter et situer un objet par rapport à un autre. Dans un second temps, le professeur cache un objet autour de la chaise et fait jouer les élèves pour le retrouver : « L'objet est caché sous la chaise », « L'objet est caché derrière la chaise », etc.

D Questionnements possibles à partir de l'exploitation pédagogique

• Pourquoi cette exploitation pédagogique respecte-t-elle la maturation de l'élève de cycle 1 ?

Entre 3 et 6 ans, l'enfant, étant égocentrique, doit faire l'expérience de l'espace pour s'approprier les premiers repères spatiaux. Ces situations s'inscrivent, de surcroît, dans le micro-espace et le méso-espace, qui sont les plus intelligibles pour des élèves de cycle 1.

• Quels prolongements peuvent être proposés à partir de cette séquence ?

Ces activités pour situer la mascotte dans l'espace peuvent être prolongées, le reste de l'année, dans un rituel de début de matinée : « Où est la mascotte aujourd'hui ? » Un prolongement peut également être proposé sur le temps, pour travailler la notion de « succession ». À partir d'une histoire autour de la mascotte, les élèves doivent remettre dans l'ordre chronologique les différentes photos exploitées.

EXPLOITATIONS PÉDAGOGIQUES

Apprendre à structurer l'espace

Cycle	1
Niveaux	Moyenne Section / Grande Section
Domaines	L'espace/Géographie/EPS
Séquence	Apprendre à structurer l'espace à partir d'un parcours de motricité
Séances	4
Période	4 ou 5

A La séquence et ses objectifs

1. Prérequis

- Vocabulaire du déplacement et du positionnement dans l'espace.
- Savoir associer un code graphique à un objet à situer dans l'espace.

CHAPITRE 4, P. 162

2. Objectifs de la séquence

- Consolider et enrichir le vocabulaire spatial.
- Faire l'expérience de l'espace par la motricité et développer des compétences d'EPS.
- Construire des déplacements dans un espace aménagé.

3. Compétences travaillées

- Se repérer dans son environnement proche de différentes façons (maquette, dessin…).
- Représenter un méso-espace.

4. Préparations matérielle et documentaire

- Dans la salle de motricité ou dans la cour.
- Kit « parcours de motricité » : cerceaux, tapis, etc.
- Jeux de construction miniature.

B Organisation de la séquence

Séance 1	Présentation du parcours de motricité aux élèves et verbalisation des actions à effectuer avec la classe. Après chaque passage, l'élève raconte au professeur son parcours et ses éventuelles difficultés.
Séance 2	Réalisation en groupes de la maquette miniature du parcours de motricité. Les élèves réinvestissent, dans la classe, les verbes de déplacement et le vocabulaire spatial. Ils élaborent, ensuite, un parcours différent, à partir des éléments miniatures. Le professeur prend chaque maquette en photo.
Séance 3	Dans la salle de motricité ou la cour, chaque groupe élabore son parcours en fonction de la maquette réalisée en classe et prise en photo. Ils effectuent ce parcours dans un atelier et réinvestissent le vocabulaire.
Séance 4	En classe, à travers un échange collectif, le professeur et les élèves réfléchissent à associer chaque objet du parcours de motricité à un dessin : ils élaborent la légende. Individuellement, les élèves représentent, ensuite, le 1er parcours par un dessin, en s'aidant de la légende affichée au tableau (ou code commun). Le professeur affiche, enfin, au tableau leurs dessins et discute avec eux de leur travail.

C Exemple d'une exploitation pédagogique : séance 2

1. Objectifs d'apprentissage

- ☑ Consolider le vocabulaire découvert lors de la séance précédente.
- ☑ Apprendre à situer un objet par rapport à un autre.
- ☑ Passer d'une situation vécue à sa représentation sous la forme d'une maquette.

2. Choix opérés pour conduire l'exploitation pédagogique

EXEMPLE DE SÉANCE N° 2			
Phase	**Durée**	**Dispositif**	**Déroulement**
❶ Présentation de l'activité	5 min	Collectif oral	Le professeur présente l'activité et demande aux élèves de se rappeler le parcours de motricité réalisé précédemment.
❷ Phase de recherche et mise en commun	15 min	Individuel puis collectif oral	• À partir des éléments miniatures mis à disposition, les élèves réalisent, en groupes, un parcours différent. Ils doivent tous se mettre d'accord. • Quand le professeur passe dans les groupes, il les invite à verbaliser les actions qui seront réalisées dans le cadre de leur parcours (*ramper, sauter, escalader, marcher*…) et à réinvestir le vocabulaire spatial (*à côté, dessous, dessus, entre*…).
❸ Institutionnalisation	5 min	Collectif oral et écrit	Chaque groupe présente ses choix. Le professeur prend en photo les différents parcours proposés.

▶ La phase n° 1 de la séance est l'occasion, pour le professeur, de réaliser un diagnostic du vocabulaire retenu par les élèves. En fonction des éventuels manques ou difficultés, il s'appuie sur certains d'entre eux pour rappeler les verbes d'action, le vocabulaire spatial et les noms des matériels utilisés. Il valorise, ainsi, certains élèves et s'assure que la classe soit au même niveau.

▶ Cette séance est l'occasion, pour le professeur, de faire travailler les élèves en groupes, pour qu'ils se confrontent aux choix de chacun et tâchent de se mettre d'accord.

▶ Dans une classe où quelques élèves sont en difficulté ou ont un besoin éducatif particulier, le professeur peut les réunir dans un groupe pour les suivre plus efficacement. Il peut également déléguer son suivi à l'ATSEM (si elle est présente) pour réguler le travail des autres groupes.

3. Travaux réalisés en classe

▶ Le parcours de motricité de la séance 1 est suffisamment riche pour permettre de mobiliser un nombre important de verbes d'action découverts précédemment. Les élèves peuvent aider le professeur à construire le parcours et à le ranger, tout en mobilisant le vocabulaire spatial adéquat. Dans la séance 2, les élèves représentent le parcours en version miniature, à partir d'objets de construction similaires à ceux en grand format. Cette étape, réalisée à partir d'éléments concrets, permet de mieux appréhender le passage au dessin et à la légende en séance 4.

L'ESPACE

▶ Lors de la séance 4, le professeur revient sur les éléments des parcours grands formats et miniatures qu'il a pris en photo et les affiche au tableau. La création de cette affiche, très guidée, permet de montrer aux élèves l'articulation entre la photo et le dessin. Ce travail collectif leur facilite la tâche de représentation du parcours sous la forme d'un dessin.

D Questionnements possibles à partir de l'exploitation pédagogique

• Doit-on proposer le même parcours de motricité à tous les élèves ?

En fonction de son public, le professeur doit adapter le parcours. Il doit, ainsi, être particulièrement attentif aux élèves à besoin éducatif particulier (EBEP) et leur proposer un parcours dans lequel ils pourront mobiliser les mêmes compétences que les autres, mais dans un cadre adapté, voire facilité.

• Dans la séquence, comment le professeur s'assure-t-il que les élèves se sont bien approprié la connaissance du vocabulaire spatial ?

L'appropriation est vérifiée de 2 façons :
– de façon « active », le professeur verbalise les apprentissages des élèves à la fin de chaque séance ; il réactive aussi, au début de chacune d'elles, le vocabulaire appris précédemment, en s'appuyant systématiquement sur les élèves ;
– de façon « passive », le professeur élabore des affichages, dans lesquels il associe un mot ou une action à une photographie l'illustrant ; cet affichage est réalisé sous la forme d'une dictée de l'élève au professeur, pour viser une appropriation plus efficace ; le professeur doit, en effet, s'appuyer sur ce que les élèves savent.

• Quels prolongements peut-on proposer à partir de cette exploitation pédagogique ?

2 prolongements peuvent être proposés : en EPS et sur le temps. Sur le temps, on peut travailler les notions de « chronologie » et de « vitesse » : les élèves peuvent soit compter jusqu'à 10 ou 20 lorsqu'un(e) camarade réalise le parcours de motricité, soit s'appuyer sur un sablier et compter le nombre de fois où le sable s'est écoulé.

Enseigner l'espace au cycle 2

Programmes

« Dans cet enseignement, les élèves passent progressivement d'un espace autocentré à un espace géographique. Cette capacité de décentration leur permet de comprendre d'abord [...] les interactions entre l'espace et les activités humaines et de comparer des espaces géographiques simples. En fin de cycle, les élèves [...] commencent à penser la planète, donc sa géographie, comme un tout dans sa variété et sa complexité. Cette démarche est enrichie en explorant la diversité des œuvres humaines réalisées selon le temps et les lieux. Dès le CP, les élèves, guidés par le maître, mènent, sur le terrain, des observations, manipulations, explorations et descriptions, complétées par des récits, des témoignages et des études de documents. Ils repèrent ainsi des régularités, des transformations, des corrélations, et dégagent des faits remarquables. Ces pratiques régulières articulent des moments ritualisés en évolution constante et des séquences structurées. »

BO n° 31 du 30/07/2020.

L'enseignement de l'espace au cycle 2 s'inscrit dans le domaine « Questionner le monde ».

LES 3 OBJECTIFS PRINCIPAUX :

- Se repérer dans l'espace et le représenter
- Situer un lieu sur une carte, un globe ou un écran informatique
- Explorer les organisations du monde

ENJEU SCIENTIFIQUE

Comment concevoir l'espace géographique au cycle 2 ?

A De « l'espace perçu » à « l'espace conçu »

▶ **L'enfant du cycle 2 dépasse progressivement son point de vue basé sur sa seule perception.** Il devient objectif et prend de la distance par rapport à son espace vécu. Il parvient à considérer les choses entre elles, à les situer par rapport à des repères différents de sa personne. Cet élargissement du champ d'expérience lui permet d'accéder à une authentique connaissance de l'espace, de le concevoir de manière abstraite, et lui ouvre le domaine de la géographie proprement dite.

▶ **Le stade opératoire des 6-8 ans défini par Jean Piaget correspond à celui de « l'espace conçu ».** Pour le psychologue, la structuration de l'espace chez l'enfant se réalise progressivement, en lien avec sa maturation physiologique et à la suite de ce qui s'est fait au cycle 1. À ce stade, l'enfant peut comprendre la perspective, lire un plan, le mettre en lien avec une légende ou encore considérer des volumes.

L'importance de la latéralisation dans l'acquisition des repères spatiaux

La latéralisation est un processus qui permet à l'individu d'opérer une partition du monde perçu selon les grands axes du schéma corporel : *devant, derrière, en haut, en bas, gauche* et *droite*. Cette structuration de l'espace, qui n'est fixée définitivement chez l'enfant qu'autour de 8 ans, conduit à considérer le corps comme le repère essentiel. L'acquisition de la capacité à se repérer dans son environnement et à mobiliser le vocabulaire spatial conduit, ensuite, l'enfant à se décentrer par rapport à son corps. Cette décentration permet alors d'introduire les repères cardinaux *(Est, Ouest, Nord, Sud)*, fondamentaux pour se repérer dans l'espace géographique.

B De l'espace personnel à l'espace géographique

▶ Avant de parvenir à l'apprentissage de phénomènes géographiques, le début du cycle 2 est d'abord le temps où **les élèves renforcent les prérequis langagiers du cycle 1 sur l'espace** (*à côté, au-dessus*…), tout en passant de l'expérience directe du vécu (de l'ici) à l'expérience indirecte de l'ailleurs (du là-bas). Pierre Giolitto (*Enseigner la géographie à l'école*, Hachette, 2004) précise les étapes spatiales indispensables à l'élève avant qu'il puisse considérer des macro-espaces : lui-même (tout est à portée de sa main), chez lui (sa maison), l'école, son quartier, sa ville, sa région, son pays, le monde.

À SAVOIR

Au sens cartographique, l'***échelle*** désigne le rapport entre une distance réelle, mesurée dans l'espace terrestre, et celle de sa représentation sur une carte. Elle est « grande » quand son dénominateur est grand et qu'elle représente un espace de petite dimension (échelle locale), et « petite » quand elle considère de grands espaces (échelle continentale…).

▶ Le cycle 2 doit conduire l'enfant à passer de son espace personnel à un espace pensé, conceptualisé, lui offrant les clés de lecture du monde. La seconde moitié du cycle est, ainsi, consacrée à l'étude de **l'espace géographique,**

un espace social, produit des groupes humains, qui l'organisent et le mettent en valeur pour répondre à des objectifs fondamentaux tels que l'appropriation, l'habitat, les échanges ou les déplacements.

C Paysages et espaces organisés

▶ Dans *Les Mots de la Géographie, dictionnaire critique*, Roger Brunet définit le paysage comme *« une apparence et une représentation d'objets visibles perçus par un sujet à travers ses propres filtres, ses propres humeurs »*.

FICHE 3, P. 29

▶ Le paysage est une catégorie majeure de la géographie, au point que les géographes ont pu affirmer que la géographie était **« la science des paysages »**. Il permet de caractériser les espaces et d'interroger le rapport des hommes à celui-ci.

À SAVOIR

Comme le fait justement remarquer Roger Brunet, le mot « paysage » revient étymologiquement à dire « *ce que l'on voit du pays* ». Le terme *paesaggio* apparaît pendant la Renaissance italienne pour caractériser le champ du regard dans les peintures. C'est donc dans le domaine des arts que la notion apparaît en Occident.

CHAPITRE 5, P. 180

▶ Un espace organisé est un espace qui comporte des aménagements permettant aux hommes et aux femmes d'habiter, c'est-à-dire d'exercer les fonctions qui leur sont nécessaires (se loger, circuler, consommer, travailler…). Cet espace investi par les sociétés est en constante évolution, et on peut lire dans les paysages les traces anciennes ainsi que les mutations récentes et les fonctions actuelles. Au cycle 2, l'analyse de paysages permet donc d'**initier les élèves à l'étude de l'organisation de l'espace géographique**. Cette inscription des espaces observés dans la temporalité (passé et présent) contribue à faire entrevoir aux élèves qu'ils seront aussi ceux qui imprimeront leurs marques aux lieux.

▶ Il faut attendre la fin du cycle 2 (à 8-9 ans) pour que l'enfant soit en capacité de mettre en relation des paysages avec des points de vue et considérer la position d'un observateur différent de soi. Cette capacité s'exerce donc particulièrement, au cours du cycle 2, dans l'analyse de photographies de paysages, où l'élève apprend à imaginer la vue qu'il aurait depuis un point différent de celui où il se trouve. Il apprend également à **établir la relation entre le paysage observé et l'espace représenté** sur un plan, une carte, un croquis.

Le paysage et ses valeurs : Armand Frémont et l'espace vécu

Dans les années 1970, Armand Frémont a considérablement enrichi l'usage des paysages pour comprendre l'espace géographique et son organisation, notamment à travers l'ouvrage *La région, espace vécu* (PUF, 1976). Pour le géographe, la « réalité » d'un espace est aussi façonnée par celles et ceux qui y vivent, par leurs perceptions et leurs habitudes de vie qui contribuent à le façonner : « […] *L'homme n'est pas un objet neutre à l'intérieur de la région* […]. *Il perçoit inégalement l'espace qui l'entoure, il porte des jugements sur les lieux, il est retenu ou attiré, consciemment ou inconsciemment, il se trompe et le trompe…* ». L'espace géographique est donc considéré comme « vécu » dans le sens où il est *« vu, perçu, ressenti, aimé ou rejeté, modelé par les hommes et* [qu'il projette] *sur eux des images qui les modèlent »*.

FICHE 3, P. 29

▶ Lire un paysage en géographie, c'est **chercher à comprendre le monde qui nous entoure**. Cela suppose un véritable apprentissage qui amène l'élève à construire une démarche d'interrogation sur le réel, pour pouvoir le maîtriser et s'y situer comme sujet puis comme acteur et citoyen. Comprendre un paysage, surtout s'il s'agit de l'espace proche, c'est certes rechercher son organisation, mais c'est aussi se l'approprier et acquérir un pouvoir d'action sur lui. Cette quête de sens s'inscrit donc dans la mission civique de l'école.

ENJEU DIDACTIQUE

Comment initier au raisonnement géographique ?

A Se repérer dans l'espace et le représenter

Textes officiels

– Se repérer dans son environnement proche. – Situer des objets ou des personnes les uns par rapport aux autres ou par rapport à d'autres repères.	*– Ce travail est mené en lien avec les mathématiques. – Passer, dans les activités, de l'espace proche et connu à un espace inconnu.*
Produire des représentations des espaces familiers et moins familiers.	*Étudier des représentations de l'espace environnant (maquettes, plans, photos).*
Lire des plans, se repérer sur des cartes.	*Prélever des informations sur une carte.*

Programme consolidé du cycle 2, 2020.

▶ L'enjeu didactique principal est d'initier progressivement les élèves au raisonnement géographique, afin qu'ils acquièrent les clés de lecture nécessaires à une compréhension autonome du monde. Ce raisonnement repose sur une question, que Roger Brunet résume ainsi : *« La question géographique, celle que se pose normalement tout géographe* [...] *est tout simplement : qu'y a-t-il là ? et pourquoi ceci est là ?* ***Le « là » est la clé du questionnement géographique.*** *Très vite cependant, cette question doit être complétée : pourquoi là et sous cette forme et depuis quand ? et comment cela évolue-t-il ? »* (Roger Brunet, « Géographie : le noyau dur d'une science sociale », site de la Maison de la géographie de Montpellier, 2009). Pour se repérer dans l'espace géographique, la démarche peut donc être guidée par ce questionnement, qu'il faut adapter aux élèves de cycle 2.

▶ **En CP, les élèves consolident les acquis langagiers du cycle 1**, qui demeurent incontournables pour amener les élèves à se repérer dans des espaces plus grands et les représenter : à gauche, à droite, au-dessus, au-dessous, devant, près, loin...

▶ Ces connaissances, qui sont parfois fragiles chez certains élèves, sont ensuite **enrichies au CE1/CE2 par des repères géographiques** tels que « au premier plan », « au second plan », « à l'est », « à l'ouest », « au nord », « au sud »... Ces repères leur permettent de considérer et de situer des espaces plus lointains, comme ceux représentés sur une carte du monde.

CONSEIL

Quel que soit le sujet donné en géographie sur le cycle 2, le candidat devra prendre en considération les très grands changements cognitifs qui s'opèrent chez l'enfant de 6 à 8 ans. Pour un sujet invitant à une réflexion sur « Se repérer dans l'espace et le représenter », il devra d'abord exposer des éléments de progressivité à l'échelle du cycle (au CP, l'élève consolide les repères du cycle 1, tandis que la plupart des élèves peuvent se repérer sur une carte du monde en fin de CE2).

EXPLOITATION PÉDAGOGIQUE, P. 182

▶ Pour apprendre aux élèves à maîtriser les outils de représentation de l'espace (maquette, plan, carte), il convient d'**envisager des situations d'apprentissages où l'élève est à la fois concepteur et acteur**. Dès le CP, la maquette et le plan (de la classe, notamment) permettent à l'élève de passer d'un espace perçu à un espace qu'il peut représenter. C'est par un travail sur des représentations schématiques, comme la maquette ou le plan, que l'élève pourra en

FICHE 3, P. 31

CHAPITRE 5, P. 181

comprendre les règles et s'en approprier les codes (cadrage, légende, orientation...). En CE1 et CE2, représenter et cartographier l'espace proche permet de lire des cartes et des paysages de pays lointains, de les comparer aux cartes et paysages de sa propre région. La connaissance de l'ailleurs au cycle 2 se construit, ainsi, par des références constantes au milieu proche de l'élève, afin de l'impliquer efficacement dans l'apprentissage.

Du cycle 2 au cycle 3

Le pédagogue et historien Pierre Giolitto considère ce stade des 6-8 ans comme la dernière étape de la construction du concept d'« espace ». Elle conduit l'enfant à concevoir une première ébauche d'un espace tridimensionnel, débarrassé de tout attribut concret et de toute affectivité, un espace sur lequel pourra s'exercer la science des géographes au cycle 3.

B Situer un lieu sur une carte, un globe ou un écran

Textes officiels

– Identifier les représentations globales de la Terre et du monde. *– Situer les espaces étudiés sur une carte, un globe ou un écran informatique.*	*– Ce travail est mené en lien avec les mathématiques.* *– Passer dans les activités, de l'espace proche et connu à un espace inconnu.*
Lire des plans, se repérer sur des cartes.	*Prélever des informations sur une carte.*

Programme consolidé du cycle 2, 2020.

EXPLOITATION PÉDAGOGIQUE, P. 185

▶ Comme le rappelle Bernadette Mérenne-Schoumaker (*Didactique de la géographie*, Nathan, 1994), **situer un lieu est une compétence centrale de la géographie** car elle peut avoir plusieurs significations :
– savoir positionner le lieu sur une carte ;
– le situer par rapport à d'autres lieux ;
– identifier ses spécificités ;
– classer le lieu selon les grands types de localisations (continents, pays, villes…), etc.
Savoir situer est donc un véritable « réflexe » à faire acquérir aux élèves à partir du cycle 2.

▶ Pour faciliter cette acquisition, un **recours systématique au globe ou aux cartes** affichées dans la classe est une méthode efficace, de même que la construction progressive de **repères spatiaux fondamentaux** tels que les continents, les océans et les points cardinaux. Tout nouvel espace abordé en géographie est, en effet, d'abord positionné à partir de ces repères fondamentaux.

▶ **C'est en CP que les élèves découvrent ou redécouvrent la représentation de la Terre sous la forme du globe terrestre.** Le globe contient un certain nombre d'informations que le professeur fait découvrir à ses élèves. Y sont représentés les aspects physiques de la Terre : ses océans, ses principaux fleuves et massifs, ainsi qu'une coloration en fonction de l'altitude de ces derniers.

▶ Si la maquette permet aux élèves de situer des lieux dans la classe en CP, le plan offre, au CE1, une approche plus large de l'environnement de l'élève : l'école, le quartier, le village.

▶ En CE2, on commence l'étude de l'espace géographique terrestre à travers quelques milieux caractéristiques, que l'on apprend aux élèves à situer sur des cartes à différentes échelles : sur la carte de la France d'abord, puis sur celle du monde.

CONSEIL

Si le candidat doit expliquer comment les élèves retiennent les repères spatiaux du programme de cycle 2, il faudra montrer que ces repères sont introduits progressivement tout au long du CE2, dans des séquences dédiées. Au cours de ces séquences, comme celle proposée page 185, les élèves situent sur le planisphère les paysages ou acteurs évoqués dans les activités. Cette activité « réflexe » se réalise soit de manière autonome, soit avec la médiation du professeur, à partir d'une carte affichée en classe.

C Explorer les organisations du monde

Textes officiels

« Progressivement, au cycle 2, en se demandant en quoi ils participent d'un monde en transformation, les élèves développent des savoir-faire et des connaissances leur permettant de comprendre qu'ils font partie d'une société organisée qui évolue dans un temps et un espace donnés. »

Programme consolidé du cycle 2, 2020.

1. Comparer les modes de vie dans l'espace

▶ Dans le domaine de l'espace, la comparaison des modes de vie des hommes et des femmes se réalise du CP au CE2 à travers les mêmes thématiques proposées pour le temps : l'alimentation, l'habitat, les vêtements, les outils, etc.

▶ En CE2, ce travail permet de contribuer à l'**appropriation des repères géographiques fondamentaux**. Par le biais des témoignages, des documentaires, des livres pour la jeunesse ou encore des documents numériques, les élèves découvrent une géographie humaine et ses acteurs, qui jouent des rôles très différents dans l'espace. Ils apprennent également à identifier et comprendre des interactions simples entre modes de vie et environnement. Ils prennent conscience d'un monde où différentes cultures coexistent.

▶ Comparer différents lieux permet de **mettre en évidence quelques invariants** qui autorisent un début de généralisation (comme le centre d'un village ou d'une ville, souvent caractérisé par des constructions anciennes). On ne vise pas l'exhaustivité. On pourra, par exemple, privilégier l'étude des modes de vie des enfants du même âge que les élèves dans différentes régions du monde.

CONSEIL

Si le candidat est confronté à un sujet sur le thème « Comparer les modes de vie », il veillera à articuler le temps et l'espace dans son raisonnement. À partir d'une thématique choisie comme l'habitat, il peut comparer quelques modes d'habitation à travers le passé et les différentes périodes historiques, puis l'habitat de certaines populations en différents espaces du globe de nos jours. Cette approche permet aux élèves d'apprécier à quel point les sociétés ont évolué par le passé et peuvent être encore très différentes dans le présent.

2. Comprendre qu'un espace est organisé

EXPLOITATION PÉDAGOGIQUE, P. 182

▶ Grâce à la maquette en CP/CE1 et au plan en CE1/CE2, les élèves font l'expérience que l'espace est organisé et que ses éléments sont localisés les uns par rapport aux autres. La maquette et le plan proposent, en effet, une organisation de la classe ou du quartier qu'il s'agit d'interroger et d'observer.

▶ **Différentes logiques spatiales** peuvent être étudiées avec les élèves :
– la logique temporelle (les marques du passé) ;

– la logique financière (le foncier) ;
– la logique d'aménagement (les routes, les espaces verts…) ;
– la logique culturelle (le patrimoine).
Au CE2, les composantes de ces logiques sont abordées dans l'espace proche de l'école et dans les différents lieux des pays dont on étudie les modes de vie.

▶ **L'organisation de l'espace se lit d'abord à partir de l'observation des paysages**, qui permet d'identifier les éléments géographiques construits ou naturels. Lire un espace, c'est donc se demander quelles sont ses différentes composantes qui permettent aux hommes d'y habiter. Les éléments constitutifs du lieu étudié se repèrent sur une carte et leur observation peut conduire à la construction d'un plan, pour rendre compte des données perçues. Le plan, approprié, travaillé, manipulé, permet, ainsi, de développer des capacités chez les élèves qui leur permettent, progressivement, de voir autre chose qu'un « dessin » sur une carte.

CONSEIL

Pour tout sujet de géographie, de nombreux prolongements peuvent être proposés en EMC par le candidat. Dans l'étude d'un espace, l'implication de l'élève comme acteur de son territoire, qui s'interroge et essaie d'en comprendre le fonctionnement, permet d'envisager la géographie dans une perspective civique. L'étude de la diversité des acteurs qui habitent un territoire invite l'élève à prendre conscience qu'il aura lui-même un rôle à jouer en tant que citoyen.

3. Identifier les paysages

▶ La lecture des paysages est souvent le point de départ privilégié dans l'analyse géographique, puisque les élèves en perçoivent quotidiennement dans leur propre territoire. Mais cette entrée est toujours limitée car tout ne peut pas se voir et les valeurs des élèves peuvent biaiser les perceptions du paysage.

▶ À travers le paysage, c'est donc la **structure spatiale d'un lieu** qu'il s'agit avant tout d'identifier. Cette démarche implique un apprentissage méthodique que l'on peut décliner ainsi :

FICHE 3, P. 29

1) **approche sensible** (impressions, émotions) ;
2) **identification du document** photographique (prise de vue, temporalité) ;
3) **analyse** (observations plan par plan, délimitation des grandes unités paysagères, descriptions des éléments humains et naturels) ;
4) **explication** (comprendre l'organisation des différents aménagements, distinguer les traces anciennes, émettre des hypothèses).

▶ Il pourra être proposé une méthodologie de lecture d'un paysage, qui servira à identifier plus facilement les espaces caractéristiques du programme de cycle 2 (paysages ruraux, urbains...).

Les difficultés des élèves

Les savoirs fondamentaux à retenir par les élèves en géographie deviennent plus importants en cycle 2 et peuvent conduire à de nombreuses difficultés. Le professeur doit donc penser la manière dont il s'assure leur appropriation efficace :
– Construire la trace écrite finale avec les élèves, dans une forme de dictée à l'adulte, à partir de la question suivante : « Qu'avez-vous retenu / Que faut-il retenir de cette séance ? »
– Pratiquer au quotidien un enseignement explicite dans lequel le professeur précise les objectifs d'apprentissage et les savoirs à retenir.
– Construire avec les élèves, en début d'année, une évaluation pour leur apprendre à apprendre, à travailler la mémorisation…
– Varier les traces écrites finales : texte court, schéma, carte mentale, etc.

FICHE 1 Se repérer dans l'espace et le représenter

Textes officiels

Connaissances associées
– Vocabulaire permettant de définir des positions (gauche, droite, au-dessus, en dessous, sur, sous, devant, derrière, près, loin, premier plan, second plan, nord, sud, est, ouest, etc.). *– Vocabulaire permettant de définir des déplacements (avancer, reculer, monter, descendre, etc.).*
– Espaces familiers : espaces scolaires extérieurs proches, le village, le quartier. *– Espaces moins familiers : vécus lors de sorties.*
Éléments constitutifs d'une carte : titre, échelle, orientation, légende.

CHAPITRE 4, P. 164

▶ **Depuis le cycle 1, les élèves apprennent à se situer dans l'espace**, c'est-à-dire qu'ils sont en capacité de se repérer dans l'espace à partir d'un vocabulaire simple. L'ensemble des savoirs fondamentaux du cycle 1 sont stabilisés en début de cycle 2, au CP (voir textes officiels ci-dessus).

▶ En CE1 et CE2, ce vocabulaire est consolidé et mobilisé dans tous les déplacements des élèves, notamment ceux à l'extérieur de l'école. Des sorties et des séquences dédiées permettent d'aborder différents types d'espaces et le vocabulaire nécessaire pour s'y repérer : village, centre urbain, bâtiments patrimoniaux, mobilier urbain, aménagements publics (commissariat, stade, mairie…), aménagements privés (banques, magasins, résidences, industries…), aménagements pour les déplacements (gares, routes…).

▶ Chaque thème et chaque espace abordés au cours du cycle 2 sont l'occasion d'évoquer le lieu de vie des élèves, leurs habitudes dans le quartier ou le village, leurs lieux de vacances, la façon dont ils se déplacent pour venir à l'école, comment est organisé leur maison ou leur appartement, etc. La géographie invite à **faire réfléchir les élèves sur l'espace social**, dont l'organisation et le choix des acteurs ont des répercussions sur leurs modes de vie.

CONSEIL

Si le candidat est invité à produire une réflexion sur « Se repérer dans l'espace et le représenter », il peut imaginer deux types de situations d'apprentissage : une première où l'élève se repère dans un espace à partir d'une maquette ou d'un plan donné par le professeur et y remobilise le vocabulaire de localisation et les repères spatiaux appris préalablement ; une seconde, où l'élève produit la représentation d'un espace donné ; plus riche, cette dernière situation permet, ensuite, d'impliquer plus facilement l'élève dans des exercices de localisation.

FICHE 2 Situer un lieu sur une carte, sur un globe

Textes officiels

Connaissances
– La position de sa région, de la France, de l'Europe et des autres continents. *– Les pays, les continents, les océans, les pôles, l'équateur.*

► **Les grands repères géographiques peuvent être abordés dès le CP** à partir des deux grands types de représentations : le globe et le planisphère. Ce n'est toutefois qu'au CE2 que ces repères sont étudiés et mobilisés lors de séquences dédiées. On commence alors l'étude de l'espace géographique terrestre à travers quelques milieux géographiques caractéristiques, comme les déserts, les forêts équatoriales, les grands massifs montagneux, ou encore les zones polaires.

EXPLOITATION PÉDAGOGIQUE, P. 185

À SAVOIR

Ce n'est qu'à la fin du XIXe siècle que **la trilogie Atlantique-Pacifique-Indien** s'est définitivement imposée dans les atlas, les planisphères, les formulaires administratifs et les prospectus d'agences de voyages. D'autres termes ont longtemps prévalu, comme celui de « mers du Sud » pour le Pacifique.

► En partant de l'espace vécu des élèves on aborde les espaces géographiques proches : la ville ou le village, le département, la région, la France.

► C'est en CE2 que les élèves doivent découvrir le nom des continents. Ils apprennent à les situer sur le globe puis sur le planisphère, avec la médiation du professeur, puis, progressivement, de manière autonome.

CONSEIL

Si le candidat est confronté à une question sur l'exploitation des repères géographiques en CE2, il devra expliquer comment les élèves peuvent se les approprier efficacement. Il ne suffit pas, en effet, de faire recopier les repères par les élèves sur une carte vierge et leur demander de les apprendre par cœur : l'élève doit être confronté à des problèmes (« Quel continent est bordé par les océans Antarctique, Indien et Pacifique ? », par exemple) et replacer les repères sur une carte quand il découvre un pays (lorsqu'il compare les modes de vie, par exemple).

FICHE 3 Les organisations du monde

Textes officiels

Connaissances
– Découvrir le quartier, le village, la ville : ses principaux espaces et ses principales fonctions.   *– Une carte thématique simple des villes en France.*   *– Le rôle joué par certains acteurs urbains ou du village (municipalité, habitants, commerçants, etc.) dans l'environnement, le traitement des déchets, etc.*   *– Reconnaître différents paysages : les littoraux, les massifs montagneux, les campagnes, les villes, les déserts, etc. Quelques paysages de la planète et leurs caractéristiques.*

A. Le village : ses spécificités, ses fonctions, ses acteurs

▶ Pour le géographe Éric Charmes, le terme « village » désigne des communes dont la population est relativement limitée, ou bien le bourg d'un territoire communal à l'habitat dispersé. Si le mot est d'usage courant, il est **difficile d'en donner une définition rigoureuse** car les seuils de population retenus varient.

À SAVOIR

L'Association des maires ruraux de France donne le seuil de 3 500 habitants pour ses communes membres, tandis que l'INSEE donne un seuil plus restrictif de 2 000 habitants pour l'espace aggloméré principal de la commune (hors hameaux).

▶ **Les villages renvoient à l'espace rural**, qui ne se caractérise plus seulement par sa fonction agricole, mais par la multiplication de ses usages et fonctions. Les interactions avec la ville, l'urbanisation de certaines campagnes mais aussi la ruralisation de certaines zones périurbaines illustrent ces mutations en cours.

B. La ville : ses spécificités, ses fonctions, ses acteurs

▶ En géographie, la ville est définie comme **une commune, une entité administrative, qui se distingue du village par sa taille, son bâti, les populations et les activités qu'elle concentre**. Elle renvoie à l'espace urbain. Selon l'INSEE, entre 85 et 95 % de la population française y vivait en 2018. La ville s'étale davantage sur ses marges périurbaines – ce qui crée un grand contraste entre les grands pôles urbains et leurs couronnes périurbaines, moins densément peuplées.

À SAVOIR

Les limites des espaces urbains et ruraux en France font l'objet de nombreux débats entre les géographes. La zone périurbaine, située entre les centres urbains et l'espace rural, est souvent difficile à démarquer à cause de son étalement et de la diversité de son habitat.

CHAPITRE 6, P. 210

▶ Avec la forte urbanisation et l'étalement des espaces urbanisés (périurbanisation), l'INSEE a découpé, en 2011, le territoire national en « aires urbaines », qui sont constituées par un pôle urbain (une ville principale), entourée d'une couronne périurbaine (qui rassemble des villes plus petites et des villages fortement connectés à la ville principale). Ces aires urbaines polarisent un grand nombre d'activités et d'emplois.

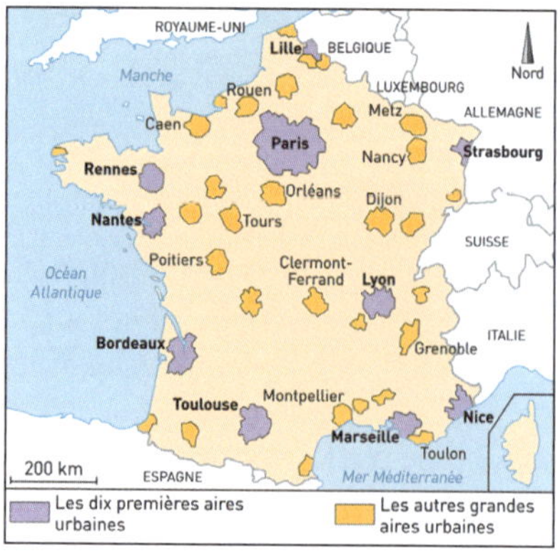

▶ Aujourd'hui la ville se distingue toujours par ses fonctions administratives importantes et par la **concentration des activités humaines**. Ce sont des lieux de loisirs (piscines, stades), de culture (cinémas, musées), de production (usines), de résidence (habitats collectifs) et de services (commerce, enseignement, sanitaire…). Les transports y sont fortement développés et la couverture Internet y est, le plus souvent, de très bonne qualité.

C. Identifier les grands types de paysages

▶ Les paysages urbains et ruraux permettent de comparer et différencier les villes et les villages.

Aix-en-Provence, place de l'Hôtel de ville.

Village d'Ampiac (Aveyron).

La comparaison entre paysages urbains et ruraux est certes évidente par la densité du bâti et les fonctions observables, mais les valeurs et les représentations des élèves peuvent venir perturber l'analyse. Le centre-ville aixois dévoile, en effet, des airs de « gros village provençal », avec ses nombreux bâtiments qui ne dépassent pas 2 étages, ses platanes et ses zones piétonnes.

▶ Bordées par de nombreuses mers et pratiquement tous les océans, **la France métropolitaine et outre-marine offre une très grande variété de littoraux**, qui sont des zones de contact entre le continent et la mer. L'observation des littoraux permet surtout de considérer leur appropriation par les hommes, qui peuvent, d'ailleurs, en avoir des usages très différents (touristes, protecteurs de l'environnement…).

▶ **Les espaces montagneux et désertiques**, souvent contraignants pour la vie des hommes (fortes pentes, températures extrêmes), donnent à voir des paysages qui **témoignent d'une adaptation** souvent très ancienne (nomadisme, aménagements agricoles, etc.). Montrés à partir de diverses parties du globe, ils font prendre conscience aux élèves de la diversité du monde.

Saint-Barthélemy (Caraïbes).

Oasis de Huacachina dans le désert du Pérou.

CONSEIL

Si une exploitation pédagogique à partir de plusieurs documents est demandée au candidat pour faire comprendre à des élèves qu'un espace est organisé, il pourra s'appuyer sur des paysages pour identifier comment les hommes se sont approprié l'espace. Il devra toutefois associer ces paysages à des cartes et plans pour aider les élèves à repérer le lieu étudié et approfondir ainsi la compréhension de son organisation spatiale. Il pourra, enfin, proposer de comparer des paysages actuels et du passé pour mettre en évidence quelques transformations.

L'ESPACE

EXPLOITATIONS PÉDAGOGIQUES

Apprendre à se repérer dans l'espace et le représenter

A La séquence et ses objectifs

Cycle	2
Niveau	CP
Domaines	Questionner l'espace / Géographie
Séquence	Se repérer dans l'espace et le représenter
Séances	6
Période	4 ou 5 (fin d'année)

1. Prérequis

- ☑ Les formes géométriques (mathématiques).
- ☑ Connaître l'espace de la classe.
- ☑ Vocabulaire de position (*gauche, droite, devant, à côté*…) et de déplacement (*avancer, reculer*…).

2. Objectifs de la séquence

- ☑ Représenter l'organisation de l'espace de la classe à partir d'une maquette.
- CHAPITRE 5, PP. 174, 178 ☑ Découvrir les premiers codes et gestes pour cartographier l'espace.
- ☑ Initier les élèves à la lecture d'un plan.

3. Compétences travaillées

- ☑ Travailler en groupes.
- ☑ Se repérer dans son environnement proche.
- ☑ Situer des objets ou des personnes les uns par rapport aux autres ou par rapport à d'autres repères.
- ☑ Produire la représentation de l'espace de la classe.

4. Préparations matérielle et documentaire

- ☑ Classe organisée en îlots.
- ☑ Matériels pour représenter les objets et éléments remarquables de la classe : briquettes de construction, figurines, morceaux de bois, boîtes à chaussures, rouleau de papier essuie-tout, bouchons de liège…
- ☑ Appareil photo numérique, papier calque.

B Organisation de la séquence

Séance 1	À partir de leur vision personnelle, les élèves dessinent la classe. Le professeur en affiche plusieurs au tableau, les compare et fait émerger le concept de « maquette ».
Séance 2	À partir des dessins, les élèves et le professeur créent un affichage collectif sur le mobilier de la classe.
Séance 3	Chaque groupe réalise sa maquette.
Séance 4	À partir des réalisations des groupes, une maquette collective de la classe est fabriquée puis photographiée.
Séance 5	Les élèves décalquent la photo de la maquette collective et produisent, ainsi, le plan de la classe (vue d'en haut, en 2D).
Séance 6	Réalisation de la légende du plan de la classe, puis coloriage du plan, en associant les formes géométriques de celui-ci aux objets du mobilier de la légende.

C Exemple d'une exploitation pédagogique : séance 3

1. Objectifs d'apprentissage

- ☑ Faire travailler les élèves par groupes ; développer des compétences socio-comportementales.
- ☑ Réaliser la maquette de la classe.

2. Choix opérés pour conduire l'exploitation pédagogique

EXEMPLE DE SÉANCE N° 3			
Phase	**Durée**	**Dispositif**	**Déroulement**
1 Présentation de l'activité	5 min	Collectif oral	Le professeur rappelle ce qui a été vu précédemment et présente l'activité.
2 Passation de la consigne	5 min	Collectif oral	• Le professeur énonce la consigne et présente les critères de réussite affichés au tableau. • Il s'assure que les élèves ont bien compris ce qui est à faire et comment y parvenir.
3 Phase de recherche	15-20 min	En groupes	• Les élèves travaillent en groupes, construisent leur maquette et collaborent. • Le professeur régule les difficultés et rappelle, si besoin, les critères de réussite.
4 Restitution et mise en commun	10 min	Collectif oral	• Chaque groupe verbalise et justifie son choix de représentation d'objets et de position. • Les autres élèves évaluent le travail présenté à partir des critères de réussite.
5 Institutionnalisation	5 min	Individuel écrit	Le professeur photographie les maquettes réalisées par les groupes. Une fois imprimée, chaque photographie servira de trace écrite individuelle, collée dans le cahier.

▶ En groupes hétérogènes, les élèves peuvent s'entraider et construire ensemble leur maquette.

▶ Le professeur régule plus efficacement et collectivement les difficultés en passant directement parmi les groupes.

▶ Pour vérifier l'implication individuelle dans la conception, le professeur peut demander à un élève de positionner son emplacement actuel sur la maquette en cours de réalisation. Cet exercice permet aux élèves de considérer leur classe comme un espace à part entière.

3. Travaux réalisés en classe

▶ En début de séquence, les élèves représentent simplement leur espace proche à partir d'un dessin. Ce travail permet au professeur de diagnostiquer leur perception de l'espace.

▶ Dans la phase de restitution, le professeur affiche tous les dessins au tableau et repère, avec les élèves, les points communs et les différences. Ils distinguent les éventuels manques. L'affichage collectif permet de dégager les repères spatiaux qui seront représentés plus tard dans la maquette : les chaises, les tables, le bureau du professeur…

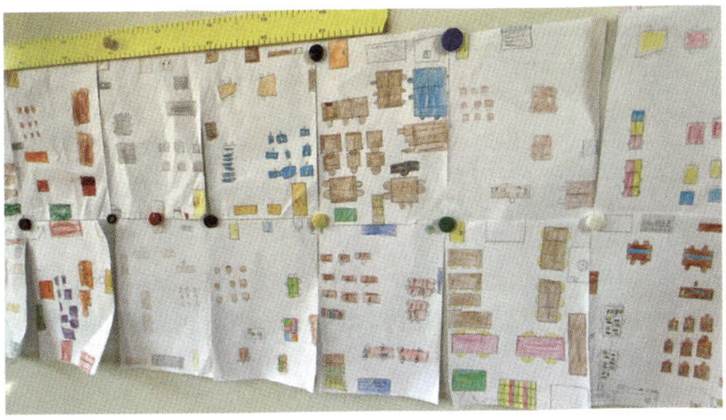

L'ESPACE

▶ En cherchant à localiser leur place sur leur dessin, les élèves se rendent compte que ce format n'est pas pratique. Le professeur introduit alors la maquette.

▶ Dans la phase de recherche de la séance 3, les élèves tâtonnent, collaborent, font des choix et doivent se mettre d'accord ensemble pour réaliser leur maquette. Ils utilisent le matériel mis à disposition par le professeur. Ils s'appuient sur les éléments du mobilier déterminés collectivement lors de la séance précédente pour représenter l'organisation de la classe de la manière la plus fidèle possible.

RÉALISATION DE LA MAQUETTE		
Critères de réussite	**Notre auto-évaluation**	**Évaluation par la classe**
Je représente uniquement les éléments présents sur l'affichage.	Oui – Non	Oui – Non
J'utilise un matériel différent pour chaque objet.	Oui – Non	Oui – Non
Les éléments sont tous positionnés dans la maquette.	Oui – Non	Oui – Non
Nous travaillons tous ensemble, et chaque élève du groupe participe.	Oui – Non	Oui – Non

▶ Les critères précisent explicitement ce qui est attendu par le professeur pendant et à la fin de l'activité. Ils sont un gage de réussite pour chaque groupe et un outil de régulation du professeur quand il passe dans les groupes. La grille est également utilisée à la fin de la séance 3 pour impliquer tous les élèves dans l'évaluation de leurs camarades.

D Questionnements possibles à partir de l'exploitation pédagogique

• Pourquoi commencer par la maquette et non par le plan pour travailler la représentation d'un espace ?

La maquette est une représentation en 3 dimensions, certes réduite, mais matérielle et donc accessible à un élève de 6 ans, qui ne considère encore que l'espace perçu. Le plan est une représentation plane et davantage conceptuelle de l'espace. Dans la mesure où il ne se conçoit que vu du dessus, il peut générer des blocages pour un élève de CP.

• Le travail proposé aux élèves lors de la séance 3 aurait-il pu être réalisé individuellement ?

La réalisation de la maquette est un véritable problème posé aux élèves. Il y a donc matière à générer des tâches pour tous les élèves d'un groupe de 4. Si le travail par groupes offre une grande richesse par les compétences socio-comportementales qu'il mobilise, il permet au professeur de gérer l'hétérogénéité de sa classe et d'impliquer plus efficacement les élèves qui perçoivent difficilement leur espace proche.

EXPLOITATIONS PÉDAGOGIQUES

Apprendre à situer un lieu sur une carte, un globe ou un écran informatique

Cycle	2
Niveau	CE2
Domaines	Questionner l'espace / Géographie
Séquence	Situer un lieu sur une carte, un globe ou un écran informatique
Séances	4
Période	1 ou 2

A La séquence et ses objectifs

1. Prérequis

- ☑ Savoir se repérer dans l'espace et le représenter.
- ☑ Connaître le vocabulaire de localisation : *est, ouest, nord, sud.* CHAPITRE 5, P. 179
- ☑ Connaître les éléments constitutifs d'une carte : titre, orientation, légende, couleurs.

2. Objectifs de la séquence

- ☑ Apprendre à situer dans un espace géographique, de manière autonome.
- ☑ Construire les premiers repères géographiques fondamentaux : continents, océans, pôles, équateur, hémisphères, quelques pays (dont la France).

3. Compétences travaillées

- ☑ Identifier les représentations globales de la Terre et du monde.
- ☑ Situer l'espace étudié sur une carte, un globe ou un écran informatique.
- ☑ Utiliser des outils numériques.
- ☑ Rédiger un texte.

4. Préparations matérielle et documentaire

- ☑ Documents autour du Vendée Globe : cartes, témoignages, photographies, sites Internet.
- ☑ Fond de carte du monde vierge et sans couleur, plusieurs globes terrestres.
- ☑ Ordinateurs ou tablettes à disposition dans la classe (1 ou 2 peuvent suffire).

B Organisation de la séquence

Séance 1	Les élèves analysent une photographie de paysage de la ville des Sables-d'Olonne. À partir de ce travail, le professeur présente la course du Vendée Globe.
Séance 2	Les élèves sont confrontés à une situation-problème : quel pourrait être le trajet en bateau, avec comme point de départ et d'arrivée les Sables-d'Olonne, en contournant l'Antarctique ? Ils utilisent les cartes et globes à disposition pour tracer le trajet.
Séance 3	Le trajet est projeté sur une carte du monde muette. À partir de Google Earth et de divers documents, les élèves identifient et localisent les océans traversés, les continents situés autour, les 3 caps franchis, l'équateur, la France.
Séance 4	En binômes, les élèves imaginent leur propre course autour du monde. Ils choisissent les lieux de départ et d'arrivée, rédigent le parcours sur leur cahier, le retracent sur une carte et y réinvestissent les repères géographiques appris tout au long de la séquence. En fin de séance, les élèves viennent raconter leur course et notent, sur une carte projetée au tableau, les repères géographiques mobilisés.

C Exemple d'une exploitation pédagogique : séance 3

1. Objectifs d'apprentissage

- ☑ Faire travailler les élèves en binôme.
- ☑ Construire les premiers repères géographiques fondamentaux.

2. Choix opérés pour conduire l'exploitation pédagogique

EXEMPLE DE SÉANCE N° 3			
Phase	**Durée**	**Dispositif**	**Déroulement**
❶ Présentation de l'activité	5 min	Collectif oral	Le professeur rappelle ce qui a été vu précédemment et présente l'activité.
❷ Passation de la consigne	10 min	Collectif oral	• Le professeur énonce la consigne et présente les outils et documents à disposition. Il prend un temps pour présenter Google Earth. • Il s'assure que les élèves ont bien compris la consigne et le fait qu'ils vont devoir coopérer avec un(e) camarade.
❸ Phase de recherche	20 min	En binômes écrit	• Les élèves, en binômes, placent les repères au bon endroit sur le fond de carte. • Le professeur régule les difficultés et gère l'utilisation de l'outil informatique et de Google Earth. • Les binômes qui ont terminé cette activité font le récit, à l'écrit, du parcours des bateaux, tout en mobilisant les repères géographiques du jour.
❹ Mise en commun et institutionnalisation	10 min	Collectif oral	• Plusieurs élèves viennent, à tour de rôle, au tableau pour localiser les repères géographiques. • À chaque passage, le professeur demande aux autres élèves s'ils sont d'accord. Ces derniers corrigent, le cas échéant.

▶ En binômes, les élèves coopèrent pour valider leurs choix de localisation.

▶ Le professeur régule en passant dans les rangs et en gérant les éventuelles problématiques d'utilisation des outils numériques.

▶ En fonction du matériel à disposition dans la classe, les élèves circulent en autonomie pour faire des repérages sur le(s) globe(s) et pour naviguer sur Google Earth.

3. Travaux réalisés en classe

FICHE 3, P. 32

▶ Cette séance est une initiation à la géographie classique, qui intègre une manipulation de l'outil numérique à travers un SIG (Système d'information géographique). Les nombreux supports mis à disposition (cartes, outils numériques, globes) permettent aux élèves de manipuler et d'utiliser les repères géographiques fondamentaux, de les localiser aux bons endroits.

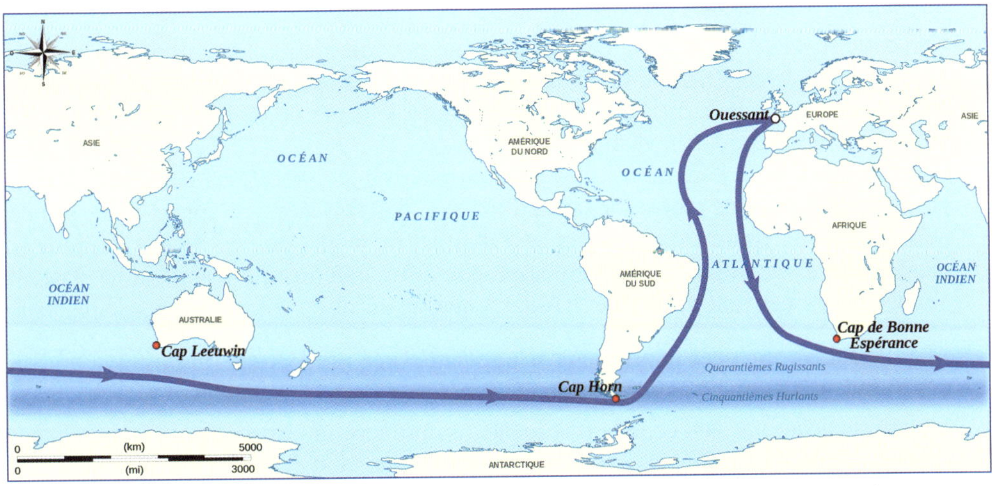

Carte du monde en projection « Mercator ».

▶ En CE2, les élèves ne sont pas tous au même niveau de perception de l'espace. Pour aider les élèves bloqués ou en difficulté, le professeur peut distribuer un fond de carte avec des repères pré-remplis ou une capture d'écran du globe vu par le pôle Sud (ci-contre).

▶ En fin de séance 4, les élèves viennent raconter leur course devant leurs camarades. Ils notent sur une carte projetée au tableau les repères géographiques qu'ils ont mobilisés et tracent le parcours des bateaux. Le professeur s'assure ainsi de l'appropriation de ces repères par les élèves.

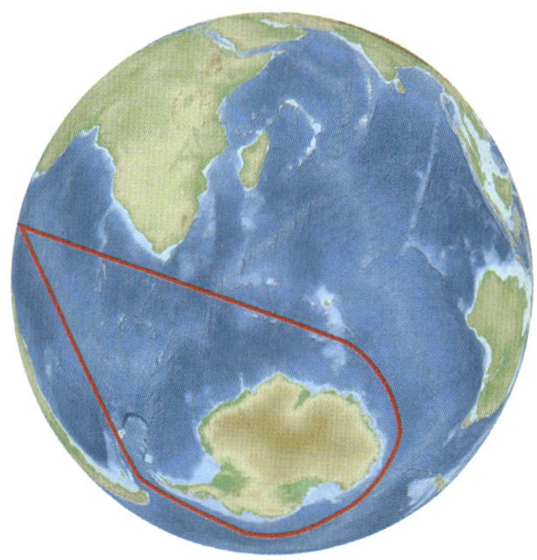

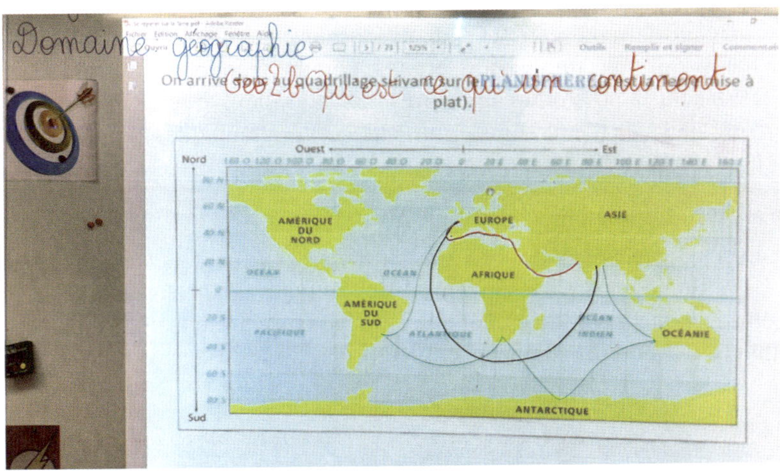

Carte complétée en séance 4.

D Questionnements possibles à partir de l'exploitation pédagogique

• Quelles difficultés les élèves peuvent-ils rencontrer dans un travail de localisation sur une carte ? Comment y remédier ?

Une carte se « lit » : elle ne se regarde pas. Pour pouvoir la lire, il faut donc en connaître les codes. La première difficulté provient des contours : certains élèves peuvent avoir du mal à distinguer la terre de la mer. En CE2, on fait donc le choix de montrer des cartes colorées, pour que l'élève fasse cette distinction.
En croisant la lecture du globe avec celle du planisphère, les élèves peuvent être troublés par cette différence de projection (rond d'un côté, plat de l'autre). L'apport d'une projection polaire aplanie, comme dans la séance 3, permet de mettre en perspective le globe sur le planisphère. Avec le globe, les élèves peuvent, ainsi, comprendre comment les bateaux du Vendée Globe peuvent contourner l'Antarctique, ce qu'ils ne voient pas avec le planisphère.

• Pourquoi commencer la séquence d'apprentissage par l'étude du paysage du littoral des Sables-d'Olonne ?

CHAPITRE 5, P. 181

En commençant par une échelle très locale, on propose un espace facile à appréhender et concret. Les activités suivantes initient les élèves à un jeu d'échelle, puisqu'ils sont amenés à localiser les Sables-d'Olonne en France puis dans le monde.
Un travail initial, dans la séquence sur l'étude d'un paysage, permet également de réinvestir les apprentissages précédents (identifier les paysages – ici, un littoral) et de les consolider à travers d'autres objectifs.

• Quel prolongement peut-on proposer sur le temps à partir de cette séquence d'apprentissage ?

La course du Vendée Globe dure, en moyenne, près de 80 jours. Son suivi en temps réel et/ou l'étude comparée des distances avec le temps mis par les skippers pour effectuer le trajet permettent aux élèves de prendre conscience de sa chronologie.
La rédaction du récit de la course par les élèves s'appuie aussi sur la notion de « succession ». Elle mobilise le vocabulaire usuel du temps (*jours*, *semaines*, *mois*, etc.).

• Quels autres outils numériques peut-on proposer, en classe, pour apprendre aux élèves à situer des lieux et les représenter ?

FICHE 3, P. 32

En géographie, les Systèmes d'information géographique (SIG) sont des outils informatiques permettant de représenter et d'analyser tout ce qui existe sur Terre, ainsi que tous les évènements qui s'y produisent. Certains, comme Géoportail ou Édugéo, sont faciles d'accès et donnent la possibilité aux élèves, dès le cycle 2, d'accéder, de manière interactive et dynamique, à de nombreuses informations cartographiques : photos aériennes, cartes numérisées, données topographiques, etc.

• Quelle exploitation pédagogique peut-on en faire ?

À partir de ces données numériques, on fait travailler les élèves sur des photographies de paysages, que l'on compare dans le temps. Des activités de localisation des espaces choisis peuvent être également proposées, comme dans la séance 3. Cette utilisation permet à l'élève de manipuler l'outil informatique et de mieux en saisir les usages possibles.

Enseigner la géographie au cycle 3

Programmes

« La notion d'habiter est centrale au cycle 3 ; elle permet aux élèves de mieux cerner et s'approprier l'objectif et les méthodes de l'enseignement de la géographie. En géographie, habiter ne se réduit pas à résider, avoir son domicile quelque part. S'intéresser à l'habiter consiste à observer les façons dont les humains organisent et pratiquent leurs espaces de vie, à toutes les échelles. Ainsi, l'étude des "modes d'habiter" doit faire entrer simplement les élèves, à partir de cas très concrets, dans le raisonnement géographique par la découverte, l'analyse et la compréhension des relations dynamiques que les individus-habitants et les sociétés entretiennent à différentes échelles avec les territoires et les lieux qu'ils pratiquent, conçoivent, organisent, représentent. Les élèves découvrent ainsi que pratiquer un lieu, pour une personne, c'est en avoir l'usage et y accomplir des actes du quotidien comme le travail, les achats, les loisirs. Il faut pour cela pouvoir y accéder, le parcourir, en connaître les fonctions, le partager avec d'autres. […] La nécessité de faire comprendre aux élèves l'impératif d'un développement durable et équitable de l'habitation humaine de la Terre et les enjeux liés structure l'enseignement de la géographie. »

BO n° 31 du 30/07/2020.

CM1 Thème 1 – Découvrir les lieux où j'habite
- Identifier les caractéristiques de mes lieux de vie
- Localiser mes lieux de vie et les situer à différentes échelles

CM1 Thème 2 – Se loger, travailler, se cultiver, avoir des loisirs en France
- Dans des espaces urbains
- Dans un espace touristique

CM1 Thème 3 – Consommer en France
- Satisfaire les besoins en énergie
- Satisfaire les besoins en eau
- Satisfaire les besoins alimentaires

CM2 Thème 1 – Se déplacer
- Se déplacer au quotidien en France
- Se déplacer au quotidien dans un autre lieu du monde
- Se déplacer de ville en ville en France
- Se déplacer de ville en ville en Europe et dans le monde
- Déplacement et développement durable

CM2 Thème 2 – Communiquer d'un bout à l'autre du monde grâce à Internet
- Un monde de réseaux
- Un habitant connecté au monde
- Des habitants inégalement connectés dans le monde

CM2 Thème 3 – Mieux habiter
- Favoriser la place de la « nature » en ville
- Recycler
- Habiter un écoquartier

ENJEU SCIENTIFIQUE

Quelle géographie enseigner au primaire au XXIe siècle ?

A Les héritages

▶ La géographie que l'on a longtemps enseignée fut vidalienne ou classique, c'est-à-dire inspirée des **travaux de Paul Vidal de La Blache** (1845-1918), **pour lequel la géographie est une science naturelle** dont la finalité est humaine. Il étudie comment les hommes parviennent à tirer parti des environnements dans lesquels ils se trouvent, à exploiter les ressources de leur milieu, et quels facteurs expliquent les différences de peuplement et de mise en valeur de territoires aux caractéristiques naturelles (climat, sol, végétation, relief) identiques. Vidal de La Blache ne s'inscrit cependant pas dans la lignée du déterminisme physique de ses prédécesseurs. Avec lui, le possibilisme se substitue au déterminisme.

L'homme et ses actions possibles

« Doit-on étudier l'homme pour lui-même en géographie ? Non ! C'est par les établissements qu'il fonde à la surface du sol, par l'action qu'il exerce sur les fleuves, sur les formes mêmes du relief, sur la flore, sur la faune et tout l'équilibre du monde qu'il appartient à la géographie. »

Paul Vidal de La Blache (1845-1918), géographe, fondateur de l'École française de géographie.

▶ **Paul Vidal de la Blache privilégie l'échelle locale et les études régionales** en multipliant les voyages au cœur des régions de France et d'Europe, mais il inscrit aussi ses observations de terrain dans une analyse à plus petite échelle.

▶ **La géographie de Paul Vidal de La Blache est une géographie rurale.** Elle est donc en symbiose avec la France rurale de l'entre-deux-guerres. Mais, au lendemain de la Seconde Guerre mondiale, elle se trouve déconnectée des mutations économiques et sociales engendrées par ce conflit.

▶ Avec les études qui se développent dans les années 1960, la géographie devient **une science de l'organisation de l'espace**. La région n'est plus considérée comme une aire naturelle définie par son paysage, mais comme l'aire de rayonnement d'une ville. En corollaire, l'espace devient un espace polarisé : les grandes villes structurent l'espace dont elles constituent des pôles.

La ville : un artifice

« Ce qui frappe au premier abord dans la ville, [...] c'est qu'elle semble si peu être le fait de processus naturels, dans sa naissance, dans sa croissance [...]. La ville est une construction purement artificielle. »

Robert Ezra Park (1864-1944), sociologue américain, fondateur de l'École de Chicago.

B Les courants actuels

▶ La géographie est, aujourd'hui, définitivement considérée comme **une science sociale** : elle étudie « l'action des sociétés sur leurs espaces ». L'espace géographique n'est donc plus seulement un espace naturel, dépendant de son milieu. Les contraintes naturelles existent mais elles ne sont plus acteurs. Ce sont les hommes qui produisent et organisent cet espace qui en sont les acteurs.

À SAVOIR

La nature ne disparaît pas du champ de la géographie, car maints enjeux se posent aux sociétés : s'adapter aux contraintes naturelles ; exploiter les potentialités, les transformer, les valoriser, les préserver, les protéger.

▶ **L'espace est « produit »** par les sociétés qui l'occupent. Il est aménagé, modelé, produit par des acteurs privés ou publics qui conservent des héritages et imposent des mutations.

À SAVOIR

En 1990, une nouvelle *Géographie universelle* paraît sous la direction de Roger Brunet, dans laquelle il multiplie les productions de chorèmes (représentations schématiques), dans une volonté d'établir des lois de l'organisation de l'espace. Ceux-ci figurent dans les manuels scolaires de l'époque.

▶ Les géographes substituent, de plus en plus, à la notion d'« espace » celle de **« territoire »**, qui comporte une dimension nouvelle : le sentiment d'appartenance et l'appropriation de l'espace par l'individu. Un territoire se définit par des frontières, un sentiment identitaire, des représentations en partie subjectives, mais aussi des structures hiérarchisées (les nombreux réseaux urbains, de transports, relient des pôles plus ou moins majeurs), des échanges au sein d'un territoire ou entre territoires. La géographie devient, ainsi, la discipline de l'organisation, de l'aménagement et du développement des territoires.

Le territoire, espace approprié

A. Bailly et R. Ferras, auteurs d'*Éléments d'épistémologie de la géographie* (Armand Colin, 2001), considèrent que le territoire du géographe est l'espace approprié, reconnu, délimité, investi, finalisé, institutionnalisé. Ils le définissent comme une œuvre humaine : l'action essentielle de l'homme a pour effet immédiat de produire du territoire. Ils considèrent que l'espace est donné, alors que le territoire est constitué.

▶ Ces territoires sont, désormais, **au cœur des enjeux du développement durable**. Ce concept est utilisé pour la première fois en 1987, à l'ONU, dans le rapport Brundtland sur l'environnement, qui le définit comme *« un mode de développement qui répond aux besoins des générations présentes sans compromettre la capacité des générations futures de répondre aux leurs »*. Il s'agit, dès lors, d'analyser comment les sociétés, à travers les aménagements qu'elles réalisent sur leurs territoires, tiennent compte des enjeux environnementaux (les potentialités et les contraintes naturelles, l'exigence de leur protection et de leur préservation), sociaux (l'amélioration des conditions de vie des habitants) et économiques (le dynamisme des espaces productifs).

ENJEU DIDACTIQUE

Comment enseigner les « modes d'habiter » ?

A « Habiter » : la notion centrale du cycle 3

SUJET 3, P. 308

▶ **« Habiter » est un concept polysémique.** Les êtres humains n'habitent pas un lieu seulement lorsqu'ils y résident. Habiter un lieu, c'est aussi le pratiquer, c'est-à-dire y travailler, y faire ses achats, s'y divertir, s'y déplacer, le partager avec d'autres habitants, qui le perçoivent ou l'utilisent de façon identique ou différente (selon l'âge, le niveau de revenus, les centres d'intérêts).

Une majorité d'individus habitent désormais en ville.

Ils y résident
- Dans un quartier (centre-ville, banlieue, espace périurbain…).
- Dans un type d'habitat (individuel ou collectif).

Ils y travaillent

Dans des espaces productifs différents selon le niveau de spécialisation de l'espace considéré et sa localisation (quartier des affaires, zones d'activités périurbaines…).

Ils s'y divertissent
- Activités sportives, de loisirs, de détente (parcs, etc.).
- Activités culturelles permises par le patrimoine de la ville.

Ils y circulent
- Mobilité pour les déplacements domicile/travail, les loisirs.
- Modes de transport variables selon la ville, le lieu de résidence, les infrastructures existantes.

Ils y cohabitent
- Les villes sont des espaces de mixité ou de ségrégation socio-spatiale.
- Les conflits d'usages y sont multiples entre les habitants, pour satisfaire les besoins de chacun, et la nécessité de réaliser des aménagements industriels, d'espaces de loisirs, et de densifier les infrastructures de transports.

Ils l'aménagent

Dans une gestion qui se veut, désormais, durable, face à de multiples enjeux : l'étalement et le mitage, la multiplication des mobilités et ses impacts sur l'environnement, les inégalités et les tensions socio-spatiales.

▶ Étudier les « modes d'habiter » permet de **rompre avec une approche trop abstraite** et désincarnée qui a longtemps caractérisé l'enseignement de la géographie. Les acteurs et leurs pratiques quotidiennes sur leur territoire de vie sont, ainsi, placés au centre des problématiques.

▶ Le concept d'« habiter » contribue à la **réhabilitation des paysages** dans l'enseignement de la géographic. Lorsqu'il se focalisait sur l'analyse de l'organisation de l'espace, cet enseignement privilégiait les cartes et les croquis, parfois très abstraits (surtout dans le cas des chorèmes). Il était reproché aux paysages de ne proposer qu'un fragment de l'espace étudié, de n'en présenter que les éléments visibles, avec une image fixe peinant à rendre compte des dynamiques spatiales. Désormais, les paysages sont revalorisés car on considère qu'ils permettent de plonger au cœur du territoire de vie quotidienne des habitants.

CONSEIL

Le candidat doit proposer une approche polysémique en privilégiant une étude du territoire de vie quotidienne des élèves. Ainsi, il envisagera toutes les composantes de leur mode d'habiter ce territoire : leur lieu de résidence, leurs lieux de travail et de loisirs, leurs modes de déplacements.
La lecture de paysages et de cartes, de témoignages d'habitants, la construction de croquis simples doivent permettre de privilégier la compréhension de la façon dont les populations habitent leur territoire plutôt que la simple étude de l'organisation de l'espace. Les paysages sélectionnés ne sont, dès lors, plus nécessairement des vues aériennes mais, de plus en plus souvent, des photographies de plain-pied, qui permettent d'observer l'habitat, les modes de déplacements et les activités des habitants, dont la présence paraît, désormais, indispensable.

B Une démarche par étude de cas

EXPLOITATION PÉDAGOGIQUE, P. 246

▶ L'étude de cas est, désormais, privilégiée comme démarche pédagogique, puisque c'est par son intermédiaire que le professeur doit faire comprendre à ses élèves les **notions ou concepts géographiques** au programme.

Les objectifs de l'étude de cas

« Choisies dans différentes aires culturelles, différents milieux bioclimatiques, dans de grands foyers de population ou aux marges de l'écoumène [milieux habités], les études de cas conduisent les élèves au constat de la diversité des lieux et des modes d'habiter la Terre. [...] On ne perdra pas de vue les finalités des études de cas : la découverte de la diversité et de la beauté du monde, la mise en œuvre du raisonnement géographique (systémique et multiscalaire), la maîtrise progressive des capacités du programme (localiser, situer, décrire, expliquer). »

Éduscol, *L'Étude de cas en géographie*, 2009.

▶ **Cette démarche inductive se fait à plusieurs échelles (elle est multiscalaire).** Elle repose sur l'étude concrète de territoires, qui sont, ensuite, contextualisés et replacés à plus petites échelles. Elle signifie la fin des clivages entre géographie régionale et géographie générale, puisqu'on s'appuie sur des cas locaux ou régionaux pour faire de la géographie générale. L'étude de cas permet d'échapper à la tentation encyclopédiste, qui fut longtemps le problème de l'enseignement de la géographie comme de l'histoire. Il ne s'agit pas de vouloir tout transmettre à propos du territoire étudié mais, davantage, de définir les enjeux majeurs, puis de les mettre en perspective à plus petite échelle pour répondre à des problématiques plus globales.

À SAVOIR

Une étude d'un territoire local est une étude à grande échelle ; un planisphère est une représentation d'un territoire à petite échelle.

CONSEIL

Si le candidat doit proposer une étude de cas, il faut que cette dernière concerne un territoire proche de l'école des élèves. Il peut la compléter avec une étude d'un territoire plus éloigné. Cette démarche permet d'identifier des points communs et des écarts entre les territoires étudiés, avant une généralisation qui se fera à plus petite échelle (celle du territoire national, européen ou mondial).

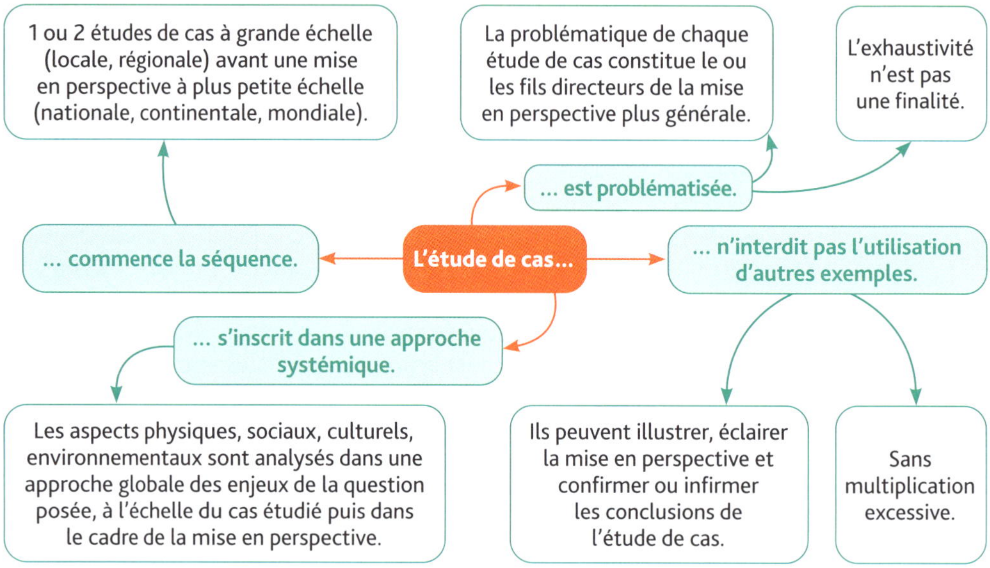

C Une démarche qui initie les élèves au raisonnement

▶ Le programme de géographie, comme celui d'histoire, place **le raisonnement au cœur des apprentissages par l'intermédiaire des compétences** visées au cycle 3. Les connaissances ne sont pas mises de côté, mais constituent des repères géographiques qui doivent permettre aux élèves de se repérer dans l'espace. L'initiation au raisonnement repose sur la maîtrise de ces connaissances et sur le travail de compétences identiques à celles qui structurent l'enseignement de l'histoire au cycle 3 : « Raisonner, justifier une démarche et les choix effectués », « S'informer dans le monde du numérique », « Comprendre un document », « Pratiquer différents langages ».

CONSEIL

À travers une étude de cas, les élèves pourront analyser une situation géographique problématisée à partir d'un corpus de documents et où les outils numériques (SIG) pourront être utilisés (par exemple, pour localiser et situer leur école dans son environnement proche). Ils construiront leur raisonnement autour de quelques idées simples qui permettront d'apporter une réponse à la problématique initiale. Ils pourront s'initier au travail d'observation, de description, d'explication, à la formulation d'hypothèses, ensuite validées ou nuancées par confrontation avec une autre étude de cas ou lors de la contextualisation à plus petite échelle.

▶ La démarche raisonnée n'est pas propre à la géographie mais à l'ensemble des apprentissages du cycle 3. Ainsi, l'étude de documents géographiques fait appel à des compétences transverses : prélever, trier, hiérarchiser, comparer… En revanche, la démarche multiscalaire est un raisonnement purement géographique.

▶ En géographie, comme en histoire, l'initiation au raisonnement par le travail par compétences nécessite **une progressivité dans les apprentissages**. Laquelle doit permettre aux élèves d'élever leur niveau de maîtrise et de gagner en autonomie dans leur analyse.

CONSEIL

Se reporter aux pages 44 à 48 qui proposent une réflexion sur la création de grilles d'évaluation et de validation des compétences.

Les difficultés des élèves

Certains élèves peuvent éprouver des difficultés avec la démarche par étude de cas et la mise en perspective. Il est important de les aider à comprendre comment le cas choisi permet de faire émerger les idées directrices qui répondent à la problématique, d'abord à l'échelle locale, puis à plus petite échelle (nationale, européenne ou mondiale). Pour cela, il faut formuler des problématiques simples et énoncer clairement les idées directrices, afin qu'ils voient la cohérence de la démarche multiscalaire. Le fait de choisir comme étude de cas un espace proche de l'école facilitera ce travail et légitimera, à leurs yeux, l'entrée par un cas précis.

FICHE 3, P. 29

Une autre difficulté à anticiper concerne la lecture de paysages. Il convient d'avoir à l'esprit que les élèves ne verront pas nécessairement, sur le paysage, ce que le professeur espère. Les mutations des territoires qui peuvent être observables, par exemple, nécessitent des connaissances préalables qu'ils n'ont pas obligatoirement. C'est la raison pour laquelle un paysage doit, souvent, être accompagné d'un autre document – un texte, par exemple – qui nourrit sa description et son analyse.

Du cycle 3 vers le cycle 4

- Les ambitions pour la 6e s'inscrivent dans le prolongement de celles dévolues aux séquences de CM1 et de CM2, puisque cette première année au collège clôture le cycle 3. L'ensemble du programme est encore bâti autour de la notion d'« habiter » : « Habiter une métropole », « Habiter un espace de faible densité », « Habiter les littoraux » et « Le monde habité » sont les 4 thèmes qui structurent l'enseignement de la géographie en 6e. La démarche de l'étude de cas est toujours privilégiée, sans être exclusive.
- Le programme de 5e est construit autour de la notion de « développement durable », celui de 4e analyse les territoires et les flux dans la mondialisation, celui de 3e est centré sur les territoires français et européen.
- Les conditions naturelles sont toujours des objets d'étude, mais les conditions climatiques ou topographiques ne sont conçues que comme un élément explicatif, parmi d'autres, de l'organisation de l'espace humain.
- Les relations sociétés/milieux sont, désormais, abordées en termes de potentialités/contraintes, incluant la notion de « risques » (phénomènes météorologiques accentués, inondations, glissements de terrain, etc.).
- La géographie enseignée est donc fortement systémique.
- Les compétences travaillées au cycle 3 sont, ensuite, approfondies au cours du cycle 4 : « Se repérer dans l'espace » ; « Raisonner, justifier une démarche » ; « S'informer dans le monde du numérique » ; « Analyser et comprendre un document » ; « Pratiquer différents langages » ; « Coopérer et mutualiser ».

FICHE 1 Identifier et décrire mes lieux de vie

Textes officiels *« Ce thème réinvestit la lecture des paysages du quotidien de l'élève et la découverte de son environnement proche, réalisées au cycle 2, pour élargir ses horizons. C'est l'occasion de mobiliser un vocabulaire de base lié à la fois à la description des milieux (relief, hydrologie, climat, végétation) et à celle des formes d'occupation humaine (ville, campagne, activités...). »*

BO n° 31 du 30/07/2020.

A. Les formes de reliefs

Les reliefs et les fleuves en France.

> **Repère**
>
> 60 % de la superficie du territoire français se situe à moins de 250 m d'altitude, 7 % à plus de 1 000 m.

▶ **Le territoire français est, dans l'ensemble, d'altitude modérée.** La France bénéficie d'une grande diversité de reliefs, associant hautes et moyennes montagnes, larges plaines (Nord et Ouest) et couloirs de plaines, littoraux. Les montagnes aux sommets les plus élevés et les plus découpés sont les Alpes, les Pyrénées et le Jura. Les bassins et les massifs les plus anciens sont les bassins sédimentaires (parisien, aquitain), les Vosges, le Massif armoricain, les Ardennes et le Massif central. Les littoraux français sont, également, variés : hauts, rocheux (Bretagne, Marseille), à falaises (Normandie, Côte basque), à lagunes (côte orientale de la Corse, Languedoc-Roussillon), de galets, de colmatage sableux (La Baule) ou vaseux (baie du Mont-Saint-Michel). La France métropolitaine dispose, au total, d'un littoral de 5 500 km sur 4 façades maritimes. 4 fleuves drainent 65 % des eaux du territoire métropolitain : le Rhône, la Loire, la Garonne et la Seine.

Une perception des reliefs qui évolue

L'évolution de la société a bouleversé la perception des contraintes et des ressources liées aux reliefs. Les réalités physiques et naturelles sont devenues des réalités sociales et culturelles : la pente d'un relief, l'enneigement dans les massifs montagneux, autrefois perçus comme des obstacles aux aménagements, sont, désormais, des ressources valorisées par l'essor du tourisme d'hiver. L'artificialisation de milieux autrefois naturels expose, en revanche, les sociétés à de nouveaux risques majeurs, qui ne sont plus strictement « naturels » (éboulements, avalanches).

▶ **Les reliefs constituent à la fois des ressources et des contraintes.** Les plateaux et les plaines facilitent les échanges entre la France et ses voisins. Les plaines, les littoraux et les vallées fluviales sont favorables aux aménagements. Les massifs montagneux peuvent constituer des obstacles au peuplement, mais leurs pentes et leur enneigement sont d'importantes ressources pour la pratique des sports d'hiver.

▶ **La plupart des Territoires d'outre-mer sont des îles de superficie réduite.** Les montagnes y sont proches du littoral, réduisant la taille des plaines. Ce sont, souvent, des territoires d'origine volcanique, et certains volcans y sont encore actifs. Il s'agit, cependant, d'un volcanisme moins explosif mais plutôt effusif, qui se traduit par des coulées de laves, moins dangereuses pour les populations mais qui peuvent créer de nombreux dégâts (destruction des massifs forestiers, routes coupées, communes menacées). Le risque sismique y est, parfois, important.

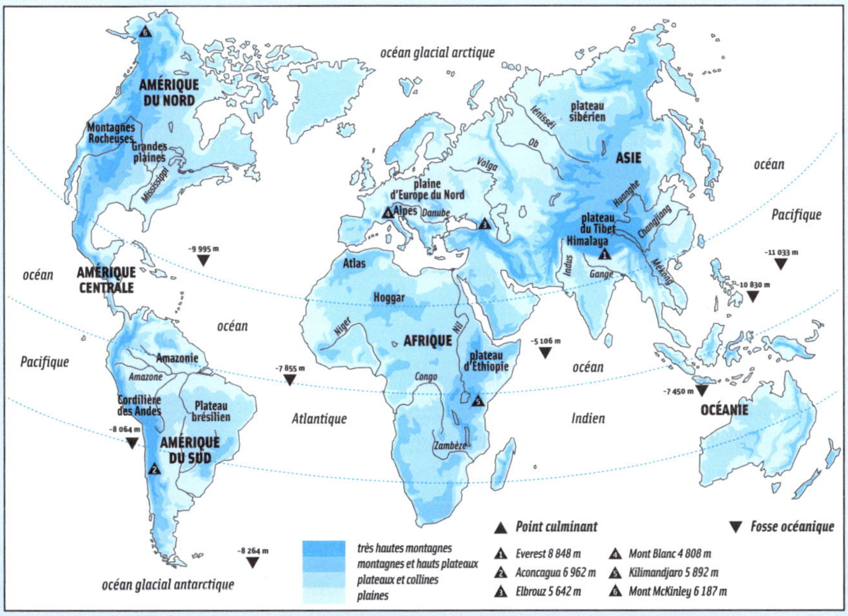

Les grands traits du relief de la planète

- Les montagnes occupent le quart de la surface de la Terre. L'Everest (Himalaya) est le point le plus haut de la planète (8 848 m).
- Les plaines et les plateaux en occupent les trois quarts. Les principales plaines se situent en Amérique du Nord, dans le Nord de l'Europe et en Sibérie. Les plateaux les plus vastes sont en Amérique du Sud, en Afrique, en Inde et en Australie.

B. Les domaines bioclimatiques

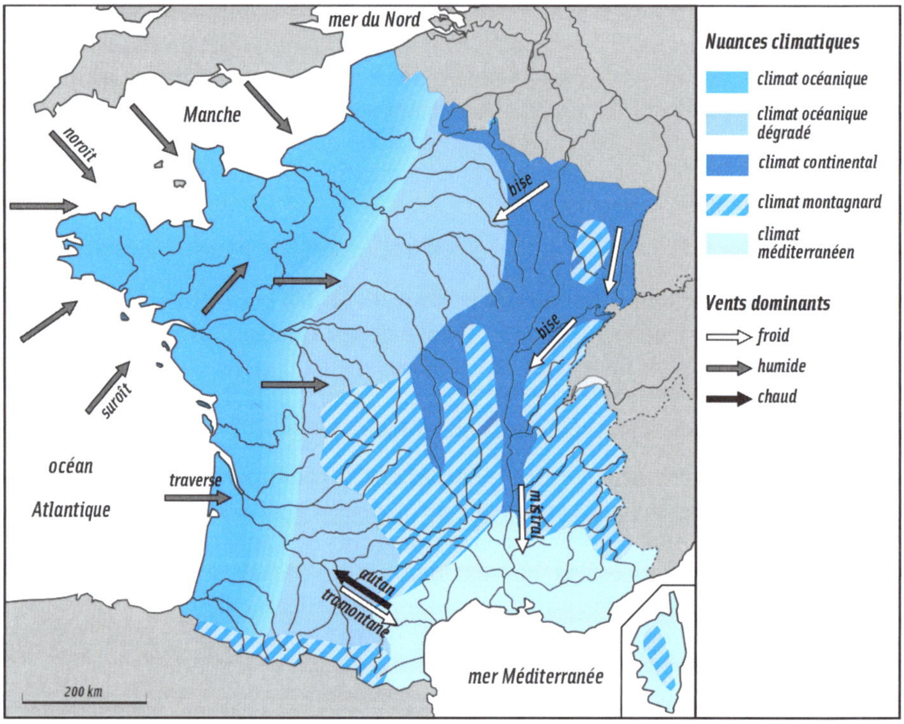

Les climats en France.

▶ **Le territoire français se caractérise par une grande variété de climats :** océanique, continental, méditerranéen, avec une dégradation montagnarde plus ou moins forte selon l'altitude. Les climats polaire, équatorial et, surtout, tropical caractérisent les Territoires d'outre-mer.

À SAVOIR

La dégradation montagnarde se caractérise par la diminution des températures du fait de l'altitude et des précipitations plus abondantes, sous forme de neige, plusieurs mois par an. La végétation diffère selon les régions, l'altitude et l'exposition des versants.

CHAPITRE 6, P. 206

▶ **Dans de nombreux DROM** (collectivités qui sont à la fois des départements et des régions d'outre-mer), les précipitations sont inégalement réparties dans le temps et dans l'espace, avec un contraste important entre l'ouest et l'est des îles. Les alizés sont des masses d'air chaudes et humides qui arrivent sur les côtes orientales, lesquelles sont, dès lors, davantage soumises aux précipitations.

▶ **Les climats constituent des ressources et des contraintes** pour les habitants. Le territoire français est marqué par des contrastes saisonniers limités et des précipitations moyennes (environ 800 mm par an) :

- Leur variété apporte une diversité de sols et de végétations.
- L'ensoleillement favorise les régions du Sud et les Territoires d'outre-mer qui se situent dans la zone intertropicale. L'héliotropisme (*cf.* p. 202) est un facteur de peuplement et un atout pour l'essor du tourisme.
- Les forêts, qui s'étendent sur 28 % du territoire métropolitain, en sont une ressource importante.

CHAPITRE 6, P. 214

À SAVOIR

Les contraintes sont réduites, malgré les risques d'inondations, de tempêtes ou de sécheresse estivale selon les régions du territoire. Le sentiment d'une amplification des risques climatiques repose sur l'aggravation des conséquences matérielles de ces inondations, qui sont liées à des facteurs anthropiques (constructions en zones inondables, déboisement, artificialisation des sols…).

▶ **Le climat tropical** caractérise la majorité des Territoires d'outre-mer. Ceux-ci sont d'abord assimilés à la douceur de leur climat, à l'ensoleillement, à la chaleur de leurs eaux turquoise. Néanmoins, les territoires ultramarins sont également soumis à des pluies torrentielles qui peuvent engendrer des inondations. Surtout, certaines îles se situent sur le parcours de cyclones, qui sont susceptibles de provoquer d'importants dégâts, malgré les mesures de prévention.

CONSEIL

Un projet pédagogique envisagé au concours sur ce thème gagnerait à privilégier, dans un premier temps, l'observation de l'environnement proche des élèves pour comprendre le climat et les reliefs. Des changements d'échelle peuvent, ensuite, permettre la mise en perspective et l'étude des climats et reliefs en France et dans le monde.

Les principales zones climatiques de la planète

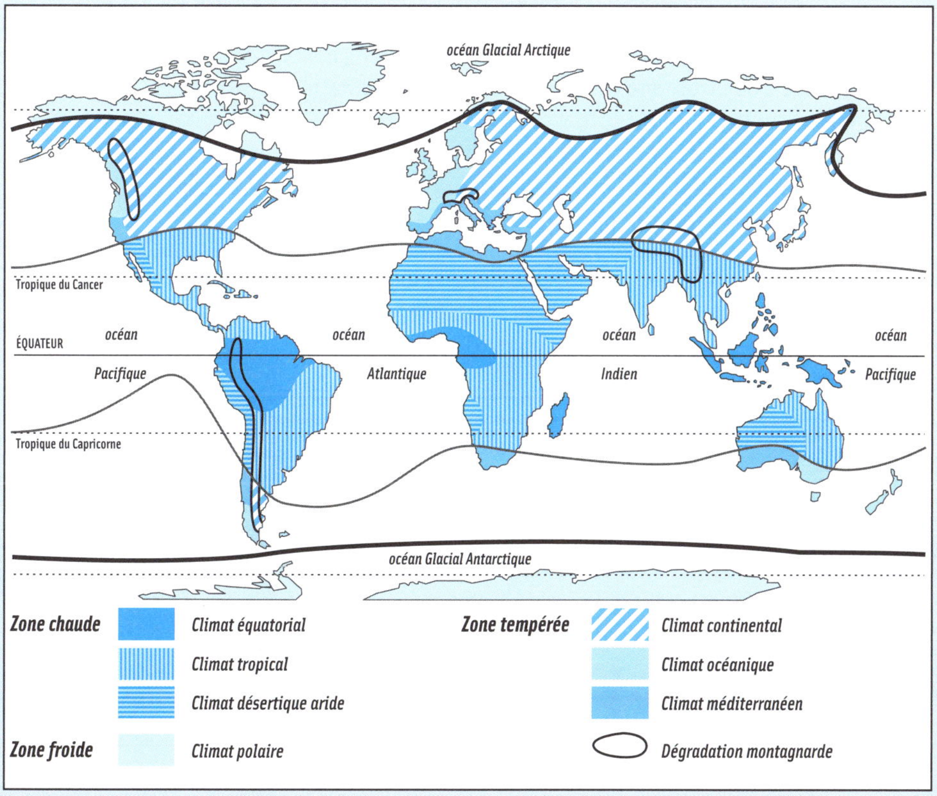

Les caractéristiques des climats

- **Le climat océanique** se caractérise par une forte humidité, des précipitations fréquentes, des températures douces, une faible amplitude thermique, plus nette lorsque le climat est « dégradé ». La végétation est composée de feuillus.
- **Le climat continental** se caractérise par une amplitude thermique plus importante (hivers froids, étés chauds), des précipitations moyennes, des pluies orageuses en été, avec des nuances selon les domaines. La végétation est composée de conifères.
- **Le climat méditerranéen** se caractérise par la chaleur, le fort ensoleillement, la sécheresse en été, des hivers doux, des pluies parfois violentes au printemps et en automne. La garrigue et le maquis sont propres aux paysages méditerranéens.
- **Le climat équatorial** est chaud et humide toute l'année, avec une végétation de forêt dense toujours verte.
- **Le climat tropical** est chaud toute l'année, avec une saison sèche et une saison humide, une végétation de steppe et de savane.
- **Le climat désertique** est chaud et aride toute l'année, sans végétation, sauf les oasis.

Les principaux climats se répartissent dans **3 grandes zones climatiques** : celle, tempérée, où se situe le territoire français métropolitain ; celle, chaude, où se situent la plupart des territoires ultramarins ; celle, froide, qui se caractérise par le climat polaire.

Problématiques possibles

Les problématiques seront adaptées au lieu de vie des élèves, selon qu'ils habitent un territoire urbain ou un territoire rural, en montagne, le long d'un littoral ou d'une vallée fluviale, à proximité d'une frontière ou au centre du territoire national.

- Quelles sont les conditions climatiques sur notre lieu de vie ? (Description, puis mise en perspective.)
- Quels sont les reliefs qui caractérisent notre lieu de vie ? (Description, apprentissage d'un lexique, puis mise en perspective.)

FICHE 2 Les formes d'occupation humaine

Textes officiels

« Ce thème réinvestit la lecture des paysages du quotidien de l'élève et la découverte de son environnement proche, réalisées au cycle 2, pour élargir ses horizons. C'est l'occasion de mobiliser un vocabulaire de base lié à la fois à la description des milieux (relief, hydrologie, climat, végétation) et à celle des formes d'occupation humaine (ville, campagne, activités...). »

BO n° 31 du 30/07/2020.

A. Le peuplement du territoire métropolitain

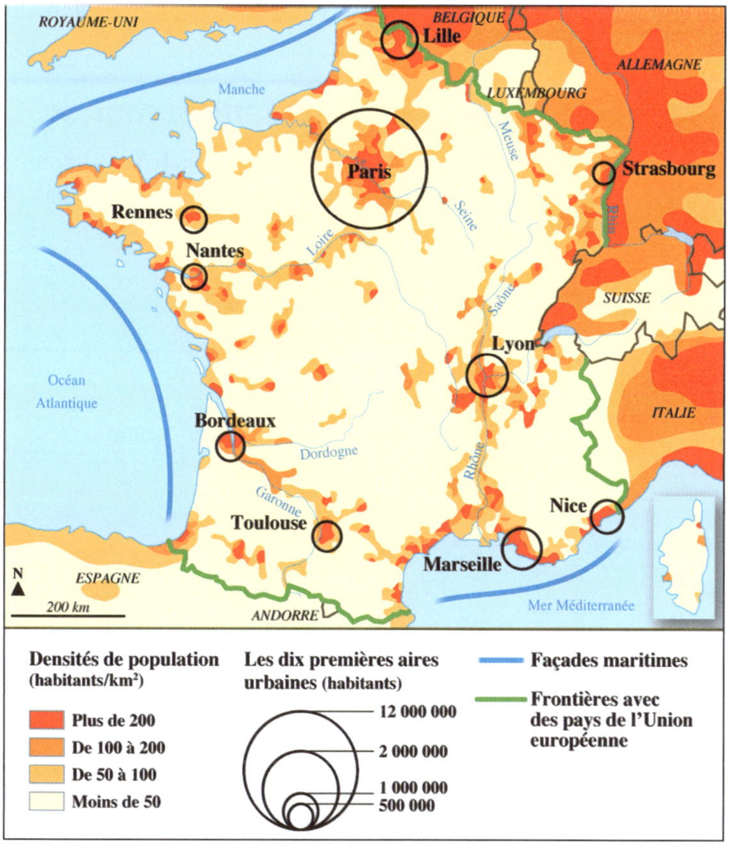

▸ **Le territoire français se caractérise par de forts contrastes de peuplement.** Les zones urbaines, en particulier autour de Paris et des grandes agglomérations, sont les espaces les plus densément peuplés. Le phénomène de métropolisation traduit la concentration de la population dans les villes les plus dynamiques du territoire : Paris ou les métropoles d'équilibre notamment. Les régions frontalières du Nord et du Nord-Est, les vallées fluviales (de la Seine, de la Loire, de la Garonne, de la Saône et du Rhône), les littoraux, notamment le littoral méditerranéen, sont les autres espaces densément peuplés.

> **Repère**
>
> **75 %** de la population française se concentre sur **20 %** du territoire, tandis que certains départements ont une densité moyenne inférieure à 30 hab. au km². L'Île-de-France est la région européenne la plus peuplée.

GÉOGRAPHIE

MOT-CLÉ

L'héliotropisme se manifeste par l'attirance des populations vers les régions ensoleillées, en particulier de la méditerranée.

▶ **Les inégalités de peuplement ont plusieurs facteurs.** Les données physiques constituent un facteur d'explication : une montagne d'altitude élevée ou une zone enclavée sont moins peuplées qu'une plaine ou qu'une vallée fluviale. Les facteurs historiques sont également essentiels. Les vallées ont bénéficié de l'essor du commerce fluvial dès le Moyen Âge, parfois dès l'Antiquité (la vallée du Rhône, par exemple). Les régions urbanisées du Nord et du Nord-Est de la France ont été favorisées par l'industrialisation du XIXe siècle, tandis que les régions d'agriculture extensive ont subi un important exode rural. L'essor de la consommation de pétrole durant les Trente Glorieuses a nécessité son importation et la littoralisation de nombreuses activités industrielles (constitution de ZIP). L'affirmation de la société de consommation et de loisirs a favorisé l'héliotropisme, tandis que la crise des emplois dans les industries traditionnelles des régions du Nord et de l'Est entraîne le départ des actifs à la recherche d'un travail.

B. Le peuplement en Europe et dans le monde

▶ **La densité moyenne** du peuplement de la France (122 hab./km² – source : Banque mondiale, 2019) est comparable à la densité moyenne de l'Union européenne (112 hab./km²).

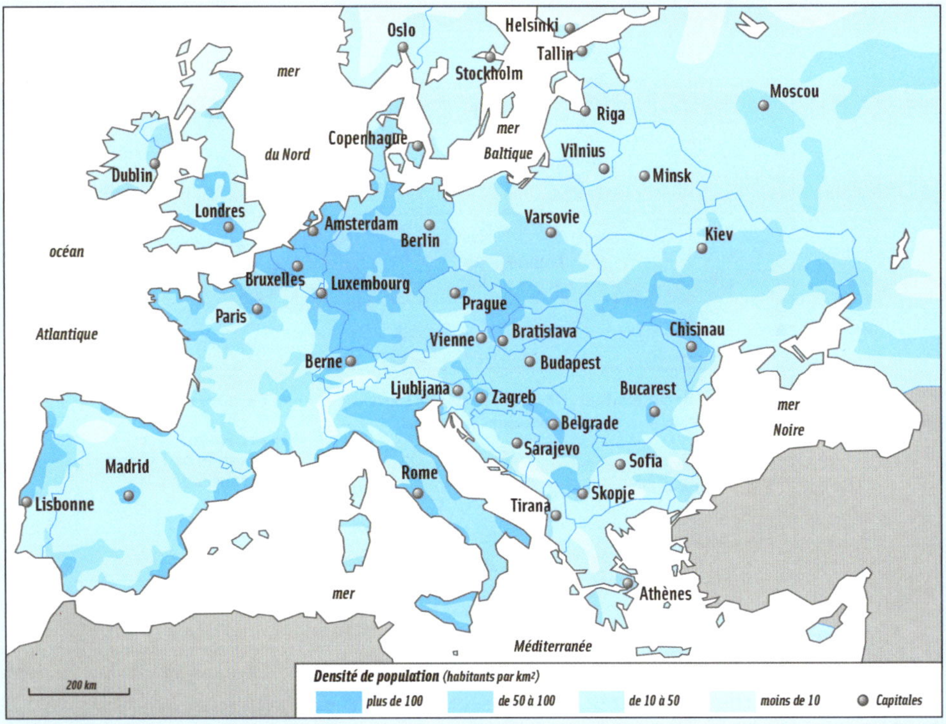

La répartition de la population en Europe

La construction européenne et l'ouverture des frontières se sont faites au profit des régions frontalières. La mondialisation des échanges favorise aussi la littoralisation des activités économiques, facteur de densification du peuplement littoral.

▶ **La répartition de la population européenne est contrastée.** On observe de fortes densités autour d'un axe central en Europe médiane, qui s'étend de la mer du Nord à la mer Méditerranée, de l'Angleterre au nord de l'Italie. Les Européens se concentrent dans les bassins sédimentaires, le long des vallées fluviales et des littoraux. Les espaces de forte densité sont très polarisés : on évoque, désormais, la métropolisation du territoire. Les zones les moins peuplées correspondent à l'Europe du Nord et aux hautes ou moyennes montagnes (Pyrénées, Alpes, Massif central, plateaux ibériques, monts Apennins, Carpates, Balkans).

MOT-CLÉ

La métropolisation du territoire est le processus de concentration des habitants et des activités dans les grandes métropoles.

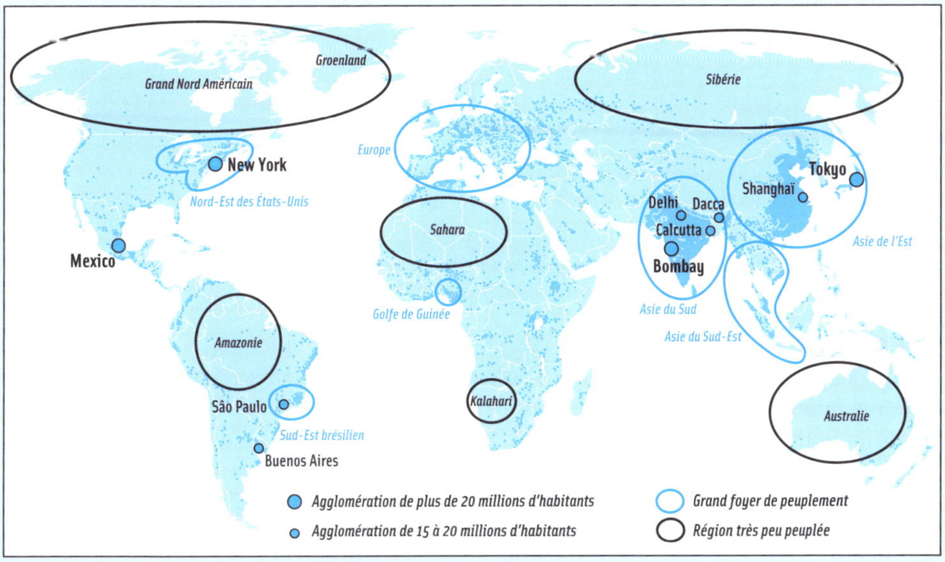

Les zones denses et vides de population

La densité moyenne, en Europe (hors Russie), est d'environ 110 hab./km². Certains États européens ont des densités beaucoup plus fortes (source : Banque mondiale, 2020) : les Pays-Bas (512), le Royaume-Uni (275) ou l'Allemagne (237).
L'Europe est un espace densément peuplé. La population européenne (hors Russie) s'élève à plus de 500 millions d'habitants – ce qui représente plus de 9 % de la population mondiale totale sur 4,4 % des terres émergées.

▶ **Dans le monde, la densité moyenne de peuplement est de 58 hab./km²,** mais avec des contrastes très importants. L'Asie de l'Est, du Sud-Est et du Sud, qui représente moins de 20 % des terres émergées, rassemble plus de la moitié de la population mondiale.

▶ **Les littoraux sont des espaces de forte densité de peuplement.** Cette littoralisation résulte de facteurs multiples qui, souvent, s'accumulent : la littoralisation des industries par la création de complexes industrialo-portuaires, l'accélération des échanges commerciaux maritimes à l'échelle mondiale, l'essor du tourisme balnéaire.

Repères

Les 5 pays les plus peuplés du monde en 2019 : la Chine (1,39 milliard, 18,4 % de la pop. mondiale), l'Inde (1,36 milliard, 18 %), les États-Unis (328 millions, 4,3 %), l'Indonésie (270 millions, 3,5 %) et le Brésil (211 millions, 2,7 %). La France est au 22e rang mondial.

GÉOGRAPHIE

Peuplement et facteurs naturels

Le peuplement est, en partie, lié à des facteurs naturels (conditions climatiques et formes de reliefs), mais il convient de ne pas faire de déterminisme naturel de façon trop abusive. Les grands foyers de peuplement bénéficient, certes, de conditions naturelles favorables, mais aussi de processus cumulatifs plus complexes. Les facteurs de peuplement sont également sociétaux : le poids de l'histoire et des migrations, les progrès scientifiques et techniques, les enjeux économiques surpassent les contraintes naturelles et imposent l'ouverture de fronts pionniers et la conquête de nouveaux espaces.

▶ **Près de la moitié de la population mondiale se concentre dans les villes.** En Europe et en Amérique, l'urbanisation est ancienne. Plus de 75 % de la population de ces continents vit en ville. Le taux d'urbanisation de l'Afrique et de l'Asie est d'environ 40 %, mais avec des taux de croissance très élevés. La croissance démographique entraîne l'étalement des agglomérations et, parfois, la constitution de mégalopoles. Dans les pays du Sud, la croissance des grandes villes pose de multiples problèmes de gouvernance : difficultés de circulation, absence de réseaux de canalisation pour l'eau potable et les eaux usées, traitement anarchique des déchets accompagnent l'étalement de bidonvilles insalubres.

À SAVOIR

En 2020, 55 % de la population mondiale est urbaine.

▶ **Les espaces les moins peuplés** correspondent, pour l'essentiel, à des régions de montagne, aux plus hautes altitudes, et à certains déserts chauds ou polaires. Les espaces quelquefois qualifiés de « déserts humains » ne le sont que relativement (présence de sociétés traditionnelles adaptées à leur milieu de vie, fronts pionniers, laboratoires scientifiques, bases militaires).

CONSEIL

Dans un projet pédagogique envisagé au concours sur ce thème, les cartes du peuplement seront des outils privilégiés, en ayant à l'esprit que la carte n'offre pas un accès immédiat à l'espace qu'elle étudie car elle rend compte de densités moyennes qui ne permettent pas de relever les contrastes à très grande échelle. Les fortes densités qui caractérisent un espace urbain gomment, par exemples, les écarts entre les densités élevées au sein des agglomérations et celles modérées dans les espaces périurbains ou les espaces ruraux proches. Une faible densité moyenne sur un territoire ne rend pas davantage compte d'un peuplement plus important dans une ville qui se situe sur un territoire environnant peu peuplé. Les cartes seront donc accompagnées de paysages qui permettent de saisir la situation à grande échelle.

Problématiques possibles

- Notre lieu de vie est-il très peuplé ? (Densités de peuplement en France, en Europe et dans le monde.)
- Habitons-nous à la ville où à la campagne ?

FICHE 3 Localiser mes lieux de vie et les situer à différentes échelles

Textes officiels *« Le[s] lieu[x] de vie de l'élève [sont] inséré[s] dans des territoires plus vastes : région, France, Europe, monde, qu'on doit savoir reconnaître et nommer. »*

BO n° 31 du 30/07/2020.

EXPLOITATION PÉDAGOGIQUE, P. 246

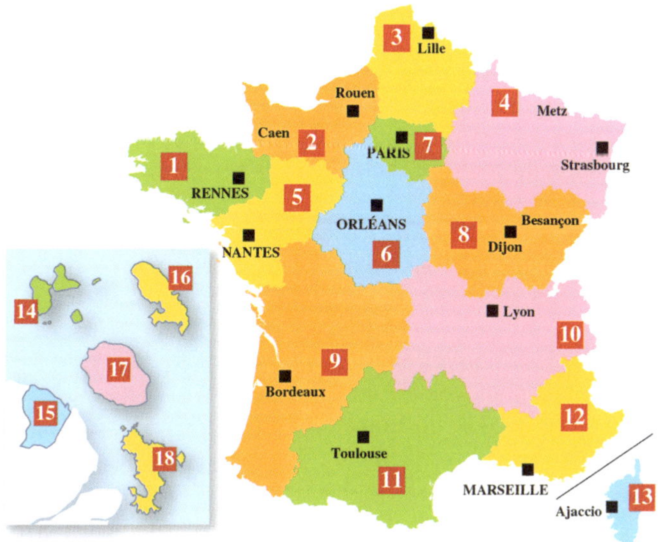

France métropolitaine et Corse
- 1 Bretagne
- 2 Normandie
- 3 Hauts-de-France
- 4 Grand-Est
- 5 Pays de la Loire
- 6 Centre-Val de Loire
- 7 Île-de-France
- 8 Bourgogne-Franche-Comté
- 9 Nouvelle Aquitaine
- 10 Auvergne-Rhône-Alpes
- 11 Occitanie
- 12 Provence-Alpes-Côte d'Azur
- 13 Corse

Outre-mer
- 14 Guadeloupe
- 15 Guyane
- 16 Martinique
- 17 La Réunion
- 18 Mayotte

■ Capitales régionales

Les régions de France.

A. Localiser son lieu de vie dans sa région

▸ Le territoire national se divise en **13 régions métropolitaines et 5 régions d'outre-mer** depuis la réforme territoriale de 2015, qui en a réduit le nombre sur le territoire métropolitain (de 22 à 13). La carte actuelle se compose donc de 6 anciennes régions et de 7 nouvelles régions nées de la fusion de 16 anciennes. Le but de cette réforme est de constituer des régions plus grandes et plus peuplées afin qu'elles soient plus compétitives face aux autres régions européennes, tout en réalisant des économies par la réduction du nombre de collectivités territoriales (l'efficacité de cette ambition fait aujourd'hui débat).

> **Repère**
>
> Les nouvelles régions françaises ont une superficie de **41 863 km²** en moyenne contre 24 737 km² dans le précédent découpage.

GÉOGRAPHIE

L'outre-mer

- Les DOM sont administrativement des départements (d'outre-mer – créés par la loi de 1946), mais aussi des régions d'outre-mer (ROM). La catégorie des TOM a été supprimée depuis la révision constitutionnelle de 2003 : on parle, désormais, de « Collectivités d'outre-mer » (COM), qui ont toutes des statuts différents.
- Saint-Pierre-et-Miquelon est géré par un conseil général qui est doté des mêmes compétences que les autres conseils régionaux et généraux, mais aussi de prérogatives supplémentaires en matière fiscale et douanière, ainsi que dans les domaines de l'urbanisme et du logement.
- Wallis-et-Futuna est constitué de 3 monarchies. Les rois y gouvernent avec des conseils élus et un administrateur supérieur, représentant de l'État français.
- La Polynésie française est un « pays d'outre-mer au sein de la République » (POM) depuis 2004, statut qui renforce l'autonomie de ses institutions (hormis dans le domaine diplomatique).
- Les Terres australes et antarctiques françaises (TAAF) bénéficient d'une large autonomie administrative et financière, mais n'ont pas d'assemblée élue.

▶ **Plus peuplées,** les nouvelles régions françaises comptent, en moyenne, 4,8 millions d'habitants contre 2,9 millions dans l'ancien découpage. La Corse demeure la région la moins peuplée, avec un peu plus de 300 000 habitants. Les écarts de densité de population sont toujours élevés, et la densité moyenne de population des nouvelles régions françaises reste toujours plus faible que la densité moyenne des régions européennes.

Repère

L'Île-de-France est la région la plus peuplée avec **12,3 millions** d'hab. Auvergne-Rhône-Alpes compte 8 millions, suivie par 5 régions comprises entre 5 et 6 millions, puis 6 régions comprises entre 350 000 (Corse) et 3,8 millions (source : INED, 2021).

▶ Plus vastes et plus peuplées, les nouvelles régions françaises doivent aussi être **plus performantes sur le plan économique**. Comparées aux régions européennes, la plupart se situent autour de la moyenne (le PIB moyen par habitant s'élève à 25 100 € en parité de pouvoir d'achat en 2008).

Les régions : acteurs et missions

La région est gérée par un conseil régional élu pour 6 ans. Chaque région possède également un préfet de région, nommé par le gouvernement, dont le rôle est de représenter l'État et de s'assurer du bon fonctionnement des services publics. Les régions prennent en charge la gestion des lycées et de nombreux établissements universitaires. Elles coordonnent, par ailleurs, le développement économique. Elles sont des acteurs de l'aménagement du territoire par l'élaboration des schémas régionaux d'aménagement et de développement du territoire et des contrats de projets État/région.

CONSEIL

Un projet pédagogique sur ce thème devrait envisager que l'école et la commune dans laquelle résident les élèves soient situées sur la carte de la région, elle-même localisée sur une carte de la France. Un travail sur les acteurs de la région, leur rôle et leur impact sur la vie quotidienne des élèves pourrait, ensuite, être envisagée.

B. Localiser son lieu de vie sur le territoire français et en Europe

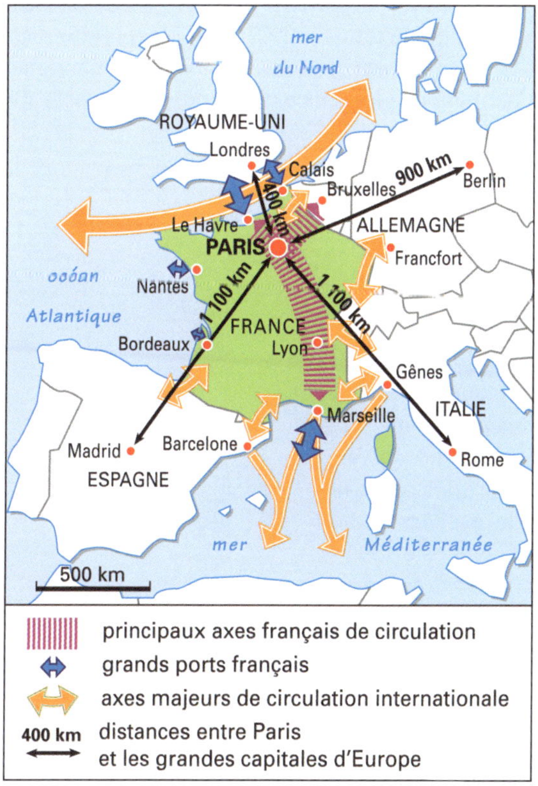

▶ **Le territoire métropolitain a une superficie d'environ 550 000 km².** Située à l'ouest de l'Europe, la France constitue un isthme étroit entre l'océan Atlantique, la Manche et la mer Méditerranée. Son territoire est ouvert sur l'Europe et sur le monde, avec environ 5 500 km de façades maritimes. La France est considérée comme un carrefour entre l'Europe du Nord et l'Europe du Sud.

▶ **La France est un pays d'Europe de l'Ouest.** Elle est séparée du Royaume-Uni par le détroit du pas de Calais, qui relie la Manche et la mer du Nord. Ses frontières terrestres s'étendent sur environ 2 900 km, dont 1 750 km de montagnes (Alpes, Jura, Pyrénées).

Pays voisin	Longueur de la frontière terrestre commune	Pays voisin	Longueur de la frontière terrestre commune
Espagne	623 km	**Allemagne**	451 km
Belgique	620 km	**Luxembourg**	73 km
Suisse	573 km	**Andorre**	56,6 km
Italie	488 km	**Monaco**	4,4 km

Les pays voisins de la France.

▶ **Certaines régions françaises se distinguent par une coopération transfrontalière** avec leurs voisines européennes. Les programmes Interreg et la constitution d'« eurorégions » doivent permettre la construction d'infrastructures communes, l'augmentation des échanges frontaliers et la mise en œuvre de projets économiques et culturels communs. Outre les régions partageant une frontière terrestre, les régions françaises séparées de l'Angleterre par la Manche bénéficient aussi de ces projets.

▶ **Les Territoires d'outre-mer** s'étendent sur environ 560 000 km^2 de terres et 13 millions de km^2 de zone économique exclusive (ZEE). À l'exception de la Guyane et de la terre Adélie, ce sont des îles qui se localisent dans les océans Atlantique, Indien et Pacifique. Les terres ultramarines permettent à la France d'être présente dans le monde entier et de disposer de l'une des premières ZEE mondiales.

Représenter la Terre : dessiner le globe terrestre

La Terre est un **géoïde**, c'est-à-dire une surface sur laquelle tous les points sont soumis à la même force de gravitation. Le géoïde de référence, pour la plupart des constructions, est celui défini par l'Association internationale de géodésie (1967). Les globes terrestres sont des réductions du géoïde. On les assimile à une sphère en raison du faible aplatissement polaire. Dessiner le globe impose de respecter l'inclinaison de l'axe de rotation.

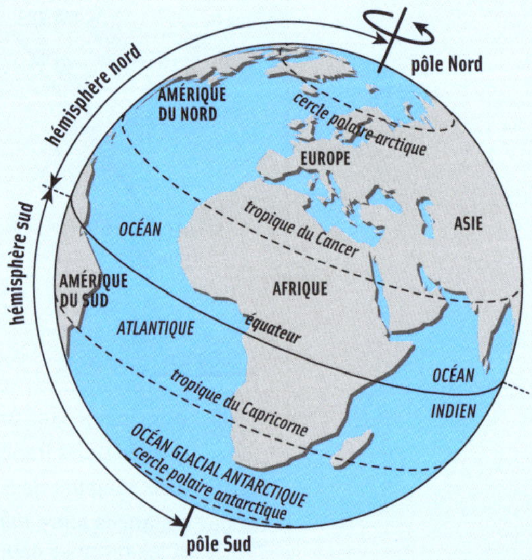

▶ Pour se repérer sur la Terre, il est possible de nommer les continents, les mers et les océans, ainsi que les points et les lignes remarquables :

- **Les pôles** sont les 2 points de la surface de la Terre considérés comme les extrémités de son axe de rotation : le pôle Nord, ou boréal, et le pôle Sud, ou austral. Par extension, le terme désigne les régions proches des pôles ou, plus communément, les espaces situés entre le pôle, dont la latitude est de 90°, et **le Cercle polaire**, dont la latitude est de 66° 27' 30" : ce sont les régions arctique et antarctique, respectivement proches des pôles Nord et Sud.
- **Le tropique du Cancer** est un parallèle au nord de l'équateur, sur lequel se trouve le Soleil, lors du solstice d'été, à sa plus grande déclinaison de 23° 27' N.
- **Le tropique du Capricorne** est un parallèle au sud de l'équateur, sur lequel se trouve le Soleil, lors du solstice d'hiver, à sa plus grande déclinaison de 23° 27' S.

CONSEIL

L'utilisation de cartes de l'Europe et du planisphère dans un projet pédagogique doit permettre d'initier les élèves aux changements d'échelle, pour calculer des distances, situer l'école selon les continents et les océans, les hémisphères. Des projections variées seront envisagées.

Représenter la Terre : les planisphères

Les différentes projections sont des représentations planes de la Terre. Il en existe plus de 200, parmi lesquelles on distingue 2 grands types :

- Les **projections conformes** sont celles qui respectent les valeurs d'angles, telles les projections de Mercator (qui exagère les surfaces dans les hautes latitudes), de Peeters (qui respecte les surfaces mais pas les distances), ou la projection conique de Lambert.
- Les **projections équivalentes** respectent les rapports de surface mais déforment les angles et les figures, telles les projections de Mollweide ou de Goode.

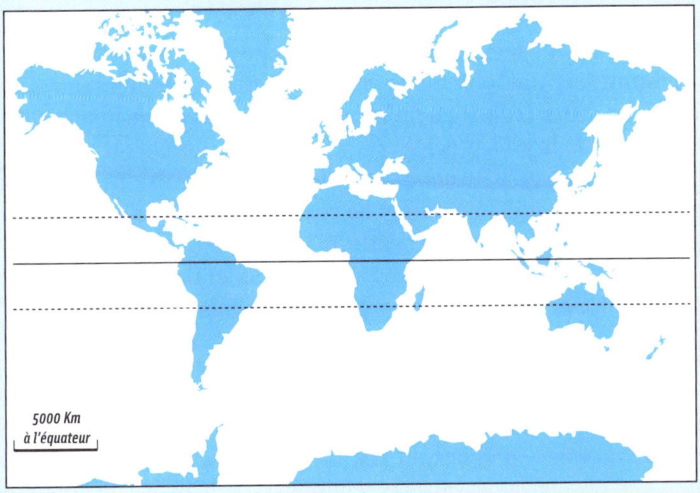

Projection de Mercator.

Problématiques possibles

- Où se situe notre lieu de vie sur le territoire national ? (Localisation, région administrative, proximité éventuelle de pays voisins, statut de la frontière.)
- Où se situe notre lieu de vie en Europe et dans le monde ? (Sur un planisphère, sur le globe terrestre.)

FICHE 4 Vivre en France dans des espaces urbains

Textes officiels *« Les élèves apprennent à identifier et à caractériser des espaces et leurs fonctions. […] Ils découvrent la spécificité des espaces de production. »*

BO n° 31 du 30/07/2020.

A. La diversité des paysages urbains

▸ **Pour définir la ville,** l'INSEE propose 2 définitions :

- **L'unité urbaine** est une commune ou un ensemble de communes qui comporte, sur son territoire, une zone bâtie d'au moins 2 000 habitants où aucune habitation n'est séparée de plus de 200 m de la plus proche.
- En 1995, l'INSEE élabore le concept de **« zonage en aire urbaine »** (ZAU). L'espace urbain est composé de pôles urbains et de couronnes périurbaines. La définition est d'abord centrée sur l'emploi : la couronne périurbaine entoure le pôle ; chaque commune qui la constitue envoie au moins 40 % de ses actifs travailler dans le pôle ou vers les autres communes de la couronne. L'ensemble forme l'aire urbaine.

▸ **Centres-villes, banlieues, espaces périurbains :** plus des trois quarts de la population française vivent, aujourd'hui, en milieu urbain. Le centre-ville est un quartier historique, avec de vieux bâtiments, des immeubles anciens nombreux. La banlieue est constituée par un ensemble de quartiers proches du centre-ville, avec un habitat qui peut être constitué d'immeubles, parfois regroupés en cités, mais aussi de maisons de ville. Certaines banlieues regroupent majoritairement des populations aux revenus modestes et d'autres des familles aisées. L'espace périurbain se situe en périphérie de l'agglomération (constituée du centre-ville et des banlieues) et a une densité de population inférieure. On y trouve des villes moins peuplées et connectées à la ville-centre. Y sont construits des petites résidences, des lotissements de villas, des maisons individuelles autour d'un vieux village. La végétation est encore importante. Certaines villes sont plus peuplées que d'autres, avec un centre-ville et des quartiers de banlieues.

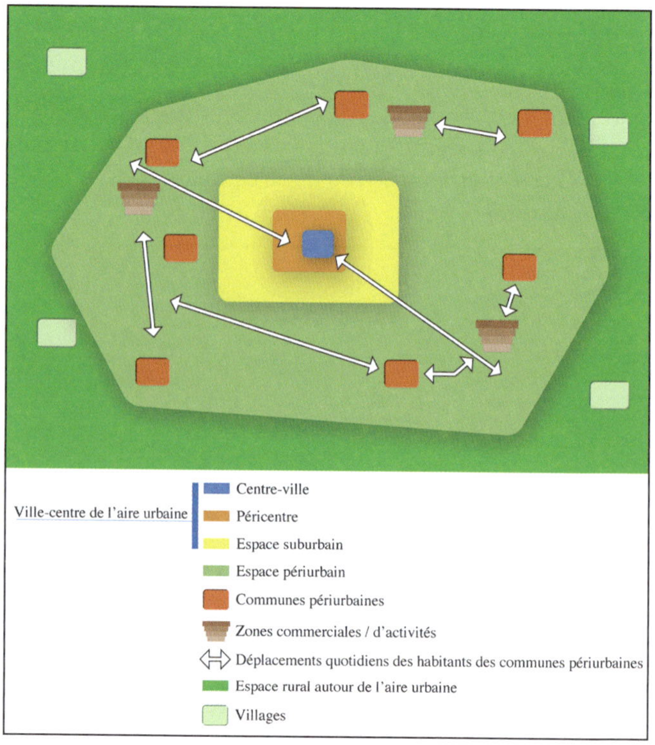

Croquis d'une aire urbaine.

Polynucléarisation mais « citysation » de l'espace urbain

La plus forte croissance de population se situe dans l'espace périurbain. L'étalement pavillonnaire en périphérie s'accompagne de la polynucléarisation de l'espace urbain, c'est-à-dire l'émergence de nouveaux centres d'activités : université (campus), technopôles, nouveaux centres d'affaires, nouvelles zones d'activités, centres commerciaux, espaces de loisirs (parcs d'attractions).
Toutefois, ce phénomène n'impacte pas totalement la ville-centre, grâce à la réhabilitation des quartiers du centre-ville. Le terme de *citysation* traduit le retour de familles aisées dans des immeubles rénovés en logements de standing. Les centres-villes demeurent également des pôles culturels (musées, patrimoine architectural, lycées prestigieux), économiques (petits commerces de proximité, création de nouveaux quartiers d'affaires), administratifs et de pouvoir politique (hôtel de ville, préfecture et administrations diverses). L'étalement urbain comme le rééquilibrage en faveur des villes-centres entraînent la stagnation relative des banlieues.

B. La diversité des espaces industriels dans les espaces urbains

▶ **Au XIXe siècle, les nouvelles usines sont créées au cœur des villes.** Certaines d'entre elles sont même nées avec l'industrialisation (Le Creusot avec la métallurgie, Roubaix avec les usines textiles). Mais la crise des industries traditionnelles (fermeture des mines de charbon, déclin de la sidérurgie et de la production textile) a entraîné la fermeture des usines, qui sont devenues des friches industrielles, parfois réhabilitées pour d'autres activités.

▶ L'importation de matières premières et d'énergie a favorisé, dès les années 1950-1960, la littoralisation des industries sidérurgiques. La **création de zones industrialo-portuaires** (Dunkerque, Le Havre, Saint-Nazaire…) s'est faite au détriment des bassins miniers, le pétrole venant se substituer au charbon. Des espaces productifs et de stockage se développent autour des ports. Des usines de transformation des hydrocarbures (pétrochimie) sont construites à proximité des zones d'habitations.

Repère

1963 : ouverture de la ZIP de Dunkerque, suivie de celle de Fos-sur-Mer (lancée en 1968, ouverte en 1972-1973).

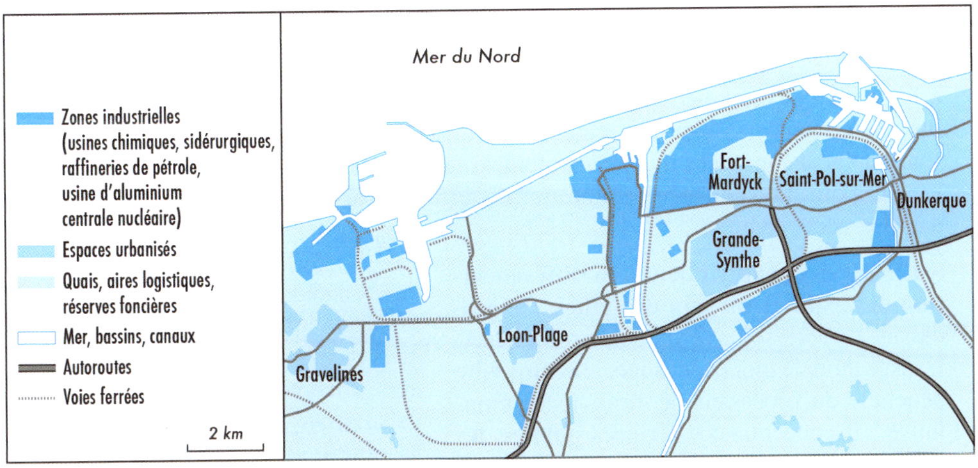

Zone industrialo-portuaire de Dunkerque.

▶ Un nouveau tissu industriel s'est constitué autour de la haute technologie, avec la **création de technopôles** qui rassemblent des usines modernes, des centres de recherche, des universités, des grandes écoles et des laboratoires situés dans de grandes aires urbaines.

Les technopôles français

Le 1er technopôle planifié par l'État fut celui de la **ZIRST** (Zone pour l'innovation et les réalisations scientifiques et techniques) de Meylan, rebaptisé « Inovallée » depuis 2005. Il a été installé à proximité d'un campus universitaire, au sein d'une région grenobloise qui, dès 1972, s'est singularisée par l'importance de ses activités de haute technologie (recherche nucléaire, laboratoires de physique et de chimie, constructions électriques, électronique).
En 1976, avec l'installation de l'École supérieure des mines de Paris sur la Côte d'Azur, le technopôle Sophia-Antipolis fut conçu par les pouvoirs publics comme un moyen d'attirer des industries de pointe dans le Sud, en misant sur la qualité du cadre de vie.
Le technopôle le plus important aujourd'hui est celui de **Paris-Saclay**, basé en région parisienne, sur le site de Vélizy-Villacoublay-Orsay.

▶ **Avec l'essor de l'automobile, des usines ont été construites en zones périurbaines,** dans des zones industrielles. La tertiarisation plus récente de l'emploi industriel a permis la création de parcs d'activités dans les espaces périurbains ou ruraux (coût du foncier moindre), avec le souci croissant d'intégration des bâtiments au paysage. Ces zones industrielles se sont, peu à peu, transformées en zones d'activités, avec la création d'entrepôts et de commerces. Elles sont toujours à proximité des infrastructures de transport rapides.

C. Les espaces urbains concentrent les activités de services

▶ **Les services contribuent à la hiérarchisation des villes.** S'ils sont le secteur dominant dans toutes les régions, leur poids dépasse 80 % en Île-de-France, en Corse, en Provence-Alpes-Côte d'Azur et en Languedoc-Roussillon.

À SAVOIR

En France, les services représentent les trois quarts de l'activité de la population. La valeur ajoutée nationale est, désormais, produite aux trois quarts par le tertiaire.

▶ **Les services courants,** marchands ou publics, différencient peu l'espace car chaque métropole locale ou régionale, voire chaque commune, les propose aux citoyens avec des nuances à l'échelle locale entre les centres-villes, les banlieues et les espaces ruraux, respectivement moins bien pourvus.

▶ **Les services intermédiaires ou de pointe** (laboratoires, dentistes, poste, supermarchés, librairies, magasins, banques, cinémas…) différencient davantage le territoire, car ils ne sont implantés que dans très peu de communes. Les services de pointe participent, ainsi, à la métropolisation et à la hiérarchisation du territoire par la concentration des sièges sociaux dans les villes-centres.

▶ **Les services contribuent à la différenciation des espaces au sein des villes.** Ce processus s'opère selon 2 modèles principaux. Dans le modèle monocentrique, le centre-ville bénéficie du processus de croissance cumulative : il concentre les services publics, les sièges sociaux d'entreprises, des commerces prestigieux, le patrimoine culturel, tandis que

CONSEIL

Si le candidat est interrogé sur l'étude des paysages urbains, de la diversité des quartiers et des modes de logement, des activités industriels et de services, il doit privilégier la ville dans laquelle se situe l'école. Cette étude de cas est, ensuite, mise en perspective à l'échelle nationale.

les zones d'activités spécialisées sont reléguées dans les espaces périphériques. Dans le modèle polycentrique, les activités centrales sont, au contraire, transférées vers les périphéries où se constituent de nouveaux noyaux qui remettent en cause la prééminence du centre, notamment grâce à leur localisation à proximité des principales infrastructures de communications.

Le secteur tertiaire

Le secteur tertiaire regroupe une multitude d'activités de services que l'on peut classer en 3 grandes catégories :

- le « tertiaire inférieur », qui regroupe les métiers de l'artisanat, le commerce de détail, les emplois domestiques ;
- le « tertiaire supérieur », qui qualifie les services nécessitant un plus haut niveau de qualification (professions libérales, services financiers, banques) ;
- le « tertiaire quaternaire », qui comprend la recherche, l'enseignement, l'informatique et l'information.

Le secteur tertiaire se divise encore entre activités marchandes et activités non marchandes. Le tertiaire marchand rassemble, outre le commerce et les transports, les « services marchands » que sont les services aux entreprises (informatique, publicité...), les services aux particuliers (hôtels, cafés, restaurants...), les activités immobilières (location immobilière, administration de biens...) et les activités financières. Les services non marchands sont gérés par l'État ou les collectivités territoriales (éducation, santé, par exemple).

Problématiques possibles

Les problématiques seront adaptées au lieu de vie des élèves, selon qu'ils habitent un territoire rural ou un territoire urbain, de centre-ville, de banlieue ou périurbain.

- Quels sont les différents types de quartiers de notre lieu de vie ? (Description des bâtiments, apprentissage d'un lexique, description simplifiée de l'organisation du territoire d'une aire urbaine.)
- Sur 2 séances : Quelles activités sont pratiquées autour de notre école ? (Espaces productifs industriels, de services, de loisirs, touristiques.)
- Pour quelles activités se rend-on dans le centre-ville / dans les espaces périphériques ? (Selon la localisation de l'école et du lieu de vie des élèves.)
- Comment se déplace-t-on sur notre lieu de vie ?

FICHE 5 Vivre en France dans un espace touristique

Textes officiels *« Le travail sur un espace touristique […] permet d'observer la cohabitation de divers acteurs. […] Ils découvrent la spécificité des espaces de production. »*

BO n° 31 du 30/07/2020.

A. Les littoraux : des espaces dédiés au tourisme de masse

EXPLOITATION PÉDAGOGIQUE, P. 250

▶ Les littoraux sont, traditionnellement, les espaces d'implantation des **ports de pêche**. La pêche à la phalange est artisanale et concerne de petits tonnages. La pêche au chalut représente les deux tiers de la production nationale : les chalutiers sortent de 1 à 10 jours et conservent le poisson dans la glace. La pêche hauturière se fait au large : des thoniers de Concarneau peuvent, par exemple, pêcher dans les régions tropicales de l'Atlantique ou de l'océan Indien.

Repère

La Bretagne, 1re région de la pêche française, concentre plus de la moitié du tonnage de poissons et de crustacés. Elle devance la Normandie, les Hauts-de-France, les Pays de la Loire, la Nouvelle-Aquitaine, l'Occitanie et la région PACA.

▶ Les littoraux sont aussi des **espaces de productions agricoles**. Certains d'entre eux présentent des paysages de polders : c'est le cas des aménagements du Marais poitevin (la « Venise verte »), qui associe les marais desséchés au centre et à l'ouest, les digues artificielles et les marais mouillés, ct un paysage d'herbe, de peupliers, d'aulnes et de saules. Les activités principales y sont l'élevage et des tâches agricoles variables selon les conditions locales : tournesol et maïs dans le Marais poitevin, polyactivité associant blé, lin et chanvre entre l'Île-et-Vilaine et la Gironde.

▶ Les littoraux français permettent aussi l'**installation d'exploitations aquacoles**. On rencontre quelques élevages de saumons, de truites, de crevettes en Bretagne ou en Languedoc, régions qui ont davantage développé la conchyliculture.

▶ **Certains littoraux cumulent ces activités traditionnelles et le tourisme.** Ce dernier s'est, peu à peu, imposé et représente près de trois quarts des activités littorales et le tiers des emplois. Le littoral méditerranéen est, aujourd'hui, la 1re zone touristique du monde. L'activité touristique a totalement bouleversé le rythme de vie, l'organisation du littoral et les paysages.

Repère

Saint-Tropez, qui compte environ 4 000 habitants en janvier, accueille plus de 80 000 touristes en été.

▶ **2 modèles de stations balnéaires** existent sur le littoral méditerranéen. Le modèle azuréen se caractérise par des fronts de mer qui associent les plages aménagées, les promenades et leurs palmiers, les commerces, les grands hôtels, les immeubles et les marinas : la densité du bâti y est forte. Le modèle languedocien correspond à une volonté de l'État d'attirer des touristes étrangers qui allaient en Espagne, sans reproduire les erreurs constatées sur la Côte d'Azur, laissée aux promoteurs privés. Les stations balnéaires languedociennes sont construites avec la volonté de protéger l'environnement. La loi Racine de 1963 est l'œuvre d'une mission interministérielle pour l'aménagement touristique du Languedoc-Roussillon : les stations (Port-Camargue, La Grande-Motte, Le Cap d'Agde, Port-Leucate, Port-Barcarès) ont été créées

À SAVOIR

L'essor de la société de consommation et la réduction du temps de travail hebdomadaire ont permis aux Français de consacrer plus de temps aux activités de loisirs et au tourisme balnéaire.

autour de ports de plaisance, sous contrôle des pouvoirs publics, tandis que le reste du littoral a été interdit à tout promoteur et à toute spéculation immobilière. Ces zones touristiques devaient, en effet, être séparées par des aires agricoles et forestières ou des zones protégées. Pour attirer une forte clientèle, de nombreux immeubles, des hôtels et des campings ont été aménagés. L'autoroute a été repoussée à quelques kilomètres pour ne pas nuire aux espaces balnéaires, tout en permettant de desservir efficacement les stations.

La station balnéaire de La Grande-Motte

Pour aménager le littoral languedocien, il a d'abord fallu adapter un milieu naturel peu favorable : la démoustication fut opérée par des traitements chimiques accompagnés de la suppression des eaux stagnantes. On assura l'alimentation en eau potable des stations, ainsi que la mise en place des réseaux d'assainissement. Les services de loisirs ont aussi été multipliés, avec l'aménagement du port de plaisance et des plages, et des commerces de restauration et de souvenirs. Des activités agricoles ont été préservées (marais salants, vignes, culture du riz, cultures maraîchères).

B. Les montagnes : des espaces de plus en plus touristiques

▶ Les montagnes françaises sont **encore des espaces consacrés à l'agriculture et, surtout, à l'élevage**, selon les conditions climatiques et l'étagement de la végétation. Les agriculteurs qui vivent dans les massifs montagneux pratiquent encore un élevage pastoral (le bétail peut paître dans les prairies durant plusieurs mois). Nombre d'entre eux ont aussi diversifié leurs activités en créant des fermes-auberges et en proposant les produits du terroir aux touristes de passage.

▶ **Les activités industrielles** ne sont pas négligeables dans les massifs montagneux. Outre l'exploitation de la houille blanche (barrages), on peut noter la diversité des secteurs présents (construction mécanique, textile, chimie, ameublement, etc.). Certaines petites industries parviennent à maintenir une activité florissante grâce à la qualité de leurs produits (coutellerie, textile, par exemple).

Repère

Environ 30 % de la population active des espaces de montagne travaille dans l'industrie.

▶ **Le tourisme a fortement modifié les espaces montagnards.** Le tourisme vert comme le tourisme blanc bénéficient de conditions naturelles favorables, avec la prépondérance de l'une ou l'autre forme de tourisme selon les saisons et l'altitude. Les montagnes françaises sont, dès lors, parsemées d'infrastructures touristiques : stations thermales, lacs aménagés, stations de sports d'hiver. La 1re génération de stations de ski s'est développée autour d'un ancien village préexistant, entre 900 et 1 200 m d'altitude (*ex. :* Chamonix). La 2e génération est celle des stations de sports d'hiver créées *ex nihilo* entre 1 600 et 1 800 m d'altitude, comme Courchevel, qui est bâtie aux lendemains de la Seconde Guerre mondiale. Les stations intégrées ou

À SAVOIR

Dans les Alpes et dans les Pyrénées tout particulièrement, l'économie locale est dominée par les activités résidentielles et touristiques (sports d'hiver), qui sont en fort développement, tandis que les emplois industriels et agricoles stagnent ou régressent.

GÉOGRAPHIE

fonctionnelles, encore appelées « de la 3e génération », tels Les Arcs ou La Plagne, sont construites dans les années 1960, au-dessus de 1 800 m d'altitude, le plus souvent par des entrepreneurs privés.

La station de sports d'hiver de Courchevel

Les stations intégrées concentrent des immeubles qui regroupent des résidences, des hôtels, des commerces, des boutiques, des restaurants, des discothèques et autres espaces de loisirs. Les bâtiments sont situés au pied d'un vaste domaine skiable organisé en amphithéâtre, avec des remontées mécaniques qui montent jusqu'aux environs de 3 000 m et des pistes dont certaines sont sur des glaciers, pour garantir autant que possible un enneigement suffisant.

▶ L'essor du tourisme pose la question du **développement durable des espaces montagnards**. Les montagnes sont naturellement des zones à risques (éboulements, ravinements, avalanches). Ces risques sont accentués par la déforestation, les excès de béton, la multiplication des infrastructures de transports qui détériorent, par ailleurs, les paysages et le patrimoine naturel. Les montagnes sont aussi des espaces soumis à des pollutions multiples – ménagères, industrielles, liées à la circulation –, qui imposent une réflexion en termes de développement durable. La loi « montagne » de 1985 inaugure une politique de développement durable pour les montagnes françaises avec le souci de préserver les sites et les paysages, les équilibres biologiques et écologiques, et de valoriser le bâti existant et le patrimoine culturel. Son efficacité est, aujourd'hui, discutée.

▶ Les campagnes sont au cœur de **multiples conflits d'usage**. Ces conflits se manifestent du fait des intérêts divergents entre agriculteurs et nouveaux résidents (conflits entre agriculture et fonction résidentielle, ou fonction récréative, ou industrie).

CONSEIL

Si le candidat est interrogé sur les espaces touristiques, il doit, si possible, privilégier le cas d'un territoire proche du lieu d'enseignement ou que les élèves ont l'habitude de fréquenter. Une mise en perspective peut, ensuite, permettre d'étudier une station touristique d'un autre type (balnéaire / station de ski).

Problématiques possibles

- Quelles sont les constructions qui permettent l'accueil de nombreux touristes dans une station balnéaire / de sports d'hiver ? (Logements, services, loisirs, transformations du site naturel, etc.)
- Quels sont les aménagements qui permettent d'habiter toute l'année un territoire touristique ?
- Quels sont les moyens de transport qui permettent aux touristes de rejoindre les principaux sites touristiques ?

FICHE 6 Consommer : satisfaire les besoins en énergie

Textes officiels

« Satisfaire les besoins en énergie, en eau et en produits alimentaires soulève des problèmes géographiques liés à la question des ressources et de leur gestion : production, approvisionnement, distribution, exploitation sont envisagés à partir de cas simples qui permettent de repérer la géographie souvent complexe de la trajectoire d'un produit lorsqu'il arrive chez le consommateur. Les deux sous-thèmes sont l'occasion, à partir d'études de cas, d'aborder des enjeux liés au développement durable des territoires. »

BO n° 31 du 30/07/2020.

A. Le mix énergétique de la France

▶ **La consommation d'énergie primaire** en France connaît une légère tendance à la baisse depuis les années 1990. La France est le 7e consommateur d'énergie au monde. Elle consomme environ 2,5 % de l'énergie mondiale pour moins de 1 % de la population mondiale.

À SAVOIR

L'**énergie primaire** est l'énergie disponible dans la nature, exploitable avant toute transformation : pétrole brut ; gaz naturel ; charbon ; énergies solaire, hydraulique, géothermique, nucléaire.

▶ **La consommation résidentielle** représente près de la moitié de la consommation annuelle d'énergie. La part de l'industrie diminue régulièrement et nettement depuis les années 2000 ; celle des transports est stable depuis des années, après 30 ans de forte hausse (la consommation a doublé entre 1973 et 2003). Le secteur agricole représente moins de 5 % de la consommation d'énergie.

▶ Dans le secteur industriel, les énergies primaires consommées sont d'abord **le gaz et l'électricité**, qui ont remplacé le charbon et le pétrole. Toutefois, cette dernière énergie demeure prépondérante dans le domaine des transports et le secteur agricole. La consommation des ménages révèle une diminution régulière de la part du pétrole, remplacé par l'électricité et le gaz naturel.

▶ L'énergie représente, en moyenne, **un peu moins de 10 % du budget des ménages**. La facture moyenne est d'environ 2 500 euros par an, soit un poste budgétaire équivalent à celui de l'habillement ou des loisirs. Durant les 20 dernières années, ce budget est resté relativement stable.

À SAVOIR

La multiplication des matériels ménagers et multimédias fut un facteur d'augmentation de la consommation d'énergie, tandis que l'amélioration de la performance énergétique, certes très inégale, des logements et des véhicules fut un facteur de réduction.

B. Une production insuffisante pour la consommation

▶ Face à la forte hausse des prix du pétrole lors des chocs pétroliers des années 1970, la France s'est tournée, pour sa production d'électricité, vers **l'hydroélectricité et le nucléaire**, tandis que les productions de charbon et de gaz naturel n'ont cessé de décliner et que celle de pétrole demeurait extrêmement faible. La production nucléaire a permis de réduire la facture

Repère

70 % : part de l'électricité d'origine nucléaire en France.

GÉOGRAPHIE

énergétique de la France, en favorisant la réduction des importations et l'augmentation des exportations. La distribution de l'électricité se fait par des lignes à haute ou à très haute tension, dont le réseau représente environ 100 000 km.

▶ **Les principales énergies primaires importées** sont le charbon (les 5 principaux fournisseurs sont les États-Unis, l'Australie, la Colombie, la Russie et l'Afrique du Sud) et le pétrole. La distribution des hydrocarbures est réalisée à partir des ports de Marseille-Fos-sur-Mer, Le Havre et Saint-Nazaire. Le pétrole brut est, ensuite, transformé dans des raffineries. Certaines se situent dans les zones industrialo-portuaires construites autour des ports d'importations ; d'autres sont plus éloignées et reliées à ces ports par des oléoducs (ainsi, un pipeline relie Marseille à Feyzin, un autre achemine le pétrole du Havre vers la région parisienne). Des oléoducs assurent, ensuite, la distribution du pétrole raffiné dans tout le pays.

Repère

La France ne parvient à produire que **1 %** de ses besoins en pétrole. Sa stratégie consiste à diversifier ses fournisseurs, afin de diminuer la part des pays du Moyen-Orient.

▶ **La France est encore éloignée des objectifs fixés** à l'horizon 2030 pour satisfaire durablement ses besoins. Une loi adoptée en 2015 définit les grandes orientations qui doivent permettre la transition énergétique pour une croissance verte. Le principe de la transition énergétique repose sur la nécessité de remplacer, en partie, les énergies fossiles et nucléaires par des énergies renouvelables. Les progrès réalisés doivent, en outre, réduire la production de gaz à effet de serre afin de participer à la lutte contre le réchauffement climatique.

Repère

Le quota des énergies renouvelables dans la consommation énergétique française totale est fixé à **30 %** à l'horizon 2030. En 2019, cette part ne s'élevait qu'à environ 20%.

CONSEIL

Dans le cas d'un sujet sur la consommation d'énergie, le candidat doit privilégier l'observation de la consommation des élèves, pour les amener à étudier, plus généralement, les enjeux de la gestion durable des ressources.

Problématiques possibles

- Quelles sont les ressources énergétiques dont nous avons besoin quotidiennement ?
- D'où viennent ces ressources ?
- Comment l'électricité et le pétrole arrivent-ils jusque dans nos foyers ?
- Comment peut-on réduire notre consommation d'électricité et de pétrole ?

FICHE 7 Consommer : satisfaire les besoins en eau

Textes officiels

« Satisfaire les besoins en énergie, en eau et en produits alimentaires soulève des problèmes géographiques liés à la question des ressources et de leur gestion : production, approvisionnement, distribution, exploitation sont envisagés à partir de cas simples qui permettent de repérer la géographie souvent complexe de la trajectoire d'un produit lorsqu'il arrive chez le consommateur. Les deux sous-thèmes sont l'occasion, à partir d'études de cas, d'aborder des enjeux liés au développement durable des territoires. »

BO n° 31 du 30/07/2020.

A. Une ressource globalement abondante

▶ **Dotée d'un bon niveau de pluviométrie** (le territoire métropolitain bénéficie, en moyenne, de 480 milliards de m³ de pluies par an, dont une partie s'évapore), de nombreux massifs montagneux, d'un réseau hydrographique étendu et d'importantes nappes souterraines, la France dispose de réserves en eau douce abondantes.

Repère

193 milliards de m³ : ressources en eau disponibles en France par an, soit environ 3 262 m³ par hab.

▶ **Environ les deux tiers de l'eau potable proviennent des eaux souterraines et un tiers des eaux superficielles** (eau des fleuves, des rivières et des lacs). Ces ressources sont inégalement réparties et varient selon les saisons (certaines régions peuvent connaître des périodes de sécheresse) et la nature du sol et du sous-sol.

À SAVOIR

61 % des précipitations s'évaporent, **23 %** s'infiltrent dans le sol, **16 %** alimentent les cours d'eau.

B. La consommation d'eau en France

▶ **Les prélèvements en eau** représentent, en France, 32 milliards de m³ par an, soit 17 % de la ressource annuelle disponible. L'agriculture est la principale consommatrice : l'irrigation est la 1re source de consommation, puis l'alimentation du bétail et l'entretien des installations et du matériel agricoles. Les secteurs industriels qui consomment le plus d'eau sont la métallurgie, la chimie, l'agroalimentaire, les raffineries de pétrole et l'industrie de la pâte à papier. L'irrigation représente près de 50 % de l'eau consommée, les usages domestiques environ 25 %, la production d'énergie environ 20 % et les activités industrielles 5 %.

Repère

150 L par jour : consommation moyenne française en eau potable par hab.

C. L'eau : un enjeu majeur des politiques de développement durable

▶ **Les comités de bassin** élaborent des plans d'action nommés SDAGE (Schémas directeurs d'aménagement et de gestion des eaux). Ils fixent les orientations de la politique de l'eau pour 15 ans, dans une perspective de développement durable qui doit concilier le développement socio-économique, la préservation des milieux aquatiques et l'équilibre des usages de l'eau.

▶ **Les agences de l'eau,** créées en 1964, sont des établissements publics placés sous la tutelle du ministère de l'Écologie et du Développement durable et du ministère du Budget, qui mettent en œuvre des plans quinquennaux qui déterminent les actions destinées à protéger les ressources en eau.

▶ **La pollution des eaux** concerne à la fois les eaux superficielles et les eaux profondes (rivières, lacs, eaux souterraines et littorales) qui peuvent subir les rejets de matières organiques, de phosphates, de produits chimiques industriels ou de nitrates présents dans les engrais, les pesticides et les fongicides. De nombreuses régions de France distribuent, ainsi, des eaux de médiocre qualité. Par le cycle de l'eau, la pollution atmosphérique aggrave la pollution des eaux.

À SAVOIR

La lutte contre les pollutions, la protection des littoraux et des montagnes et la prévention des risques de crues et d'inondations sont les principaux volets de la politique mise en œuvre en France.

▶ **Les inondations et les crues torrentielles** constituent les principaux risques naturels. Presque tous les cours d'eau français peuvent connaître des débordements, mais les risques varient selon les régions. Dans celles soumises au climat océanique, les inondations surviennent à la suite d'épisodes pluvieux de longue durée. La montée des eaux est lente, et, si les dommages matériels peuvent être sérieux, on déplore rarement des victimes. En revanche, les cours d'eau de la façade méditerranéenne peuvent monter très vite suite à des pluies intenses, et les victimes s'ajoutent aux dégâts matériels. Les plans de prévention ont conduit à réaliser des zonages en distinguant les niveaux de risque le long des fleuves.

À SAVOIR

Les risques naturels sont amplifiés par des **actions anthropiques**. En montagne, l'action de l'homme aggrave les phénomènes de torrentialité. Des extensions urbaines ont également été réalisées dans des zones inondables.

CONSEIL

Dans le cas d'un sujet sur la consommation d'eau, le candidat doit privilégier l'observation de la consommation des élèves, pour les amener à étudier, plus généralement, les enjeux de la gestion durable des ressources.

Problématiques possibles

- Quelles sont les quantités d'eau que nous consommons chaque jour ? (Travail sur les différentes façons d'utiliser l'eau quotidiennement.)
- D'où vient l'eau que nous utilisons ?
- Comment peut-on réduire notre consommation quotidienne d'eau ?

FICHE 8 Consommer : satisfaire les besoins alimentaires

Textes officiels

« Satisfaire les besoins en énergie, en eau et en produits alimentaires soulève des problèmes géographiques liés à la question des ressources et de leur gestion : production, approvisionnement, distribution, exploitation [...]. Les deux sous-thèmes sont l'occasion, à partir d'études de cas, d'aborder des enjeux liés au développement durable des territoires. »

BO n° 31 du 30/07/2020.

	1970	2000	2016
Nombre d'agriculteurs	3 millions	764 000	462 000
Nombre d'exploitations	1,5 million	664 000	437 000
Taille moyenne des exploitations	19 hectares	42 hectares	63 hectares
Superficie consacrée à l'agriculture	32,5 millions d'hectares	29,8 millions d'hectares	27,8 millions d'hectares

Évolution de l'agriculture française (sources : Insee, Chambre d'agriculture, Agreste).

A. L'agriculture répond aux besoins alimentaires de la population

▶ **Il y a de moins en moins d'agriculteurs** pour produire. La population active agricole représentait la moitié des actifs français en 1900, 27 % en 1955 et 3 % en 2010.

▶ À cela s'ajoute le **vieillissement** de la population agricole. Un tiers des paysans sont âgés de plus de 55 ans et à peine 5 % seulement ont moins de 30 ans.

Repère

1 pour 4 : chaque année, pour 1 jeune agriculteur qui s'installe, 4 partent à la retraite.

▶ **Il y a aussi de moins en moins de terres agricoles.** La superficie agricole tend à se réduire dans de nombreux départements. Plus de 60 000 ha de terres disparaissent chaque année, soit l'équivalent d'un département français tous les 10 ans.

▶ **La production agricole est de plus en plus intensive** et se fait dans des exploitations de plus en plus grandes. En France métropolitaine, leur taille moyenne a triplé en 50 ans. Cette concentration s'accélère à partir des années 1950. L'agriculture utilise de plus en plus de machines, spécialisées (moissonneuses-batteuses, machines à traire, à vendanger, à arracher les pommes de terre, etc.) et dont la puissance est adaptée à la taille accrue des exploitations et des parcelles. Le monde agricole est entré de plain-pied dans les nouvelles technologies. De nombreuses tâches sont, ainsi, automatisées et gérées par ordinateur.

À SAVOIR

La tendance générale est aussi à la **diminution de la polyculture**. Les régions de viticulture, de cultures maraîchères et fruitières constituent des zones de très forte spécialisation. Le système des grandes cultures intensives s'étend, surtout, dans les Bassins parisien et aquitain.

▶ **L'agriculture utilise massivement des produits chimiques.** La consommation d'engrais a été multipliée par 6 depuis 1950. Elle est particulièrement forte dans les régions de cultures céréalières (Bassin parisien) et de culture du maïs (Aquitaine). Elle est plus modérée dans les régions d'élevage. L'irrigation a également été développée, notamment dans les régions du littoral méditerranéen, car elle augmente les rendements. De nouvelles semences plus productives sont créées grâce à la recherche agronomique et génétique.

▶ Ces progrès ont été permis par l'**augmentation des rendements** (quantité produite par unité de surface) **et de la productivité** (quantité produite par agriculteur). L'agriculture est, ainsi, le secteur économique qui a connu les plus gros gains de productivité depuis les années 1950, date à laquelle 1 actif agricole nourrissait, en moyenne, 8 habitants, contre plus de 60 aujourd'hui.

B. La France importe, toutefois, des produits agricoles

▶ **Les produits agricoles importés** en France représentent, en valeur, 1 % du total des importations du pays. L'Espagne est notre 1er fournisseur agricole et agroalimentaire. Les productions maraîchères espagnoles sont très présentes sur le marché français. La culture hors sol sous serres leur permet d'approvisionner toute l'année les consommateurs en fruits et légumes sans contrainte de saisonnalité. La France importe, par ailleurs, de plus en plus de produits d'élevage : de la viande, du beurre, du lait. Les importations représentent, par exemple, environ un tiers des volailles consommées.

CONSEIL

Le candidat peut débuter sa proposition pédagogique par une enquête sur les habitudes de consommation des élèves et de leurs familles, pour dresser un tableau des origines des produits achetés. Une enquête sur les productions locales peut aussi être envisagée.

▶ **Le coût plus élevé de la production française favorise ces importations.** La qualité de ces produits est, cependant, discutable, d'autant plus que les normes sanitaires et les règles d'utilisation de produits chimiques sont moins contraignantes, dans de nombreux pays fournisseurs, que celles imposées aux agriculteurs français, avec des contrôles insuffisants sur les produits importés.

Problématiques possibles

- D'où proviennent les produits alimentaires que nous consommons ?
- Comment les paysans, peu nombreux, parviennent-ils à produire pour nourrir toute la population ?
- Pourquoi consommons-nous certains produits même en hiver ?
- Comment pouvons-nous avoir une alimentation plus saine ?

FICHE 9 Se déplacer au quotidien en France et dans le monde

Textes officiels *« On étudie les modes et réseaux de transport utilisés par les habitants dans leur quotidien ou dans des déplacements plus lointains. L'élève découvre aussi les aménagements liés aux infrastructures de communication. »*

BO n° 31 du 30/07/2020.

A. Se déplacer au quotidien en France

▶ L'urbanisation récente s'est accompagnée du phénomène de **périurbanisation** (étalement des espaces urbains sur les campagnes). Les espaces périurbains ont, initialement et prioritairement, une vocation résidentielle. Les habitants continuent de travailler en majorité dans les agglomérations (centre-ville et banlieue).

▶ **Les déplacements quotidiens domicile/travail** se sont donc multipliés selon un axe périphérie-centre, créant des flux journaliers massifs, pour lesquels les habitants utilisent en priorité la voiture. Les déplacements se font par un réseau d'autoroutes et de voies rapides. Ils se sont densifiés, créant de nombreux embouteillages matin et soir. Les habitants des espaces périurbains restent également sous une forte dépendance du centre-ville pour les activités culturelles et de loisirs, ou pour des démarches administratives qui exigent de se rendre dans une mairie ou une préfecture.

Espace périurbain de l'aire urbaine de Marseille.

CHAPITRE 6, P. 210

▶ Plus récemment, la périurbanisation se caractérise par la **polynucléarisation des espaces ruraux périurbains**, c'est-à-dire le développement de zones d'activités économiques ou commerciales.

▶ **Cette multiplication des aménagements** a pour corollaire la diversification des déplacements devenus multidirectionnels. Les déplacements pendulaires domicile/travail entre le centre-ville et les espaces périurbains sont, ainsi, devenus minoritaires. Moins d'un tiers des actifs périurbains vont, désormais, travailler dans le centre, alors que 50 % de ces actifs exercent leur emploi en zone périurbaine ou rurale plus éloignée. Le reste des actifs travaille autour d'un autre pôle urbain ou dans une autre aire urbaine.

GÉOGRAPHIE

CHAPITRE 6, P. 232

▶ Les déplacements quotidiens se multiplient non seulement au sein d'une aire urbaine, mais également entre les aires urbaines, avec une forte polarisation des métropoles régionales ou nationales.

Le centre-ville de Nice.

▶ Certains habitants décident de s'éloigner de l'aire urbaine dans laquelle ils travaillent pour **résider à la campagne ou dans une ville plus petite**, de façon à bénéficier de conditions de logement moins coûteuses et d'un cadre de vie plus calme. Plutôt que d'utiliser leur voiture, ils ont, parfois, la possibilité de se déplacer en train, le plus souvent avec le réseau des RER ou TER, mais aussi, parfois, en profitant des liaisons créées par les LGV. Leur temps de trajet est, ainsi, équivalent ou inférieur à celui des automobilistes qui habitent en banlieue ou dans le périurbain des principales métropoles.

À SAVOIR

Les LGV peuvent créer un effet « banlieue » entre des métropoles d'une gare TGV. Ainsi, des habitants résident à Lille et travaillent dans l'aire urbaine parisienne, certes située à 225 km mais seulement à 1 h en TGV.

▶ Ces déplacements, de plus en plus nombreux et sur des distances de plus en plus longues, conduisent les pouvoirs publics à vouloir **freiner l'étalement des aires urbaines par la revalorisation des centres-villes**. Il s'agit d'y améliorer le cadre de vie en réduisant la circulation automobile par la valorisation des modes de déplacement alternatifs : transports en commun, pistes cyclables, partage de véhicules électriques…

▶ La volonté de réduire l'utilisation de la voiture se heurte, toutefois, à l'**enclavement de nombreux espaces ruraux**. Du fait d'un réseau de transports insuffisant et de services publics et marchands éloignés, ces habitants sont contraints de prendre leur véhicule.

B. Se déplacer au quotidien dans un autre lieu du monde

▶ **Dans la plupart des grandes villes d'Europe,** les déplacements quotidiens présentent les caractéristiques observées en France :
– étalement des villes, dû à la forte pression foncière dans les agglomérations ;

– recours massif à la voiture et donc embouteillages aux heures de pointe ;
– insuffisance fréquente des transports en commun pour les habitants périurbains ;
– valorisation des modes de transport alternatifs durables dans les centres-villes.

▶ **Dans les villes d'Amérique du Nord,** le constat est identique, avec une ampleur accrue par l'étalement plus important des espaces urbanisés. Leurs habitants sont encore plus dépendants de leur voiture au quotidien. Les déplacements au sein des villes se font souvent, au moins partiellement, sur des portions d'autoroutes urbaines qui traversent les villes selon des axes nord-sud et est-ouest, avec de multiples échangeurs. Les espaces urbains sont organisés en fonction de ces autoroutes : les musées, les universités, les institutions culturelles, les centres commerciaux. Les transports en commun sont utilisés par les habitants les plus modestes ; les réseaux de métro, lorsqu'ils existent, ne couvrent, souvent, qu'une petite partie du territoire urbain. Certaines villes, telle New York, tentent de valoriser des modes de transport alternatifs, notamment en développant le réseau de pistes cyclables (près de 200 km à Manhattan).

▶ **Dans les grandes métropoles des pays émergents d'Asie ou d'Amérique latine,** souvent très peuplées et où les mégapoles sont nombreuses et s'étalent, l'amélioration des conditions de vie s'accompagne de la densification de la circulation automobile quotidienne. Cette motorisation croissante entraîne des problèmes de pollution atmosphérique et d'embouteillages importants, qui ne sont pas résolus par des transports en commun (lignes de bus, métros) souvent insuffisants.

Repère

On dénombre actuellement environ **290** millions de voitures particulières en Chine, contre **21** millions en 2005.

▶ **Dans les pays pauvres d'Afrique, d'Amérique latine ou d'Asie,** l'explosion urbaine entraîne une multiplication des bidonvilles et de l'habitat informel. **Les infrastructures de transports sont insuffisantes.** Les embouteillages *(go slow)* bloquent quotidiennement les grandes métropoles ; les dysfonctionnements des feux de signalisation, le mauvais entretien des routes, le respect aléatoire des règles de circulation ou la présence d'animaux sur les voies aggravent le problème. De nombreux habitants se déplacent à pied ou à deux-roues. En Asie, de nombreux habitants utilisent encore les pousse-pousse, que certaines municipalités veulent interdire mais qui procurent une source de revenus aux plus modestes. Dans les pays les plus pauvres, de nombreux habitants résident encore à la campagne. Ils se déplacent à pied ou avec des véhicules précaires, sur des voies qui sont, le plus souvent, en terre battue.

CONSEIL

Le candidat doit commencer sa proposition en privilégiant l'analyse des déplacements quotidiens des élèves et de leurs familles (trajet vers l'école, le lieu de travail, les activités journalières). Il doit, ensuite, contextualiser l'étude à l'échelle régionale puis nationale, avant de comparer les vies quotidiennes des enfants dans les différentes régions du monde.
La fiche consacrée à ce thème invite particulièrement à utiliser le reportage de Pascal Plisson, *Sur les chemins de l'école* (2013), qui montre les déplacements quotidiens des élèves au Maroc, au Kenya, en Argentine et en Inde.

Problématique possible

- Comment se déplacer au quotidien dans notre ville ?

FICHE 10 Se déplacer en France

Textes officiels

« Les thèmes traités en CM1 ont introduit l'importance des déplacements. En s'appuyant sur les exemples de mobilités déjà abordés et en proposant de nouvelles situations, on étudie les modes et réseaux de transports utilisés par les habitants dans leur quotidien ou dans des déplacements plus lointains. L'élève découvre aussi les aménagements liés aux infrastructures de communication. »

BO n° 31 du 30/07/2020.

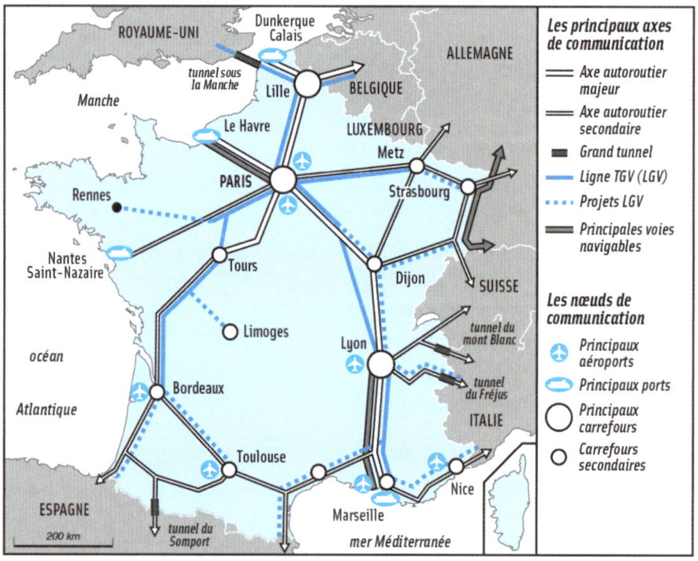

Les principaux axes et nœuds de communication en France.

A. Les transports renforcent la polarisation du territoire

> **MOT-CLÉ**
>
> **Continuité territoriale :** principe de service public qui se donne pour objectif de renforcer la cohésion entre différents territoires, en compensant les handicaps liés à leur éloignement, un enclavement ou un accès difficile.

▶ **Le réseau le plus dense en France est le réseau routier.** Il permet 90 % du trafic de voyageurs et deux tiers du trafic de marchandises. Les Français utilisent, en priorité, leur voiture pour les déplacements quotidiens entre leur domicile et leur lieu de travail. Le réseau autoroutier est celui qui assure le mieux la continuité territoriale, avec 10 000 km d'autoroutes et des routes à 2 fois 2 voies qui désenclavent les régions à faible densité de population (Bretagne, Massif central).

▶ **Le 1er axe autoroutier construit en France,** ouvert en 1960 (34 km depuis Paris) et achevé en 1971, **relie Paris à Lyon** (autoroute A6). L'autoroute A7, qui relie Lyon à Marseille, est aussi construite dans les années 1960. Le raccordement final de ces 2 axes est réalisé en 1974. Les années 1960 sont, par ailleurs, le temps de l'inauguration d'un **réseau en étoile** autour de Paris, vers les métropoles régionales (Lyon, Lille, Strasbourg…).

▶ **L'essor du tourisme de masse** nécessite la création d'autoroutes assurant la desserte des Alpes du Nord et des stations balnéaires de la Méditerranée, puis des 2 métropoles du Sud-Ouest, Toulouse et Bordeaux. Les aménagements réalisés dans les années 1980 ambitionnent un rééquilibrage au sein du territoire par le désenclavement des régions de l'Ouest et du Massif central, en prolongeant le réseau en étoile depuis Paris. Les 1ers axes contournant la capitale sont également créés à l'est. La densification du réseau s'accentue dans les années

1990 avec la poursuite du désenclavement de l'Ouest, des massifs montagneux, et la multiplication des autoroutes interrégionales, qui croisent le réseau en étoile et en densifient le maillage. Néanmoins, le réseau actuel se caractérise encore par sa centralisation autour de Paris, la prédominance de l'axe Lille-Paris-Lyon-Marseille, la dissymétrie persistante, bien qu'atténuée, entre l'Est et l'Ouest, et l'enclavement du centre du territoire.

▶ **Le réseau des LGV** (Lignes à grande vitesse, supérieure à 200 km/h) **hiérarchise davantage le territoire**. La France est, après le Japon en 1964, le 2e pays au monde à avoir choisi de s'équiper d'un réseau ferré à grande vitesse. La liaison Paris-Lyon, trop courte pour l'avion et trop longue pour le train classique, a été importante dans cette stratégie. Cette politique d'aménagement du territoire a nécessité la création de nouvelles lignes supportant de telles vitesses et la réorganisation du réseau ferré existant. Mais ce réseau des LGV renforce, prioritairement, la polarisation du territoire autour de Paris et des principales métropoles régionales. Il n'a pas la densité du réseau autoroutier et laisse encore de nombreux territoires en marge, même si les LGV ont été prolongées par des lignes classiques. Les coûts très élevés de ces LGV expliquent la priorité donnée à des projets qui garantissent la meilleure rentabilité.

Repère

Le 1er TGV est mis en circulation en **1981** et relie Paris à Lyon. La ligne est prolongée jusqu'à Marseille et Nîmes (2001). Puis le réseau s'étend vers l'Atlantique en 1989 (Le Mans), le Nord en 1993 (Lille) et l'Est en 2007 (Baudrecourt, puis Strasbourg en 2016). Des interconnexions ont été construites dans les années 1990. Les régions du Centre sont les plus en marge.

À SAVOIR

Euralille est un exemple de quartier d'une métropole régionale valorisé par la création d'une gare TGV. Inauguré en 1994, Euralille 1, qui se prolonge depuis 2000 vers Euralille 2, est devenu un centre tertiaire majeur à l'échelle nationale et européenne. Il est, ainsi, le 3e quartier d'affaires de France après La Défense à Paris et La Part-Dieu à Lyon.

▶ **Les villes desservies par une ligne LGV** bénéficient de la réduction de l'espace-temps qui améliore leur accessibilité à la capitale. La construction du réseau s'est également accompagnée de l'aménagement de nouvelles gares, qui ont transformé l'organisation de l'espace des villes connectées. Dans de nombreuses métropoles régionales, comme Lille, la gare TGV a favorisé un processus de croissance cumulative au bénéfice du centre-ville (Euralille, Europole à Grenoble, La Part-Dieu à Lyon…) ou d'espaces périphériques (la gare TGV à Aix-en-Provence a stimulé la création d'un pôle d'activités industrielles et tertiaires). Des plates-formes multimodales se constituent parfois : l'aéroport de Lyon-Saint-Exupéry, par exemple, est connecté aux réseaux des autoroutes et des LGV.

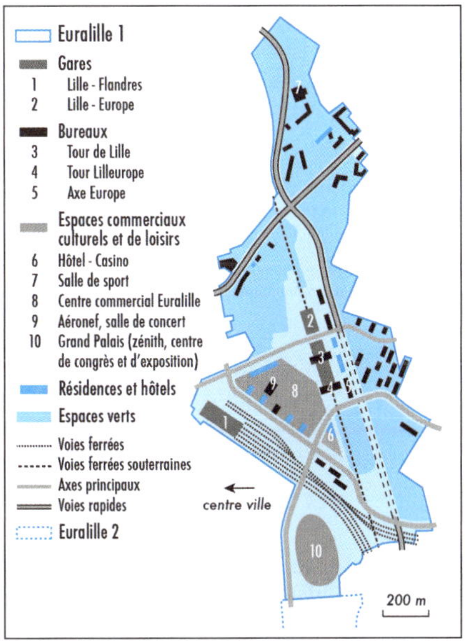

Euralille.

▶ **Les espaces qui ne sont pas desservis** par le TGV subissent, à l'inverse, l'effet « tunnel ». Imposant des nœuds tous les 250 à 400 km, le réseau des LGV nécessite donc de réduire le nombre de gares intermédiaires. De ce fait, de vastes territoires n'ont aucune liaison directe avec une gare TGV et ne bénéficient pas de l'attractivité induite par la connexion au réseau.

B. Les réseaux permettent l'ouverture du territoire

▶ Les principales métropoles régionales possèdent un **aéroport**, mais le passage par Paris pour se rendre à l'étranger demeure, souvent, nécessaire. Les aéroports parisiens sont des hubs internationaux, qui assurent des correspondances avec le monde entier mais aussi plus des trois quarts du trafic de passagers et plus de la moitié du fret sur l'Hexagone. Nice, Marseille et Lyon viennent loin derrière. Leurs aéroports sont, également, de plus en plus concurrencés par des aéroports secondaires qui bénéficient de l'essor des compagnies *low cost* ; lesquelles réduisent leurs coûts de fonctionnement en s'excentrant. Les aéroports sont, aujourd'hui, de véritables zones d'activités qui associent industries de pointe, services aux entreprises, transporteurs terrestres, hôtels d'affaires et magasins de luxe.

MOT-CLÉ

Hub : plateforme de correspondance aéroportuaire. Le terme peut également qualifier les grands ports maritimes.

▶ **Le réseau autoroutier contribue à l'ouverture sur l'Europe.** L'intégration du réseau autoroutier national aux grands axes européens concerne, essentiellement, les autoroutes du Nord et de l'Est de la France. Elles sont reliées à la dorsale européenne, région qui s'étend de Londres à Milan et se caractérise par la concentration des métropoles européennes, des axes de circulation et des pouvoirs de commandement.

▶ **Le réseau LGV contribue également à l'ouverture sur l'Europe.** Le principe de mise en place d'une politique européenne des transports est affirmé dès le traité de Rome de 1957 (création de la Communauté économique européenne), puis favorisé par la création, en 1986, du Marché commun et, en 1992, de l'Union européenne (il s'agissait de rendre effective la multiplication des échanges entre pays partenaires). Une nouvelle étape est franchie par la constitution d'un réseau transeuropéen de transports, décidée par la Commission européenne en 1994. C'est, en particulier, dans ce cadre qu'ont été envisagées les constructions des LGV Rhin-Rhône ou Lyon-Turin, de même que celles reliant Paris aux frontières de l'Est du territoire, ce réseau devant renforcer les liens entre les principales métropoles de la Mégalopole européenne. Les régions françaises de l'Est sont, de ce fait, les mieux connectées aux pays voisins. Les projets en gestation visent, désormais, à contribuer au renforcement des liens entre les régions du Sud de la France et l'Espagne et l'Italie.

À SAVOIR

Le tunnel sous la Manche, mis en service en 1994, facilite les relations entre la France et la Grande-Bretagne : les échanges de marchandises augmentent, de même que les flux de passagers. Au sein d'un bassin industriel en reconversion, Lille est devenue une plaque tournante internationale grâce au TGV et à l'Eurostar.

CONSEIL

L'étude envisagée dans le cadre d'un projet pédagogique présenté au concours pourra débuter par l'analyse des réseaux de transports qui structurent l'espace proche d'une école et donc de l'environnement des élèves, avant une mise en perspective à l'échelle nationale.

Problématiques possibles

- 2 séances : Quels sont nos déplacements quotidiens ? (Une séance basée sur le vécu des élèves, puis une séance de généralisation.)
- Comment se déplace-t-on sur le territoire national et vers le monde ? (Étude des réseaux de transports autoroutiers et LGV sur l'ensemble du territoire.)
- Quels sont les déplacements quotidiens des enfants dans les autres pays du monde ?

FICHE 11 Se déplacer en Europe et dans le monde

Textes officiels *« On étudie les modes et réseaux de transports utilisés par les habitants dans leur quotidien ou dans des déplacements plus lointains. […] On étudie différents types de mobilités et on dégage des enjeux de nouvelles formes de mobilités. »*

BO n° 31 du 30/07/2020.

A. Les principales mobilités en Europe et dans le monde

▶ Selon les Nations Unies, **le nombre de migrants** dans le monde est estimé à 270 millions de personnes en 2020. Les flux migratoires ont augmenté de 50 % depuis 2000.

▶ L'Amérique du Nord, l'Europe et l'Asie (en particulier, les pays du Golfe) sont les **principales régions d'immigration**. Les principales zones d'émigration sont l'Amérique centrale et du Sud, l'Afrique et l'Asie (notamment, le sous-continent indien et l'Asie du Sud-Est).

▶ **Les migrations de proximité sont de plus en plus nombreuses.** Les migrations régionales, depuis un pays voisin, expliquent tout particulièrement la forte augmentation des migrants en Afrique. Ces flux concernent également les autres continents : par exemple, des Européens de l'Est vers l'Ouest, ou des populations asiatiques défavorisées qui rejoignent un pays émergent du même continent. Ces flux régionaux représentent, désormais, plus de 70 % des flux migratoires.

Repère

3 % : pourcentage de l'humanité concernée par le phénomène migratoire. En 2017, l'Asie est à la fois le 1er continent de départ et de destination. L'Afrique est le 2e continent de départ.

▶ Les autres populations contraintes à la migration sont les **réfugiés politiques** et les **réfugiés climatiques**. La migration politique est en forte augmentation, et les principales zones concernées sont la Syrie, l'Érythrée et l'Afghanistan. Elle est liée à un conflit, à l'oppression d'un régime ou à une rivalité ethnique ou religieuse. Les réfugiés climatiques, quant à eux, sont victimes d'une catastrophe naturelle. Les inondations sont les catastrophes qui contraignent le plus de victimes à fuir ; les plus nombreuses habitent en Asie. Dans ce cas également, les migrants se déplacent au sein de leur pays ou vers les pays voisins.

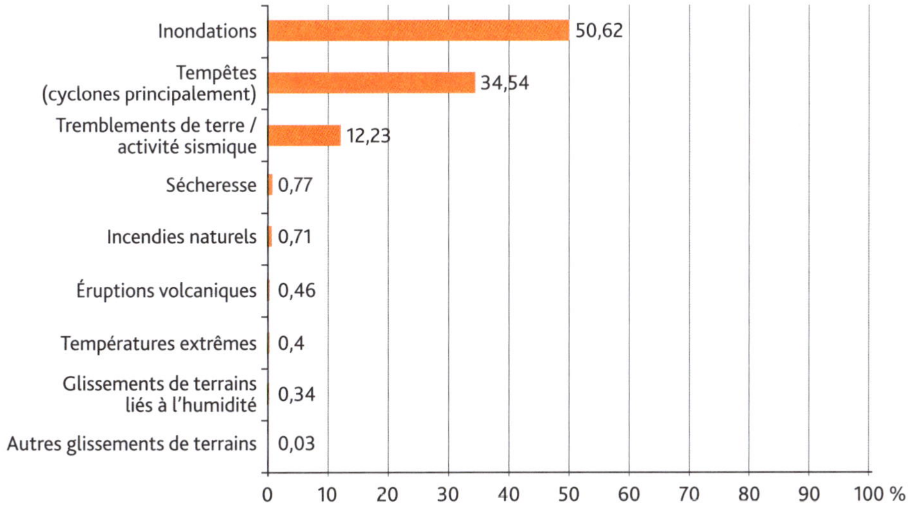

Parts des personnes déplacées de 2008 à 2018 (par types de causes en %).
Source : IDMC, *Disaster Displacement. A Global Review*, 2008-2018, mai 2019.

GÉOGRAPHIE

▶ **Les migrations économiques** ne se limitent plus à des mouvements de populations de pays pauvres vers les pays riches occidentaux. Si plus de trois quarts des déplacements internationaux visent une installation dans un pays au développement socio-économique supérieur à celui du pays d'origine, néanmoins plus de la moitié des migrants originaires d'un pays pauvre s'installent dans un autre pays pauvre. Les migrations Sud-Sud y sont, désormais, plus nombreuses que les migrations Sud-Nord.

À SAVOIR

Les pays émergents du Sud (Chine, Inde, Brésil) sont les nouveaux eldorados des migrants de pays voisins moins développés. Leurs frontières y sont, souvent, plus faciles à franchir, et leurs besoins en main-d'œuvre importants. Ces pays voient, en outre, partir des migrants vers des pays du Sud plus en retard dans leur développement, pour y investir (de nombreux Chinois se sont, par exemple, installés en Afrique pour y exploiter les richesses pétrolières ou minières).

▶ **Les migrations Nord-Nord se multiplient également.** Ainsi, de plus en plus d'étudiants réalisent une partie de leur formation dans un pays étranger. Les plus nombreux sont ceux qui font des études supérieures. Les pays riches ont, ainsi, mis en place un système d'« immigration choisie », qui consiste à favoriser l'installation de personnes très diplômées. Les individus qui alimentent ces flux se tournent, en priorité, vers les États-Unis, le Canada, l'Europe ou l'Australie, où ils trouvent une meilleure perspective professionnelle que dans leur pays d'origine.

▶ De nouveaux flux se développent du Nord vers le Sud : il s'agit de personnes qui quittent leur pays d'origine pour **vivre leur retraite** dans un pays qui leur offre des conditions matérielles (coût de l'immobilier et de la vie inférieur) et fiscales (faible imposition, défiscalisation) plus confortables, comme au Portugal.

À SAVOIR

L'Europe est la région du monde qui reçoit le plus de touristes internationaux (environ 50 % des touristes internationaux).
Les principales régions touristiques sont l'Europe du Sud et le pourtour méditerranéen, l'Asie du Nord-Est et l'Amérique du Nord. Les 3 pays les plus visités en 2019 sont : la France (87 millions), l'Espagne (82 millions) et les États-Unis (76 millions).

▶ Les flux de populations concernent aussi les **mobilités touristiques**, dont l'augmentation s'accélère depuis les années 1950. Les touristes internationaux sont, aujourd'hui, plus de 1 milliard. Ils sont, essentiellement, originaires des pays les plus riches, mais ceux des pays émergents sont de plus en plus nombreux. Malgré des inégalités persistantes, l'espace touristique se mondialise. Le tourisme national (c'est-à-dire dans son propre pays), quant à lui, concerne 3 à 4 milliards d'individus.

B. Se déplacer de ville en ville en Europe

▶ **Le réseau routier et autoroutier est prédominant** au sein de l'Europe, puisqu'il représente 75 % du transport de marchandises et plus de 80 % du transport de passagers. Cependant, la qualité de ce réseau est très inégale. Les 3 pays les mieux équipés en autoroutes sont l'Allemagne, la France et l'Espagne. Plus généralement, le réseau des autoroutes et des voies rapides est dense et de qualité en Europe occidentale et plus médiocre en Europe centrale et orientale, malgré les nombreux travaux réalisés et les programmes pour favoriser les mobilités au sein de toute l'Union européenne.

▶ **Le réseau ferré européen des LGV** dévoile, également, une forte inégalité entre les parties occidentale et orientale. Le réseau le plus dense profite aux régions de la Mégalopole (territoire le plus riche et le plus peuplé de l'UE), tandis que les pays du Centre et de l'Est sont pénalisés par une faible densité de lignes à grande vitesse, dont la construction, malgré les nombreux projets programmés pour y remédier, n'a pas suivi le rythme des élargissements de l'Union européenne.

▶ La hiérarchisation de l'espace européen est amplifiée par le **transport aérien**, avec la mise en place d'un système de hubs et de spokes. Les premiers sont les aéroports qui polarisent les flux internationaux majeurs. Ils deviennent des plates-formes multimodales, qui cumulent le transport, les fonctions commerciales, l'hôtellerie et l'organisation de congrès. Les spokes sont au centre de réseaux secondaires, reliés aux hubs, mais aussi carrefours des lignes nationales ou régionales. Le Royaume-Uni, la France et l'Allemagne maîtrisent plus de la moitié du transport aérien européen. Le 1er aéroport européen, London Heathrow, polarise 10 % du transport continental de passagers.

> **Repère**
>
> **700 millions :** nombre de voyageurs qui utilisent l'avion pour se déplacer dans l'UE en 2019 (source : Banque mondiale).

C. Se déplacer à l'échelle du monde

▶ **En 2019, on dénombre environ 4,4 milliards de passagers ayant pris l'avion,** contre environ 1 milliard en 1990. Tous les continents ont vu leur nombre de passagers augmenter, mais l'augmentation du trafic concerne prioritairement l'Asie (2,4 milliards de voyageurs) et l'Amérique du Nord (plus de 1 milliard de voyageurs).

▶ **La croissance du trafic aérien est liée à plusieurs facteurs.** Elle est, tout d'abord, dépendante de la croissance économique et démographique, favorable à la consommation et aux déplacements. Les pays en développement, et particulièrement ceux émergents, en sont les premiers bénéficiaires, tandis que les principaux aéroports mondiaux, qui se situent en Europe et aux États-Unis, ont bénéficié d'une croissance plus modérée. La démocratisation des transports est aussi dépendante de facteurs politiques. La libéralisation des transports et le recul des monopoles d'État ont, ainsi, ouvert le marché du transport aérien à de nouvelles compagnies, notamment les *low cost*, qui pratiquent des politiques tarifaires rendant les déplacements en avion accessibles à un plus grand nombre de clients.

> **Les aéroports les plus fréquentés en 2019**
>
> 1. **Atlanta,** États-Unis (110 millions de voyageurs)
> 2. **Beijing,** Chine (100 millions)
> 3. **Los Angeles,** États-Unis (88 millions)
> 4. **Dubaï,** Émirats Arabes Unis (86 millions)
> 5. **Tokyo,** Japon (85 millions)

CONSEIL

Dans un projet pédagogique proposé au concours, l'étude des réseaux et des flux aux échelles européenne et mondiale pourra privilégier l'utilisation de cartes d'échelles différentes, après l'étude de cas centrée, par exemple, sur un aéroport européen qui constitue également un hub international.

Problématiques possibles

- Quels sont les principaux déplacements de migrants dans le monde ? (Une 1re étude présente différents parcours d'enfants, et une 2nde la diversité des flux à l'échelle mondiale.)
- Dans quelles régions d'Europe et du monde est-il le plus facile de se déplacer ?

FICHE 12 Déplacement et développement durable

Textes officiels *« On étudie les déplacements dans le cadre du développement durable : la lutte contre la pollution, le recyclage, les moyens de transport. »*

BO n° 31 du 30/07/2020.

A. Protéger un environnement fragilisé

▶ **80 % des Français** vivent, aujourd'hui, sur des territoires urbanisés qui s'étendent de plus en plus, avec pour corollaires : la diminution de l'espace rural, la densification des flux quotidiens de personnes, la pollution de l'air liée aux transports, la production de gaz à effet de serre et la dégradation des campagnes périurbaines. L'augmentation de la population urbaine accroît également la production de déchets et la pollution de l'eau, des sols et du sous-sol.

▶ La politique de développement durable pour les villes impose donc la mise en œuvre de projets, qui s'inscrivent de plus en plus dans des **programmes Agenda 21**. Lesquels ont pour objectifs la meilleure gouvernance de l'espace urbain, la réduction de la pollution, le recyclage des déchets, les économies d'énergie et la limitation des risques (industriels, d'inondations).

Le développement durable

Le concept de « développement durable » est défini, en 1987, par la Commission mondiale pour l'environnement et le développement, comme *« un développement qui répond aux besoins du présent sans compromettre la capacité des générations futures de répondre aux leurs »*. Le développement durable d'un territoire repose sur **3 piliers** :
– le pilier **écologique** (la bonne gestion des ressources naturelles, leur valorisation, leur préservation et leur protection) ;
– le pilier **économique** (la volonté de permettre une croissance économique créatrice de richesses à long terme) ;
– le pilier **social** (l'équité entre les habitants, l'amélioration de leurs conditions de vie et de celles des générations futures).

B. Réduire la pollution atmosphérique

▶ Les politiques de développement durable favorisent la **revalorisation du centre-ville**. Afin de réduire l'étalement des aires urbaines, des politiques de construction de nouveaux logements et de réhabilitation ou de rénovation des logements anciens sont mises en œuvre. Les ménages disposent, ainsi, d'une alternative à l'installation dans des pavillons périurbains. L'amélioration du cadre de vie est prise en compte non seulement par la réduction de la circulation automobile (promotion des transports en commun, création de zones piétonnes), mais aussi par la création ou la protection d'espaces verts (création de parcs publiques, multiplication des plantations le long des lignes de tramway, par exemple). Des aménagements visent, enfin, le maintien ou le développement de pôles d'activités et de services (banques, hôtellerie, bureaux, zones commerciales, commerces de proximité, établissements scolaires, services publics) dans les centres-villes, afin de réduire les déplacements de longue distance au sein des aires urbaines.

À SAVOIR

Jusqu'en 1996, la politique française d'amélioration de la qualité de l'air était fondée sur la loi sur l'air de 1961, relative à la lutte contre les pollutions atmosphériques et les odeurs générées par la mauvaise qualité de l'air. La loi du 30 décembre 1996 renforce la nécessité de surveiller la qualité de l'air et de réduire la pollution, qui devient une question de santé publique (par exemple, en limitant la circulation automobile).

▶ **La plupart des actions et outils de lutte contre la pollution de l'air** depuis une trentaine d'années sont, désormais, mis en œuvre **sous l'impulsion de l'Union européenne**, la France appliquant, comme les autres États membres, les réglementations communautaires. Parmi les mesures de réduction de la pollution atmosphérique liée à la circulation automobile, citons la mise en place de dispositifs de surveillance de la qualité de l'air, la limitation de la vitesse autorisée ou de l'utilisation de son véhicule en cas de pic de pollution, et la création d'aides au renouvellement du parc automobile pour stimuler l'achat de véhicules moins émetteurs de CO_2. La loi de 2015 relative à la transition énergétique et pour la croissance verte s'est aussi accompagnée du remplacement de la politique du bonus-malus écologique par une prime de soutien à l'achat d'un véhicule électrique ou hybride rechargeable.

▶ **Les élus locaux remettent également en cause la place de l'automobile dans la ville.** Ils prônent des modes de transports alternatifs (transports en commun, vélo, marche à pied) plus respectueux de l'environnement. Dans ce contexte, les municipalités des grandes villes se sont décidées à réinstaller des lignes de tramway dans les centres-villes. Le tramway est pensé comme un moyen de réduire la circulation automobile en rationalisant les déplacements et en créant un nouveau réseau de transports en commun qui doit contribuer à transformer le comportement de la population. Il favorise également la restructuration du territoire de l'agglomération, s'inscrivant dans la logique de densification de l'espace urbain, en renforçant la centralité de la ville et en créant de nouvelles polarités en périphérie, autour des stations.

CONSEIL

Dans un projet pédagogique proposé au concours, l'étude de l'évolution des infrastructures et des modes de transports utilisés par les élèves et leurs familles au quotidien peut être une entrée pour leur faire comprendre comment la réduction de l'utilisation de la voiture est envisagée dans leur environnement proche.

Problématiques possibles

- Qu'est-ce que le développement durable ?
- Comment réduire la pollution liée aux déplacements des habitants ?

FICHE 13 Un monde de réseaux

Textes officiels

« On découvre les infrastructures matérielles nécessaires au fonctionnement et au développement de l'Internet. Ses usages définissent un nouveau rapport à l'espace et au temps caractérisé par l'immédiateté et la proximité. Ils questionnent la citoyenneté. On constate les inégalités d'accès à l'Internet en France et dans le monde. »

BO n° 31 du 30/07/2020.

A. Plus de 400 câbles sous-marins dans le monde

▸ **En 2019, 448 câbles enterrés dans les fonds marins** constituent le réseau Internet sous-marin, long de 1,3 million de km. De nombreux câbles traversent les océans Atlantique et Pacifique. Le plus long est celui qui relie l'Allemagne à la Corée du Sud et au Japon (40 000 km). Ces câbles de 8 cm de diamètre intègrent plusieurs fibres optiques entourées de matériaux métalliques et plastiques, qui assurent une connexion 200 000 fois supérieure au débit d'une connexion ADSL.

▸ **Ce réseau relie la plupart des pays de la planète,** mais certains d'entre eux ne sont connectés que par un seul câble. Les satellites, perçus comme une alternative aux câbles sous-marins, ne sont, dans les faits, que peu utilisés, si ce n'est pour les territoires les plus isolés, principalement à cause du coût engendré. La France est, aujourd'hui, reliée au continent américain par 6 câbles transatlantiques.

> **Repère**
>
> Le réseau sous-marin représente **99 %** du transport des données dans le monde.

▸ **L'installation de câbles devra se poursuivre** pour répondre à l'explosion du trafic. Le changement récent concerne leur financement par les grandes compagnies, telles que Google, Apple, Microsoft, Facebook ou Amazon, qui génèrent plus de la moitié des données échangées sur les liaisons transatlantiques et transpacifiques. Plutôt que d'acheter de la bande passante, ces géants du Web ont décidé d'investir des millions de dollars dans la construction et l'installation de câbles. Microsoft et Facebook ont, ainsi, financé la mise en place d'un câble de 6 600 km reliant la Virginie (États-Unis) à l'Espagne. Plus d'une douzaine de projets similaires concernent ces compagnies, qui renforcent leur domination.

> **Repère**
>
> **1858 :** 1er câble transatlantique posé entre Valentia (Irlande) et Trinity Bay (Terre-Neuve). Long de 4 200 km, il permet la transmission d'un 1er message de 100 mots entre la reine Victoria et le président des États-Unis, M. Buchanan. La ligne ne fonctionna que 20 jours.

B. Une prouesse technique

▸ **La mise en place des câbles sous-marins se fait par des navires câbliers** (de 150 m de long sur 25 m de large), généralement avec l'intervention de plongeurs. La société française Alcatel Submarine Networks fait partie des quelques entreprises mondiales qui ont la capacité d'assurer la production (dans les usines de Calais), l'installation et la maintenance de ces câbles.

▸ Dans les eaux les plus profondes, les câbles sont posés au fond de l'océan. Près des côtes, l'ensevelissement est effectué à l'aide d'un jet d'eau à haute pression. L'enfouissement est une mesure de protection, utilisée en eaux peu profondes, où les chaluts et les ancres risquent d'endommager les câbles (en 2015, par exemple, une ancre fut à l'origine d'une section de câble, privant presque toute l'Algérie d'Internet pendant 2 semaines). Le positionnement des câbles au fond de l'océan ne les protège pas des actes délictueux : en 2007, des « pêcheurs » ont coupé, au large du Vietnam, 50 km de câbles pour en revendre les matériaux.

CONSEIL

Dans un projet pédagogique proposé au concours, l'étude du cheminement des câbles qui permettent la connexion Internet de l'espace de vie des élèves peut être une entrée pour ce thème, avant un travail sur la localisation des principaux câbles sous-marins du monde (compétence « Se repérer dans l'espace »).

@ https://www.submarinecablemap.com

Problématiques possibles

- Comment les informations circulent-elles par Internet dans le monde ?
- Comment a-t-on accès à Internet en France ?

FICHE 14 Un habitant connecté au monde

Textes officiels

« On découvre les infrastructures matérielles nécessaires au fonctionnement et au développement de l'Internet. Ses usages définissent un nouveau rapport à l'espace et au temps caractérisé par l'immédiateté et la proximité. Ils questionnent la citoyenneté. On constate les inégalités d'accès à l'Internet en France et dans le monde. »

BO n° 31 du 30/07/2020.

A. 9 Français sur 10 ont un accès à Internet à leur domicile

▶ 12 % des ménages disposaient d'un accès à Internet haut débit à domicile au début des années 2000 et 56 % en 2008. En 2020, **près de 90 % des ménages ont accès à Internet** et déclarent l'utiliser quotidiennement.

▶ **Le taux d'équipement est variable selon l'âge des habitants :** plus de 90 % des 18-24 ans se déclarent internautes ; tandis que le taux d'équipement est supérieur à 75 % jusqu'à 60 ans, il est proche de 50 % entre 60 et 74 ans. **La nature du diplôme** est aussi un facteur de différenciation : le taux d'équipement des ménages n'ayant pas le bac est bien plus faible que celui des ménages ayant le bac ou un diplôme supérieur. Le taux d'équipement augmente également quand **la catégorie socioprofessionnelle** s'élève : plus de 95 % des cadres et professions libérales sont équipés contre environ 75 % des ouvriers.

▶ **La fracture numérique de l'Internet mobile a été nettement réduite.** Seules quelques communes se situent sur des territoires qualifiés de « zones blanches », zones géographiques le plus souvent rurales, mal ou pas couvertes pour des raisons commerciales, le nombre de clients potentiels ne permettant pas aux opérateurs d'amortir leurs frais. En 2015, les opérateurs privés, réunis par le ministre de l'Économie, s'étaient engagés à assurer la disparition de ces zones blanches 2 ans plus tard. Or 2 % de la population française se situait encore en zone blanche. Le gouvernement leur a donc imposé un nouveau programme d'équipement des territoires concernés.

> **Repère**
>
> **67 % et 33 % :** pourcentages de Français ayant accès au haut débit, respectivement par un réseau fixe et un réseau mobile (source : INSEE, 2019).

▶ **Le haut débit et la fibre optique créent une nouvelle fracture numérique** sur le territoire national. En 2020, on recense environ 7 millions de personnes qui n'ont pas un accès de qualité minimale à Internet. Elles ne sont que 5 % dans les communes de plus de 10 000 habitants, mais près de 30 % dans celles de moins de 1 000 habitants. Le très haut débit n'est pas disponible dans 60 % des territoires ruraux. Si 96 % des habitants des 100 communes les plus denses de l'Hexagone sont éligibles à la fibre, ce chiffre tombe à 73 % dans les autres agglomérations et à 36 % dans les petites villes et les zones rurales.

B. Apprendre à utiliser Internet : un enjeu de citoyenneté

Repère

Selon Médiamétrie, en 2020, les Français passent, en moyenne, **2 h 12 chaque jour** sur Internet (les 15 % les plus connectés, soit 7,6 millions d'internautes, surfent près de 7 h par jour). Internet sert à s'informer (71 % des Français et 80 % des 15-24 ans chaque mois), communiquer (60 %), acheter et regarder des vidéos (40 %) ou écouter de la musique quotidiennement.

▶ **Internet a bouleversé notre accès à l'information.** Nous sommes, désormais, informés instantanément des évènements qui se produisent dans le monde entier. Tous les médias (radio, télévision, presse) ont leur site Internet. Les citoyens les consultent souvent en complément d'un autre média (le plus souvent la télévision, ainsi que les journaux pour les plus de 35 ans), même si Internet a tendance à se substituer complètement aux autres médias (surtout pour les citoyens les plus jeunes). Cependant, l'information qui circule sur la Toile n'est pas toujours contrôlée : tout le monde peut diffuser des idées fausses ou incomplètes.

▶ **La formation des jeunes citoyens à l'utilisation éclairée et responsable d'Internet** en tant que source d'informations, ainsi que des réseaux sociaux, revêt donc un enjeu majeur de leur éducation. L'association e.enfance propose, par exemple, de multiples ressources pour travailler avec des élèves, en particulier sur les dangers et les risques des réseaux sociaux. L'utilisation de ce site peut être l'occasion d'un travail de recherche d'informations permettant la mise en œuvre de compétences multiples : coopérer et mutualiser, utiliser les outils numériques, raisonner.

À SAVOIR

Le site droitsenfant.fr propose un recensement des dangers d'Internet pour les enfants et les adolescents.

CONSEIL

Dans un projet pédagogique proposé au concours, il est possible d'envisager une initiation aux limites d'Internet comme source d'informations et aux dangers que représentent, potentiellement, les réseaux sociaux, en particulier dans le cadre de la semaine de la presse.

Problématiques possibles

- Pour quelles raisons utilisons-nous Internet ?
- Quels sont les risques liés à l'utilisation d'Internet ?

FICHE 15 Des habitants inégalement connectés dans le monde

Textes officiels

« On découvre les infrastructures matérielles nécessaires au fonctionnement et au développement de l'Internet. Ses usages définissent un nouveau rapport à l'espace et au temps caractérisé par l'immédiateté et la proximité. Ils questionnent la citoyenneté. On constate les inégalités d'accès à l'Internet en France et dans le monde. »

BO n° 31 du 30/07/2020.

A. 60 % de la population mondiale a accès à Internet

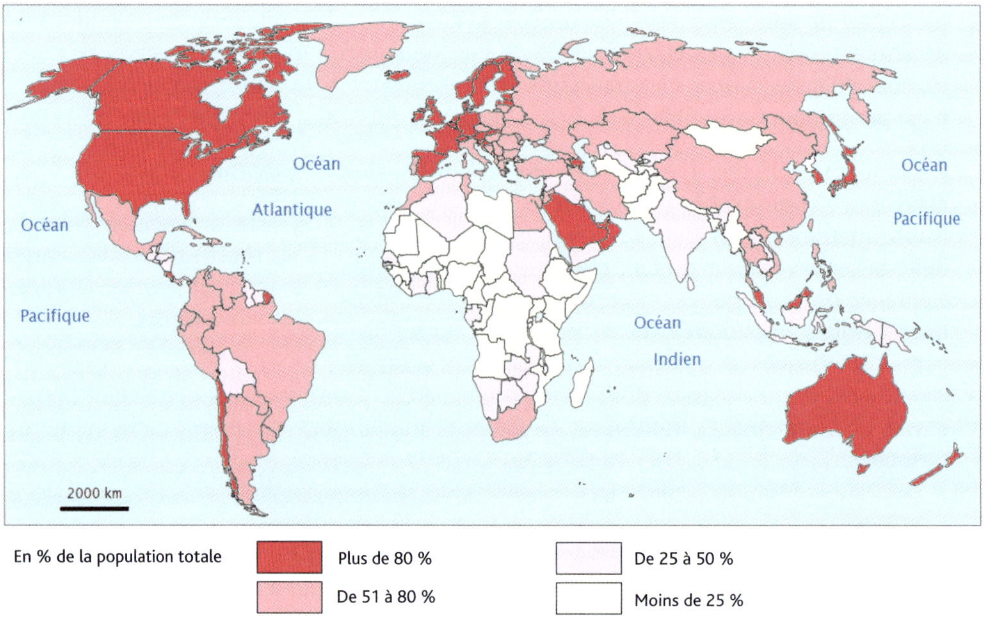

Les utilisateurs d'Internet dans le monde (en pourcentage de la population). Source : Banque mondiale 2019.

▶ **Le nombre d'internautes dans le monde** a été multiplié par 7 depuis 2000. Entre 2005 et fin 2015, il a plus que triplé, passant de 1 à 3,2 milliards (2 fois plus qu'en 2008). Si la croissance est forte, avec 4,8 milliards d'internautes en 2019, 3 milliards de personnes restent privées d'accès.

▶ **On observe de fortes disparités selon les continents.** Le pays qui a le plus d'internautes est la Chine (746 millions), devant l'Inde (391 millions) et les États-Unis (245 millions). Les taux de pénétration en Chine (60 % de la population a accès à Internet) et en Inde (42 % de la population) demeurent, cependant, très inférieurs à celui des États-Unis (95 % de la population). Ceci s'explique par le fait que la Chine et l'Inde sont des pays émergents, avec une part encore importante de pauvres.

> **Repère**
>
> Parmi les personnes qui n'ont pas accès à Internet, **plus de 1 milliard vivent en Asie et 870 millions en Afrique**. L'Afrique centrale est la région du monde qui a le plus faible taux d'accès à Internet (environ 12 % de la population).

▶ **Le fossé est encore plus béant s'agissant du haut débit.** Seuls 1,1 milliard d'individus, soit moins de 15 % de la population mondiale, en bénéficient. La diffusion de la fibre optique dans le monde montre l'avance des pays développés d'Asie de l'Est : Japon, Corée du Sud, Hong Kong. Le Japon représente, à lui seul, près de la moitié des raccordements en fibre optique de la planète et la Corée possède le plus fort ratio d'abonnés (près de la moitié de la population est raccordée). Ces pays bénéficient d'une forte densité de population, d'une forte urbanisation et de l'importance de l'habitat collectif dans les villes, qui sont autant de facteurs qui réduisent le coût du raccordement. Les stratégies de développement économique ont également donné la priorité à la haute technologie.

B. Des inégalités qui rendent compte des inégalités de développement

▶ **L'indicateur de développement humain (IDH),** calculé par l'ONU sur une période de 2 ans, est l'indicateur du niveau de développement d'un pays. Il est calculé à partir de 3 critères : le PIB par habitant, l'espérance de vie à la naissance et l'accès à l'éducation. Ce dernier critère est mesuré par le taux de scolarisation dans le primaire, le secondaire et le supérieur, et par le taux d'alphabétisation des adultes (c'est-à-dire le pourcentage de personnes de 15 ans et plus sachant écrire et comprendre un texte simple et court traitant de la vie quotidienne). L'IDH mesure, ainsi, non seulement les progrès économiques d'un pays, mais aussi l'amélioration des conditions de vie des populations.

▶ La faible connexion au réseau international est le signe d'un retard de développement. Selon la Banque mondiale, la tendance est au creusement de la fracture numérique entre les pays riches (Amérique du Nord, Europe, Océanie, Japon) ou émergents (d'Asie et d'Amérique du Sud et quelques pays d'Afrique) et les pays pauvres (d'Afrique, d'Asie et d'Amérique centrale ou du Sud). Cet inégal accès à Internet confirme **la division du monde entre Nord et Sud**.

CONSEIL

Dans un projet pédagogique proposé au concours, l'étude des inégalités de l'accès à Internet dans le monde pourra débuter par l'analyse de l'accès à Internet des enfants scolarisés dans un pays de faible IDH, avant une contextualisation à l'échelle mondiale.

Problématiques possibles

- Tous les Français ont-ils accès à Internet ?
- Quelles sont les inégalités d'accès à Internet dans le monde ?

FICHE 16 Favoriser la place de la « nature » en ville

Textes officiels

« Il s'agit d'explorer, à l'échelle des territoires de proximité (quartier, commune, métropole, région), des cas de réalisations ou des projets qui contribuent au "mieux habiter". [...] l'aménagement d'un écoquartier [est l'occasion] *de réfléchir aux choix des acteurs dans les politiques de développement durable. »*

BO n° 31 du 30/07/2020.

SUJET 3, P. 308

A. La nature est au cœur du projet d'aménagement de Nantes

❶ île Forget
❷ la pointe de l'île
❸ Petite Amazonie

Vue aérienne de Nantes.

▶ **L'île Forget** est un site en partie dévolu à l'éco-pâturage : les espaces verts y sont entretenus naturellement par des vaches, des taureaux, des baudets, des brebis. Le site a le label d'ÉcoJardin.

▶ **La pointe de l'île** est classée zone d'intérêt naturel pour la préservation de la faune et de la flore. Cet espace vert a été protégé dans le contexte d'urbanisation des quartiers est de l'île. Y sont aménagés un parc, des aires de jeux pour enfants, un circuit rustique d'activités de plein air. L'extrémité est de la pointe est laissée à l'état sauvage pour favoriser l'équilibre naturel de l'écosystème du site.

▶ **La Petite Amazonie** est un espace de 16 ha qui a le statut de zone naturelle d'intérêt écologique, faunistique et floristique. Elle est la 1re zone naturelle urbaine inscrite dans un périmètre Natura 2000, sous le nom de « Zone humide de Malakoff » (du nom du quartier à côté duquel elle se situe).

▶ Plus généralement, l'agglomération nantaise mène **une politique de développement durable** depuis la fin des années 1990. C'est en 2006 que Nantes Métropole approuve son 1er Agenda 21, avec la volonté d'allier l'amélioration des conditions de vie des habitants, la diversification économique du territoire et la protection de la biodiversité, principes confirmés dans le nouvel Agenda 21 élaboré en 2011. Les résultats obtenus en termes de protection de l'environnement lui ont valu, en 2013, le Prix de Capitale verte de l'Europe. Ce prix décerné par la Commission européenne valorise l'existence de 100 parcs, squares et jardins municipaux et de 1 050 ha d'espaces verts publics, dont 180 ha d'espaces naturels protégés, le maintien de 60 % du territoire en espaces agricoles ou naturels, ainsi que la création de 417 km de voies cyclables sur Nantes et son agglomération, l'aménagement de 250 km de cours d'eau au sein de l'agglomération, l'organisation de nouveaux transports en commun (tramway) qui contribuent à réduire les gaz à effet de serre, la lutte contre la pollution sonore et la qualité de la gestion des déchets.

B. De multiples outils

▸ **Le Schéma de cohérence territoriale (SCOT)** est un document d'urbanisme instauré par la loi SRU votée en 2000 et renforcé par la loi Grenelle II de 2010. Il détermine, à l'échelle de plusieurs communes ou groupements de communes, les politiques en matière d'habitat, de mobilité, d'aménagement commercial, d'environnement et de paysage. Il vise, entre autres, la réduction de la consommation d'espace et la préservation des territoires agricoles ou forestiers, de la biodiversité et des écosystèmes.

▸ **Les communes sont dotées d'un PLU (Plan local d'urbanisme),** qui définit l'aménagement de leur territoire dans le respect des prérogatives fixées par le SCOT. Le PLU découpe le territoire communal en zones sur lesquelles les contraintes imposées aux constructions varient : les zones agricoles (A) sont réservées à l'activité agricole et au logement des agriculteurs ; les zones de protection de la nature (N) définissent des sites naturels à préserver, sur lesquels des constructions peuvent être autorisées à condition qu'elles ne portent atteinte ni à la préservation des sols agricoles et forestiers, ni à la sauvegarde des milieux naturels.

▸ **Certaines aires urbaines ont créé leur Agenda 21,** notamment pour préserver des espaces ruraux menacés par la pression foncière engendrée par la densification et l'étalement du bâti immobilier.

▸ La Fédération européenne des espaces naturels et ruraux métropolitains et périurbains (Fedenatur) a été créée en 1997 afin de **protéger des espaces périurbains** qui présentent une qualité environnementale particulièrement remarquable. Des parcs naturels périurbains sont ainsi délimités, permettant de réduire les effets de l'étalement urbain. Les objectifs sont de maintenir l'activité agricole, prévenir des risques naturels, valoriser la biodiversité, préserver la qualité de l'eau et développer des activités récréatives.

CONSEIL

Dans un projet pédagogique proposé au concours, l'étude des aménagements destinés à favoriser la protection ou le retour de la nature dans la ville s'appuiera, si possible, sur l'étude d'un cas illustrant des pistes de travail transposables à la commune dans laquelle se situe l'école des élèves.

▸ Enfin, la **création de jardins potagers urbains** permet de réintégrer l'activité agricole au cœur du territoire urbain. L'ambition est non seulement de multiplier les espaces de verdure, mais aussi de recréer du lien social entre les habitants qui partagent ces espaces.

Problématiques possibles

Les problématiques seront adaptées au lieu de vie des élèves, selon qu'ils habitent un territoire rural ou un territoire urbain, de centre-ville, de banlieue ou périurbain. Une sortie sur le terrain permettra d'élaborer un diagnostic des enjeux du développement durable en ville.

- Comment améliorer le cadre de vie des habitants de notre ville ?
- Comment redonner plus de place à la nature dans notre ville ? (Géographie prospective.)

GÉOGRAPHIE

FICHE 17 Recycler

Textes officiels *« Il s'agit d'explorer, à l'échelle des territoires de proximité (quartier, commune, métropole, région), des cas de réalisations ou des projets qui contribuent au "mieux habiter". [...] l'aménagement d'un écoquartier* [est l'occasion] *de réfléchir aux choix des acteurs dans les politiques de développement durable. »*

BO n° 31 du 30/07/2020.

SUJET 3, P. 308

A. Les problèmes environnementaux liés aux déchets

▶ **Les déchets posent des difficultés** par leur production qui augmente et par le caractère dangereux de certains d'entre eux. Les mutations sociales (urbanisation, essor de la société de consommation) et économiques (intensification des modes de production) contribuent à leur accumulation.

▶ **Les déchets accumulés en France** représentent, chaque année, environ 350 millions de tonnes, dont moins de 10 % sont produits par les ménages (environ 30 millions de tonnes, soit près de 450 kg par habitant).

▶ **Le secteur de la construction** est celui qui produit le plus de déchets (environ 250 millions de tonnes), loin devant le secteur tertiaire (24 millions), l'industrie (24 millions) et l'agriculture (environ 1 million). Les déchets dangereux représentent environ 11 millions de tonnes.

▶ **La majorité des déchets** est récupérée, le plus souvent, par les collectivités locales (ville, intercommunalité) et envoyée en centre de tri ou dans des filières de valorisation énergétique, de compost ou de réemploi. Cependant, une grande part des déchets est, encore aujourd'hui, incinérée ou enfouie. Par ailleurs, malgré des consignes simplifiées et une conscience écologique en hausse chez les ménages, de nombreux déchets échappent encore aux poubelles de tri et terminent leur vie dans la nature, les forêts et les cours d'eau.

B. Les politiques publiques de traitement des déchets

▶ **Dès les années 1970,** des politiques de préservation des milieux par la gestion des déchets sont planifiées.

▶ **Les enjeux de la gestion des déchets** sont d'ordre écologique (limitation future des ressources en matières premières et en énergie, impact environnemental des déchets) et sanitaire (salubrité et santé publiques).

▶ **La loi Grenelle de février 2009** fixe un double objectif à la politique de gestion des déchets : la réduction des ordures ménagères et l'augmentation des mesures de recyclage des déchets. Pour réduire ces derniers, il s'agit donc, d'abord, de prévenir à la source leur production par la réduction des emballages, la vente en vrac, le réemploi, qui prolonge la durée de vie d'un produit pour un usage identique et évite, ainsi, qu'il ne devienne un déchet (principe d'économie circulaire). Ensuite, le recyclage vise le « jeter mieux » pour favoriser différentes formes de valorisations des déchets :
- **le recyclage** caractérise toute opération par laquelle les déchets, y compris ceux organiques, sont retraités en substances, matières ou produits aux fins de leur fonction initiale ou à d'autres fins ;
- **la réutilisation** consiste à récupérer des matières et à les transformer pour leur donner une nouvelle vie (par exemple, réutiliser des voiles de bateaux et des bâches publicitaires pour en faire des sacs) ;

– **la valorisation énergétique** est la production d'électricité, de chaleur par incinération et conversion des déchets en combustible.

▶ **Au niveau local,** la loi du 13 juillet 1992 oblige les communes ou les groupes de communes à créer, avant 2002, des déchetteries pour incinérer les déchets et ne plus mettre en décharge que des résidus inertes. De nombreuses communes, petites et moyennes, ont, cependant, hésité face aux coûts, source d'une augmentation notable des impôts. L'incinération pose, d'ailleurs, elle-même des problèmes liés aux produits dangereux qu'elle rejette, notamment la dioxine produite par la combustion des matières plastiques et suspectée d'avoir un effet cancérigène.

▶ Des communes expérimentent des **gestions innovantes des déchets**, grâce à l'utilisation de technologies numériques :
– certaines, telles que Tours ou Orléans, testent, depuis quelques années, un système de conteneurs connectés, qui alertent en temps réel les équipes municipales de leur taux de remplissage afin de pouvoir effectuer un ramassage plus précis et plus efficace ;
– d'autres communes, telles que Dijon, Poitiers ou Angoulême, ont recours à des applications ou à des portails Internet, qui permettent aux habitants de prendre contact facilement avec les services municipaux afin d'être guidés dans leur démarche, d'être orientés vers les centres de recyclage et d'obtenir des conseils sur le tri des déchets ;
– dans certaines communes de la métropole d'Aix-Marseille-Provence, la technologie numérique incite les habitants à trier leurs déchets grâce à des conteneurs qui comptabilisent les déchets déposés et triés et leur attribuent en contrepartie, via une application Smartphone, des points convertibles en bons d'achat dans les commerces du quartier ou en dons à des associations caritatives.

▶ **Les déchets industriels les plus dangereux** sont traités dans des centres spécialisés, dont la plupart sont situés dans les régions du Nord et du Nord-Est, à proximité des industries concernées. Une Agence nationale pour la récupération et l'élimination des déchets (ANRED) a été créée dans ce but. Les déchets liquides de l'usine de traitement des déchets nucléaires de La Hague (Cotentin) sont rejetés en mer – procédure dont la nocivité n'a pas été clairement démontrée mais qui suscite de nombreuses critiques. Les déchets nucléaires solides à vie courte sont collectés, traités et stockés, mais ceux à vie longue posent des problèmes de stockage.

CONSEIL

Dans un projet pédagogique proposé au concours, l'étude des aménagements destinés à favoriser la gestion des déchets dans la ville où se situe l'école des élèves sera privilégiée. Un tel projet impose une mise en relation étroite avec le programme d'EMC, car la contribution de l'enseignement de la géographie à la formation des jeunes citoyens est, ici, particulièrement forte.

Problématiques possibles

Les problématiques seront adaptées au lieu de vie des élèves, selon qu'ils habitent un territoire rural ou un territoire urbain, de centre-ville, de banlieue ou périurbain. Une sortie sur le terrain permettra d'élaborer un diagnostic des enjeux du développement durable en ville.

- Comment les déchets sont-ils gérés dans notre commune ?
- Quels problèmes la gestion des déchets pose-t-elle ?
- Comment peut-on améliorer la gestion des déchets en ville ?

FICHE 18 Habiter un écoquartier

Textes officiels *« Il s'agit d'explorer, à l'échelle des territoires de proximité (quartier, commune, métropole, région), des cas de réalisations ou des projets qui contribuent au "mieux habiter". [...] l'aménagement d'un écoquartier* [est l'occasion] *de réfléchir aux choix des acteurs dans les politiques de développement durable. »*

BO n° 31 du 30/07/2020.

SUJET 3, P. 308

A. L'écoquartier de Bonne à Grenoble : un projet précurseur

Écoquartier de Bonne, à Grenoble.

▶ L'écoquartier de Bonne a été construit sur l'**emplacement d'une ancienne caserne, à proximité du centre-ville**. En 2009, le projet reçoit le Grand Prix national écoquartier décerné par le ministère de l'Écologie. Ce projet s'est distingué de celui des autres candidats par l'intégration de toutes les dimensions du développement durable.

▶ Il comprend environ 1 100 logements. Les logements sociaux représentent 40 % du parc. Le projet, élaboré en 2002, intègre 15 000 m² de commerces et espaces de loisirs ou de services aux particuliers, 6 000 m² de bureaux, une école primaire, une cantine scolaire, une piscine, des résidences étudiantes et pour personnes âgées, et un hôtel. 5 ha de jardins agrémentent le quartier.

▶ **Le souci de durabilité et de limitation de l'empreinte écologique** se traduit par des innovations technologiques. Une gestion plus efficace des déchets a été mise en œuvre. Les eaux pluviales sont récupérées, la consommation d'eau des logements a été réduite et l'eau chaude sanitaire est produite par des panneaux solaires thermiques. La consommation énergétique a été optimisée en améliorant la qualité thermique des bâtiments, en construisant une centrale photovoltaïque et en implantant les bâtiments selon les prérogatives définies par des études d'ensoleillement. La proximité d'une ligne de tramway et de bus et la création de zones cyclables et piétonnes contribuent à la diminution de l'utilisation de la voiture.

▶ À partir de 2015, c'est **à l'échelle de toute la métropole grenobloise** que sont envisagées les politiques de développement durable. Grenoble-Alpes Métropole (49 communes, 440 000 habitants) devient, ainsi, un territoire « ÉcoCité » qui bâtit sa stratégie de développement urbain sur des objectifs de transition et d'adaptation :
- **la transition** consiste à évoluer vers un modèle économique et social qui tienne compte des enjeux du changement climatique, de la rareté des ressources, de la perte accélérée de la biodiversité et de la multiplication des risques sanitaires environnementaux ;
- **l'adaptation** consiste à réduire la vulnérabilité des systèmes naturels et humains face aux effets du changement climatique.

▶ Cette stratégie a valu à Grenoble d'obtenir le titre de « Capitale verte européenne 2022 », qui reconnaît l'engagement d'un territoire (Grenoble, la Métropole, les parcs naturels voisins, etc.) et de ses divers acteurs (collectivités locales, entreprises, universités, etc.) en matière d'environnement et de développement durable.

B. Réussites et limites des écoquartiers en France

▶ **Un écoquartier est un projet d'aménagement urbain qui respecte les principes du développement durable.** C'est une partie de ville conçue, organisée et gérée dans une démarche de développement durable. Ce type de quartier doit avoir un potentiel de développement économique, répondre à des critères de performance environnementale rigoureux (transports en commun, recyclage de déchets, écoconstruction), et assurer la mixité sociale et fonctionnelle (logements, commerces, équipements publics…).

▶ C'est en 2009 qu'est lancé le 1er appel à projets. Le label national « écoquartier » date de 2012 – à partir, notamment, du modèle de l'écoquartier de Bonne – et 13 projets sont labélisés l'année suivante. En 2015, 39 écoquartiers labélisés sont répartis sur le territoire national, regroupant 55 000 logements. La labélisation n'impose pas une exigence d'uniformisation de ces quartiers, mais le respect de principes fondamentaux. Tous les acteurs du territoire (les citoyens comme les élus) doivent être mobilisés. Le cadre de vie doit améliorer le quotidien des habitants et favoriser le vivre-ensemble (création d'un parc de logements sociaux, d'écoles, de résidences étudiantes mais aussi pour les seniors). Le quartier doit participer au développement économique du territoire. Une gestion durable des ressources doit contribuer à réduire l'empreinte écologique des choix urbanistiques et à valoriser la place de la nature.

▶ Considérés comme des laboratoires permettant de lier urbain et rural, à la croisée des enjeux écologiques, sociaux et économiques, **les écoquartiers ne sont pas exempts de critiques**. Leur composante « environnementale » conduit, par exemple, à en exclure l'automobile. Ce choix génère des problèmes de stationnement dans les espaces périphériques au quartier. Dans la lutte contre l'étalement urbain, ils permettent, certes, de maintenir des ménages au sein de l'agglomération, mais l'impact démographique demeure faible à l'échelle de l'aire urbaine. Les enjeux sociaux de valorisation du vivre-ensemble sont également difficilement atteints, car les écoquartiers n'attirent des investisseurs que s'ils ont une perspective de rentabilité, souvent contradictoire avec la nécessité de construire des logements sociaux destinés à l'accueil des familles plus modestes.

CONSEIL

Le travail mené avec des élèves peut être envisagé à partir d'un corpus documentaire sur un écoquartier de la commune de l'école ou proche de celle-ci. Un travail d'enquête permettra de définir les principales caractéristiques du quartier, pour comprendre comment le projet contribue à améliorer le cadre de vie des habitants, avec le souci des enjeux sociaux (la vie quotidienne des riverains), économiques (la création d'emplois) et environnementaux (la protection de la nature).

Problématiques possibles

- Quelles sont les pollutions et les dégradations de l'environnement dans notre ville ?
- Quel est l'intérêt de construire des écoquartiers ?

EXPLOITATIONS PÉDAGOGIQUES

Enseigner la notion d'« habiter »

A La séquence et ses objectifs

Cycle	3
Niveau	CM1
Domaine	Géographie
Séquence	Habiter un espace touristique
Séances	6
Période	3

1. Prérequis

CHAPITRE 6, PP. 192, 205, 212

- Savoir localiser son espace de vie à différentes échelles.
- Connaître les caractéristiques d'un espace urbain.

2. Objectifs de la séquence

- Connaître les caractéristiques d'un espace touristique.
- Comprendre qu'en fonction des acteurs, il existe diverses façons d'habiter.

3. Compétences travaillées

- Coopérer et mutualiser.
- Se repérer dans l'espace, comprendre un document.
- S'exprimer à l'oral.
- Raisonner, justifier une démarche et les choix effectués.

4. Préparations matérielle et documentaire

- Matériel pour la réalisation des brochures touristiques.
- Documentation autour des aménagements touristiques de sa ville / son village.

B Organisation de la séquence

Séance 1	**Phase de découverte :** à partir des représentations des élèves et de l'étude de différents paysages touristiques de leur région et de leur ville/village, le professeur construit, avec eux, une carte mentale permettant de définir le tourisme.
Séance 2	**Phase de réinvestissement :** les élèves travaillent, individuellement, sur un corpus documentaire associant cartes, textes et photographies. Ils découvrent les différents usages touristiques de leur territoire et ses aménagements spécifiques.
Séance 3	**Phase d'approfondissement :** chaque groupe d'élèves étudie un point de vue (touriste, hôtelier, défenseur de l'environnement, simple habitant…) à propos du tourisme à partir d'un corpus documentaire. Après ce travail, les enfants défendent, lors d'un débat réglé, le point de vue étudié en groupe. Ils en déduisent que différents acteurs cohabitent sur un même territoire et qu'ils n'en ont pas les mêmes usages.
Séance 4	**Phase d'appropriation :** les élèves sont répartis en groupes de 4 et confrontés à un problème : ils doivent réaliser la brochure touristique de la région dans laquelle ils vivent et la présenter à leurs camarades. Autoévaluation sur la compétence « Coopérer et mutualiser » à partir des critères de réussite établis préalablement.
Séance 5	**Phase d'évaluation :** chaque groupe présente son travail devant la classe. Évaluation par les pairs des brochures et de la compétence « S'exprimer à l'oral ».
Séance 6	**Phase de mise en perspective :** les élèves travaillent, individuellement, sur les espaces touristiques à l'échelle de la France et prennent conscience de leur diversité.

▶ La séquence d'apprentissage est construite selon une démarche inductive, caractéristique de la géographie scolaire. Après avoir découvert le sujet à travers un espace spécifique – le leur, en l'occurrence –, son champ d'étude est mis en perspective à l'échelle nationale. L'analyse de l'espace local contribue à rendre les élèves davantage acteurs de leur territoire, tandis que cette mise en perspective à une autre échelle permet au professeur de leur montrer la diversité des espaces touristiques et d'évoquer d'autres exemples.

▶ L'usage de la carte mentale à la fin de la séance 1 fait émerger des valeurs et des pratiques spatiales collectives au sein de la classe. Pour être efficace, l'outil doit être utilisé d'abord de manière individuelle. L'élève imagine, ainsi, ses propres schémas de pensée sur l'espace étudié, et le professeur mesure plus précisément les représentations de ses élèves sur le sujet.

C Exemple d'une exploitation pédagogique : séances 4 et 5

1. Objectifs d'apprentissage

- ☑ Progresser dans les compétences « Coopérer et mutualiser » et « S'exprimer à l'oral ».
- ☑ Consolider l'appropriation des savoirs géographiques mobilisés dans la séquence.

2. Choix opérés pour conduire l'exploitation pédagogique

EXEMPLE DE SÉANCES N°s 4 ET 5			
Phases de la séance 4	**Durée**	**Dispositif**	**Déroulement**
❶ Présentation de l'activité	5 min	Collectif oral	Le professeur présente l'activité et le matériel à disposition pour la création des brochures.
❷ Phase de découverte	5 min	Collectif oral	• Le professeur distribue la grille d'autoévaluation de la compétence « Coopérer et mutualiser » et rappelle les critères de réussite. • Lecture de la situation-problème et distribution du corpus documentaire : cartes, photos, textes et liens Internet (si ordinateurs disponibles).
❸ Phase de recherche et d'élaboration	45 min	Collectif oral et écrit	• Les élèves se répartissent les tâches au sein des groupes. • La forme du rendu étant libre, ils doivent penser eux-mêmes aux solutions à mettre en œuvre pour réaliser la brochure. • En cas de difficulté constatée dans un groupe, le professeur distribue un coup de pouce, constitué d'un étayage de questions qui cadrent le travail à effectuer.
Phases de la séance 5	**Durée**	**Dispositif**	**Déroulement**
❹ Phase de mise en commun	20 min	Collectif oral Individuel écrit	• Les groupes exposent leur résultat. • Les camarades qui écoutent évaluent les exposés de leurs pairs et la compétence « S'exprimer à l'oral ».
❺ Phase d'évaluation	15 min	Individuel écrit	• Les élèves autoévaluent la compétence « Coopérer et mutualiser ». • Le professeur formule les points de progression.
❻ Phase d'institutionnalisation	10 min	Collectif oral	À partir des travaux d'élèves, le professeur effectue une synthèse de l'étude de cas réalisée sur leur territoire (séances 1 à 5).

3. Travaux réalisés en classe

▶ Le travail de groupe réalisé lors de la séance 4 s'appuie sur les outils du géographe précisés dans le programme : des documents cartographiques sur le territoire étudié, pour localiser les différents aménagements et les mettre en lien avec ses usages touristiques (plages, hôtels, axes de communication etc.) ; des photographies, pour caractériser les fonctions d'un paysage touristique et en identifier les acteurs ; des systèmes d'information géographiques (SIG), pour approfondir les recherches, si la classe dispose d'ordinateurs ou de tablettes permettant un accès à Internet (Google Maps, Édugéo, etc.).

▶ La densité du corpus documentaire oblige les élèves à se répartir les tâches pour mutualiser le travail. En fonction de leur appétence ou bien de leurs capacités, ils coopèrent plus efficacement.

FICHE 7, P. 46

▶ Pendant la séance 4 et au cours de la suivante, les groupes s'autoévaluent sur la compétence « Coopérer et mutualiser ». Ce travail d'évaluation formative leur permet de s'impliquer du mieux possible dans la tâche puisqu'ils connaissent les critères de réussite. À son issue, quand les élèves du groupe se sont mis d'accord, le professeur passe dans les rangs pour valider le document et discuter, avec eux, des points de progression possible pour le prochain travail de groupe. Cette activité a donc pour buts de faire réfléchir les enfants sur leurs apprentissages et de les impliquer dans le processus d'évaluation d'une compétence centrale du programme d'histoire-géographie du cycle 3.

▶ Pour présenter la brochure réalisée en équipe, les élèves peuvent s'appuyer sur 1 ou 2 camarades responsables de la restitution ou se partager la parole à plusieurs. Ce temps d'exposé est aussi l'occasion, pour le professeur, de questionner les groupes sur tout ce qu'ils ont mis en place pendant le travail de recherche pour parvenir au résultat.

▶ À partir des critères de réalisation de la brochure (projetés au tableau, derrière le groupe, sur la photo), le professeur et les élèves qui sont assis peuvent évaluer le travail de leurs camarades et apprécier si les différents points ont bien été respectés. Cette évaluation par les pairs permet d'impliquer toute la classe.

▶ La dimension géographique de la brochure touristique est, ensuite, analysée par les pairs et le professeur. On y observe les caractéristiques d'un espace touristique : présence d'un patrimoine local exploité par plusieurs activités ; hébergements possibles pour les touristes ; axes et transports disponibles pour transiter entre les différents aménagements touristiques.

▶ Ici, les travaux ont été réalisés par des élèves qui habitent l'agglomération de Marseille. L'étude de cas et les ressources documentaires portent donc sur la Provence, afin de favoriser l'appropriation des connaissances géographiques sur le sujet et de replacer, dans la séance 6, cet espace de vie au sein des dynamiques nationales.

▶ Le résultat final est, ensuite, pris en photo par le professeur, imprimé pour chaque élève du groupe, et collé comme trace écrite finale dans le cahier de géographie.

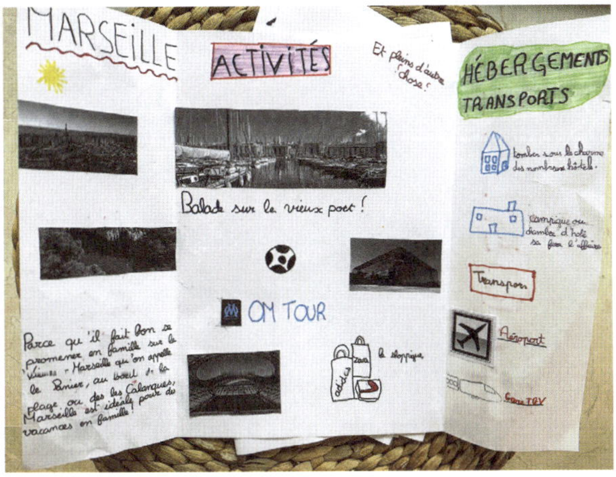

D Questionnements possibles à partir de l'exploitation pédagogique

• Pourquoi la notion d'« habiter » permet-elle aux élèves de mieux s'approprier les méthodes de l'enseignement de géographie au cycle 3 ?

En géographie, comme indiqué dans les programmes du cycle 3, habiter ne se réduit pas à résider. S'intéresser à l'habiter consiste à observer les façons dont les hommes et les femmes organisent et pratiquent leurs espaces de vie, à toutes les échelles. Ainsi, l'étude des « modes d'habiter » doit faire entrer simplement les élèves dans le raisonnement géographique à partir de cas très concrets, comme ici le tourisme dans Marseille et sa région. Dans la réalisation de la brochure touristique, on a donc favorisé la découverte de l'espace proche des élèves en leur faisant manipuler des documents du quotidien (photographies de paysages, cartes, articles de journaux…) et induit la compréhension des relations dynamiques que les touristes entretiennent avec un territoire.

• Qu'apporte l'étude d'un espace touristique à la notion d'« habiter » ?

Le travail sur un espace touristique montre qu'on peut habiter un lieu de façon temporaire. Il permet également d'observer la cohabitation de divers acteurs sur un même territoire et de constater que ces derniers n'en ont pas forcément les mêmes usages. Les touristes ont une façon très différente d'appréhender l'espace qu'ils visitent de celles des habitants de cet espace. De même qu'il existe aussi, dans cet espace, des habitants qui ne souhaitent pas voir le tourisme s'y développer et qui peuvent s'opposer, par exemple, à la construction d'un hôtel en bord de mer. Les élèves comprennent que pratiquer un lieu, pour une personne, c'est en avoir l'usage et y accomplir des actes du quotidien comme le travail, les achats, les loisirs, les déplacements…

• Pourquoi étudier un exemple proche du lieu de vie des élèves en géographie ?

Pour se repérer dans l'espace et appréhender progressivement les repères géographiques, il est plus facile, pour un élève, de commencer par ce qu'il connaît. En l'occurrence, un espace proche. L'investigation des lieux de vie du quotidien permet d'impliquer plus efficacement les élèves dans les tâches et de contribuer à les leur faire découvrir sous un autre angle.

EXPLOITATIONS PÉDAGOGIQUES

Apprendre à mieux habiter

Cycle	3
Niveau	CM2
Domaine	Géographie
Séquence	Favoriser la place de la nature en ville
Séances	5
Période	5

A La séquence et ses objectifs

1. Prérequis

- ☑ Connaître les caractéristiques d'un espace urbain.
- ☑ Savoir se repérer sur un plan et l'utiliser.

2. Objectifs de la séquence

CHAPITRE 6, PP. 240, 244

- ☑ Comprendre la place qu'occupe la nature dans son quartier et son organisation.
- ☑ Initier les élèves aux enjeux du développement durable en les impliquant comme observateurs et acteurs de leur espace de vie.

3. Compétences travaillées

- ☑ Coopérer et mutualiser.
- ☑ Se repérer dans l'espace.
- ☑ Raisonner, justifier une démarche et les choix effectués.
- ☑ S'informer dans le monde du numérique.
- ☑ Réaliser une production graphique.

4. Préparations matérielle et documentaire

- ☑ Matériel nécessaire à la production graphique, ordinateurs/tablettes pour Édugéo.
- ☑ Corpus documentaire.

B Organisation de la séquence

Séance 1	Individuellement, les élèves réfléchissent aux éléments naturels présents dans le quartier autour de l'école. Ensuite, à partir de cartes topographiques et de photographies de paysages, ils différencient, en groupes, les aménagements urbains favorisant la place de la nature des autres aménagements. Si la classe dispose d'ordinateurs, la séance peut se faire à partir d'Édugéo.
Séance 2	En groupes, les élèves travaillent sur un corpus documentaire pour déterminer la diversité des expressions de la nature en ville (photographies, articles de presse, site Internet et cartes de la ville). À la fin de cette tâche, ils construisent, avec le professeur, une carte mentale sur la nature en ville.
Séance 3	En groupes, les élèves travaillent sur des villes différentes (corpus ou Édugéo). La présentation de chaque groupe devant la classe permet aux élèves de constater que les aménagements urbains favorisant la nature sont propres à chaque ville.
Séance 4	Les élèves réfléchissent à la manière dont ils pourraient aménager leur quartier pour y favoriser davantage la place de la nature. En binômes, ils rédigent un texte explicatif et construisent, à partir de la carte ou d'Édugéo, un petit croquis où sont positionnés les éléments du quartier à modifier. Révisions en vue de l'évaluation sommative.
Séance 5	Évaluation sommative.

▶ L'enseignement de la géographie aide, ici, l'élève à penser le monde et participe à sa construction en tant qu'habitant. Les échanges en classe permettent de valoriser ce que pensent les enfants de leur quartier à partir du diagnostic de la séance 1, d'élargir leur champ de vue aux séances 2 et 3, et de les faire réfléchir à la façon de « mieux habiter » leur quartier du point de vue de la nature en séance 4. Dans cette séquence, le professeur mobilise donc des connaissances géographiques et les relie à l'expérience personnelle des élèves.

▶ La séquence vise à impliquer les élèves dans la compréhension des dynamiques spatiales de leur quartier. Elle les amène à prendre conscience de l'importance de la nature pour la sociabilité des citadins, mais aussi de ses effets positifs pour le développement durable. L'enseignement de la nature en ville apprend aux élèves le respect de l'environnement qui les entoure et les sensibilise à l'écologie.

▶ Lors de la séance 3, les élèves explorent d'autres cas de réalisations ou des projets qui contribuent à améliorer le cadre de vie, à l'échelle des territoires de proximité (quartier, commune, métropole). La séance est l'occasion de les faire réfléchir sur les choix des acteurs dans les politiques de développement durable et de nourrir la réflexion sur leur propre quartier lors de la séance 4.

C Exemple d'une exploitation pédagogique : séance 4

1. Objectifs d'apprentissage

☑ Impliquer les élèves dans la réflexion à propos des dynamiques liées au développement durable dans leur ville ou dans la ville la plus proche.

☑ Consolider l'appropriation des savoirs géographiques de la séquence.

☑ Faire travailler les élèves sur la réalisation d'un croquis et les faire progresser.

2. Choix opérés pour conduire l'exploitation pédagogique

FICHE 4, P. 36

EXEMPLE DE SÉANCE N° 4

Phases séance 4	Durée	Dispositif	Déroulement
❶ Phase de réactivation	5 min	Collectif oral	• Les élèves tâchent de se rappeler ce qui a été vu dans les séances précédentes. • Le professeur fait rappeler les critères de réussite pour réaliser une production graphique. • Le professeur fait reformuler la consigne par les élèves pour vérifier qu'ils ont bien compris.
❷ Phase de recherche	30 min	Collectif oral et écrit	• Les élèves se répartissent les tâches au sein de binômes (texte/croquis). • En cas de difficulté constatée dans un binôme, le professeur distribue un coup de pouce, constitué d'un étayage de questions et/ou de la légende pré-remplie du croquis.
❸ Phase de mise en commun	10 min	Collectif oral	• Quelques binômes viennent présenter leur travail à la classe (croquis + lecture d'un texte). • Critiques réalisées par les pairs sur le croquis à partir des critères de réussite.
❹ Phase d'évaluation et d'institutionnalisation	15 min	Individuel écrit	• Évaluation formative par le professeur. • À partir des croquis des élèves, le professeur établit un croquis commun et rappelle les règles et les signes conventionnels à utiliser.

▶ La séance 4 peut être réalisée dans le cadre d'une sortie sur le terrain, pour rendre l'approche plus concrète, surtout si la classe est éloignée d'un centre urbain ou que les élèves ne le connaissent pas bien. La sortie scolaire est propice aux rencontres avec des habitants (élus, paysagistes, représentants d'associations…), qui témoignent de leur rôle pour améliorer le cadre de vie du quartier. Le professeur utilise un Smartphone pour enregistrer des sons et des images que les élèves pourront restituer en classe sous diverses formes (diaporama, affiches…).

▶ Une fois l'activité lancée, le professeur peut donner l'étayage suivant : « La nature est-elle présente dans le quartier ou la ville ? Existe-t-il des parcs, des jardins partagés ? Où se situent-ils ? Quelle faune et quelle flore s'y développent ? Comment réduire la part du bitume ou embellir certains espaces du quartier ?… » Cet étayage guide les élèves et réduit leur capacité à travailler de manière autonome, mais il permet de gérer l'hétérogénéité de la classe de manière plus efficace. L'enjeu consiste donc à attendre le plus possible avant de distribuer ce « coup de pouce » aux enfants en difficulté, pour qu'ils apprennent à élaborer leurs propres stratégies.

▶ Le professeur peut introduire une dimension prospective dans son enseignement, en invitant les élèves à inscrire leur réflexion dans le temps long et en leur permettant de réfléchir à des scénarios d'avenir (« Votre quartier dans cinquante ans »).

▶ La séance 4 est l'occasion de mobiliser la compétence « Réaliser une production graphique », comme le croquis. À partir du plan communal, les élèves positionnent d'abord les différents espaces de la nature en ville, puis les différencient par un jeu de couleurs : espaces verts, espaces partagés, résidences arborées, etc., qu'ils inscrivent dans une légende. Ce croquis sera, ensuite, complété dans les chapitres suivants : « Le recyclage » et « L'écoquartier ». L'évaluation formative vise à faire progresser les élèves sur une compétence caractéristique du programme de géographie de cycle 3 : « Réaliser une production graphique ».

D Questionnements possibles à partir de l'exploitation pédagogique

• La séquence peut-elle être croisée avec le programme d'EMC ? Pourquoi ?

SUJET 3, P. 308

Le thème 3 de géographie du CM2 invite les élèves à une réflexion sur le « mieux habiter ». Pour donner du sens à cet enseignement, le professeur établit des passerelles avec le programme d'EMC pour développer une conscience citoyenne, sociale et écologique chez les enfants. En les faisant réfléchir sur leur quartier, ceux-ci analysent le « comment » et sont dans l'observation d'un phénomène géographique. L'EMC vise, quant à lui, à poser la question du « pourquoi » et permet d'approfondir leur esprit critique : « Pourquoi donner de la place à la nature en ville ? » Ce questionnement fait, ainsi, accéder les élèves aux principes du « vivre-ensemble » et du « rapport de l'humain à la nature », inscrits dans le programme d'EMC du cycle 3.

• Quel est le lien entre la séquence et la notion de « développement durable » ?

La séquence offre la possibilité d'inscrire les objectifs de l'éducation au développement durable dans l'enseignement de la géographie. Elle permet, en effet, de revenir sur des territoires de proximité et de les questionner sous l'angle de la durabilité. Regroupant plus de 75 % de la population française, les espaces urbains sont le lieu de vie de la grande majorité des Français. L'ampleur du phénomène d'urbanisation, la croissance démographique, l'étalement des villes et les conditions de vie en ville interrogent la qualité de l'habiter dans toutes ses dimensions : la résidence, le social, les déplacements, la qualité environnementale, le bien-être. La pluralité des actions et des projets de développement durable qui émanent des collectivités territoriales programment des réponses à ces interrogations (l'Agenda 21, par exemple). Le développement durable est pleinement intégré aux règles de l'urbanisme et s'impose en matière d'aménagement. La place de la nature en ville, par les questions qu'elle soulève en termes d'aménagements urbains, participe donc, en géographie, à l'éducation au développement durable.

Enseigner l'EMC aux cycles 1 et 2

Programmes

CYCLE 1

« L'école maternelle structure les apprentissages autour d'un enjeu de formation central pour les enfants : "apprendre ensemble et vivre ensemble". La classe et le groupe constituent une communauté d'apprentissage qui établit les bases de la construction d'une citoyenneté respectueuse des règles de la laïcité et ouverte sur la pluralité des cultures du monde. [...] L'école maternelle assure ainsi une première acquisition des principes de la vie en société. L'accueil et la scolarisation des enfants handicapés participent à cet enjeu pour ces enfants et contribuent à développer pour tous un regard positif sur les différences. [...] L'école maternelle construit les conditions de l'égalité, notamment entre les filles et les garçons. »

BO n° 25 du 24/06/2021.

CYCLE 2 Thème 1 – Respecter autrui

- Le respect d'autrui
- Identifier et partager des émotions et des sentiments

CYCLE 2 Thème 2 – Acquérir et partager les valeurs de la République

- Respecter les règles de la vie collective
- Connaître les valeurs, les principes et les symboles de la République française
- Accéder à une première connaissance des cadres d'une société démocratique

CYCLE 2 Thème 3 – Construire une culture civique

- Participer et prendre sa place dans un groupe
- Distinguer son intérêt personnel
- Écouter autrui et produire un point de vue argumenté

ENJEU SCIENTIFIQUE

Quelles finalités civiques de l'EMC aux cycles 1 et 2 ?

A Un apprentissage progressif

▶ **Le nouveau programme du cycle 1,** consolidé en juillet 2020, offre une opportunité importante aux professeurs pour initier les élèves à l'EMC. Le temps de la maternelle est, ainsi, confirmé comme celui de la découverte des règles de la vie en collectivité et de leur discussion dans la classe.

▶ **Le cycle 2,** où l'EMC apparaît officiellement, approfondit cette notion du « vivre-ensemble », au cœur de la culture morale et civique française. Cette culture invite les professeurs à donner du sens aux expériences vécues par les élèves dans leur classe et dans leur milieu de vie. Pour ce faire, les échanges sont structurés par la parole de l'élève, elle-même facilitée et respectée.

B Construire la culture morale et civique

▶ Pierre Kahn, professeur des universités en sciences de l'éducation et concepteur du programme d'EMC, a tout de suite mis en garde, en 2015, contre une **mauvaise interprétation possible de la notion de « morale »**. Il ne s'agit pas d'une forme de *« prêchi-prêcha »* évoquant les leçons de morale de l'école de la IIIe République, qui ne permettaient guère de développer la réflexivité des élèves. C'est, en fait, une notion à rapprocher de celle d'« éthique », plus compatible avec l'idée d'« esprit critique », puisqu'elle invite à une réflexion sur les valeurs qui motivent nos actions. C'est là un enjeu central de l'EMC : faire réfléchir les élèves sur un « sens moral », afin qu'ils déterminent ce qui est juste pour eux et confrontent ce sens moral à celui des autres élèves.

▶ **Le mot « *civique* » renvoie, quant à lui, à la citoyenneté.** Construire une culture civique nécessite de se confronter aux points de vue des autres élèves, les écouter, essayer de les comprendre. Cela revient, ainsi, à apprendre à prendre sa place dans un groupe, à distinguer son intérêt de celui des autres et à accepter le contrat social républicain, fondé, notamment, sur le respect des règles et de la loi.

Le concept de « citoyenneté »

« La citoyenneté » n'est pas seulement un concept de droit définissant les droits et les devoirs des citoyens envers la collectivité politique. Elle désigne, également, un ensemble de qualités morales et de rôles sociaux déterminés par des valeurs communes.

▶ **L'EMC vise donc à permettre la construction d'une culture morale et civique,** qui a pour ambitions de donner du sens à certaines expériences des élèves et d'en faire comprendre les enjeux pour la vie en société. Dans son enseignement, le professeur articule entre eux les 3 éléments constitutifs de toute culture : des valeurs (républicaines et personnelles), des savoirs (sur la vie en classe, en société) et des pratiques (les actions et réflexions des élèves).

▶ Cette culture morale civique est complétée par **une morale laïque**, fondée sur le respect des croyances et du pluralisme des pensées et sur la liberté de conscience.

EXPLOITATION PÉDAGOGIQUE, P. 282

La laïcité

La laïcité est une valeur républicaine au même titre que les valeurs historiques de la devise *« Liberté, Égalité, Fraternité »*. Elle se définit selon 3 principes :
– respect des 3 libertés (conscience, culte, expression) ;
– séparation des institutions publiques et des organisations religieuses ;
– égalité de tous devant la loi, quelles que soient les croyances ou convictions.

C Une école où on apprend ensemble et à vivre ensemble

▶ **Dès le cycle 1,** l'EMC a donc pour finalité de favoriser le développement d'une aptitude à vivre ensemble dans une société démocratique. Cette aptitude est elle-même guidée par 4 principes, qui peuvent aider les professeurs à concevoir les séances dédiées à l'EMC :
– **le principe d'« autonomie » :** apprendre à penser et agir par soi-même et avec les autres, apprendre à pouvoir répondre de ses pensées et de ses choix ;
– **le principe de « discipline » :** apprendre à comprendre le bien-fondé des règles régissant les comportements individuels et collectifs et les respecter ;
– **le principe de « coexistence des libertés » :** apprendre à reconnaître le pluralisme des opinions, des convictions, des croyances et des modes de vie ;
– **le principe de « communauté des citoyens » :** apprendre à construire du lien social et politique, respecter les droits de chacun et la loi, faire coopérer les élèves autour de projets communs.

▶ **Ces principes peuvent s'appliquer dès le cycle 1,** dans la mesure où c'est à l'école maternelle qu'est assurée une première acquisition des principes de la vie en société. La classe et le groupe constituent, alors, une *« communauté d'apprentissage »*, qui établit les bases de la construction d'une citoyenneté respectueuse des règles de la laïcité et ouverte sur la pluralité des cultures dans le monde (extrait du *BO* de juillet 2020).

D Une discipline qui valorise la parole des élèves

▶ **Pour faire vivre les valeurs de la République,** l'EMC accorde de l'importance à la parole de l'élève. Celle-ci lui donne les moyens de confronter son point de vue, d'expliciter les règles, de verbaliser ce qu'il a compris des valeurs de la République abordées en classe. Dans cette finalité civique, il s'agit, ainsi, de considérer la parole en EMC selon 3 enjeux.

▶ **L'enjeu identitaire :** en cycle 1 comme en cycle 2, la parole contribue fortement à la construction d'une identité personnelle et collective, comme moyen d'individuation et de socialisation. Il s'agit, ici, d'être considéré comme un sujet parlant et pensant, *« quelqu'un qui n'est pas quiconque »* (Lacan), qui a le droit de s'exprimer, d'être écouté et entendu, et qui se caractérise socialement par sa parole.

▶ **L'enjeu réflexif :** la parole est aussi un outil de réflexion. Nous pensons dans et par la langue. La parole sert, ici, à penser, questionner, argumenter. Cet usage réflexif de la langue soutient l'élaboration d'une pensée personnelle et permet aussi, par la verbalisation de nos actions, la conscientisation de nos activités. En cycle 1, cette dernière peut être une vérification de ce que l'élève a retenu d'un échange. En cycle 2, faire réfléchir les élèves sur les critères de réussite de la compétence orale mobilisée lors d'un débat peut leur faire prendre conscience de leurs réussites, leurs difficultés, leurs progrès.

▶ **L'enjeu citoyen :** la démocratie fonde sa légitimité sur la voix de chacun. Elle valorise la prise de parole, témoin de la liberté d'expression et de la pluralité des opinions. La parole est une force : elle exerce une influence. Elle permet d'intervenir dans l'espace public de discussion pour exprimer et défendre ses idées. Dans des institutions officielles (délégués de la classe, conseils…), la parole revêt une dimension collective en représentant celle des autres. En cycle 2, l'enjeu citoyen peut se caractériser par des projets coopératifs dans lesquels les élèves vont tâcher de convaincre les autres de s'engager ou de faire respecter les règles de la vie collective (tri des déchets…).

Les valeurs de la République

CHAPITRE 6, P. 260
CHAPITRE 7, P. 280

Les valeurs de la République évoquées en EMC sont la dignité de la personne, la liberté, l'égalité, la fraternité, la laïcité, la solidarité, l'esprit de justice et le refus des discriminations. À ces valeurs s'ajoutent aussi les principes fondamentaux, tels que présentés dans l'article 1 de la Constitution : « *La France est une république indivisible, laïque, démocratique et sociale.* »

ENJEU DIDACTIQUE

Comment transmettre les valeurs républicaines en EMC ?

A Oser l'EMC en cycle 1, en s'appuyant sur la polyvalence

Textes officiels

« L'école maternelle structure les apprentissages autour d'un enjeu de formation central pour les enfants : "apprendre ensemble et vivre ensemble". La classe et le groupe constituent une communauté d'apprentissage qui établit les bases de la construction d'une citoyenneté respectueuse des règles de la laïcité et ouverte sur la pluralité des cultures du monde. »

BO n° 25 du 24/06/2021.

▸ **L'EMC n'est pas une discipline en soi** mais un enseignement qui s'appuie sur l'ensemble des disciplines scolaires. De nombreuses situations de classe peuvent donc être l'occasion de faire vivre cet enseignement dès la Petite Section et de commencer une éducation aux valeurs de la République :
- le temps : aider son camarade lors d'activités dédiées à la construction du temps ;
- l'espace : débattre de l'organisation de la salle de classe et des coins « jeux », approfondir la notion d'« altérité » en découvrant un autre pays et une culture différente de celle des élèves ;
- la musique : chanter une comptine à propos de l'amitié et discuter sur son sens ;
- les arts plastiques : réfléchir aux émotions ressenties face à une œuvre d'art et les faire partager aux autres élèves.

▸ **D'autres types d'activités** spécifiquement dédiées à l'apprentissage du vivre-ensemble peuvent compléter les activités ci-dessus :
- proposer à la classe une discussion sur le sujet « Pourquoi ne peut-on pas faire tout ce que l'on veut en classe ? » permet d'aborder concrètement l'utilité des règles de vie et de commencer à confronter les idées des élèves ;
- la mise en place de jeux coopératifs permet aussi l'apprentissage et la compréhension de règles collectives, dans une dynamique d'entraide entre élèves (*ex.* : le jeu du « Bonjour Ballon », où les élèves, disposés en cercle, s'envoient la balle en nommant le ou la camarade qui la reçoit).

EXPLOITATION PÉDAGOGIQUE, P. 264

CONSEIL

Pratiquement, tous les sujets portant sur le cycle 1 peuvent être croisés avec l'EMC. En fonction du sujet (sur le temps ou sur l'espace), le candidat peut, ainsi, proposer des prolongements en EMC invitant les élèves à réfléchir sur les règles collectives. Il pourra suggérer des échanges structurés pour demander leur avis, ce qu'ils ressentent par rapport à certaines situations, etc.

B En cycle 2, des pratiques pédagogiques actives

▸ Le professeur confronte d'abord les élèves à des **problèmes concrets et proches d'eux**, qui traduisent les valeurs de la République à leur niveau de compréhension. Par exemple, pour évoquer la valeur du « refus des discriminations », il peut évoquer un problème rencontré pendant la récréation, dans la cour de l'école : les garçons ne souhaitent pas que les filles jouent avec eux au football (ce qui correspond à une forme de sexisme).

▶ **La mise en place de pratiques pédagogiques dites « actives »** vise, ensuite, à faire éprouver aux élèves le sens de la valeur républicaine qui est sous-entendue dans l'activité. En effet, en expérimentant, en débattant, en se confrontant au réel et aux points de vue des autres, en menant des projets coopératifs dans et hors de l'école, les élèves peuvent davantage s'approprier les valeurs de la République.

C Des situations pour former des citoyens

Textes officiels

« L'EMC s'effectue […] à partir de l'analyse de situations concrètes. La discussion réglée et le débat argumenté ont une place de premier choix pour permettre aux élèves de comprendre, d'éprouver et de mettre en perspective les valeurs qui régissent notre société démocratique. »

Programme du cycle 2, 2020.

▶ C'est donc à travers des situations d'apprentissage propres à l'EMC et la mise en place d'un climat scolaire spécifique que les élèves pourront **éprouver l'importance des valeurs** que le professeur leur transmet.

CHAPITRE 8, P. 275

▶ **Le débat réglé** est une pratique caractéristique de la démocratie, où l'on cherche un consensus à partir d'une question posée, sur fond de divergences des points de vue. Dès le CP, cette activité repose sur une organisation préalablement évoquée avec les élèves à travers une répartition des rôles (président de séance, secrétaires, modérateurs, débatteurs, observateurs) et des règles prédéfinies (temps de parole, répartition physique des élèves dans la classe). Outre le fait que la situation d'apprentissage permet de faire débattre les élèves sur un sujet à leur portée (« Doit-on être solidaire ? » ; « Peut-on toujours dire ce que l'on pense ? »…), elle contribue aussi, par son organisation dans la classe, à la construction de leur culture civique.

▶ **La discussion à visée philosophique** (DVP) est différente du débat sur le fond car elle a pour objet de faire réfléchir au sens des choses, en s'efforçant de décentrer l'élève de lui-même, en l'invitant à partager des questions existentielles pour penser notre condition humaine. La DVP présente, cependant, le même objectif didactique : construire et défendre un point de vue face aux autres élèves. En cycle 2, le professeur peut proposer, par exemple, comme DVP : « À quoi cela sert-il d'apprendre ? » ; « Pourquoi a-t-on envie de se moquer ? » ; « Qu'est-ce que le bonheur ? » ; « A-t-on le droit de désobéir ? »…

EXPLOITATIONS PÉDAGOGIQUES, PP. 269, 287

▶ **Le dilemme moral,** à partir d'un court scénario, permet de faire réfléchir les élèves sur une question qui met en tension le juste et le bien, et dans laquelle l'élève se met dans la peau d'une personne confrontée à un choix moral. Exemple : *« Un(e) de tes très bon(ne)s ami(e)s se moque à chaque récréation d'un(e) de tes camarades de classe. Ce(tte) camarade est vraiment très triste après chaque récréation. Pourtant, tu apprécies beaucoup ton ami(e). La maîtresse a eu vent de cette affaire et elle vient t'en parler à la fin de la journée. Que vas-tu lui dire ? »* Le dilemme moral est donc un outil de décentration, puisque l'élève doit

CONSEIL

Si le candidat est amené à réfléchir sur une situation de débat en cycle 2, il doit veiller à penser sa progressivité du CP au CE2. En effet, le professeur est très présent dans la régulation des échanges au CP, puis il peut donner des rôles en CE1, pour essayer de s'effacer et faire vivre le débat entre les élèves de CE2. Le candidat doit aussi intégrer à sa réflexion l'éventualité que les élèves d'une classe donnée n'ont peut-être jamais débattu entre eux. Il s'agira, alors, de réfléchir à la mise en place de l'organisation du débat réglé dans la classe et de son explicitation aux élèves.

s'identifier au personnage confronté à 2 issues possibles. Il est également un point de départ pour une réflexion sur les valeurs de la République éprouvées dans le scénario (ici, la fraternité et la liberté, car se posent les questions de « solidarité », d'« amitié » et de « libre arbitre »).

Les difficultés des élèves

Certains élèves éprouvent de réelles difficultés à s'exprimer à l'oral. Ces élèves, que l'on appelle aussi des « petits parleurs », sont souvent timides, effacés et craignent les moqueries de leurs camarades. Plusieurs pistes de remédiations peuvent être proposées par le professeur pour faciliter leur parole, notamment : faire circuler un « bâton de parole », qui protège la parole de chaque élève l'ayant en main ; rendre explicites les règles de la discussion et les critères de réussite.

FICHE 1 Quels sont les valeurs et symboles de la République française ?

A. Des textes historiques fondateurs de la République française

1. Les grandes déclarations des droits de l'homme

CHAPITRE 8, P. 280

▶ 2 textes de référence rappellent les principes et les valeurs de notre république.

▶ **La *Déclaration des droits de l'homme et du citoyen*** est adoptée le 26 août 1789. Elle reprend les principes défendus par les Lumières dès le XVIIIe siècle. Elle affirme la souveraineté de la nation et impose la séparation des pouvoirs et la défense des libertés et de l'égalité de tous devant la loi.

▶ **La *Déclaration universelle des droits de l'homme*** est signée à Paris trois ans après la fin de la Seconde Guerre mondiale (1948). Elle réaffirme la nécessité de protéger les droits de l'homme, dans un monde traumatisé par les violences du conflit et par le génocide commis par les nazis.

2. La Constitution de 1958

▶ La Constitution adoptée en 1958 est le texte qui **entérine les valeurs et les principes de la Ve République**.

▶ **Son préambule** fait référence à la *Déclaration des droits de l'homme et du citoyen*, ainsi qu'au préambule de la Constitution de 1946 (instauration de la IVe République) : *« Le peuple français proclame solennellement son attachement aux Droits de l'Homme et aux principes de la souveraineté nationale tels qu'ils ont été définis par la Déclaration de 1789, confirmée et complétée par le préambule de la Constitution de 1946* […]. »

▶ **L'article premier** de la Constitution rappelle les principes fondamentaux de la République : *« La France est une république indivisible, laïque, démocratique et sociale. Elle assure l'égalité devant la loi de tous les citoyens sans distinction d'origine, de race ou de religion. Elle respecte toutes les croyances. »*

À SAVOIR

Préambule de la Constitution de 1946 : *« Au lendemain de la victoire remportée par les peuples libres sur les régimes qui ont tenté d'asservir et de dégrader la personne humaine, le Peuple français proclame à nouveau que tout être humain, sans distinction de race, de religion ni de croyance, possède des droits inaliénables et sacrés. Il réaffirme solennellement les droits et libertés de l'homme et du citoyen consacrés par la Déclaration des droits de 1789 et les principes fondamentaux reconnus par les lois de la République. »*

B. Valeurs, principes et symboles de la République française

▶ **La République française est représentée par des symboles,** qui rappellent les valeurs communes et qui unissent les citoyens au cours d'événements officiels, de cérémonies ou de compétitions sportives.

À SAVOIR

Le coq est l'un des symboles de la République française. Il est apparu au cours de l'Antiquité : le terme latin *Gallus* signifie à la fois « Gaulois » et « coq ». Remplacé par l'aigle sous Napoléon, il est rétabli avec le retour de la République. Il est, désormais, surtout utilisé comme emblème sportif.

Les principaux symboles		Leur apparition	Leur adoption comme symboles de la République
	**Le drapeau tricolore**	1789, début de la révolution parisienne	1848, IIe République
	**L'hymne national : *La Marseillaise***	1792, guerre contre l'Autriche	1879, IIIe République
	**La fête nationale : le 14 Juillet**	14 juillet 1789 (prise de la Bastille) et 14 juillet 1790 (fête de la Fédération)	1880, IIIe République
	**La devise : *« Liberté, Égalité, Fraternité »***	Révolution française	IIIe République
	**Marianne**	Révolution française	IIIe République

▶ **La liberté, l'égalité et la fraternité** sont les principales valeurs de la République française. Elles sont rappelées dans notre devise et acquises pour l'ensemble des citoyens.

▶ **La République française est** également fondée sur plusieurs principes :
- elle se veut **indivisible** : les lois sont les mêmes pour tous les citoyens, sur l'ensemble du territoire, et le français est la seule langue officielle ;
- elle est aussi **laïque** : les Églises et l'État sont séparés depuis la loi de 1905 ;
- elle est **démocratique** : les dirigeants sont élus par le peuple ;
- elle est, enfin, **sociale** : elle doit protéger les droits à l'éducation, au logement, à l'emploi et à la santé de chaque citoyen.

C. Des valeurs et des symboles partagés avec les autres citoyens de l'UE

▶ **Les valeurs et les principes** de l'Union européenne sont précisés dès 1992 : le respect des droits de l'homme (la liberté, l'égalité), la démocratie, la solidarité, la tolérance et la justice.

▶ **Les symboles** de l'Union européenne sont le drapeau (12 étoiles sur fond bleu, officiel en 1986), l'hymne (l'*Ode à la joie*, officiel en 1985), la devise *(« Unie dans la diversité »)*, la monnaie (l'euro, qui n'est cependant pas utilisé par tous les États) et la Journée de l'Europe (le 9 mai).

FICHE 2 Repères de progressivité

A. Respecter autrui

Niveau	Repères de progression de l'EMC	Liens possibles avec le temps et l'espace
Cycle 1	• Respecter les autres camarades. • Connaître et respecter les règles de la classe. • Savoir identifier et exprimer les 4 principales émotions : tristesse, joie, peur, colère.	• Comprendre que le temps de la classe est différent de celui de la maison. • Comprendre que les règles peuvent être différentes selon l'endroit où l'on se trouve.
Cycle 2 (CP, CE1, CE2)	• Respecter autrui et les règles de la classe, de l'école. • Accepter et respecter les différences. • Respecter les engagements pris envers soi et les autres. • Adopter un comportement responsable. • Accepter le point de vue des autres. • Identifier et partager des émotions et des sentiments. • Mieux gérer ses émotions pour apprendre à vivre ensemble.	• Respecter son environnement. • Respecter les différentes cultures du monde présentées en classe. • Comprendre l'altérité à travers la découverte d'autres modes de vie dans le temps et l'espace. • Respecter son temps de parole et celui de ses camarades.

B. Acquérir et partager les valeurs de la République

Niveau	Repères de progression de l'EMC	Liens possibles avec le temps et l'espace
Cycle 1	• Comprendre qu'un enfant a des droits mais aussi des devoirs dans la classe.	
Cycle 2 (CP, CE1, CE2)	• Respecter les règles de la vie collective, comprendre leur importance pour la vie en société. • Identifier les symboles de la République française. • Connaître les valeurs et les principes de la République française. • Aborder la laïcité comme liberté de croire ou ne pas croire. • Accéder à une première connaissance des cadres d'une société démocratique. • Identifier des droits de l'homme et du citoyen. • Commencer à comprendre l'organisation de la République.	• Comprendre que les valeurs, principes et symboles ont une histoire ancrée dans un passé parfois lointain. • Comprendre que d'autres principes et d'autres règles existent dans d'autres pays. • Comprendre que les droits de l'homme ne s'appliquent pas toujours partout dans le monde. • Savoir que la Révolution française est l'évènement fondateur de l'idée de « république » et de la plupart des symboles républicains.

C. Construire une culture civique

Niveau	Repères de progression de l'EMC	Liens possibles avec le temps et l'espace
Cycle 1	• Comprendre que les autres ne pensent pas forcément comme soi. • Savoir respecter la parole de tous.	• Prendre sa place dans un cercle, face à d'autres élèves.
Cycle 2 (CP, CE1, CE2)	• S'engager dans la classe et dans l'école autour d'objectifs communs. • S'impliquer et coopérer dans la vie scolaire à travers des projets, des actions… • Différencier son intérêt particulier de l'intérêt général. • Construire l'esprit critique : apprendre à s'informer, prendre part à un débat, développer un point de vue.	• S'engager dans les projets liés au temps/histoire et à l'espace/géographie : sorties, rencontres d'acteurs ou de partenaires associatifs…

EXPLOITATIONS PÉDAGOGIQUES

Apprendre à gérer ses émotions pour vivre ensemble

A La séquence et ses objectifs

Cycle	2
Niveau	CP
Domaine	EMC
Séquence	Apprendre à gérer ses émotions
Séances	4
Période	1

1. Prérequis

CHAPITRE 7, P. 257

- ☑ Connaître les 4 émotions primaires : joie, colère, peur, tristesse.

2. Objectifs de la séquence

- ☑ Décentrer le point de vue des élèves pour développer leur empathie.
- ☑ Faire comprendre que le vivre-ensemble repose sur la régulation des émotions.
- ☑ Engager les élèves dans un projet collectif.

3. Compétences travaillées

- ☑ Identifier et partager des émotions et des sentiments.
- ☑ S'exprimer à l'oral.

4. Préparations matérielle et documentaire

- ☑ Matériel nécessaire à la création des fiches « élève » et du « mur des émotions » : panneau ou carton, 4 jeux de cartonnages de couleurs différentes (par exemple : jaune/joie, rouge/colère, vert/peur, bleu/tristesse).
- ☑ Ouvrage pour la séance 1 : *Mes Émotions* d'Aurélie Chien Chow Chine (Hachette Enfants, 2018).
- ☑ Affiches pour la réalisation des traces écrites communes.

B Organisation de la séquence

Séance 1	Le professeur réactive les prérequis du cycle 1 sur les 4 émotions primaires, à partir de la lecture de 4 petites histoires. Une discussion à visée philosophique est, ensuite, organisée autour de la question « À quoi servent les émotions ? » et aboutit sur un affichage. Déduction des différences entre sentiments et émotions.
Séance 2	À partir de situations de la vie de la classe et de l'école, les élèves écrivent, sur leur ardoise, l'émotion qu'ils ressentent et constatent la diversité des ressentis. Le professeur organise, ensuite, un débat sur la question « Pourquoi les émotions peuvent-elles nous permettre de mieux vivre ensemble ? »
Séance 3	Chaque élève crée sa fiche « émotion ». Celle-ci est affichée à l'entrée de la classe sur un « mur des émotions » et contribue, au quotidien, au mieux-vivre-ensemble. Le professeur propose ensuite plusieurs situations de dilemme pour décentrer le point de vue des élèves : « Qu'auriez-vous fait à la place de… et pourquoi ? »
Séance 4	Par groupes de 4, les élèves imaginent une situation conflictuelle et sa résolution, qu'ils devront mettre en scène devant la classe. Chaque groupe mime, ensuite, l'émotion ressentie dans la situation. Le travail permet de réaliser une affiche collective sur la résolution des conflits au sein de la classe et de l'école.

C Exemple d'une exploitation pédagogique : séance 3

1. Objectifs d'apprentissage

- ☑ Faire comprendre que le vivre-ensemble repose sur la régulation des émotions.
- ☑ Engager les élèves dans un projet collectif.

2. Choix opérés pour conduire l'exploitation pédagogique

EXEMPLE DE SÉANCE N° 3			
Phase	**Durée**	**Dispositif**	**Déroulement**
❶ Présentation de l'activité	5 min	Collectif oral	Le professeur présente l'activité et le matériel utilisé. Il distribue les ronds prédécoupés.
❷ Phase de préparation	15 min	Individuel écrit, puis collectif écrit et oral	• Les élèves créent leur fiche « élève » et identifient les 4 émoticônes de couleur. • Une fois ce travail terminé, le « mur des émotions » de la classe est affiché et complété collectivement. • Les élèves débattent à propos de son utilité pour le vivre-ensemble au sein de la classe.
❸ Phase de débat	15 min	Collectif oral	Plusieurs situations de dilemme sont lues aux élèves pour les décentrer de leurs propres idées et réinvestir les émotions dans d'autres contextes.
❹ Phase d'institutionnalisation	5 min	Collectif oral et écrit	Le « mur des émotions » est affiché dans la classe. Le professeur invite tous les élèves à afficher leur émotion de l'instant.

▶ La séance 3 de cette séquence est un moment important dans la vie de la classe. Le professeur y développe la culture de l'engagement, puisqu'il incite l'ensemble de ses élèves à respecter les émotions de leurs camarades. À partir d'un outil de communication collectif élaboré par les enfants eux-mêmes, le professeur approfondit la notion d'« altérité », nécessaire à la vie en communauté et au respect.

▶ Les situations de dilemme permettent aux élèves de développer une opinion et de leur montrer que, pour un même cas, des personnes peuvent ressentir des émotions différentes. Cette façon de déconstruire les préjugés que peuvent avoir certains enfants introduit la nécessité de respecter autrui, quelles que soient ses émotions. Cette compréhension des émotions, leur régulation, leur verbalisation fondent, ainsi, un projet collectif de vivre-ensemble, autour duquel toute la classe se fédère.

3. Travaux réalisés en classe

▶ Au début de la séance, chaque élève crée sa fiche « émotion » avec des émoticônes représentant les 4 émotions travaillées précédemment. Cette fiche permet à l'enfant d'exprimer l'émotion qu'il ressent en arrivant dans la classe, à chaque début de matinée et d'après-midi. Elle est donc un outil pour communiquer à ses camarades son humeur, mais elle s'avère également très utile au professeur, qui peut traiter un éventuel mal-être ou conflit, en fonction de l'émotion avancée par l'élève.

EMC

▶ Une fois les fiches personnelles terminées, les élèves préparent le « mur des émotions », qu'ils décorent d'abord avec un nuage de mots, puis avec leurs émoticônes aux emplacements où figurent leurs prénoms. Dans le cas d'une classe à double niveau CP/CE1, la séquence peut être menée avec les deux groupes, pour créer une dynamique collective autour du vivre-ensemble. Sur le « mur des émotions », certains enfants ont affiché de la tristesse car ils regrettaient que la phase de préparation et de dessin touche à sa fin.

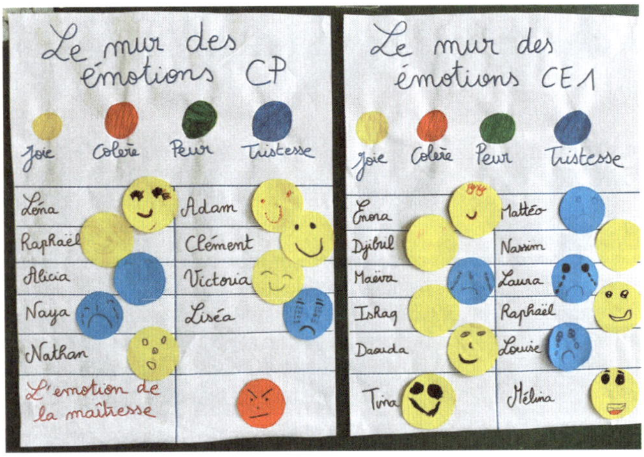

▶ Avant la phase de débat, le professeur renvoie les élèves à la trace écrite affichée en classe à la fin de la séance 2, qui rappelle pourquoi le vivre-ensemble est important dans la classe. Les dilemmes sont l'occasion de réinvestir et consolider les connaissances autour des émotions. En projetant ces dernières au tableau pendant la lecture des dilemmes, les élèves tâchent de relier la situation lue à l'émotion correspondante.

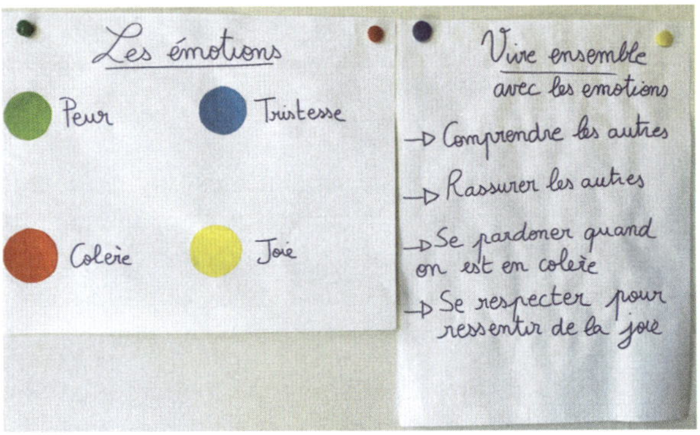

▶ Lors de la phase d'institutionnalisation, après avoir invité les élèves à déposer leur émotion du moment sur le mur, le professeur leur demande de mimer la façon dont ils ressentent les 4 émotions. C'est l'occasion de conclure la séance en développant la culture de la sensibilité.

D Questionnements possibles à partir de l'exploitation pédagogique

• Quelles compétences sociales et civiques une séquence sur les émotions permet-elle de mobiliser ?

Cette séquence permet de mobiliser plusieurs compétences sociales et civiques précisées dans le Socle commun de compétences, de connaissances et de culture :
– le sens du dialogue, de la négociation, du consensus, et le travail en équipe ;
– le respect des règles de vie collective, qu'il s'agisse du fonctionnement de la classe ou du règlement intérieur de l'établissement ;
– le sens de la responsabilité, individuelle et collective, en matière de sécurité, de santé, de sexualité ;
– le respect des autres, la civilité, le refus des stéréotypes et des discriminations.

• Pourquoi enseigner le vivre-ensemble ?

L'école est le lieu de socialisation par excellence, où les élèves acquièrent les compétences qui leur seront indispensables tout au long de la vie, pour construire leur avenir personnel et professionnel, réussir leur vie en société et exercer librement leur citoyenneté. L'enseignement du vivre-ensemble en EMC peut permettre, notamment, de favoriser l'autonomie des élèves, de les sensibiliser à la responsabilité, de les éduquer à l'altérité ou de mobiliser leur esprit critique. Une telle séquence d'apprentissage contribue à développer leur capacité à identifier, exprimer verbalement leurs émotions et leurs sentiments, et donc à leur apprendre à vivre ensemble dans une société démocratique. Au-delà de l'EMC, cet apprentissage constitue un élément structurant de la vie scolaire, notamment à travers le respect de la règle, la prévention des incivilités et de la violence, l'éducation à la santé, l'éducation à la sécurité.

• Dans quelle mesure le vivre-ensemble peut-il être rattaché aux notions de « citoyenneté » et de « nationalité » ?

En France, la citoyenneté est rattachée à la nationalité, puisqu'on ne peut être citoyen que si l'on est français. Communauté de citoyens et nation sont donc intrinsèquement liées, et la notion de « vivre-ensemble » permet d'éclairer leur lien dans le système républicain français. Ernest Renan (1823-1892) définit, d'ailleurs, en partie, l'idée de « nation » comme *« le consentement, le désir de vivre ensemble, la volonté de faire valoir l'héritage qu'on a reçu* […]*. Une nation est donc une grande solidarité, constituée par le sentiment des sacrifices qu'on a faits et de ceux qu'on est disposé à faire encore »*. Pour le philosophe et historien, une nation est un *« plébiscite de tous les jours »*, c'est-à-dire que la volonté de vivre ensemble doit être sans cesse réaffirmée. De ce point de vue, la citoyenneté, qui lie les nationaux d'un même pays, n'est jamais définitivement acquise et se construit au quotidien. Le vivre-ensemble repose donc, plus que jamais, sur le socle des principes et valeurs de la République.

• Quels prolongements peuvent être proposés à partir d'une séquence sur les émotions ?

Les arts peuvent être mobilisés lors de séances dédiées, pour approfondir les apprentissages d'EMC. En éducation musicale comme en arts plastiques, le réinvestissement des émotions et sentiments permet de développer, chez les élèves, leur capacité à exprimer leur sensibilité devant une œuvre, tout en respectant les goûts et points de vue de chacun. En écoutant divers morceaux de musique, les enfants peuvent, par exemple, exprimer ce qu'ils ressentent en s'appuyant sur le « mur des émotions ».

EXPLOITATIONS PÉDAGOGIQUES

Enseigner la liberté

Cycle	2
Niveau	CE2
Domaine	EMC
Séquence	La liberté
Séances	4
Période	4

A La séquence et ses objectifs

1. Prérequis

CHAPITRE 7, P. 262

- Connaître les valeurs et les symboles de la République.
- Connaître les modalités d'un débat.

2. Objectifs de la séquence

- Comprendre que la règle commune peut interdire, obliger, mais aussi autoriser.
- Approfondir la connaissance de la valeur de la liberté et ses principes.
- Distinguer son intérêt personnel de l'intérêt général.

3. Compétences travaillées

- Construire l'esprit critique.
- S'exprimer à l'oral.

4. Préparations matérielle et documentaire

- Documents : textes officiels *(Déclaration des droits de l'homme et du citoyen, Déclaration des droits de l'enfant)* et documents institutionnels (affiches de campagne de sensibilisation sur la liberté d'expression…).
- Matériel de dessin et d'illustration.
- Organisation spécifique de la classe pour les débats : en « U » ou en cercle.

B Organisation de la séquence

Séance 1	**Phase de découverte :** la séquence débute par un dilemme moral permettant de soulever de nombreuses problématiques autour de la valeur de la liberté. Les échanges permettent de faire émerger les notions de « limites » et de « vivre-ensemble ». La compétence orale est observée par les pairs durant toute la séance et fait l'objet d'une évaluation formative à la fin.
Séance 2	**Phase d'approfondissement :** à partir de l'étude de quelques documents institutionnels, les élèves découvrent qu'il existe plusieurs types de libertés fondamentales pour notre démocratie.
Séance 3	**Phase de réinvestissement :** débat réglé autour de la question « Peut-on tout dire et tout écrire ? ». Après le débat, des échanges autour de quelques caricatures accessibles aux élèves permettent d'approfondir la notion de « liberté d'expression » et évoquer des situations plus éloignées d'eux.
Séance 4	**Phase d'appropriation :** en groupes de 3, les élèves réalisent une affiche illustrant tout ce qu'ils ont appris au sujet de la liberté, en utilisant les documents utilisés lors de la séquence. Les affiches sont, ensuite, exposées devant leurs camarades et critiquées au regard des critères de réalisation établis préalablement.

C Exemple d'une exploitation pédagogique : séance 1

1. Objectifs d'apprentissage

- Développer la culture du jugement.
- Approfondir la connaissance de la valeur de la liberté.
- Faire progresser les élèves sur les compétences orales mobilisées lors d'un débat.

2. Choix opérés pour conduire l'exploitation pédagogique

EXEMPLE DE SÉANCE N° 1			
Phase	**Durée**	**Dispositif**	**Déroulement**
❶ Présentation de l'activité	5 min	Collectif oral	Le professeur présente l'activité et l'organisation des échanges. Il distribue les grilles d'évaluation.
❷ Phase de découverte et de préparation à l'argumentation	5 min	Collectif oral puis individuel	• Le professeur lit le dilemme moral et en fait reformuler la question. • Les élèves réfléchissent à leurs arguments.
❸ Phase de débat	20 min	Collectif oral	• Les élèves débatteurs s'expriment d'abord quand ils le souhaitent. Un bâton de parole circule et permet de réguler les échanges. • Dans le même temps, les élèves observateurs évaluent leurs camarades. Le professeur s'assure qu'ils arrivent à suivre les échanges. • Une fois tous les enjeux du dilemme moral soulevés, le professeur demande aux observateurs s'ils veulent s'exprimer.
❹ Phase d'institutionnalisation	10 min	Collectif écrit	Une trace écrite collective est réalisée à partir des idées retenues par les élèves.
❺ Phase d'évaluation	5 min	Individuel écrit	• Chaque débatteur découvre son évaluation et en discute avec son (sa) camarade observateur(trice). • Le professeur propose des remédiations et des axes de progression pour la prochaine fois.

Cette séance est l'occasion de développer la culture du jugement des élèves. Les échanges les amènent à confronter leurs idées à celles des autres et donc à différencier leur intérêt particulier de l'intérêt général.

3. Travaux réalisés en classe

3-1. Présentation de l'activité et lecture du dilemme

Le dilemme moral est d'abord lu aux élèves :

> « Un jour, alors que Léo rentre à vélo de l'école, un grand du collège d'à côté, accompagné de trois autres grands, lui dit de descendre de son vélo. Effrayé, Léo obéit. Le grand descend alors de son superbe vélo noir tout brillant et interpelle ses amis, qui donnent de violents coups de pied dans le vélo de Léo, sans que celui-ci comprenne pourquoi. Puis ils partent, et Léo rentre chez lui à pied et en pleurant. Il a laissé son vélo cassé dans la rue et ne le dit pas à ses parents. Il leur ment et explique qu'il se l'est fait voler. Plusieurs semaines ont passé. Un jour qu'il rentre à pied de l'école, Léo se retrouve nez à nez avec le superbe vélo noir du grand qui avait martyrisé le sien avec ses amis. Léo regarde autour de lui : il n'y a personne ! » **Que ferais-tu à sa place ?**

3-2. Échanges structurés autour du dilemme moral

► Les échanges permettent à chacun de confronter ses idées à celles des autres et donc de différencier son intérêt particulier de l'intérêt général. Plusieurs notions sont soulevées : « le harcèlement », « la relation de confiance à l'adulte », « le droit et la règle » et « la liberté ». Le dilemme moral éprouve l'importance de la liberté dans notre société : dans le scénario, Léo est « libre » de se venger, mais il doit en subir les conséquences car la loi interdit de détruire le matériel d'autrui.

► Les élèves sont répartis entre débatteurs, dans un U central, et observateurs, de part et d'autre du groupe de débatteurs. Chaque débatteur est associé à un observateur, qui doit l'évaluer à partir d'une grille de critères de réussite sur la compétence orale mobilisée lors d'un débat. Le dilemme moral est projeté au tableau pour développer d'autres pistes de discussion.

3-3. Évaluation formative de l'oral à la toute fin de la séance

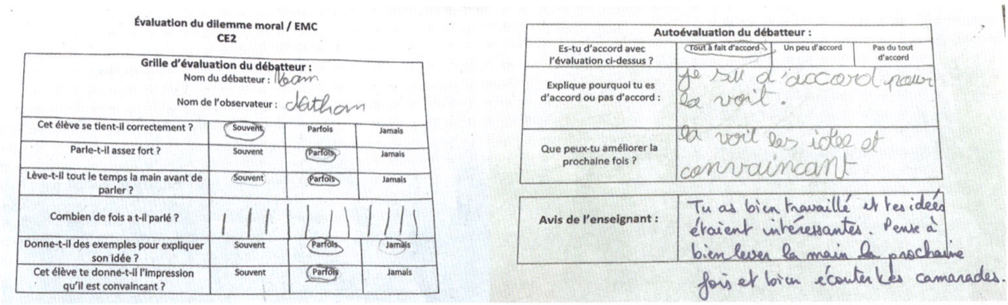

Évaluation du dilemme moral / EMC
CE2

Grille d'évaluation du débatteur : Nom du débatteur : Noam Nom de l'observateur : Nathan			
Cet élève se tient-il correctement ?	Souvent (entouré)	Parfois	Jamais
Parle-t-il assez fort ?	Souvent	Parfois (entouré)	Jamais
Lève-t-il tout le temps la main avant de parler ?	Souvent	Parfois (entouré)	Jamais
Combien de fois a t-il parlé ?														
Donne-t-il des exemples pour expliquer son idée ?	Souvent	Parfois (entouré)	Jamais
Cet élève te donne-t-il l'impression qu'il est convaincant ?	Souvent	Parfois (entouré)	Jamais

Autoévaluation du débatteur :			
Es-tu d'accord avec l'évaluation ci-dessus ?	Tout à fait d'accord (entouré)	Un peu d'accord	Pas du tout d'accord
Explique pourquoi tu es d'accord ou pas d'accord :	je sui d'accord pour la voit.		
Que peux-tu améliorer la prochaine fois ?	la voil les idée et convaincant		

Avis de l'enseignant :	Tu as bien travaillé et tes idées étaient intéressantes. Pense à bien lever la main la prochaine fois et bien écouter les camarades.

Le professeur prend un moment pour que les observateurs et les débatteurs croisent leurs regards. Chaque débatteur regarde l'évaluation réalisée par son pair à partir des critères de réussite et explique brièvement s'il est d'accord. Ce temps donne lieu à des échanges très intéressants entre les élèves. Il s'opère sous le contrôle du professeur, qui s'assure de la bienveillance de chacun et formule, sur le document, des remédiations, afin de permettre au débatteur de progresser.

D Questionnement possible à partir de l'exploitation pédagogique

• Quels problèmes la question de la liberté d'expression peut-elle poser en classe ?

Si l'assassinat du professeur d'histoire-géographie Samuel Paty a révélé le spectre de l'autocensure en EMC, il pose aussi la question des devoirs et des responsabilités des professeurs. Ceux-ci ont toute latitude pour développer des situations d'apprentissage, utiliser des supports pédagogiques et s'exprimer face aux élèves, du moment qu'ils inscrivent leur enseignement dans le strict respect des valeurs de la République. La caricature est donc autorisée – sous réserve de respecter le droit à l'image. La diffamation et l'injure sont interdites, de même que les propos appelant à la haine, parmi lesquels l'apologie des crimes contre l'humanité, la provocation à la discrimination, la haine ou la violence envers des personnes *« en raison de leur origine, ou de leur appartenance, ou de leur non-appartenance à une ethnie, une nation, une race ou une religion déterminée »*, ou bien de *« leur orientation sexuelle ou leur handicap »* (loi du 29 juillet 1881 sur la liberté de la presse).

Dans une exploitation pédagogique en EMC, où la parole de l'élève est favorisée, certains élèves peuvent être amenés à adopter une posture de contestation, voire de refus des valeurs de la République. Quelle que soit la situation, il faut veiller à privilégier le dialogue, expliciter les enjeux, écouter les intervenants, faire réagir les autres et tenter de parvenir à un consensus acceptable du point de vue démocratique. En cas de virulence ou de communication impossible avec certains élèves ou parents d'élèves, il faut en référer immédiatement à son directeur et à l'inspecteur de l'Éducation nationale en charge de la circonscription.

Enseigner l'EMC au cycle 3

Programmes

« La morale enseignée à l'école est une morale civique en lien étroit avec les principes et les valeurs de la citoyenneté républicaine et démocratique. […]
Respecter autrui, c'est respecter sa liberté, le considérer comme égal à soi en dignité, développer avec lui des relations de fraternité. C'est aussi respecter ses convictions philosophiques et religieuses, ce que permet la laïcité. […] Les valeurs et principes de la République fondent le pacte républicain garant de la cohésion nationale, en même temps qu'ils protègent la liberté de chaque citoyen. Les transmettre et les faire partager est une œuvre d'intégration républicaine. […] L'enseignement moral et civique porte sur ces principes et valeurs, qui sont nécessaires à la vie commune dans une société démocratique et constituent un bien commun. […] La conception républicaine de la citoyenneté insiste à la fois sur l'autonomie du citoyen et sur son appartenance à la communauté politique formée autour des valeurs et principes de la République. Elle signale l'importance de la loi et du droit, tout en étant ouverte à l'éthique de la discussion qui caractérise l'espace démocratique.
Elle trouve son expression dans le Socle commun de connaissances, de compétences et de culture, selon lequel l'École "permet à l'élève d'acquérir la capacité à juger par lui-même, en même temps que le sentiment d'appartenance à la société. Ce faisant, elle permet à l'élève de développer, dans les situations concrètes de la vie scolaire, son aptitude à vivre de manière autonome, à participer activement à l'amélioration de la vie commune et à préparer son engagement en tant que citoyen". La culture civique portée par l'enseignement moral et civique articule quatre domaines : la sensibilité, la règle et le droit, le jugement, l'engagement. »

BO n° 31 du 30/07/2020.

CYCLE 3 Thème 1 – Respecter autrui

- Le respect d'autrui
- Identifier et exprimer les émotions et les sentiments

CYCLE 3 Thème 2 – Acquérir et partager les valeurs de la République

- Comprendre que la vie collective implique le respect de règles
- Connaître les valeurs, principes et symboles de la République française, de l'Union européenne et des sociétés démocratiques
- Identifier et connaître les cadres d'une société démocratique

CYCLE 3 Thème 3 – Construire une culture civique

- Comprendre et expérimenter l'engagement dans la classe, dans l'école et dans l'établissement
- Comprendre le sens de l'intérêt général

ENJEU SCIENTIFIQUE

Que signifie le passage de l'Instruction civique à l'EMC ?

A Les héritages

SUJET 1, P. 290

▶ L'Instruction civique et morale est **inaugurée par Jules Ferry en 1882**, avec la volonté de dissocier l'enseignement scolaire républicain de l'enseignement religieux. Cet enseignement concerne exclusivement l'école primaire jusqu'au lendemain de la Seconde Guerre mondiale. **Dans les années 1960 et 1970,** cet enseignement n'est plus qu'un pan des activités d'éveil qui sont instaurées à l'école primaire (avec l'histoire, la géographie, les sciences, le chant et le travail manuel).

À SAVOIR

En 1945, l'enseignement de l'Instruction civique et morale vise à refonder les valeurs de la République mises à mal sous l'Occupation.

▶ **Les programmes de 1985** réintroduisent l'enseignement par disciplines à l'école primaire et restaurent une éducation civique, présentée comme un domaine d'enseignement transversal et non disciplinaire. Sont privilégiés l'étude des institutions et l'apprentissage des valeurs républicaines. La « morale » est laissée de côté jusqu'aux **programmes de 2008**, qui l'inscrivent dans les enseignements des classes de CE2, CM1 et CM2. Le nouveau programme de **l'Enseignement moral et civique de 2015** se substitue, à l'école primaire, à celui de l'Instruction civique et morale.

Repère

L'arrêté du **9 juin 2008** indique que « *l'instruction civique et morale constitue un enseignement à part entière, comme le prévoient les nouveaux programmes de l'école primaire* ».

B Quel enseignement moral ?

CHAPITRE 7, P. 256

▶ L'ambition du programme d'EMC n'est pas tant de définir des comportements en fonction de ce qui serait bon ou mauvais, mais d'introduire une réflexion sur les valeurs qui fondent notre démocratie et notre vivre-ensemble. Il s'agit d'initier les élèves à penser et agir par eux-mêmes et avec les autres, à pouvoir argumenter leurs positions et leurs choix. Il s'agit aussi de leur faire comprendre le bien-fondé des normes et des règles régissant les comportements individuels et collectifs, à les respecter et agir conformément à elles. Enfin, cet enseignement vise à faire entendre le pluralisme des opinions, des convictions, des croyances et des modes de vie, et à construire du lien social et politique.

« L'enseignement moral et civique a pour ambition la construction d'une culture morale et civique fondée sur l'articulation des trois éléments constitutifs de toute culture : des valeurs, des savoirs et des pratiques. »

Pierre Kahn, coordinateur du groupe d'experts en charge de la rédaction du programme d'EMC.

▶ Le programme actuel de **l'Enseignement moral et civique ne signifie pas la volonté de rétablir les principes de l'enseignement de l'instruction civique et morale** du XIXe siècle. Il ne s'agit plus de préparer une génération à remplir ses devoirs envers la patrie, mais d'en faire des citoyens éclairés et engagés. L'éveil de l'esprit critique et l'appréhension de la diversité des choix moraux, de la pluralité des opinions et de la relativité de la norme doivent y contribuer. Pour autant, le programme comporte une dimension normative par sa volonté d'initier les élèves aux vertus de la République laïque et de la démocratie.

C La clé de voûte du *Parcours citoyen*

▶ Le *Parcours citoyen* a pour objectif d'amener les élèves à **devenir des citoyens responsables et libres**, acteurs de la République. L'enseignement moral et civique est un des éléments de ce parcours avec l'éducation aux médias et à l'information, la participation des élèves à la vie de l'établissement et la préparation de la Journée Défense et Citoyenneté. Les modifications apportées en 2020 introduisent l'initiation au sens de la responsabilité non seulement par rapport à soi-même, aux autres, à la nation, mais aussi par rapport à l'environnement, par des actions relatives au développement durable, qui visent la prise de conscience écologique des élèves et la compréhension que leurs comportements ont des impacts environnementaux.

À SAVOIR

Le *Parcours citoyen* débute à l'école primaire et se poursuit jusqu'au lycée. Il est partie intégrante de l'Enseignement moral et civique mais il peut concerner tous les champs disciplinaires et l'ensemble des temps éducatifs des élèves. Il vise la formation des futurs citoyens par leur sensibilisation aux valeurs et aux principes de la République, à leurs droits et à leurs devoirs.

▶ **Le *Parcours citoyen* se construit avec les élèves** à partir de plusieurs vecteurs. La connaissance et la compréhension des valeurs nécessite non seulement le discours du professeur, l'accès aux savoirs, mais aussi l'expérimentation par l'élève. L'EMC ne peut pas se contenter de proclamer des valeurs et de promouvoir ou de prescrire des comportements. Il vise l'appropriation des outils intellectuels et l'engagement, l'expérimentation, la mise en situation concrète de l'élève, pour l'aider à rechercher et à comprendre le sens des valeurs républicaines, sans lequel elles ne constitueraient qu'un nouveau catéchisme républicain.

▶ **Le volet 2 du Socle commun** précise que tous les champs disciplinaires, et spécifiquement l'EMC, concourent à la formation des citoyens (domaine 3 du Socle), par l'éveil de leur sensibilité et l'apprentissage du respect d'autrui, du sens de la règle et du droit, de l'engagement et de l'initiative, de l'exercice de leur jugement, de la construction de leur esprit critique.

Les 4 cultures de l'EMC		
	La sensibilité	• Identifier et exprimer ses émotions et ses sentiments. • S'estimer et être capable d'écoute et d'empathie. • Se sentir membre d'une collectivité.
	La règle et le droit	• Comprendre les raisons de l'obéissance aux règles. • Comprendre les principes et les valeurs de la République française et des sociétés démocratiques.
	Le jugement	• Développer les aptitudes à la réflexion critique : critères de validité des jugements, débat argumenté. • Différencier son intérêt particulier de l'intérêt général.
	L'engagement	• S'engager et assumer des responsabilités. • Développer une conscience citoyenne, sociale et écologique.

EMC

ENJEU DIDACTIQUE

Comment enseigner l'EMC au cycle 3 ?

A Privilégier les actes au discours du professeur

▸ L'enseignement de l'EMC s'inscrit dans une progression qui vise la transmission des connaissances et des compétences qui fondent la citoyenneté républicaine. Pour ce faire, il faut proposer des projets qui rendent **les élèves acteurs de leur apprentissage**. L'expérimentation leur permet de construire leur conscience morale, de comprendre le rôle du droit et de la règle, et de pratiquer le jugement critique et l'engagement. Mis en situation d'analyser des situations concrètes, les élèves sont, ainsi, initiés à la prise de décision, à l'engagement au sein du groupe, à la prise de parole, à l'écoute d'autrui, au sens des règles qui leur sont imposées dans la classe, dans l'école, de telle sorte qu'ils puissent vivre et éprouver les valeurs républicaines.

> **Repère**
>
> Dans la circulaire du **17 novembre 1883**, Jules Ferry conseillait déjà aux professeurs d'éviter les discours, les abstractions, pour privilégier les actes et le vivre-ensemble : « *Une seule méthode vous permettra d'obtenir les résultats que nous souhaitons. C'est celle que le Conseil supérieur vous a recommandée : peu de formules, peu d'abstractions, beaucoup d'exemples et surtout d'exemples pris sur le vif de la réalité.* »

▸ L'éducation morale et civique est l'objet d'un enseignement qui se construit à la fois dans le cadre de séances dédiées et dans celui, plus général, de **la vie de la classe**. Des prolongements sont également envisageables en dehors de la classe par la participation à des projets collectifs au sein de l'école, sur tout le temps scolaire. Le conseil d'élèves est un outil qui trouve là tout son intérêt, puisqu'il crée, pour l'enfant, un cadre dédié à l'expression de ses opinions et à son apprentissage de la coopération, de son engagement au service du bien collectif et du vivre-ensemble.

CONSEIL

Pour envisager un projet sur les règles de vie dans le cadre scolaire, qui permettent aux élèves de leur faire comprendre le sens et le bien-fondé de règles communes, il sera, par exemple, opportun de proposer :
- une discussion sur le règlement de vie quotidienne au sein de la classe ;
- un temps de construction en commun de ces règles ou de discussion et de remédiation des règles proposées préalablement par le professeur ou par l'ensemble de la communauté enseignante à l'échelle de l'école.

Un tel projet peut aussi être un levier efficace de responsabilisation et d'apprentissage des compétences sociales et civiques visées.

B Poursuivre l'initiation au débat

CHAPITRE 7, P. 254

Dès le cycle 2, le programme d'EMC envisage l'exercice du jugement et la construction de l'esprit critique par l'initiation au débat réglé et au débat argumenté. De nombreuses autres **formes de débats** permettent l'apprentissage des compétences visées par le Socle commun :

distinguer ce qui relève de l'exposé des faits de ce qui relève de l'expression d'un point de vue ; participer à une discussion, un débat ou un dialogue (prendre la parole devant les autres, écouter autrui, formuler et apprendre à justifier un point de vue) ; connaître les règles de la discussion en groupe (écoute, respect du point de vue de l'autre, recherche d'un accord, etc.) ; justifier un choix personnel dans le cadre d'une argumentation ; distinguer les savoirs vérifiés des opinions personnelles (volet 3 du Socle).

Des débats multiples au cycle 3 comme au cycle 2	Mise en œuvre
Le débat réglé / La discussion à visée philosophique / Le dilemme moral	La progression à envisager du cycle 2 au cycle 3 tient dans le choix des sujets mis en débat et l'ampleur du travail de préparation demandé aux élèves.
Le débat mouvant	Le point de départ est une affirmation clivante sur un sujet donné qui divise le groupe en « Pour » et en « Contre ». L'espace de la classe est donc scindé en 2 parties. Chaque élève se positionne selon qu'il est en accord ou pas avec la phrase prononcée par l'animateur, puis chaque camp prend alternativement la parole pour exposer un argument expliquant son positionnement. Chacun est libre de changer de camp si les arguments adverses l'ont convaincu.
Le débat silencieux	Cette modalité suppose un recours plus important à l'écrit – ce qui peut justifier de privilégier son utilisation au cycle 3. Le débat silencieux a l'avantage de mieux canaliser la prise de parole et permet à tous les élèves de participer au débat, géré par un animateur qui peut être le professeur. Celui-ci expose le sujet du débat, puis distribue une feuille à chaque participant, qui réagit anonymement par écrit. Chacun peut exprimer son accord/désaccord, ses arguments, les sentiments générés par la situation exposée. L'animateur ramasse les réactions, en lit quelques-unes, puis il les redistribue au hasard. Chacun peut alors à nouveau réagir par écrit sur ce qui a été dit. L'animateur récupère les 2 feuilles, lit quelques réactions, puis organise la synthèse des échanges.

CONSEIL

Proposer un débat mouvant ou un débat silencieux peut être présenté comme une solution permettant, grâce à leurs modalités, de mieux réguler les rapports de force au sein d'un groupe d'élèves et, ainsi, mieux partager la parole. Plus généralement, la qualité du débat est, souvent, dépendante du travail préparatoire : les élèves doivent bien comprendre les termes du débat et se documenter au préalable afin de nourrir leurs arguments. Il est également important de bien définir l'objet d'apprentissage : l'enjeu n'est pas d'aboutir à une vérité absolue, ni à une réponse définitive qui clôturerait le débat, mais de faire de la pratique de l'oral l'objet d'un apprentissage (le partage des opinions, le respect d'autrui, les règles du débat démocratique, argumenter, exposer son opinion aux autres…).

Les difficultés des élèves

Le recours au débat confronte les élèves à de multiples difficultés, qui sont progressivement surmontées par l'apprentissage, tout d'abord, des règles de la prise de parole : attendre son tour, écouter autrui, accepter la confrontation des idées, ne pas confondre discussion et affrontement sont des principes indispensables à la garantie d'un débat apaisé. Les élèves doivent également apprendre à construire leur raisonnement et leur argumentation, à comprendre la différence entre un argument et une opinion personnelle, à ne pas faire d'un cas particulier une loi générale et à accepter la contradiction sans se laisser dominer par ses émotions.

FICHE 1 Être citoyen dans la République française

A. Qui est citoyen français ?

▶ Tout citoyen est français **s'il a acquis la nationalité française**. Il peut l'acquérir par :
- **le droit du sang :** la nationalité s'acquiert automatiquement, dès la naissance, quand on a un père ou une mère de nationalité française ;
- **le droit du sol :** un enfant dont les parents ne sont pas français mais qui habitent en France depuis au moins 5 ans et qui est né en France devient français à partir de 13 ans à la demande d'un adulte, à partir de 16 ans à sa demande personnelle et automatiquement à partir de 18 ans ;
- **adoption :** un enfant né à l'étranger de parents étrangers devient français en cas d'adoption légale par des parents français, à partir de 16 ans ;
- **engagement :** un étranger peut devenir français s'il s'engage dans l'armée française ou 1 an après son mariage avec un(e) Français(e).

▶ **Des citoyens étrangers peuvent demander la naturalisation française,** sous certaines conditions :
- être majeur ;
- résider en France depuis 5 ans (2 ans en cas de diplôme supérieur obtenu en France, de parcours d'intégration exceptionnel ou de services importants rendus à la nation) ;
- ne pas avoir enfreint les lois de la République.

À SAVOIR

Depuis 2012, les étrangers naturalisés en France doivent signer la *Charte des droits et des devoirs du citoyen français*.

B. Le citoyen français a des droits et des devoirs

▶ Le citoyen a des droits :
- politiques (voter, être éligible) ;
- civils (la liberté, l'égalité) ;
- économiques et sociaux (le droit à l'éducation, au travail, à la santé).

▶ Il a également des devoirs :
- légaux (respecter les lois de la République, payer ses impôts) ;
- moraux (faire son parcours de citoyenneté avec la JDC ; faire preuve de civisme, de solidarité).

À SAVOIR

Les devoirs légaux sont imposés par la loi. Celui qui ne les respecte pas encourt une sanction. Les devoirs moraux relèvent du civisme, de l'esprit de solidarité, du vivre-ensemble.

C. Le citoyen français est aussi un citoyen européen

▶ **Le citoyen français est citoyen européen depuis le traité de Maastricht (1992).** Il peut circuler librement, étudier, travailler, voter et se faire élire (élections municipales et élections au Parlement européen) dans les États de l'Union européenne.

▶ **Les papiers d'identité et le permis de conduire français** sont considérés comme des documents officiels dans tout pays de l'Union européenne.

À SAVOIR

Est ou devient citoyen de l'Union européenne (UE) toute personne ayant ou obtenant la nationalité d'un pays membre de l'UE.

CONSEIL

Pour aborder l'acquisition de la nationalité, le candidat peut prévoir une enquête des élèves auprès de leur famille afin de savoir qui a la nationalité française et pour quelles raisons.

FICHE 2 La République française est une démocratie

A. La souveraineté du peuple fonde la démocratie

▶ **Dans une démocratie, le pouvoir appartient au peuple.** Les citoyens peuvent exercer ce pouvoir par le droit de vote, qui leur permet de choisir le chef de l'État (élections présidentielles), les personnes qui font les lois (élections législatives, pour élire les députés), ainsi que les pouvoirs locaux (élections municipales et régionales).

▶ **Le vote est universel :** tous les citoyens peuvent voter, et une voix est accordée à chaque citoyen. La liberté de choix est garantie par le vote secret et par le multipartisme, c'est-à-dire la présence de plusieurs candidats de partis politiques différents, dont les débats garantissent aux citoyens la possibilité d'exercer leur esprit critique et de choisir en conscience.

À SAVOIR

Le pluralisme politique et l'organisation d'élections libres et régulières sont les fondements d'une véritable démocratie.

▶ **Voter est un devoir moral.** L'abstentionnisme n'est pas puni par la loi française, mais il signifie, pour le citoyen qui ne vote pas, l'abandon de son pouvoir politique. Pourtant, de nombreux citoyens ne votent plus.

B. L'engagement syndical ou dans la vie associative

▶ **Les syndicats sont des associations qui luttent pour la protection des droits des travailleurs :**
- ils protègent les droits civils des citoyens, telle la liberté d'exprimer son opinion ou son mécontentement ;
- ils demandent plus d'égalité et luttent pour aider les personnes les plus en difficulté (chômeurs, retraités) ;
- ils veulent plus de solidarité entre les citoyens au sein du monde du travail (par exemple, entre les patrons et leurs ouvriers, mais aussi entre les ouvriers eux-mêmes) ;
- ils souhaitent instaurer un dialogue entre patrons et salariés, pour que tous les travailleurs participent aux décisions de l'entreprise.

▶ **Les syndicats participent aux débats au sein des entreprises** pour protéger les intérêts des salariés face au patronat. Ils tentent également de participer aux débats politiques, de rencontrer les ministres, pour influencer les réformes du gouvernement. S'ils le jugent nécessaire, ils organisent des grèves, des manifestations.

À SAVOIR

Les syndicats sont autorisés en France depuis la loi de 1884. La liberté d'association est garantie par la loi de 1901.

▶ Les citoyens peuvent aussi **s'engager dans des associations**, qui sont des organisations à but non lucratif. Elles permettent de renforcer les liens de solidarité entre les citoyens, de partager des loisirs, de s'engager pour la réalisation d'un projet commun. Elles agissent, en particulier, pour la protection des droits des plus fragiles (enfants, personnes âgées ou handicapées, familles démunies). Les préférences des Français vont aux associations sportives, culturelles ou musicales, aux clubs du troisième âge, aux associations humanitaires, de quartier, de protection de l'environnement, ou encore aux associations de parents d'élèves. Chaque citoyen peut participer à cette action en tant que bénévole et/ou donateur. Cela concerne environ 30 % des Français.

C. Les médias sont essentiels à la démocratie

▶ **Les Français s'informent** principalement grâce à la télévision, à Internet et à la radio. Les lecteurs de la presse écrite restent nombreux, mais de plus en plus de citoyens préfèrent consulter les sites d'information sur Internet.

À SAVOIR

Les sondages prennent une place de plus en plus importante dans la vie politique, lors des élections notamment. Ils sont organisés par des instituts spécialisés, qui respectent des règles très strictes. Ils reflètent donc l'opinion des Français mais peuvent aussi être rapidement contredits par les faits ou par un sondage réalisé dans un contexte différent.

▶ Si les médias permettent aux citoyens de se faire une opinion, ils peuvent également **influer sur le bon fonctionnement de la démocratie**. Malgré des règles strictes pour l'équité entre les différents partis politiques au cours d'une campagne électorale, certains bénéficient d'un temps d'audience plus important à la télévision et en radio. Certains journalistes ne respectent pas toujours leurs obligations : l'exactitude de l'information, la vérification des sources, l'impartialité, le refus des pressions politiques ou financières.

▶ **Internet prend une place de plus en plus importante dans le quotidien des citoyens et dans la vie politique.** Nous sommes, désormais, informés presque en temps réel des événements qui surviennent dans le monde entier. Internet et les réseaux sociaux permettent non seulement d'avoir un accès facile et rapide à l'information, mais aussi de discuter, d'échanger des opinions, qui peuvent nourrir le débat démocratique.

▶ Face à la **défiance croissante envers les médias traditionnels**, Internet et les réseaux sociaux sont des alternatives d'autant plus privilégiées par les citoyens qu'ils en deviennent des acteurs. En outre, l'accès à différents sites d'information favorise, en théorie, la construction d'un esprit critique vis-à-vis d'une actualité, d'un discours tenu par un responsable politique. Par ailleurs, les réseaux sociaux sont censés assurer la sécurité des citoyens en interdisant à leurs utilisateurs de publier des contenus incitant à la haine ou à la violence et en se donnant le droit de fermer tout compte ne respectant pas ces règles.

▶ Pourtant, les **risques liés à l'utilisation d'Internet** sont multiples pour la démocratie :
- les responsables politiques, après avoir analysé les opinions véhiculées sur les réseaux sociaux, peuvent, en période électorale, élaborer un discours qui réponde aux attentes exprimées par les citoyens sur ces réseaux, afin d'augmenter leur électorat potentiel (sans garantie qu'ils tiennent leurs promesses) ;
- les réseaux sociaux (et Internet en général) facilitent la diffusion de messages haineux et de *fake news* dont la source est rarement précisée et qui deviennent instantanément l'objet de débats, de polémiques avant même que leur validité soit garantie ;
- certains internautes utilisent délibérement Internet à des fins délictueuses, soit pour nuire, soit pour y dérober des informations et rançonner une personne, un organisme, une institution ou un gouvernement.

CONSEIL

Tout travail sur la démocratie en EMC gagnera à être rattaché au programme d'histoire qui rend compte des progrès électoraux, de l'évolution des types de suffrages et des droits progressivement acquis par les citoyens.
Une proposition de travail sur les médias impose, désormais, une réflexion sur l'utilisation d'Internet et la nécessité, pour les élèves, d'adopter des réflexes de prudence (vérifier la source et la validité de l'information, prendre le temps de la réflexion avant de faire part de son opinion). Un tel projet est aussi l'occasion de les faire réfléchir sur la notion d'« esprit critique », inscrite dans le Socle commun.

FICHE 3 La République française est laïque

A. Un principe de la République inscrit dans la Constitution

EXPLOITATION PÉDAGOGIQUE, P. 282

▶ **La loi de 1905** sur la séparation des Églises et de l'État instaure officiellement la laïcité en France. Cette loi affirme, dans son article 1, que « *La République assure la liberté de conscience* » et, dans son article 2, que « *La République ne reconnaît, ne salarie ni ne subventionne aucun culte* ».

SUJET 1, P. 290

▶ **La laïcité garantit donc la liberté de croire ou de ne pas croire,** ainsi que l'égalité de tous les cultes et de tous les citoyens devant la loi, quelle que soit leur religion. La République garantit le libre exercice des cultes, mais l'État, qui protège et garantit cette liberté, s'impose aussi un devoir de neutralité vis-à-vis des religions et ne participe à aucun financement, à l'exception de l'entretien des bâtiments religieux qui font partie du patrimoine historique et culturel du pays.

▶ Le principe de « laïcité » impose à chaque citoyen **un devoir de tolérance** et l'interdiction de tout acte de prosélytisme.

B. Un principe fondateur de l'École républicaine

▶ **Dans les établissements scolaires publics ou sous contrat avec l'État,** les élèves sont soumis à des règles qui sont imposées par les lois du 15 mars 2004 et du 26 juillet 2019, dont l'objectif est de garantir le vivre-ensemble au sein des écoles.

▶ Tout élève comme tout personnel d'un établissement scolaire est contraint au **respect d'une *Charte de la laïcité à l'école*.**

▶ Cette charte stipule que « *la Nation confie à l'École la mission de faire partager aux élèves les valeurs de la République* ». Elle est composée de 15 articles :
- les articles 1 à 5 rappellent les fondements de la laïcité ;
- les articles 6 à 15 insistent sur le respect de la laïcité à l'école (lutte contre le prosélytisme et toute forme de pression, respect de la liberté d'expression et du pluralisme des convictions religieuses, rejet de toute violence et de toute forme de discrimination, devoir de neutralité des personnels, laïcité des enseignements, interdiction du port de signes ou de tenues qui manifestent ostensiblement une appartenance religieuse).

▶ **La loi du 26 juillet 2019 a renforcé la lutte contre le prosélytisme.** Son article 10 énonce que « *les comportements constitutifs de pressions sur les croyances des élèves ou de tentatives d'endoctrinement de ceux-ci sont interdits dans les écoles publiques et les établissements publics locaux d'enseignement, à leurs abords immédiats et pendant toute activité liée à l'enseignement* ». La méconnaissance de cette interdiction est punie par la loi.

À SAVOIR

La loi du 15 mars 2004 stipule, dans son article 1, que, « *dans les écoles, les collèges et les lycées publics, le port de signes ou tenues par lesquels les élèves manifestent ostensiblement une appartenance religieuse est interdit* ».

CONSEIL

Proposer un projet sur la laïcité invite nécessairement à faire des liens avec le programme d'histoire et, en particulier, l'instauration de la république en France. Il faut, ensuite, cibler l'apprentissage de la tolérance, indispensable au vivre-ensemble. L'explication des fondements de ce principe républicain est un préalable indispensable pour que les élèves comprennent les droits de chaque citoyen que la laïcité protège et les devoirs à respecter pour permettre à chacun l'exercice de ces droits.

FICHE 4 Repères de progressivité

Le programme officiel de l'Enseignement moral et civique, extrait du *Bulletin officiel* du 30 juillet 2020, est complété par un document d'accompagnement qui propose des repères annuels de progression. Ces derniers facilitent sa mise en œuvre au cycle 3 et la mise en relation avec les programmes d'histoire et de géographie.

A. Respecter autrui

	Les repères annuels de progression de l'EMC	Les liens possibles avec le programme d'histoire	Les liens possibles avec le programme de géographie
CM1	• Les élèves identifient des situations dans lesquelles la liberté et l'égalité ne sont pas respectées.	• L'étude de la période révolutionnaire (thème 3) permet de situer dans le temps les textes fondateurs (en particulier la *Déclaration des droits*).	• L'étude des lieux de vie où habitent les élèves (thème 1) peut être l'occasion d'expliquer les contrastes socio-spatiaux dans les villes.
CM2	• Les élèves identifient des situations de discrimination et les valeurs de la République (liberté, égalité, fraternité, laïcité) en jeu.	• L'étude du temps de la royauté, et en particulier l'époque d'Henri IV, initie les élèves à ce que fut l'édit de Nantes contre la discrimination religieuse. • L'étude du temps de la République (thème 1) aide à comprendre comment celle-ci a permis de garantir et renforcer nos droits fondamentaux.	• Les thèmes consacrés aux enjeux du développement durable (« Déplacement et développement durable », « Mieux habiter ») sont l'occasion d'insister sur l'amélioration des droits des citoyens visée par ces politiques de développement durable et sur l'importance de l'engagement des citoyens pour leur réussite.

B. Acquérir et partager les valeurs de la République

	Les repères annuels de progression de l'EMC	Les liens possibles avec le programme d'histoire	Les liens possibles avec le programme de géographie
CM1	• Les élèves découvrent la Convention internationale des droits de l'enfant.		
	• Les élèves commencent à comprendre la signification du terme *démocratie* et l'importance du suffrage universel.	• L'étude de la Grèce antique permet d'expliquer les héritages de la démocratie.	
	• Les élèves savent chanter par cœur et en public un ou plusieurs couplets de *La Marseillaise*.	• L'étude de la période révolutionnaire permet de contextualiser l'émergence de la démocratie, ainsi que l'apparition des symboles républicains.	
	• Les élèves reconnaissent le drapeau et l'hymne (*Ode à la joie*) européens. • Les élèves savent que la communauté de langue et de culture françaises s'appelle « la francophonie ».		• La localisation des lieux de vie des élèves à différentes échelles permet de situer la France au sein de l'Union européenne et de découvrir les territoires ultramarins de la France, puis les espaces de la francophonie.

	Les repères annuels de progression de l'EMC	Les liens possibles avec le programme d'histoire	Les liens possibles avec le programme de géographie
CM2	• Les élèves découvrent les libertés et les droits des citoyens. Ils apprennent quels sont certains devoirs de ces derniers.	• L'étude du temps de la République permet de contextualiser le renforcement de la démocratie, ainsi que l'officialisation des symboles républicains au profit de l'enracinement de la République.	
	• Les élèves connaissent, de manière simple, le fonctionnement des institutions de la Vᵉ République.	• Les élèves découvrent les grands principes de la Constitution de 1958 (la France est une république indivisible, laïque, démocratique et sociale).	
	• Les élèves comprennent la signification du 11 Novembre et du 8 Mai, notamment dans le cadre de la participation aux cérémonies.	• L'étude des 2 guerres mondiales permet de comprendre la signification du 11 Novembre et du 8 Mai.	
	• Les élèves abordent la notion de « citoyenneté européenne ». Ils identifient quelques pays membres.	• Le chapitre sur la construction européenne contribue à contextualiser la création de la citoyenneté au sein de l'Union européenne (1992).	• Le chapitre consacré aux déplacements de ville en ville en Europe et dans le monde (thème 1) nécessite le recours régulier à des cartes qui initient les élèves à la localisation des États de l'Union européenne.

C. Construire une culture civique

	Les repères annuels de progression de l'EMC	Les liens possibles avec le programme d'histoire	Les liens possibles avec le programme de géographie
CM1	• Les élèves font l'expérience de l'engagement dans la classe et dans l'école.	• L'étude de la période révolutionnaire peut être l'occasion de découvrir la notion d'« engagement ».	
CM2	• Les élèves apprennent à trouver des indices avant d'accorder leur confiance aux informations et propositions fournies sur Internet.	• Tout le programme d'histoire permettra l'initiation des élèves au regard critique à porter sur un document et à la nécessité d'identifier sa source et son auteur.	• Ce thème sera efficacement lié à celui consacré aux réseaux Internet et à la connexion des habitants (thème 2).
	• Les élèves sont amenés à comprendre le sens de l'intérêt général en travaillant sur des exemples concrets de solidarités individuelle et collective à différentes échelles.	• L'étude de la Résistance est un exemple d'engagement de citoyens au service de l'intérêt général.	• Cette réflexion peut prendre appui sur les études de cas menées sur le thème du « développement durable ».

EXPLOITATIONS PÉDAGOGIQUES

Enseigner la laïcité

A La séquence et ses objectifs

Cycle	3
Niveau	CM1
Domaine	EMC
Séquence	La laïcité
Séances	5
Période	5

1. Prérequis

CHAPITRE 7, P. 262
CHAPITRE 8, P. 275

- Connaître les valeurs et les symboles de la République.
- Connaître les modalités d'un débat réglé.

2. Objectifs de la séquence

- Comprendre que la laïcité accorde à chacun un droit égal à exercer librement son jugement et exige le respect de ce droit par autrui.
- Comprendre la laïcité comme la liberté de penser et de croire ou de ne pas croire.
- Apprendre à faire la différence entre la connaissance vérifiée et la croyance, qui relève des convictions personnelles.

3. Compétences travaillées

- Exercer son jugement et construire l'esprit critique.
- Travailler en groupes, s'exprimer à l'oral et prendre part à un débat.

4. Préparations matérielle et documentaire

- Documents : *Charte de la laïcité à l'école*, *Déclaration des droits de l'homme et du citoyen*, documents issus du thème 3 d'histoire du CM1 « Le temps de la Révolution et de l'Empire ».
- Matériel nécessaire à la réalisation d'une affiche, dictionnaire.

B Organisation de la séquence

Séance 1	**Phase de réactivation** : à partir du programme d'histoire et d'extraits de textes institutionnels, le professeur fait émerger les principes de la laïcité. Construction collective d'une définition à partir de situations exprimées dans le cadre de l'école.
Séance 2	**Phase d'approfondissement** : introduction de la *Charte de la laïcité à l'école* et organisation d'une discussion à visée philosophique : « Quelle est la différence entre croire et savoir ? »
Séance 3	**Phase d'entraînement** : après un temps de préparation dans lequel les élèves lisent plusieurs documents présentant des problématiques en lien avec la laïcité à l'école, ils débattent autour de la question « Pourquoi la laïcité est-elle importante à l'école ? ».
Séance 4	**Phase d'appropriation** : répartis en groupes, les élèves découvrent la *Charte de la laïcité à l'école* et ses différents articles. Chaque groupe travaille sur au moins 2 articles, en essayant de se les approprier avec leurs propres mots sur des affiches. Sur celles-ci, chaque groupe illustre ses idées par des dessins en lien avec le sujet.
Séance 5	**Phase d'institutionnalisation** : chaque groupe présente son travail devant la classe. Évaluation des affiches par les pairs. Réalisation d'une exposition au sein de l'école et présentation aux autres classes et aux parents.

C Exemple d'une exploitation pédagogique : séance 4

1. Objectifs d'apprentissage

- ☑ Réinvestir et s'approprier les principes de la laïcité à partir d'un document institutionnel : liberté de croire et de ne pas croire, différence entre le savoir et le croire.
- ☑ Faire travailler les élèves en groupes.

2. Choix opérés pour conduire l'exploitation pédagogique

EXEMPLE DE SÉANCE N° 4			
Phase	**Durée**	**Dispositif**	**Déroulement**
❶ Présentation de l'activité	5 min	Collectif oral	Le professeur présente l'activité et le matériel mis à disposition pour la création des affiches.
❷ Phase de découverte	5 min	Collectif oral	• Dans un temps d'échanges introductif, le professeur donne une liste de situations concrètes vues en séance 3 et demande aux élèves de les associer à quelques articles. • Le professeur formule la consigne et répartit les différents articles de la charte entre les groupes d'élèves.
❸ Phase de débat	40 min	Collectif oral et écrit	• À l'aide d'un dictionnaire, les élèves reformulent, avec leurs propres mots, les articles sur lesquels ils travaillent. • Les élèves cherchent à trouver eux-mêmes des situations pour illustrer leurs articles et réutilisent les symboles de la République. • L'affiche est finalisée : l'article y est collé, reformulé et illustré par des dessins et des symboles de la République.
❹ Phase d'institutionnalisation et d'évaluation	Cette phase aura lieu en séance 5. Les élèves qui ont terminé leur affiche peuvent commencer à s'entraîner à la présenter.		

► Cette séance est l'occasion de mettre en valeur un document essentiel à la laïcité et souvent aperçu dans l'école par les élèves : la *Charte de la laïcité à l'école* (qui est, d'ailleurs, affichée obligatoirement dans les salles de classe). Le travail de groupe permet aux enfants de mieux appréhender sa complexité et d'approfondir la compréhension des principes de la laïcité découverts lors des séances précédentes. Pour réaliser leur affiche, les élèves doivent, en effet, s'appuyer sur les problématiques évoquées avant le débat de la séance 3.

► Le travail à réaliser en groupes étant assez dense, chaque élève qui les compose aura une tâche dédiée, en fonction de ses capacités. Par exemple, le professeur pourrait proposer la répartition suivante : un élève qui retranscrit un article avec ses mots à l'aide du dictionnaire et des séances précédentes, un deuxième qui propose des illustrations, un troisième qui imagine des situations concrètes à représenter et un dernier qui réfléchit à un autre article.

► L'institutionnalisation du travail, lors de la séance 5, permet de valoriser celui des élèves en le faisant rayonner à l'échelle de l'école. La journée du 9 décembre peut être l'occasion de mettre en valeur ce travail chaque année, les autres classes pouvant contribuer à l'enrichir.

D Questionnements possibles à partir de l'exploitation pédagogique

• Comment aider les élèves à préparer un débat ?

Un débat peut s'envisager de 2 façons :

1. Sans aucune préparation préalable : si le débat survient en cours de séquence, les élèves auront déjà acquis des connaissances sur le sujet. Ils pourront développer un point de vue personnel.
2. Avec une préparation préalable : en début de séquence ou sur un sujet nouveau, les élèves peuvent éprouver des difficultés à développer des idées personnelles. Il est possible alors de leur proposer un corpus documentaire composé de documents institutionnels (extraits de la *DDHC*, par exemple) ou présentant un point de vue particulier (articles de journaux, études de cas en lien avec le sujet, affiches publicitaires, etc.). Ces documents permettent d'étayer plusieurs points de vue. En les mobilisant, l'élève apprend à argumenter.

• Peut-on aborder le thème de la laïcité dans n'importe quel niveau de classe du cycle 3 ?

L'exploitation pédagogique proposée en CM1 peut, évidemment, se décliner dans chacun des niveaux du cycle 3. Les programmes sont curriculaires : aucune indication de niveau n'y est, en effet, précisée. La laïcité peut même être abordée selon une progression spiralaire, tout au long du cycle 3, en concertation avec les enseignants du collège de secteur, qui ont en charge le niveau 6e. Comme le sous-entend le sujet de concours n° 1 (p. 290), l'étude de la *Charte de la laïcité à l'école* peut s'approfondir en CM2, en prolongement du thème 1 d'histoire « Le temps de la République ». L'école de Jules Ferry, la IIIe République ou encore la loi du 9 décembre 1905 sont autant de pistes pouvant mettre la laïcité en perspective d'un point de vue historique. En 6e, l'étude de deux des grandes religions monothéistes que sont le judaïsme et le christianisme (l'islam est étudié en 5e) est l'occasion d'approfondir, en EMC, la réflexion sur les différences entre croire et savoir.

• La laïcité doit-elle être enseignée séparément des autres valeurs de la République ?

On peut aisément associer l'étude des principes de la laïcité avec celle des autres valeurs de la République. La laïcité garantit, en effet, la liberté de conscience, dont découle la liberté de manifester ses croyances ou convictions, dans les limites du respect de l'ordre public. La laïcité implique aussi la neutralité de l'État et impose donc l'égalité de tous devant la loi, sans distinction de religion ou de conviction. Croiser la laïcité avec les valeurs historiques de la République permet, ainsi, de donner davantage de sens à son enseignement.

• Que faire si un élève de CM1 ou de CM2 refuse de participer à une activité scolaire en affirmant que le sujet abordé est contraire à ses croyances ?

Voir la réponse développée dans le corrigé du sujet de concours n° 1, p. 296.

• Un élève peut-il demander une autorisation d'absence nécessaire à l'exercice d'un culte ou à la célébration d'une fête religieuse ?

Les élèves sont soumis à l'obligation d'assiduité, comme cela est prévu dans le Code de l'éducation. Toutefois, cette obligation ne s'oppose pas à ce que des autorisations d'absence soient accordées à des élèves qui en font la demande lorsqu'elles concernent une grande fête religieuse dont la liste est publiée, chaque année, dans une circulaire.

• Que faire en cas de non-respect, par un élève, de l'interdiction du port de signes ou de tenues manifestant une appartenance religieuse ?

Comme le conseille le *vade-mecum* de la laïcité, un dialogue précède obligatoirement toute procédure disciplinaire, dans le cadre de la loi du 15 mars 2004 sur les signes religieux dans les écoles publiques. Dans ce dialogue, il convient de faire comprendre aux élèves et aux familles le fonctionnement et les exigences de l'École républicaine, en termes de droits et de devoirs, que la *Charte de la laïcité à l'école* rappelle, d'ailleurs, explicitement. Si ce dialogue n'aboutit pas, le directeur de l'école saisit le directeur académique des services de l'Éducation nationale (DASEN).

EXPLOITATIONS PÉDAGOGIQUES

Lutter contre le harcèlement

Cycle	3
Niveau	CM2
Domaine	EMC
Séquence	Le harcèlement
Séances	5
Période	2

A La séquence et ses objectifs

1. Prérequis

- ☑ Connaître le règlement de l'école.
- ☑ Comprendre les notions de « respect d'autrui » et de « vivre ensemble ».
- ☑ Connaître les critères de réussite du débat.

2. Objectifs de la séquence

- ☑ Comprendre les mécanismes du harcèlement et ses conséquences.
- ☑ Engager les élèves dans la lutte contre le harcèlement.

3. Compétences travaillées

- ☑ Manifester le respect des autres dans son langage et son attitude.
- ☑ Respecter les engagements pris envers soi-même et envers les autres.
- ☑ S'engager dans la réalisation d'un projet collectif.
- ☑ S'exprimer à l'oral et prendre part à un débat.

4. Préparations matérielle et documentaire

- ☑ Documents : affiches officielles de sensibilisation au harcèlement.
- ☑ Matériel nécessaire à la réalisation d'une affiche (feutres, feuilles, etc.).

B Organisation de la séquence

Séance 1	**Phase de découverte** : le professeur présente la finalité de la séquence (la participation de la classe au concours « Non au harcèlement »). Un débat Q-sort (voir ci-après) fait émerger les représentations des élèves sur le sujet et permet d'élaborer une définition collective du harcèlement.
Séance 2	**Phase d'approfondissement** : dans un dilemme moral, les élèves sont confrontés à une situation de harcèlement courante et sont invités à se positionner. Après le débat, une synthèse collective est réalisée.
Séance 3	**Phase d'entraînement** : le professeur soumet 2 autres situations aux élèves. Répartis en groupes, ces derniers doivent réfléchir ensemble à ces situations et proposer des solutions pour régler les problèmes constatés.
Séance 4	**Phase d'appropriation** : le professeur a préparé plusieurs situations de harcèlement, que les élèves tirent au sort. Répartis en groupes de 3 ou 4, ils imaginent une saynète illustrant la situation tirée au sort, puis la jouent devant leurs camarades.
Séance 5	**Phase d'institutionnalisation** : après en avoir établi les critères de réalisation, les élèves produisent des affiches devant illustrer la question « Comment lutter contre le harcèlement ? ». Ces affiches, présentées par les élèves à leurs camarades, seront, ensuite, améliorées dans une séquence d'arts plastiques, puis soumises au concours « Non au harcèlement ».

▶ Avant la séquence, le professeur peut soumettre aux élèves une évaluation diagnostique sous la forme d'un petit questionnaire anonyme sur le harcèlement, afin de déterminer leurs prérequis et d'anticiper d'éventuels cas de harcèlements dans la classe. Il serait, en effet, très délicat, pour le professeur, de découvrir de telles situations pendant les activités et les échanges avec les élèves.

▶ La séquence permet de mobiliser plusieurs situations d'apprentissage spécifiques à l'EMC : débat Q-sort, dilemme moral, débat, création d'affiches… Ces activités visent à confronter les élèves à des situations concrètes proches de leur quotidien, selon des modalités de pédagogie active centrées sur l'usage de la parole. Ils s'expriment, s'autoévaluent, réfléchissent et s'approprient donc plus efficacement les enjeux du harcèlement.

C Exemple d'une exploitation pédagogique : séance 1

1. Objectifs d'apprentissage

- ☑ Découvrir une pluralité de représentations sur le thème du harcèlement.
- ☑ Faire débattre les élèves.
- ☑ Élaborer une définition commune du harcèlement.

2. Choix opérés pour conduire l'exploitation pédagogique

EXEMPLE DE SÉANCE N° 1			
Phase	**Durée**	**Dispositif**	**Déroulement**
❶ Présentation de l'activité	5 min	Collectif oral	Le professeur explique le projet de séquence, puis présente les modalités du débat Q-sort (voir ci-après).
❷ Phase de découverte	10 min	Individuel écrit, puis collectif oral	• Le professeur lit les 10 propositions du Q-sort. • Les élèves choisissent individuellement 2 propositions avec lesquelles ils sont entièrement d'accord, puis 2 avec lesquelles ils sont en total désaccord. • Le professeur peut organiser un petit temps de confrontation, entre pairs, des choix effectués (en binômes).
❸ Phase de débat collectif	20 min	Collectif oral	• Le professeur demande aux élèves de partager collectivement leurs choix et de les justifier. • Les autres élèves réagissent aux propos de leurs camarades, tandis que le professeur prend des notes du débat. Il peut également nommer un régulateur qui répartit la parole.
❹ Phase de mise en commun et d'institutionnalisation	15 min	Collectif oral	• Le professeur récapitule, avec les élèves, les idées principales du débat. Il organise, au tableau, la restitution de la définition, discutée collectivement et recopiée par les élèves dans leur cahier d'EMC. • À la fin de la séance, le professeur évoque le projet de participation au concours « Non au harcèlement », qui va structurer, en grande partie, le reste de la séquence.

Cette séance est l'occasion de mettre en place une forme très originale de débat : le Q-sort (*question(s)-sort* en anglais, qui signifie « liste de questions »). Il s'agit de proposer aux élèves une liste de plusieurs items. Ces affirmations, choisies par le professeur, sont, parfois, volontairement erronées, pour obliger les élèves à réfléchir avant de classer ces items en fonction de leur degré d'accord ou de désaccord.

3. Travaux réalisés en classe

▶ Lors de la séance 1, le débat Q-sort peut reposer sur la liste d'items suivante :

- ☑ Harceler, c'est se moquer.
- ☑ Harceler n'est pas grave si ça fait rire les copains.
- ☑ Harceler est puni par la loi.
- ☑ On a le droit de harceler quelqu'un qui est insupportable avec ses camarades.
- ☑ Quand on est témoin de harcèlement, on est obligé de le rapporter.
- ☑ Le harcèlement, ça n'existe qu'à l'école.
- ☑ Le harceleur est toujours une personne très antipathique.
- ☑ Harceler, c'est penser qu'on est le meilleur.
- ☑ Seuls les élèves les plus faibles sont concernés par le harcèlement.
- ☑ Le harcèlement, cela peut être fait par plusieurs élèves.

▶ Le Q-sort aboutit, ensuite, à une définition commune, qui permet d'outiller les élèves pour comprendre le dilemme moral de la séance 2. Lors de la séance 4, le dilemme permet d'approfondir la réflexion, puisque les élèves doivent réfléchir à un cas très concret, qui pourrait survenir dans leur classe. Le scénario pourrait être le suivant :

CHAPITRE 7, P. 258

« Aden est un nouvel élève de CM2. C'est un garçon qui n'est pas gentil avec ses nouveaux camarades : il joue seul et il lui arrive de les insulter. Un jour, Sarah, qui est une des filles les plus sympathiques de la classe, a commencé à s'en prendre à Aden, dans la cour, pendant la récréation. Quelques jours plus tard, à la cantine, elle s'est moquée de lui et a beaucoup fait rire ses camarades. Depuis ce jour, Aden est souvent bousculé dans les rangs par les autres élèves et par Sarah. En cours, on lui prend ses affaires et on les jette au sol. **Si tu étais le (la) meilleur(e) ami(e) de Sarah et le (la) camarade d'Aden, que ferais-tu ?** »

▶ La phase d'institutionnalisation de la séquence d'apprentissage, lors de la séance 5, est l'occasion, pour le professeur, d'évaluer l'appropriation par les élèves des enjeux du harcèlement. En groupes, ils doivent, ainsi, réfléchir à la question affichée au tableau et qui permet de conclure la séquence : « Comment lutter contre le harcèlement à l'école ? » Les élèves relisent leur cahier d'EMC, reprennent ensemble la définition de la séance 1, se remémorent le dilemme moral et coopèrent pour réaliser une affiche.

▶ Ces affiches sont présentées par leurs auteurs et critiquées par le reste de la classe. Le professeur interroge chacun des élèves du groupe : il leur demande de justifier leurs choix, de préciser le rôle de chacun dans l'élaboration de l'affiche, de raconter ce qu'ils ont compris de cette séquence. Ce temps collectif est utilisé également par le professeur pour proposer des remédiations.

▶ Dans des classes qui ont particulièrement bien saisi les risques du harcèlement, ce genre de bilan collectif est, parfois, celui des confidences ou des prises de conscience de certains élèves. Le professeur doit donc être très attentif à un élève qui serait discret et effacé ou, au contraire, à un autre qui tournerait en dérision l'activité ou se moquerait de ses camarades.

▶ Ces affiches peuvent, enfin, être exposées dans l'école. Dans la mesure où les CM2 y sont les plus grands, ils peuvent aussi se munir de ces affiches et sensibiliser les autres classes sur le thème du harcèlement (CE2, CM1, par exemple). Ce genre d'action, à mener en concertation avec les autres professeurs de l'école, contribue à développer concrètement la culture de l'engagement chez l'élève, à le responsabiliser et à valoriser son travail.

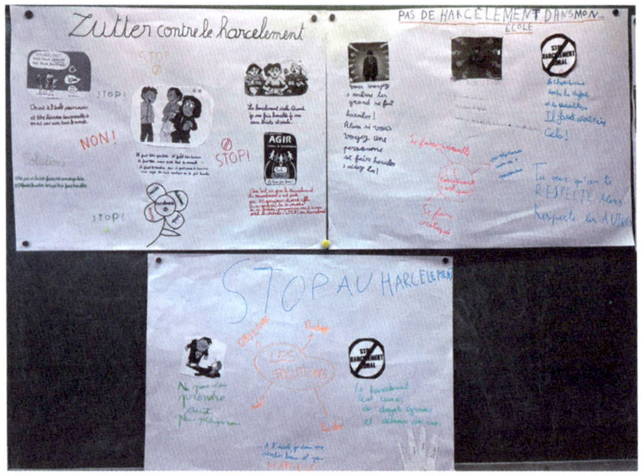

▶ Enfin, en améliorant graphiquement les affiches lors de séances dédiées en arts plastiques, les élèves et le professeur pourraient envoyer leurs travaux et poser leur candidature au concours « Non au harcèlement » dans la catégorie « Meilleures affiches ». Ce concours récompense et valorise, chaque année, entre février et mars, les travaux d'élèves les plus pertinents dans plusieurs catégories, de l'élémentaire au lycée. Plus d'informations sur https://www.nonauharcelement.education.gouv.fr/.

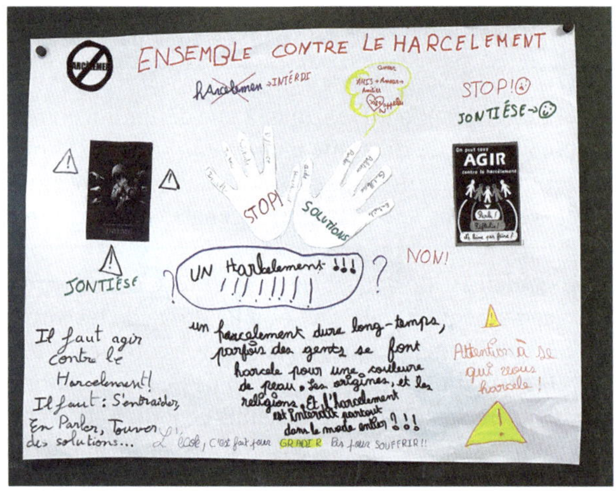

D Questionnements possibles à partir de l'exploitation pédagogique

• Comment définir le harcèlement scolaire et quelles en sont ses conséquences ?

Le harcèlement se définit comme une violence répétée qui peut être verbale, physique ou psychologique. À l'école, cette violence peut être le fait d'un ou de plusieurs élèves à l'encontre d'une ou de plusieurs victimes. Elle se fonde sur le rejet de la différence et la stigmatisation de certaines caractéristiques, telles que l'apparence physique, l'orientation sexuelle, le handicap, etc. En France, ce phénomène n'a été véritablement pris en compte qu'au début des années 2010, sous l'impulsion des recherches du pédagogue Éric Debarbieux, qui a, notamment, mené des enquêtes nationales démontrant que le fléau touchait sévèrement environ 10 % des élèves, dès l'école élémentaire.

Cette violence peut prendre plusieurs formes. Elle peut se manifester par des atteintes à l'intégrité physique, notamment sous forme de coups, de dégradations de matériel, mais aussi par des jeux dangereux faits sous la contrainte (le jeu du « Cap ou pas cap ? »). Le harcèlement peut également revêtir la forme d'une violence verbale et/ou psychologique. Celle-ci s'exerce à travers des moqueries, des insultes, ainsi que des propagations de rumeurs. Lorsque ces violences s'effectuent à partir d'outils numériques ou de réseaux sociaux, on parle de « cyberharcèlement ».

• Sur quels textes officiels s'appuyer pour préparer une séquence sur le harcèlement ?

L'article 5 de la loi pour une École de la confiance (votée le 26 juillet 2019) inscrit le droit à une scolarité sans harcèlement dans le Code de l'éducation. Cette disposition donne une assise légale aux nombreuses actions de prévention menées par le ministère et envoie, à l'ensemble de la communauté éducative, un signal fort visant à amplifier la mobilisation contre le harcèlement entre élèves.

Le référentiel de compétences professionnelles des métiers du professorat et de l'éducation (2013) fait mention de 2 compétences qui demandent aux enseignants une vigilance accrue par rapport au phénomène du harcèlement : « Faire partager les valeurs de la République » et « Agir en éducateur éthique et responsable ».

Enfin, les programmes d'EMC font spécifiquement mention du harcèlement comme objet d'enseignement aux cycles 2 et 3.

• Pourquoi aborder le harcèlement dès l'école élémentaire ?

L'Unicef évaluait, en France, à 700 000 élèves le nombre de victimes de harcèlement scolaire en 2019. Les chiffres varient de 12 % en primaire à 10 % au collège et 4 % au lycée. Le primaire serait donc le lieu où les élèves seraient le plus harcelés car moins outillés et moins sensibilisés que leurs aînés face à ce fléau. Il convient donc d'aborder la question des moqueries et du harcèlement dès le cycle 2, pour sensibiliser les élèves au phénomène et libérer la parole de ceux qui commencent déjà à souffrir en silence.

• Que faire si vous constatez qu'un élève de Cours Moyen est victime de harcèlement ?

En cas de harcèlement scolaire suspecté ou avéré, il faut d'abord discuter avec la victime pour identifier le ou les éventuels harceleurs. Le harcèlement scolaire se faisant, souvent, dans une dynamique de groupe, le professeur doit pouvoir identifier les supporters (qui encouragent le harceleur par des rires et moqueries) et les témoins (qui vont laisser faire sans rien dire).

Il faut, ensuite, avertir rapidement le directeur ou la directrice de l'école, puis les parents. Des mesures peuvent être prises immédiatement : convocation du harceleur et de sa famille, mesures disciplinaires, confrontation pour trouver des accords amiables… En cas de difficulté, il existe, dans tous les départements, des référents « harcèlement », facilement joignables et qui proposent, le cas échéant, du conseil et de la formation.

Dans tous les cas, tout membre du personnel éducatif qui a connaissance de faits de harcèlement doit avertir, sans délai, le procureur et lui transmettre tous les renseignements à sa disposition. La victime et les parents peuvent également saisir la Direction académique des services de l'Éducation nationale (DASEN), pour demander un changement d'école si les faits sont graves.

• En dehors d'une séquence d'apprentissage, quels sont les moyens institutionnels mis à disposition des professeurs pour prévenir le harcèlement ?

Depuis 2013, le ministère de l'Éducation nationale met en œuvre une politique publique d'envergure visant à mieux détecter les situations de harcèlement entre élèves et à mieux les prendre en compte. La Journée nationale de lutte contre le harcèlement est, chaque année, une occasion de mobiliser personnels et élèves. La campagne, diffusée sur les chaînes nationales et sur Internet, est vue par des millions de personnes : elle a un impact considérable auprès des enfants. Tout au long de l'année, les élèves ambassadeurs contre le harcèlement sont également un facteur important de mobilisation dans les collèges et les lycées. La formation dont ils bénéficient développe leurs compétences psychosociales et les rend véritablement acteurs de la prévention. La formation des personnels est également incontournable pour endiguer le harcèlement. À ce titre, un plan national de formation est dédié aux référents départementaux et académiques.

Parmi les nombreux outils existants, les 2 numéros d'appel gratuits (le 3020 – « Non au harcèlement » – et le 0 800 200 000 – « Net écoute ») jouent un rôle très important dans la prise en charge des situations de harcèlement et de cyberharcèlement.

SUJET 1

Histoire, Enseignement moral et civique

3 heures

Composante histoire (10 points)

1. Quels étaient les enjeux de l'introduction de l'instruction morale et civique dans le programme de l'enseignement primaire de 1882 ? Pour répondre, appuyez-vous autant que vous le jugerez utile sur le dossier documentaire.

2. Élaborez une séquence sur l'école primaire au temps de Jules Ferry pour des élèves de cours moyen seconde année.

Puis développez une des séances de cette séquence, en définissant les objectifs d'apprentissage et les compétences travaillées, en indiquant précisément quels documents issus du dossier documentaire vous utiliserez et en détaillant l'exploitation pédagogique de l'un de ces documents.

Composante enseignement moral et civique (10 points)

3. Énoncez les principes qui régissent le système éducatif français et précisez brièvement le sens de chacun d'entre eux.

4. Un élève de cours moyen refuse de participer à une activité scolaire en affirmant que le sujet abordé est contraire à ses croyances.

Dans un premier temps, vous rappelez clairement la règle aux élèves. À quel(s) texte(s) vous référez-vous ?

Puis vous décidez d'organiser, ultérieurement, dans le cadre de l'enseignement moral et civique, une séance afin de retravailler la notion de « laïcité ». Quels objectifs d'apprentissage définissez-vous ? Quels documents du dossier documentaire choisissez-vous ? Quel(s) autre(s) document(s) utiliseriez-vous éventuellement ? Justifiez vos choix.

DOSSIER DOCUMENTAIRE

Document 1 Extrait du programme d'enseignement du cycle de consolidation (*BOEN* n° 31 du 30 juillet 2020)

Classe de CM2

Repères annuels de programmation	Démarches et contenus d'enseignement
Thème 1 Le temps de la République	
1892 : la République fête ses cent ans. L'école primaire au temps de Jules Ferry. Des républiques, une démocratie : des libertés, des droits et des devoirs.	[...] À partir des années 1880, l'adhésion à la République se construit en partie par l'école gratuite, laïque et obligatoire. Les bâtiments et les programmes de l'école de la République facilitent l'entrée concrète dans le sujet d'étude. [...]

Document 2 **Chronologie**

1833 : loi sur l'instruction primaire (dite « loi Guizot »).

1879 : loi ayant pour objet la création de nouvelles écoles normales (visant notamment le développement des écoles normales de filles).

1881 : loi établissant la gratuité absolue de l'enseignement primaire dans les écoles publiques.

1882 : loi sur l'enseignement primaire obligatoire.

1886 : loi portant sur l'organisation de l'enseignement primaire (dite « loi Goblet », mettant notamment en œuvre la laïcisation du personnel enseignant dans les écoles publiques).

Document 3 **Photographie, école de Buigny-lès-Gamaches (Somme), vers 1910**

© Collections du Musée national de l'Éducation/MUNAÉ (reseau-canope.fr), Rouen consultée le 7 décembre 2020.

Document 4 **Extraits de la loi du 28 mars 1882 sur l'enseignement primaire obligatoire**

Art. 1er – L'enseignement primaire comprend :

L'instruction morale et civique ;

La lecture et l'écriture ;

La langue et les éléments de la littérature française ;

La géographie, particulièrement celle de la France ;

L'histoire, particulièrement celle de la France jusqu'à nos jours ;

Quelques notions usuelles de droit et d'économie politique ;

Les éléments des sciences naturelles physiques et mathématiques ; leurs applications à l'agriculture, à l'hygiène, aux arts industriels, travaux manuels et usage des outils des principaux métiers ;

Les éléments du dessin, du modelage et de la musique ;

La gymnastique ;

Pour les garçons, les exercices militaires ;
Pour les filles, les travaux à l'aiguille.
L'article 23 de la loi du 15 mars 1850 est abrogé.

Art. 2 – Les écoles primaires publiques vaqueront un jour par semaine, en outre du dimanche, afin de permettre aux parents de faire donner, s'ils le désirent, à leurs enfants, l'instruction religieuse, en dehors des édifices scolaires.
L'enseignement religieux est facultatif dans les écoles privées.
[…]

Art. 4 – L'instruction primaire est obligatoire pour les enfants des deux sexes âgés de six ans révolus à treize ans révolus ; elle peut être donnée soit dans les établissements d'instruction primaire ou secondaire, soit dans les écoles publiques ou libres, soit dans les familles, par le père de famille lui-même ou par toute personne qu'il aura choisie.

Document 5 **Extraits de Charles Péguy, « L'Argent », *Cahiers de la Quinzaine*, sixième cahier de la quatorzième série, 1913, pp. 30-34**

Notre jeune *École normale* était le foyer de la vie laïque, de l'invention laïque dans tout le département […]. Sous la direction de notre directeur particulier, le directeur de l'école annexe, de jeunes maîtres de l'École normale venaient chaque semaine nous faire l'école. Parlons bien : ils venaient nous faire la classe. Ils étaient comme les jeunes Bara[1] de la République. Ils étaient toujours prêts à crier *Vive la République* !
[…]
Nos jeunes maîtres étaient beaux comme des hussards noirs. Sveltes ; sévères ; sanglés. Sérieux, et un peu tremblants de leur précoce, de leur soudaine omnipotence. Un long pantalon noir […]. Un gilet noir. Une longue redingote noire […]. Cet uniforme civil était une sorte d'uniforme militaire encore plus sévère, encore plus militaire, étant un uniforme civique. […] Porté par ces gamins qui étaient vraiment les enfants de la République. […] Par ces hussards noirs de la sévérité. […]
Sortis du peuple, mais dans l'autre sens de sortir, fils d'ouvriers, mais surtout de paysans et de petits propriétaires, souvent petits propriétaires eux-mêmes, de quelque lopin de terre quelque part dans le département, ils restaient le même peuple, nullement endimanché je vous prie de le croire, seulement un peu plus aligné, un peu plus rangé, un peu ordonné dans ces beaux jardins de maisons d'école.

1. Jeune soldat républicain mort en 1793, à 14 ans, pendant la guerre de Vendée.

Document 6 **Extraits de la lettre de Jules Ferry aux instituteurs du 17 novembre 1883, *Journal officiel de la République française* du 19 novembre 1883**

La loi du 28 mars se caractérise par deux dispositions qui se complètent, sans se contredire : d'une part elle met en dehors du programme obligatoire l'enseignement de tout dogme particulier ; d'autre part elle y place au premier rang l'enseignement moral et civique. L'instruction religieuse appartient aux familles et à l'Église, l'instruction morale à l'école.
Le législateur n'a donc pas entendu faire une œuvre purement négative. Sans doute il a eu pour premier objet de séparer l'école de l'Église, d'assurer la liberté de conscience et des maîtres et

des élèves, de distinguer enfin deux domaines trop longtemps confondus : celui des croyances qui sont personnelles, libres et variables et celui des connaissances qui sont communes et indispensables à tous, de l'aveu de tous. Mais il y a autre chose dans la loi du 28 mars : elle affirme la volonté de fonder chez nous une éducation nationale, et de la fonder sur des notions du devoir et du droit que le législateur n'hésite pas à inscrire au nombre des premières vérités que nul ne peut ignorer.

Pour cette partie capitale de l'éducation, c'est sur vous, monsieur, que les pouvoirs publics ont compté. En vous dispensant de l'enseignement religieux, on n'a pas songé à vous décharger de l'enseignement moral ; c'eût été vous enlever ce qui fait la dignité de votre profession. Au contraire, il a paru tout naturel que l'instituteur, en même temps qu'il apprend aux enfants à lire et à écrire, leur enseigne aussi ces règles élémentaires de la vie morale qui ne sont pas moins universellement acceptées que celles du langage ou du calcul.

[...]

Vous n'avez à enseigner à proprement parler rien de nouveau, rien qui ne vous soit familier comme à tous les honnêtes gens. Et quand on vous parle de mission et d'apostolat, vous n'allez pas vous y méprendre ; vous n'êtes point l'apôtre d'un nouvel évangile ; le législateur n'a voulu faire de vous ni un philosophe ni un théologien improvisé. Il ne vous demande rien qu'on ne puisse demander à tout homme de cœur et de sens. Il est impossible que vous voyiez chaque jour tous ces enfants qui se pressent autour de vous, écoutant vos leçons, observant votre conduite, s'inspirant de vos exemples, à l'âge où l'esprit s'éveille, où le cœur s'ouvre, où la mémoire s'enrichit, sans que l'idée vous vienne aussitôt de profiter de cette docilité, de cette confiance, pour leur transmettre, avec les connaissances scolaires proprement dites, les principes mêmes de la morale, j'entends simplement cette bonne et antique morale que nous avons reçue de nos pères et mères et que nous nous honorons tous de suivre dans les relations de la vie, sans nous mettre en peine d'en discuter les bases philosophiques.

[...]

Non, la famille et la société vous demandent de les aider à bien élever leurs enfants, à en faire des honnêtes gens. C'est dire qu'elles attendent de vous non des paroles, mais des actes, non pas un enseignement de plus à inscrire au programme, mais un service tout pratique, que vous pouvez rendre au pays plutôt encore comme homme que comme professeur.

Il ne s'agit plus là d'une série de vérités à démontrer, mais, ce qui est tout autrement laborieux, d'une longue suite d'influences morales à exercer sur ces jeunes êtres, à force de patience, de fermeté, de douceur, d'élévation dans le caractère et de puissance persuasive. On a compté sur vous pour leur apprendre à bien vivre par la manière même dont vous vivrez avec eux et devant eux. On a osé prétendre pour vous à ce que d'ici à quelques générations les habitudes et les idées des populations au milieu desquelles vous aurez exercé attestent les bons effets de vos leçons de morale. Ce sera dans l'histoire un honneur particulier pour notre corps enseignant, d'avoir mérité d'inspirer aux Chambres françaises cette opinion qu'il y a dans chaque instituteur, dans chaque institutrice, un auxiliaire naturel du progrès moral et social, une personne dont l'influence ne peut manquer, en quelque sorte, d'élever autour d'elle le niveau des mœurs.

Journal officiel de la République française, 19 novembre 1883 | RetroNews – Le site de presse de la BnF consultée le 7 décembre 2020.

Document 7 **Extraits du discours de Ferdinand Buisson au troisième congrès annuel du parti radical et radical-socialiste, Marseille, 1903**

Pour faire un républicain, il faut prendre l'être humain si petit et si humble qu'il soit, un enfant, un adolescent, une jeune fille ; il faut prendre l'homme le plus inculte, le travailleur le plus accablé par l'excès de travail, et lui donner l'idée qu'il faut penser par lui-même, qu'il ne doit ni foi, ni obéissance à personne, que c'est à lui de chercher la vérité et non pas de la recevoir toute faite d'un maître, d'un directeur, d'un chef, quel qu'il soit, temporel ou spirituel. […]
Sans doute, il y a des vérités incontestables, mais celles-là, l'État n'a pas besoin de les imposer : personne ne les conteste. Telles sont les vérités mathématiques, les lois fondées sur l'expérience dans tous les ordres de science. Celles-là, l'État les enseigne, non à titre de dogmes, mais à titre de vérités démontrées et que chacun peut toujours vérifier. Quant aux autres, aux croyances, aux opinions, aux hypothèses, aux convictions religieuses, par exemple, l'État ne les enseigne pas.

https://gallica.bnf.fr/ark:/12148/bpt6k1129396/f178.image.r consultée le 7 décembre 2020.

Document 8 **Statistiques des écoles laïques publiques**

	Nombre d'écoles primaires élémentaires et supérieures laïques publiques	Nombre total d'élèves de ces écoles	Nombre moyen d'élèves par école
1881-1882	51 732	3 349 773	64,7
1896-1897	62 192	3 780 405	60,7
1911-1912	69 363	4 615 063	69

Document 9 **Observatoire de la laïcité, « Qu'est-ce que la laïcité ? », extrait**

https://www.gouvernement.fr/qu-est-ce-que-la-laicite consultée le 05 décembre 2020.

Composante histoire (10 points)

CONSEIL

Voir chapitre 3, p. 126.

1. Une fois le régime de la IIIe République aux mains des républicains, Jules Ferry, ministre de l'Instruction publique, rend l'école primaire gratuite (1881), obligatoire de 6 à 13 ans et laïque, grâce, notamment, à la loi du 28 mars 1882, dont les articles 1, 2 et 4 sont présentés dans le **document 4**. Par ces lois fondatrices de l'École républicaine, Jules Ferry souhaite enraciner les principes républicains dans l'esprit des futurs citoyens, et en particulier des garçons, qui seuls seront habilités à voter, une fois majeurs. L'introduction de l'instruction morale et civique dans les programmes de 1882 relève, ainsi, de cet objectif fondamental qu'est l'enracinement de la République. Les documents du dossier documentaire fourni permettent d'en préciser les enjeux.

Le 1er enjeu consiste à supprimer l'instruction religieuse des heures de classe, au profit de l'instauration d'une morale laïque. L'École doit donc soustraire les élèves de l'influence de l'Église. Pour autant, l'article 2 de la loi du 28 mars 1882 (**document 4**) et la lettre de Jules Ferry aux instituteurs (**document 6**) suggèrent un esprit de tolérance vis-à-vis de la religion et de la sphère privée. Un jour dans la semaine est, en effet, chômé pour laisser les familles donner l'instruction religieuse à leurs enfants.

Un autre enjeu est de favoriser la mise en place de cette morale laïque par l'intermédiaire des instituteurs. Jules Ferry s'adresse à eux directement dès novembre 1883, pour étayer l'objectif visé par l'instruction d'une morale à l'école : *« assurer la liberté de conscience et des maîtres et des élèves,* [et] *distinguer enfin deux domaines* [:] *celui des croyances qui sont personnelles* [...] *et celui des connaissances qui sont communes et indispensables à tous »* (**document 6**). La morale laïque se fonde, ainsi, sur la distinction entre la croyance, qui est privée, et le savoir, qui repose sur une objectivation des connaissances, que Ferdinand Buisson compare à des *« vérités démontrées et que chacun peut toujours vérifier »* (**document 7**). La loi de 1886 (**document 2**) contribue à laïciser les instituteurs, en organisant, notamment, une formation dans des Écoles normales, auxquelles Charles Péguy accorde une grande importance dans le **document 5**. Selon cet écrivain, ces écoles visent à former de véritables *« hussards noirs de la République »*, qui pourront enraciner la République, avec fermeté et vigueur, chez les écoliers.

Le dernier enjeu que l'on peut retenir est la volonté, de la part de Jules Ferry et des républicains, de former, par l'intermédiaire de l'instruction civique, un citoyen conscient de ses droits et de ses devoirs. Pour susciter l'amour de la patrie dans le cœur des enfants, l'enseignement laisse une large place à l'histoire et à la géographie de la France (art. 1er, **document 4**). C'est ce que sous-entend la leçon de morale visible en arrière-plan de la photographie de classe prise en 1910 (**document 3**) : *« Le peuple qui a les meilleures écoles est le premier peuple ; s'il ne l'est pas aujourd'hui, il le sera demain. »*

2. Le 2e chapitre du thème 1 du programme d'histoire en CM2 permet de proposer une séquence sur l'école primaire au temps de Jules Ferry. Laquelle vise, de manière générale, à approfondir la démarche historique, à amener les élèves à se questionner sur les documents fournis par le professeur et à les faire réfléchir aux héritages des principes républicains de l'École de Jules Ferry. Le contenu d'enseignement prévu par le programme (**document 1**) préconise des entrées concrètes à partir des bâtiments et des programmes de l'École de Jules Ferry (**documents 3** et **4**).

La séquence que nous proposons est construite en 5 séances :

• La **séance 1** est consacrée à la mise en place de l'École de Jules Ferry dans les années 1880. L'objectif est de construire les repères temporels liés à l'histoire de l'École républicaine et de faire comprendre aux élèves qui est Jules Ferry (**document 2**, textes relatant sa biographie, etc.).

• La **séance 2** est consacrée au quotidien scolaire d'un élève au temps de Jules Ferry. Elle permet de faire travailler individuellement les enfants sur un corpus documentaire (**document 3**, extraits de manuels scolaires de l'époque, etc.) et de développer la compétence « Comprendre un document ».

• La **séance 3** porte sur l'étude des différences entre l'éducation des filles et celle des garçons au temps de Jules Ferry (**documents 2**, **3** et **4**, etc.). Celle-ci sera détaillée ci-après.

• La **séance 4** est l'occasion de croiser l'EMC et le programme d'histoire. À partir de corpus documentaires sur l'École d'aujourd'hui (**document 3**, photographies et documents) et sur celle de Jules Ferry, les élèves préparent un exposé par groupes de 4. Ils réalisent des affiches, puis exposent leur travail devant leurs camarades, qui évaluent leur présentation orale à partir des critères de réussite établis au début du cours.

• La **séance 5** est une évaluation co-construite. En groupes, les élèves réfléchissent à ce qu'ils doivent connaître de la séquence. Avec leur professeur, ils se mettent, ensuite, d'accord sur les questions qui seront posées lors de l'évaluation sommative. En début d'année de CM2, la connaissance des questions de l'évaluation vise à la désacraliser et à encourager les élèves à apprendre leurs leçons. Le professeur pourra, bien sûr, ajuster l'évaluation en rajoutant d'autres questions, s'il le souhaite.

CONSEIL

Le candidat peut, très justement, se demander quel ton et quelle posture adopter dans sa réponse. Aucune précision n'est faite sur ce point, si ce n'est que *« le candidat doit montrer, **par son analyse**, la maîtrise disciplinaire et didactique »* (*BO* du 25 janvier 2021). Par conséquent, le candidat peut utiliser une formule impersonnelle : « Dans la séance 1, il s'agira de… », ou adopter une posture plus professionnelle : « Le professeur propose… ». L'usage répété du *je* ou du *nous* peut donner l'impression, au jury, d'une omniprésence du candidat et l'empêcher de lire sa proposition de manière objective.

Nous proposons de développer la **séance 3**. Celle-ci permet de faire comprendre les raisons des différences entre filles et garçons au sein de l'École de Jules Ferry et contribue à développer leur esprit critique. Plusieurs compétences sont mobilisées par les élèves : « Comprendre un document » ; « Coopérer et mutualiser » ; « Raisonner, justifier une démarche et les choix effectués ».

Le **document 3** fait l'objet d'une approche particulière. En effet, il peut être utilisé par le professeur en guise de document d'accroche, pour faire émerger la question du jour, tout en réactivant les connaissances établies dans la séance précédente. Celui-ci questionne les élèves sur leur sexe, évoque la question de la mixité et introduit celle de la morale à partir, notamment, de la leçon de morale écrite au tableau. Ce document est utilisé, ensuite, par les enfants dans le travail d'analyse documentaire et réinvesti dans leur raisonnement.

Dans la phase de présentation, le professeur expose l'activité et réactive les connaissances acquises précédemment. Les binômes sont constitués par lui.
Dans la phase de recherche, les élèves sont confrontés à une situation-problème : « Pourquoi les filles n'apprenaient-elles pas les mêmes choses que les garçons à l'école au temps de Jules Ferry ? » Ils travaillent et collaborent à partir d'un corpus documentaire composé de photos d'époque prises en classe et dans l'école (**document 3**), de textes (**documents 2** et **4**), etc.
La phase de mise en commun permet de répondre collectivement à la question. En réinvestissant les réponses évoquées par les élèves, le professeur construit la trace écrite finale.

Composante enseignement moral et civique (10 points)

3. Certains principes qui régissent le système éducatif français découlent, en partie, des lois de Jules Ferry : l'obligation scolaire, la gratuité et la laïcité. Mais d'autres principes sont tout aussi importants : la liberté d'enseignement et la neutralité.

- **L'obligation scolaire** s'applique, aujourd'hui, de 3 à 16 ans.
- **La gratuité** impose, notamment, que les manuels scolaires soient gratuits jusqu'en fin de collège, ainsi que les matériels et fournitures à usage collectif.
- **Le principe de laïcité** implique l'absence d'instruction religieuse dans les programmes, la laïcité du personnel, et l'interdiction du prosélytisme et des signes religieux dans l'enceinte scolaire.
- **La liberté d'enseignement** est propre à chaque professeur, qui, tant qu'il respecte les recommandations officielles émanant des programmes scolaires, est libre de proposer à ses élèves les situations pédagogiques qu'il juge adaptées.
- **La neutralité** s'impose aux enseignants et aux élèves.

4. Face à un élève qui invoque une conviction religieuse pour refuser de participer à une activité scolaire, le professeur se réfère à la *Charte de la laïcité*, et notamment son article 12 : *« Les enseignements sont laïques.* […] *Aucun élève ne peut invoquer une conviction religieuse ou politique pour contester à un enseignant le droit de traiter une question au programme. »* Le professeur peut également s'appuyer sur certains articles du Code de l'éducation (511-1 et 131-8) et la circulaire du 18 mai 2004, relative à la mise en œuvre de la loi du 15 mars 2004 encadrant, en application du principe de « laïcité », le port de signes ou de tenues manifestant une appartenance religieuse dans les écoles, collèges et lycées publics.
Nous pouvons ajouter qu'avant d'invoquer la loi, il suffit, parfois, de discuter calmement avec l'élève (voire la famille) pour désamorcer toute incompréhension.
Une séance est organisée ultérieurement dans le cadre de l'EMC, afin de retravailler la notion de « laïcité ». Sur un niveau CM1 en période 3 ou 4, on peut considérer que la notion a déjà été évoquée précédemment et que les élèves savent la définir.

CONSEIL

D'autres pistes sont proposées sur le même thème, au chapitre 8, p. 282.

Les **objectifs d'apprentissage** consistent à faire débattre les élèves, développer leur culture du jugement et leur faire comprendre pourquoi « la laïcité » est un principe important à l'école. Pour répondre à cette question, le professeur **s'appuie sur plusieurs documents**. À partir du présent dossier, les **documents 6** et **9** servent de points d'appui à la réflexion : des extraits du **document 6** sont choisis pour que les élèves comprennent, d'abord, la distinction entre *croire* et *savoir*, qui est au fondement du principe de « laïcité » à l'école ; ensuite, le **document 9** définit les 3 principes de la laïcité elle-même et fait réfléchir à ses conséquences dans l'enceinte scolaire, en termes de posture, d'enseignement ou de vivre-ensemble. **D'autres documents**, tels que la *Charte de la laïcité*, peuvent également être introduits par le professeur pour étayer la réflexion de l'élève et lui donner des arguments à développer pendant le débat.

SUJET 2

Géographie, Histoire

3 heures

Composante géographie (13 points)

1. Présentez et analysez les documents 1 à 6 du dossier documentaire dans une synthèse problématisée et argumentée.

Cette synthèse fera état des principaux enjeux scientifiques et didactiques soulevés par les documents, et précisera notamment ce que recouvrent la notion d'« habiter » dans le champ scientifique et son application dans le champ scolaire.

2. Élaborez une séquence d'apprentissage progressive et cohérente portant sur le thème 2 du programme de géographie de CM1.

La présentation de cette séquence précisera notamment les compétences travaillées, les objectifs de chaque séance et les documents ou types de documents mobilisés. Ceux-ci pourront être choisis dans le dossier documentaire ou provenir d'autres sources.

Composante histoire (7 points)

3. Quels objectifs notionnels relatifs au thème 2 du programme d'histoire de CM1 : « Le temps des rois », les documents 7 à 9 du dossier documentaire permettent-ils de travailler ?

4. Vous décidez d'exploiter le document 9 en classe : quels choix opérez-vous pour conduire cette exploitation ?

DOSSIER DOCUMENTAIRE

Document 1 **Extrait du programme d'enseignement du cycle de consolidation (*BOEN* n° 31 du 30 juillet 2020)**

Géographie

La notion d'habiter est centrale au cycle 3 ; elle permet aux élèves de mieux cerner et s'approprier l'objectif et les méthodes de l'enseignement de géographie. En géographie, habiter ne se réduit pas à résider, avoir son domicile quelque part. S'intéresser à l'habiter consiste à observer les façons dont les humains organisent et pratiquent leurs espaces de vie, à toutes les échelles. Ainsi, l'étude des « modes d'habiter » doit faire entrer simplement les élèves, à partir de cas très concrets, dans le raisonnement géographique par la découverte, l'analyse et la compréhension des relations dynamiques que les individus-habitants et les sociétés entretiennent à différentes échelles avec les territoires et les lieux qu'ils pratiquent, conçoivent, organisent, représentent.

Les élèves découvrent ainsi que pratiquer un lieu, pour une personne, c'est en avoir l'usage et y accomplir des actes du quotidien comme le travail, les achats, les loisirs… Il faut pour cela pouvoir y accéder, le parcourir, en connaître les fonctions, le partager avec d'autres.

Les apprentissages commencent par une investigation des lieux de vie du quotidien et de proximité ; sont ensuite abordés d'autres échelles et d'autres « milieux » sociaux et culturels ; enfin, la dernière année du cycle s'ouvre à l'analyse de la diversité des « habiter » dans le monde. [...]
Pendant le cycle 3, l'acquisition de connaissances et de méthodes géographiques variées aide les élèves à dépasser une expérience personnelle de l'espace vécu pour accéder à la compréhension et à la pratique d'un espace social, structuré et partagé avec d'autres individus.
Les sujets d'étude traités à l'école élémentaire se sont appuyés sur des exemples précis qui peuvent alimenter l'étude des systèmes spatiaux abordés au cours de l'année de sixième.
Le professeur élabore un parcours qui conduit les élèves à découvrir différents lieux dans le monde tout en poursuivant la découverte et la connaissance des territoires de proximité. Il traite les thèmes au programme dans l'ordre qu'il choisit. [...]
Des études approfondies de certains lieux permettent aux élèves d'observer des réalités géographiques concrètes et de s'exercer au raisonnement géographique. La contextualisation, mettant en relation le lieu étudié avec d'autres lieux et avec le monde, donne la possibilité de continuer le travail sur les grands repères géographiques.
Les thèmes du programme invitent à poursuivre la réflexion sur les enjeux liés au développement durable des territoires.

Classe de CM1

Repères annuels de programmation	Démarches et contenus d'enseignement
Thème 2 Se loger, travailler, se cultiver, avoir des loisirs en France	
Dans des espaces urbains. Dans un espace touristique.	Le thème permet aux élèves de sortir de l'espace vécu et d'appréhender d'autres espaces. En privilégiant les outils du géographe (documents cartographiques, photographies, systèmes d'information géographique), les élèves apprennent à identifier et à caractériser des espaces et leurs fonctions. Ils comprennent que les actes du quotidien s'accomplissent dans des espaces qui sont organisés selon différentes logiques et nécessitent des déplacements. Le travail sur un espace touristique montre par ailleurs qu'on peut habiter un lieu de façon temporaire et il permet d'observer la cohabitation de divers acteurs. Ils découvrent la spécificité des espaces de production.

Document 2 **Extraits de Fabienne Raffin et Jérôme Bouchereau, « L'habiter, présentation de la construction d'un concept sur la durée de la scolarité », portail pédagogique de l'académie de Nantes, « histoire-géographie-citoyenneté »**

[...] Olivier Lazzarotti expose le renouvellement de la géographie à tel point qu'il parle de **« révolution géographique »**, en partant du constat que le monde évolue et ne peut plus être lu avec le même regard expert d'autrefois. Ainsi, ce concept d'habiter, c'est notre vision du monde qui se transforme en changeant le point de vue de départ, non plus à partir des lieux eux-mêmes mais en regardant les **pratiques des hommes**. Habiter, dans un monde de plus en plus mondialisé, nous permet de regarder un monde en changements, dont les habitudes de vie, les pratiques des habitants évoluent vers plus de **mobilités**. Ainsi, se façonnent des « sociétés à habitants mobiles » dont les pratiques nouvelles deviennent structurantes. *« Du coup, ce ne sont plus les lieux qui font les habitants. Qu'on le veuille ou non, le comprenne ou non, naître ici ne vaut plus pour identité unique et* *définitive, quand les habitants qui les fréquentent participent, pour leur part, à les faire. »* Le rapport aux lieux n'existe donc pas en soi, de façon indépendante, mais est toujours relié à la question des pratiques. Dans un monde de plus en plus mobile, **de plus en plus mondialisé et de plus en plus urbanisé**, il faut chercher à saisir la complexité du rapport de cet individu mobile (individu à habitat multiple, ***individu à habitat poly-topique***) aux lieux pratiqués ***(être ici ou là ?)*** et aux autres dans les lieux habités, pratiqués ou rêvés ***(comment cohabite-t-on ?)***. Ceci conduit à une société d'individus mobiles constitués d'habitants temporaires, et non plus d'habitants permanents, en raison du jeu d'absence/présence temporaires dans les lieux. Ces deux dynamiques – se rendre familiers les lieux géographiques et rechercher les lieux les plus adéquats pour chaque pratique – pourraient être au fondement d'un **« mode d'habiter poly-topique »**, à multiples lieux pour des habitants mobiles des sociétés contemporaines. « Que devient alors l'habitat, investi pour des projets, par définition temporaire ? Les lieux géographiques deviennent, dans une société à individus mobiles, des lieux de projets, à significations simultanément multiples. » Olivier Lazzarotti aborde la notion de carte d'identités qui serait la carte de l'ensemble des lieux pratiqués par les habitants et évoque une **signature géographique**, la marque dont chaque habitant pratique des lieux de manière unique. Comme l'Histoire, la Géographie étudie la trace, l'empreinte humaine au présent.

[…]

Projet de savoir, le concept d'habiter devient alors un **projet civique et éducatif** en ce qu'il engage chaque habitant dans sa participation à la construction d'une géographie en se construisant lui-même : **l'homme est acteur de sa propre géographie**.

[…]

Le petit questionnaire suivant permet d'embrasser, autant que possible, ce concept sur chaque leçon, en prenant en compte les dimensions tant historiques et civiques que géographiques pures.

Qui ? Comment ? (pratiques – paysage)

Où ? (lieux, territoires)

Avec qui ? Comment ? (cohabitations)

Pourquoi ? Pour quoi ? (espace – temps)

Schéma : Ces questions se retrouvent dans le schéma suivant qui organise les rapports entre les trois manières complémentaires d'appréhender le concept Habiter dans chacune des leçons.

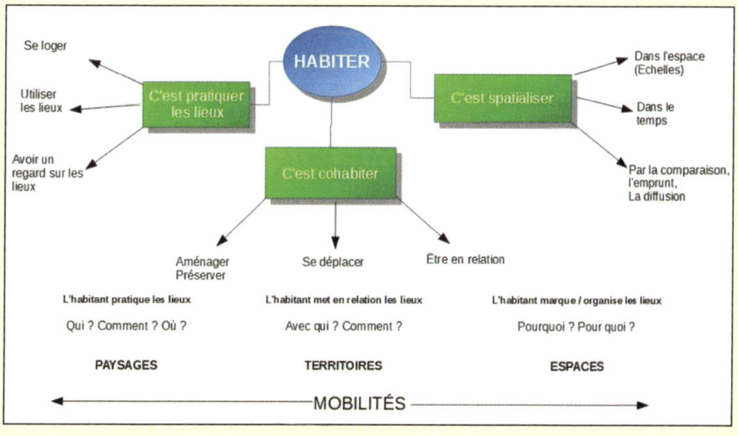

https://www.pedagogie.ac-nantes.fr/histoire-geographie-citoyennete/enseignement/sequences/habiter-974496.kjsp consultée le 7 décembre 2020.

Document 3 **Extraits de Guy Di Méo, « Les quais réaménagés de Bordeaux : la reconquête d'un espace urbain par les femmes », dans Kamala Marius et Yves Raibaud (dir.), *Genre et Construction de la Géographie*, Maison des sciences de l'homme d'Aquitaine, Pessac, 2013, pp. 73-93**

Pour Noëlle, veuve et retraitée, ce qui est admirable, c'est « la promenade qui a été créée sur les quais, à l'emplacement de ce hangar si détestable ! » Valériane, gardienne d'immeuble en centre-ville, « les quais, c'était lamentable avant ! » Marie-Claude, mère de famille de Bacalan vivant justement près du fleuve, nous assure : « quand j'étais plus jeune, les quais on n'y allait pas. C'était un endroit à fuir, sombre, sale, glauque. » […] Ce que Josiane trouve si bien, en ville, ce sont « ces quais refaits à neuf ». […] Comme l'exprime aussi Anne, auparavant « les quais étaient laids, inexploités, peu fréquentés et plutôt dangereux. Aujourd'hui, ils sont vivants, ils sont devenus un lieu de vie exemplaire ! »

Dans l'imaginaire bordelais, les quais constituaient traditionnellement un espace plutôt hostile, très populaire, réputé dangereux. La laideur des volumes et des agencements d'espaces urbains y résultait de l'accumulation peu planifiée et peu soignée de constructions fonctionnelles successives : chais, hangars, installations portuaires diverses, etc. La noirceur des murs s'associait au sentiment d'un danger, à la peur des femmes d'y être importunées, voire agressées. Cette crainte venait de la mauvaise réputation des quais. Elle tenait plus à leur fréquentation très populaire par des hommes seuls (les marins) […] qu'aux réalités de la délinquance y sévissant. Comme toujours, les images des lieux et leur capacité à se transmettre aux individus les fréquentant avaient fait des quais des espaces réputés dangereux que la décence, l'estime de soi, particulièrement pour les femmes soucieuses de leur bonne réputation, recommandait d'éviter. […]

Pour nombre de femmes, l'aménagement des quais, leur ouverture, leur accessibilité rendue à toute la population, leur sécurisation, leur esthétisation paysagère paraissent constituer une sorte de revanche, une juste restitution de leur espace à tous et à toutes. Ce sentiment est d'autant plus vif qu'il s'agit d'un espace particulièrement sensible. Ne se situe-t-il pas dans un endroit stratégique de la ville ? Son axe vital, son lien majeur avec le fleuve ; à l'articulation des deux rives, des deux hémisphères longtemps antagonistes et séparés de l'agglomération. Sylvia, une institutrice qui vit à Bacalan, ne parle-t-elle pas d'abondance d'un « nouvel espace ouvert sur le fleuve » qui tirerait toute sa force et tout son charme de cette nouvelle alliance enfin scellée entre l'eau et la ville ? […] Colombe, jeune étudiante salariée amoureuse de la ville, parle effectivement de « quais rendus aux piétons » et « d'espace aéré » où elle « aime flâner ». Pour Brigitte, chef d'entreprise vivant seule avec son jeune fils, « c'est agréable de se promener le soir tard, sur les quais, en été, quand la foule s'est enfin éparpillée ». […] Marie-Claude, mère de famille nombreuse nettement plus âgée, résidante de Bacalan, est ravie d'accompagner sa plus jeune fille sur les quais où celle-ci pratique le roller, à deux pas de chez elle. […]

Ce qui frappe, c'est que les quais ont été très vite appropriés, en même temps que par les femmes, par les jeunes, par les handicapés, par les gens modestes… […] Avec le cas de Josette, nous avons mesuré ce que les quais, désormais, apportent aux personnes à mobilité réduite. Nombre de femmes disent aussi ce que cet espace représente pour la jeunesse, pour les enfants… Dominique, fonctionnaire de responsabilité et mère de deux garçons, insiste sur les promenades en famille qu'autorise désormais l'espace des quais. Valériane, qui s'occupe le dimanche des enfants adolescents de son mari, souligne l'intérêt de cet « espace qui a été créé pour les jeunes, avec le skate-park, le miroir d'eau, les hangars commerciaux ».

[…] Nos interlocutrices évoquent, à ce propos, la fonction de creuset social que commencent à jouer et que pourraient plus encore assumer, dans l'avenir, ces quais de la Garonne. Le mélange autour du miroir d'eau des individus, des groupes ethniques et des catégories d'âge, n'engendre-t-il pas l'un de ces lieux de condensation sociale (Debarbieux, 1995) dont l'espace urbain détient le secret et offre l'avantage ? C'est une sorte d'agora spontanée, une fête permanente et bon enfant, résolument inorganisée.

Genre et Construction de la Géographie – Les quais réaménagés de Bordeaux : la reconquête d'un espace urbain par les femmes – Maison des Sciences de l'Homme d'Aquitaine (openedition.org) consultée le 25 novembre 2020.

Document 4 Photographies de places à Bordeaux

4A. Une place dans le quartier des Chartrons

© Nicolas Duffaure, https://www.bordeaux-tourisme.com/quartier/chartrons.html consultée le 25 novembre 2020.

4B. La place de la Victoire

© Shutterstock/Eo naya.

4C. La place de la Bourse et les quais de la Garonne

© Shutterstock/SpiritProd33.

Document 5 Bordeaux, le centre et l'agglomération

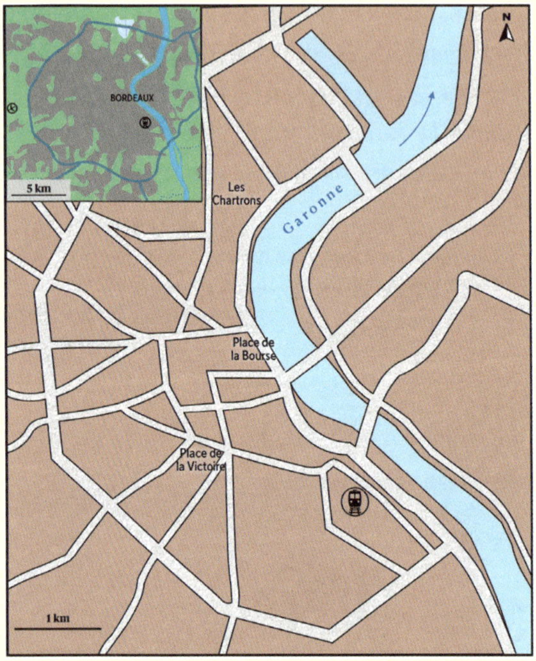

D'après Cécilia Comelli, « Quelle incidence du genre sur la vie nocturne des étudiants bordelais ? », dans Kamala Marius et Yves Raibaud (dir.), *op. cit.*, Pessac, 2013, pp. 109-125, fig. 1.

Document 6 Extrait de *Carte valorisant l'ensemble du territoire de Bordeaux Métropole*, maîtrise d'ouvrage : Office de tourisme de Bordeaux Métropole, conception/ illustration Guillaumit/deux degrés, https://www.deuxdegres.net/references/ carte-bordeaux-metropole/avril 2015

Document 7 Extrait du programme d'enseignement du cycle de consolidation (*BOEN* n° 31 du 30 juillet 2020)

Classe de CM1

Repères annuels de programmation	Démarches et contenus d'enseignement
Thème 2 Le temps des rois	
Louis IX, le « roi chrétien » au XIIIe siècle. François Ier, un protecteur des Arts et des Lettres à la Renaissance. Henri IV et l'édit de Nantes. Louis XIV, le Roi-Soleil à Versailles.	Comme l'objectif du cycle 3 est de construire quelques premiers grands repères de l'histoire de France, l'étude de la monarchie capétienne se centre sur le pouvoir royal, ses permanences, et sur la construction territoriale du royaume de France, y compris via des jeux d'alliance, dont la mention permet de présenter aux élèves quelques figures féminines importantes : Aliénor d'Aquitaine, Anne de Bretagne, Catherine de Médicis. Les élèves découvrent ainsi des éléments essentiels de la société féodale et du patrimoine français et sont amenés à s'interroger sur les liens du royaume de France avec d'autres acteurs et d'autres espaces. On inscrit dans le déroulé de ce thème une présentation de la formation du premier empire colonial français, porté par le pouvoir royal, et dont le peuplement repose notamment sur le déplacement d'Africains réduits en esclavage. Les figures royales étudiées permettent de présenter aux élèves quelques traits majeurs de l'histoire politique, mais aussi des questions économiques et sociales et celles liées aux violences telles que les Croisades, les guerres de Religion et le régicide.

Document 8 Le royaume de France de François Ier à Louis XIV, *lelivrescolaire.fr*

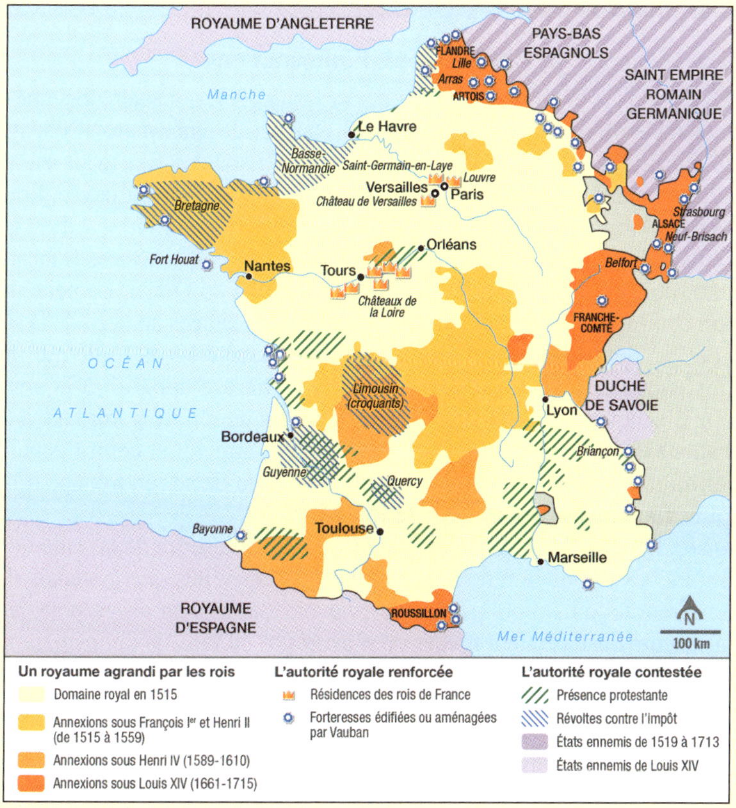

D'après : https://www.lelivrescolaire.fr/page/15110289 consultée le 25 novembre 2020.

SUJET DE CONCOURS

Document 9 **Adam-François Van der Meulen (1632-1690), *Entrée solennelle de Louis XIV et de Marie-Thérèse à Douai*, été 1667, huile sur toile, 63 cm × 81 cm, extrait de *L'Histoire par l'image*, http://histoire-image.org/fr/etudes/entree-solennelle-louis-xiv-marie-therese-douai-8-juillet-1667 consultée le 7 décembre 2020**

Complément d'informations

La guerre de Dévolution (1667-1668) fut déclarée par Louis XIV, qui avait alors une trentaine d'années. Sa femme, la reine Marie-Thérèse, née en 1638, était la fille aînée du roi d'Espagne Philippe IV (1605-1665), qui appartenait à la branche des Habsbourg d'Espagne. Elle avait renoncé à ses droits d'héritage lors de son mariage, mais sa dot n'ayant pas été intégralement payée, Louis XIV décida de revendiquer en son nom, en vertu du droit coutumier « de dévolution[1] » – d'où le nom donné à la guerre – des territoires situés au nord et à l'est de son royaume. Les armées françaises se livrèrent notamment à une succession de sièges en Flandre, dont celui de Douai. La paix signée à Aix-la-Chapelle en 1668 confirma les conquêtes françaises des villes situées au nord de la France.

Sur le tableau de Van der Meulen, le cortège royal s'est arrêté sur la route qui mène à la porte d'Arras, une des entrées de Douai. Au centre, Marie-Thérèse apparaît à la porte de son carrosse ; un groupe d'échevins s'agenouille devant elle, afin de rendre hommage à leur suzeraine. Représenté à gauche du carrosse, le roi porte une tenue d'apparat et ceint l'écharpe blanche du commandement militaire. Au second plan, la ville, qui vient de se rendre, apparaît marquée par le siège ; quelques flammes s'élèvent dans le lointain.

Dans ses *Mémoires*, Louis XIV expliquerait les raisons de la présence de la reine : « [...] je menais la Reine avec moi à dessein de la faire voir aux peuples des villes que je venais d'assujettir : de quoi ils se ressentirent tellement obligés qu'après avoir tout mis en usage pour la bien recevoir, ils témoignèrent encore qu'ils étaient fâchés de n'avoir pas eu plus de temps pour s'y préparer ». Comme on le voit, Van der Meulen, peintre pensionné, signe ici une sorte de manifeste politique qui conforte le discours et les ambitions royaux.

1. Le droit de dévolution est une coutume régionale qui, dans les successions privées, donne la priorité aux enfants, y compris les filles, nés du premier lit, sur les enfants, y compris les garçons, nés du second lit. Louis XIV prétendit étendre ce droit aux affaires publiques en exigeant pour sa femme des territoires espagnols situés au nord de la France.

Composante géographie (13 points)

1. Présentation problématisée du corpus documentaire

Le corpus documentaire repose sur 3 objets d'étude. D'abord, le **document 1** précise les attendus du programme de cycle 3 sur la notion d'« habiter », à partir de son introduction et du thème 2 de géographie de CM1. Les **documents 2** et **3** soulèvent les enjeux scientifiques et épistémologiques de cette même notion, tout en expliquant son importance dans le domaine scolaire (**document 2**) ou dans la compréhension des dynamiques propres à l'espace urbain (**document 3**). Enfin, les **documents 4** et **5** invitent à réfléchir aux différentes façons d'habiter l'espace urbain bordelais : comment la notion d'« habiter » permet-elle de mettre en valeur les pratiques des Bordelais et les différents quartiers de leur ville ?

Principaux enjeux scientifiques de la notion d'« habiter »

La mise en relation des **documents 1** et **2** permet d'identifier l'influence d'Olivier Lazzarotti dans le renouvellement de la géographie au sein des programmes scolaires, grâce à la notion d'« habiter ». Pour le géographe, les êtres humains n'habitent pas un lieu seulement lorsqu'ils y résident. Habiter un lieu revient aussi à le pratiquer, y travailler, y faire ses achats, s'y divertir, s'y déplacer, le partager avec d'autres habitants, qui le perçoivent ou l'utilisent de façon identique ou différente. Les **documents 3** et **4** illustrent ces différentes pratiques et suggèrent l'importance des acteurs, à travers l'exemple de Bordeaux. Dans cet espace urbain et touristique, on peut, ainsi, se divertir et dîner dans le quartier des Chartrons (**document 4A**), visiter et prendre des photos sur la place de la Victoire (**document 4B**) ou assister au défilé de bateaux anciens sur les quais de la Garonne, lors de la fête du Fleuve (**document 4C**). Autant de quartiers que le **document 5** localise sur un plan de la ville. Dans cet espace bordelais, le **document 3** montre qu'habiter revient aussi à cohabiter et partager un même territoire avec d'autres habitants et des touristes. La pratique de ces derniers est très différente de celle des autochtones, puisqu'ils ne résident que temporairement dans cet espace. Le **document 6** valorise, d'ailleurs, ce que la métropole de Bordeaux peut donner à voir aux touristes et indique qu'un espace urbain se conçoit aussi avec son arrière-pays.

Application de la notion d'« habiter » dans le champ scolaire à partir de l'exemple de Bordeaux

En observant comment certains quartiers de Bordeaux peuvent être investis par leurs différents habitants, les élèves découvrent une géographie humaine, qui place les acteurs au cœur de l'étude des dynamiques spatiales liées au programme de géographie du cycle 3. Le professeur peut, ainsi, faire réfléchir les enfants sur leurs propres modes de vie, leurs façons de s'approprier leur quartier, et mettre en lien cette réflexion avec les caractéristiques des espaces urbains et touristiques abordés dans le thème 2 (**document 1**). Dans le champ scolaire, *« habiter devient alors un projet civique et éducatif »* (**document 2**) et peut permettre de prolonger les idées sur le développement durable et de réfléchir à la manière de *« mieux habiter »* (programme de CM2).

2. *Le choix du candidat peut se porter sur un sous-thème en particulier ou sur le thème dans son entier. En complément de la proposition faite, en CM1, sur le thème « Habiter un espace touristique » (chap. 6, p. 246), nous proposons, ici, une séquence portant sur le thème 2 dans son entier.*

Titre de la séquence : Se loger, travailler, se cultiver, avoir des loisirs à Bordeaux et en France

Dans le cadre d'une démarche inductive, nous proposons d'aborder le sujet à travers l'étude du cas de Bordeaux, qui a la particularité d'être à la fois un espace urbain et un espace touristique. Le programme ne contredit pas, en effet, la possibilité de mixer les 2 sous-thèmes en une même séquence et laisse au professeur la liberté de choisir les exemples qui lui conviennent le mieux. Après avoir étudié le cas de Bordeaux et les différentes dimensions de l'habiter (se loger, travailler, se cultiver, avoir des loisirs), nous proposons de clôturer la séquence sur des perspectives plus larges et de replacer les enjeux à l'échelle nationale. La séquence est, ainsi, progressive et cohérente du point de vue de la démarche géographique et des contenus du programme.

Séance 1 : Qu'est-ce qu'un espace urbain ? (phase de découverte)

Dans un 1er temps, à partir du **document 4C**, le professeur réactive les prérequis du thème précédent (« Je découvre l'espace où j'habite ») sur la méthodologie de l'étude d'un paysage et sur les aménagements propres à une ville. Le document permet de faire émerger, collectivement et à l'oral, les caractéristiques de l'espace urbain (densité du bâti, hauteur des bâtiments, moyens de déplacement, place de la nature réduite, etc.).

Dans un 2nd temps, les élèves travaillent individuellement sur quelques documents : des photographies de la ville de Bordeaux (**documents 4A, 4B, 4C**, etc.), un plan pour localiser les quartiers étudiés (**document 5**), et un croquis de la ville montrant son organisation et ses activités (centre-ville et espace périurbain). Ce 2nd temps permet de mobiliser les compétences « Comprendre un document » et « Se repérer dans l'espace ».

Séance 2 : Quelles sont les différentes façons d'habiter un espace urbain ? (phase d'approfondissement)

Après avoir réparti les élèves par groupes, le professeur rappelle les critères de réussite de la compétence « Coopérer et mutualiser ». Le rappel de ces critères a pour objectifs d'évoquer les enjeux du travail de groupe et d'engager efficacement les élèves dans la tâche collective.

À partir des **documents 3** et **4,** les élèves répondent à la question suivante : « Quelles sont les différentes façons d'habiter un espace urbain ? » L'objectif est, ici, d'identifier les différents types de logements (collectif ou individuel), les espaces de production de la ville et les lieux pour se divertir (patrimoine, cafés, etc.). La mise en commun permet d'attirer l'attention des enfants sur les différents types d'acteurs qui cohabitent dans un espace urbain.

Séance 3 : Comment le tourisme permet-il de mettre en valeur un espace urbain ? (phase de réinvestissement)

Dans un temps collectif à l'oral, à partir du **document 6**, les élèves constatent, d'abord, la mise en valeur du territoire de Bordeaux et de sa métropole et les aménagements adaptés aux aspirations des touristes. Le professeur distribue, ensuite, aux enfants un corpus documentaire composé de photographies de paysages, d'extraits de brochures touristiques et d'un texte du site de la ville de Bordeaux vantant ses mérites. Ils doivent répondre, en binômes, à la consigne ouverte suivante : « Qu'est-ce qui permet d'attirer les touristes à Bordeaux ? »

L'objectif de cette consigne ouverte est de favoriser l'autonomie des élèves, qui doivent élaborer leurs propres stratégies pour trouver les informations dans les documents et répondre à la question. L'activité permet également de mobiliser les compétences « Raisonner, justifier une démarche et les choix effectués » et « Comprendre un document ». La mise en commun est l'occasion de spécifier les formes d'habiter du touriste. Celles-ci se caractérisent par une pratique temporaire de l'espace, qui conduit à sa mise en valeur et à une organisation adaptée à la fois pour l'accueil et pour la cohabitation des touristes avec les habitants.

Séance 4 : Les espaces urbains et touristiques en France (mise en perspective)

Cette séance de mise en perspective a pour buts de replacer Bordeaux sur la carte de France des espaces urbains et touristiques et de montrer aux enfants leur diversité à l'échelle nationale.

Ces derniers mobilisent la compétence « Se repérer dans l'espace » et peuvent également « s'informer dans le monde du numérique », si le professeur utilise Géoportail ou Google Maps pour localiser diverses formes de tourismes à travers la France ou la région où vivent les élèves.

Séance 5 : Révisions et évaluation sommative

Après un temps de révisions en groupes, les élèves réfléchissent aux notions et au vocabulaire à connaître pour l'évaluation finale. Le professeur régule ces travaux de groupe et en profite pour aider les enfants qui n'auraient pas compris certains points de la séquence. Les élèves et le professeur se mettent, ensuite, d'accord sur les questions à retenir pour l'évaluation sommative. Celle-ci est proposée une semaine plus tard.

Composante histoire (7 points)

3. Les **documents 7 à 9** permettent de travailler un certain nombre d'objectifs notionnels du thème 2 du programme d'histoire de CM1. Le pouvoir royal et la construction territoriale du royaume de France apparaissent, d'abord, comme les 2 principaux objectifs notionnels. La monarchie, la figure du roi, et les questions politiques et militaires sont d'autres objectifs à faire travailler par les élèves.

CONSEIL

Voir le chapitre 3, p. 111.

4. Le **document 9** est un tableau réalisé par Adam-François Van der Meulen, représentant l'*Entrée solennelle de Louis XIV et de Marie-Thérèse à Douai* en 1667. Son exploitation s'inscrit dans le cadre du sous-thème intitulé « Louis XIV, le Roi-Soleil à Versailles ». Elle est l'occasion d'aborder la figure royale de ce monarque, dans le contexte politique et militaire de la guerre de Dévolution. Pour la conduire, le professeur mobilise les compétences « Comprendre un document », « Se repérer dans le temps » et « Raisonner, justifier une démarche et les choix effectués ». Demander d'analyser l'œuvre et son contexte historique serait très compliqué pour des élèves en début de cycle 3. Après une très rapide présentation du tableau à partir du **document 9**, le professeur distribue (ou vidéo-projette) donc le **document 8** aux élèves. Avec sa médiation, ces derniers peuvent, ainsi, contextualiser la ville de Douai et considérer qu'elle se situe sur un des territoires que Louis XIV a annexés au royaume de France. À l'issue de ce temps d'échanges dialogués, le professeur propose d'étudier le **document 9** à travers la consigne suivante : « Comment ce tableau montre-t-il la grandeur de Louis XIV ? » Pour ce faire, les enfants sont répartis en groupes de 3 ou 4. Ils peuvent, ainsi, formuler des hypothèses et confronter leurs points de vue. La disposition de la classe en groupes permet également au professeur de circuler entre les élèves et de réguler plus efficacement les éventuels problèmes. En cas de difficultés, il peut donner un petit étayage de questions pour guider leur réflexion : « Où se situent Louis XIV et la reine ? Qui sont les personnages agenouillés ? Comment le souverain est-il mis en

CONSEIL

Voir l'exploitation pédagogique, p. 150.

valeur sur le tableau ?… » Ces questions peuvent être accompagnées d'une petite notice réalisée à partir du « Complément d'informations » présent dans le **document 9**.

À la fin de l'activité, la mise en commun conduit à croiser les hypothèses et les travaux des élèves. La trace finale, écrite sous la forme d'une dictée des savoirs par ces derniers et remis en ordre par le professeur, institutionnalise les savoirs suivants :

– l'objectif du peintre était de glorifier Louis XIV, en montrant une victoire militaire et diplomatique majeure ;

– on voit le monarque en chef militaire, à la tête de ses troupes en armes et de ses généraux ;

– pratiquement tous les personnages du tableau sont tournés vers le roi ;

– un groupe d'hommes d'Église s'agenouille devant le cortège royal et illustre le pouvoir divin de Louis XIV.

Dans la suite de la séquence, on pourra réinvestir les notions mobilisées dans l'étude de ce tableau de Van der Meulen, notamment à travers l'analyse du tableau de Hyacinthe Rigaud, qui donne une version beaucoup plus sacrée de la fonction royale et de Louis XIV.

SUJET 3

Géographie, Enseignement moral et civique

3 heures

Composante géographie (13 points)

1. Présentez et analysez les documents 1 à 8 du dossier documentaire dans une synthèse problématisée et argumentée.

Cette synthèse fera état des principaux enjeux scientifiques et didactiques soulevés par les documents, et précisera notamment ce que recouvrent la notion de « prospective » dans le champ scientifique et son application dans le champ scolaire.

2. Élaborez une séquence d'apprentissage progressive et cohérente portant sur le thème 3 du programme de géographie de CM2.

La présentation de cette séquence précisera notamment les compétences travaillées, les objectifs de chaque séance, les documents ou types de documents mobilisés et les prolongements possibles en enseignement moral et civique. Ceux-ci pourront être choisis dans le dossier documentaire ou provenir d'autres sources.

Composante enseignement moral et civique (7 points)

3. Énoncez les principes qui fondent la notion de « respect de l'environnement » en France et précisez brièvement le sens de chacun d'eux.

4. Vous décidez d'exploiter le document 9 en classe : quels choix opérez-vous pour conduire cette exploitation ?

DOSSIER DOCUMENTAIRE

Document 1 **Extrait du programme d'enseignement de géographie du cycle 3 (*BOEN* n° 31 du 30 juillet 2020)**

Géographie

La notion d'habiter est centrale au cycle 3 ; elle permet aux élèves de mieux cerner et s'approprier l'objectif et les méthodes de l'enseignement de géographie. En géographie, habiter ne se réduit pas à résider, avoir son domicile quelque part. S'intéresser à l'habiter consiste à observer les façons dont les humains organisent et pratiquent leurs espaces de vie, à toutes les échelles. Ainsi, l'étude des « modes d'habiter » doit faire entrer simplement les élèves, à partir de cas très concrets, dans le raisonnement géographique par la découverte, l'analyse et la compréhension des relations dynamiques que les individus-habitants et les sociétés entretiennent à différentes échelles avec les territoires et les lieux qu'ils pratiquent, conçoivent, organisent, représentent.

Les élèves découvrent ainsi que pratiquer un lieu, pour une personne, c'est en avoir l'usage et y accomplir des actes du quotidien comme le travail, les achats, les loisirs… Il faut pour cela pouvoir y accéder, le parcourir, en connaître les fonctions, le partager avec d'autres.

Les apprentissages commencent par une investigation des lieux de vie du quotidien et de proximité ; sont ensuite abordés d'autres échelles et d'autres « milieux » sociaux et culturels ; enfin, la dernière année du cycle s'ouvre à l'analyse de la diversité des « habiter » dans le monde. La nécessité de faire comprendre aux élèves l'impératif d'un développement durable et équitable de l'habitation humaine de la Terre et les enjeux liés structure l'enseignement de géographie des cycles 3 et 4. Il introduit un nouveau rapport au futur et permettent aux élèves d'apprendre à inscrire leur réflexion dans un temps long et à imaginer des alternatives à ce que l'on pense comme un futur inéluctable. C'est notamment l'occasion d'une sensibilisation des élèves à la prospective territoriale. En effet, l'introduction d'une dimension prospective dans l'enseignement de la géographie permet aux élèves de mieux s'approprier les dynamiques des territoires et de réfléchir aux scénarios d'avenir possibles. En classe de sixième, c'est l'occasion pour le(s) professeur(s) de mener un projet de son (leur) choix, qui peut reprendre des thématiques abordées en première partie du cycle.

Classe de CM2

Repères annuels de programmation	Démarches et contenus d'enseignement
Thème 3 Mieux habiter	
Favoriser la place de la « nature » en ville. Recycler. Habiter un écoquartier.	Améliorer le cadre de vie et préserver l'environnement sont au cœur des préoccupations actuelles. Il s'agit d'explorer, à l'échelle des territoires de proximité (quartier, commune, métropole, région), des cas de réalisations ou des projets qui contribuent au « mieux habiter ». La place réservée dans la ville aux espaces verts, aux circulations douces, aux berges et corridors verts, au développement de la biodiversité, le recyclage au-delà du tri des déchets, l'aménagement d'un écoquartier sont autant d'occasions de réfléchir aux choix des acteurs dans les politiques de développement durable.

Document 2 **Sylvie Lardon, Matthieu Noucher, « Construire demain par les cartes : usages de l'information géographique en prospective territoriale participative »**

En reprenant les précautions de Boutinet (1990), nous pouvons définir la prospective « non comme une tentative de prévision et encore moins de prédiction, mais plutôt comme une démarche d'exploration d'un système visant la construction de scénarii possibles qui projettent les acteurs dans une relecture du passé et du présent en les incitant à imaginer l'avenir ». La prospective peut donc se concevoir comme une démarche d'anticipation qui consiste à éclairer l'action publique locale présente à la lumière des futurs possibles et souhaitables (Godet, 1986). C'est aussi une façon de comprendre les changements dans la société et de construire une « prospective du présent » (Heurgon, 2005). La prospective ne cherche pas à deviner mais à construire : « Ce qu'elle préconise, c'est une "attitude pour l'action". Se tourner vers l'avenir, au lieu de regarder le passé n'est donc pas simplement changer de spectacle, c'est passer du "voir" au "faire" » (Berger, 1960).

La prospective territoriale mobilise la dimension spatiale comme support de localisation et de répartition des enjeux analysés. Largement développée à partir des années 1990, la prospective territoriale a pour projet de définir des faits et des territoires, porteurs d'avenir, dans une perspective opérationnelle (Delamarre, 2002). […] la dimension spatiale prend de l'importance à travers l'enjeu à atteindre (l'attractivité des territoires et l'élaboration de projets de territoire), les méthodes d'élaboration des scénarios (basés sur des diagnostics territoriaux qui défrichent les possibilités d'évolution) et la vision régionalisée des devenirs des territoires. Cependant, l'espace est envisagé comme un simple support des phénomènes, notamment économiques et sociaux ; les facteurs spatiaux ne sont pas ou sont peu pris en compte.

En France, les exercices de prospective de la Délégation interministérielle à l'aménagement du territoire et à l'attractivité régionale (DATAR) ont été initiés, à l'échelle nationale, dès les années 1970 (DATAR, 1971) et se poursuivent actuellement (prospective 2020, prospective 2030, prospective 2040). Les acteurs territoriaux sont mobilisés pour apporter leurs témoignages ou fournir des informations situées comme données d'entrée des exercices de prospective. Ils sont sollicités à l'issue de la démarche de prospective, pour la restitution des résultats et leur mise en discussion. Ainsi, ce sont des experts qui réalisent la prospective, à l'intention principalement des décideurs. Les productions sont largement diffusées dans des documents à caractère scientifique (DATAR, 2012 ; revue en ligne *Territoires 2040*) ou lors de manifestations ouvertes au grand public (exposition cartographique, ateliers des territoires, séminaires *Prospective info* pour la prospective 2040).

[…]

Puisqu'un exercice de prospective ne délivre pas de « lois scientifiques », sa qualité s'apprécie à sa capacité de stimuler le débat sur une base d'argumentations clairement énoncées. L'argumentation part d'éléments de diagnostic, détermine des questions importantes pour l'avenir (les enjeux), détaille les leviers d'action envisageables, formule des hypothèses de comportement des acteurs (politiques, publics et privés) et développe des scénarios (Rio, 2015). À toutes ces étapes, des discussions, des négociations, voire des controverses, peuvent émerger. Ainsi, la prospective territoriale a pour objectif d'amorcer et de structurer une dynamique collective de réflexion appliquée à l'avenir d'un territoire, à moyen et long termes. Ce faisant, elle constitue un levier dans l'élaboration collective et partagée des « projets de territoire » (Debarbieux et Lardon, 2003). En ce sens, elle tend à répondre aux injonctions multiples en provenance aussi bien des bailleurs que de la société ou des communautés scientifiques vers plus de participation. En effet, conformément au 10e principe de la déclaration de la Conférence des Nations Unies sur l'environnement et le développement, l'implication des citoyens, avec la participation de la société civile à la définition des politiques publiques, devient incontournable. Le rôle de contrôle que ces citoyens peuvent exercer dans la mise en œuvre du processus décisionnel relatif au « bien commun » est également incontournable (Ostrom, 1990). Nombre de démarches de prospective territoriale, notamment aux échelons régionaux et métropolitains, se caractérisent aujourd'hui par la volonté des institutions publiques d'établir un contact direct avec les citoyens (Jouve, 2005).

La prospective est alors mobilisée pour développer la participation citoyenne et en élargir l'objet. La démocratie participative ne se limite plus à la mise en débat d'un projet d'infrastructure controversé : elle devient un espace de délibération collective sur le futur.

« La prospective territoriale participative : concevoir l'action publique autrement à la lumière des futurs », dans *Cahiers de géographie du Québec*, Volume 60, Numéro 170, Septembre 2016, pp. 209-219.

Document 3 **Xavier Leroux, « La prospective en géographie : un point d'équilibre entre la classe et le terrain ? »,** ***Carnets de géographes*****, n° 14, 2020**

Aujourd'hui structurée autour d'une approche par thèmes favorisant le raisonnement et la problématisation, la géographie des programmes de l'élémentaire invite désormais à traiter de la prospective, à savoir une réflexion sur le devenir des territoires. En introduisant, dans les prescriptions de 2015, l'étude du temps futur dans l'analyse de l'espace, le législateur ouvre ainsi la porte à une façon de penser les situations d'enseignement-apprentissage différente, faite d'incertitudes, d'horizons d'attentes sur ce qui « pourrait se passer ». N'y a-t-il pas là matière à mieux penser et séquencer les contenus sous forme de scénarios articulés ? C'est une idée qui mérite d'être posée mais qui doit tenir compte des réalités de la professionnalité des professeurs des écoles qui n'ont pas la géographie en tête de leurs préoccupations et qui ne sont pas spécialistes de la discipline. Bâtir des progressions sur l'analyse d'éléments hypothétiques pourrait vite s'avérer coûteux en temps et en énergie, d'où la proposition d'alterner le travail en classe, rassurant, et l'approche sur le terrain davantage basée sur le tâtonnement.

[...] Comme la prospective chapeaute l'ensemble du cycle 3, il est donc possible de lui affecter chacun des thèmes proposés autour d'entrées spatiales et temporelles complémentaires, ainsi que d'outils et supports également variés. [...] La séquence sur le thème « Mieux habiter » pose, quant à elle, la question de la recherche d'espace disponible dans des zones déjà denses et du recours à la construction verticale. L'acteur témoin est ici un ouvrier en bâtiment qui relate la vie d'un chantier, autour de sa chronologie, des contraintes du site, du rapport de force entre opposants et partisans au projet et de son évaluation par les professionnels du secteur et les usagers. Pour imager cette chronologie, le document à bâtir progressivement consiste ici en un ensemble de frises où sont comparées les situations de familles subissant divers problèmes (financiers, météorologiques, techniques) dans la construction de leur maison, problèmes entraînant des retards qui permettent de montrer qu'à projet de départ équivalent, la durée dans laquelle chacun d'eux s'est inscrite n'est fatalement pas la même du fait des soucis rencontrés.

C'est précisément sur une thématique comme celle-ci qu'il est possible de prolonger cette étude de documents par le terrain et s'autoriser quelques prises de risque. L'espace, surtout la ville, est en constant renouvellement et compte de nombreuses zones en construction ou en réhabilitation. Identifier des sites à différents stades de leur évolution (certains proches de l'achèvement des travaux, d'autres au début du projet, d'autres encore qui semblent stagner...) est tout à fait envisageable en préalable ou lors d'une première sortie de repérage. C'est une part d'inconnu qui s'invite ensuite dans l'élaboration de la séquence tant dans la récolte de données fraîches (acteurs interviewés, lieux photographiés...) qu'au travers du traitement qui leur sera réservé (cartographies du parcours, classement thématique des fonctions de l'espace à partir des photographies réalisées, graphique sur la fréquentation d'un lieu...). Et pour quel objectif surtout ? Un large projet de réalisation d'une brochure touristique ? D'un film promotionnel pour attirer un commerçant ? Ou plus modestement de la mise en comparaison avec le cas étudié dans la séquence précédente ? Motivante mais chronophage, cette façon de bâtir son enseignement est ici tout autre, il faut s'adapter à ce qui vient de se passer et chaque séance ne peut s'imaginer qu'en fonction du passé sans pouvoir trop anticiper sur le futur.

[…] Réfléchir à sa projection dans l'avenir est l'occasion de nombreux échanges oraux propices à la confrontation des points de vue et à la relativisation des analyses de chacun. Les conversations sur les modifications de l'ordre politique et climatique mondial amènent craintes et angoisses mais également propositions de solutions, plus ou moins réalistes, chez les élèves. La prise de conscience de leur rôle de futur citoyen et d'acteur à part entière s'affine un peu plus et sert les pans du programme relatifs à la citoyenneté. Ici, le professeur n'a pas « la » réponse et se doit d'être guide, oreille attentive, rassurant sans être naïf : une façon de sortir de la posture traditionnelle de l'enseignant « dominant » en se mettant sur un pied d'égalité avec les élèves à travers ces incertitudes partagées. […] Il n'est pas rare de constater, surtout chez des CM2 plus autonomes dans leurs mobilités que des élèves plus jeunes, une connaissance parfois fine, quoi qu'éparse, de l'espace proche qui fait coïncider lieu(x) de vie et lieu de la scolarité. Chez l'enseignant qui n'est pas familier du quartier où il exerce, notamment s'il est débutant, il peut, là aussi, y avoir une connaissance tronquée car non pratiquée régulièrement. Ce décalage peut parfois tourner à l'avantage de l'élève qui connaîtrait mieux tel aspect du territoire car davantage pratiqué et s'en trouvé (re)motivé.

Document 4 **Grenoble (Isère), de l'écoquartier à la métropole durable, d'après l'interview de M. Christophe Romero, urbaniste, Directeur adjoint Ville Durable à la ville d'Échirolles – avril 2021**

Comment Grenoble a-t-elle lancé son projet d'écoquartier sur le site de l'ancienne caserne de Bonne ?

Un écoquartier est une partie de ville conçue, organisée et gérée dans une démarche de développement durable. Ces quartiers doivent avoir un potentiel de développement économique, répondre à des critères de performance environnementale rigoureux, et garantir une mixité sociale et fonctionnelle (logements, commerces, équipements publics, etc.). La prise de conscience des enjeux écologiques a ainsi conduit à penser autrement la manière de concevoir et gérer la ville, dans un premier temps avec des expériences isolées, conduites à l'échelle de quartiers. Grenoble, confrontée au problème de la rareté du foncier disponible pour permettre son renouvellement urbain, avait l'occasion, avec le site de cette caserne, de valoriser un nouveau quartier en plein centre-ville.

Pourquoi l'écoquartier de Bonne a-t-il reçu le Grand prix national écoquartier décerné par le ministère de l'Écologie en 2009 ?

Ce projet s'est distingué des autres candidats par l'intégration de toutes les dimensions du développement durable : l'axe social et sociétal, l'axe économique et l'axe environnemental. Sur une superficie de 8,5 hectares, il réunit environ 1 100 logements dont 40 % de locatifs sociaux, une école primaire, des résidences pour étudiants, une résidence hôtelière, un établissement pour personnes âgées, un cinéma art et essai et un centre commercial avec une cinquantaine de magasins, un parc urbain de 5 ha. Il inaugure donc véritablement une nouvelle façon d'habiter et de vivre en ville grâce à des espaces et des équipements publics de qualité, des bâtiments à faible consommation d'énergie dont l'implantation a été déterminée en fonction de l'ensoleillement, des toitures végétalisées. Une centrale photovoltaïque de 1 000 m² a été construite sur le toit du centre commercial pour produire localement de l'électricité à partir d'énergie renouvelable. Enfin, il y a également eu la volonté de préserver la dimension patrimoniale du site, en valorisant les bâtiments de la cour d'honneur de l'ancienne caserne.

Comment cet écoquartier a-t-il ensuite essaimé pour faire de l'agglomération de Grenoble une métropole durable ?

De nouveaux écoquartiers ont été construits, en particulier par la reconversion d'anciennes friches industrielles à Grenoble (Bouchayer-Viallet en 2013, Blanche Monnier en 2014, Cœur de Flaubert à partir de 2015), mais aussi dans les villes de la première couronne (par exemple avec l'écoquartier Daudet à Saint-Martin-d'Hères). Cette dynamique gagne désormais les quartiers d'habitat populaire, comme la Villeneuve à Échirolles (3e ville de la métropole), qui fait l'objet, avec celle de Grenoble, d'un ambitieux programme de renouvellement urbain, social et environnemental récemment labellisé « éco-quartier populaire ».

Grenoble-Alpes Métropole est ainsi devenue une « Écocité »…

Oui, la stratégie de développement durable se déploie désormais à l'échelle de tout le territoire métropolitain, avec l'ambition de développer un nouveau modèle économique et social qui renouvelle nos façons de consommer, de produire, de travailler, de se déplacer, de vivre ensemble pour répondre aux grands enjeux environnementaux : ceux du changement climatique, de la rareté des ressources, de la perte accélérée de la biodiversité et de la multiplication des risques sanitaires et environnementaux. Cette stratégie a valu à Grenoble, associée à de nombreux acteurs du territoire dans lequel elle s'inscrit, d'obtenir le titre de « Capitale verte européenne 2022 ».

Document 5 **Échirolles (Isère), transformer une cour d'école en îlot de fraîcheur, article de Christophe Romero, directeur adjoint Ville Durable à la ville d'Échirolles – avril 2021**

La ville d'Échirolles, 3e commune de la métropole de Grenoble-Alpes, met en œuvre un projet de désimperméabilisation et de végétalisation de la cour de l'école élémentaire Marcel David et de ses abords, afin de créer un îlot de fraîcheur urbain.

L'école Marcel David et ses abords, avant les travaux.

Le projet de création d'un îlot de fraîcheur.

© APU (Atelier de Paysages Urbanisme) pour la ville d'Échirolles.

Le projet en quelques chiffres :

- 8 340 m² d'espaces transformés ;
- 6 110 m² d'espaces perméables après les travaux contre 240 m² aujourd'hui ;
- 85 arbres plantés, de tailles et d'essences variées.

L'îlot formé par la cour d'école, le terrain de sport et les abords du gymnase voisin, contribue au phénomène d'îlot de chaleur urbain mesuré dans le quartier : les températures y sont sensiblement plus élevées en journée et pendant les nuits d'été que les températures moyennes de la commune.

Soutenue par l'Agence de l'Eau Rhône Méditerranée Corse, la transformation de la cour et de ses abords est un projet d'aménagement, conçu par un paysagiste en lien avec les services de la ville et l'équipe enseignante, qui a pour objectif de désimperméabiliser le sol afin de favoriser l'infiltration des eaux de pluie (l'enrobé, qui recouvre la quasi-totalité de l'îlot, sera remplacé par des pavés enherbés, du sablé, des copeaux de bois, des surfaces végétalisées), de végétaliser massivement les lieux pour apporter de l'ombre et de la fraîcheur, tout en réorganisant la cour et ses abords pour permettre aux enfants et aux riverains d'accéder à des espaces frais et agréables, sans gêner les activités de l'école. Le projet a également une dimension éducative, puisque les élèves sont initiés à la géographie prospective en multipliant les observations et les expérimentations sur site qui leur permettent de mieux comprendre les enjeux environnementaux qui concernent leur cadre de vie. Des activités leur sont proposées non seulement dans le cadre scolaire, mais aussi périscolaire, avec, par exemple, une exposition devant l'entrée principale de l'école et un parcours d'énigmes tout autour du site, pour en apprendre davantage sur le projet, mais aussi la fabrication de nichoirs ou encore d'hôtels à insectes qui seront intégrés aux aménagements.

Document 6 L'éco-quartier de Bonne, à Grenoble

Document 7 Vue générale de l'éco-quartier de Bonne, à Grenoble

http://www.agencedevillers.com/archives/719.

Document 8 Plan de l'éco-quartier de Bonne, à Grenoble

https://www.lemoniteur.fr/photo/grenoble-un-ecoquartier-dense-remplace-l-ancienne-caserne-de-bonne.614144/plan-masse-de-la-zac-de-bonne.1#

Document 9 Affiches de sensibilisation aux éco-gestes du site du ministère de l'Économie, extraits

https://www.economie.gouv.fr/mission-innovation/sensibilisation-aux-ecogestes.

CORRIGÉ DU SUJET 3

Composante géographie (13 points)

1. Présentation problématisée du corpus documentaire

CONSEIL

Voir l'exploitation pédagogique, p. 250.

Le corpus débute par 3 documents d'analyse présentant :
– les démarches et contenus d'enseignement inhérents au programme de géographie en cycle 3 et au CM2 (**document 1**) ;
– un point de vue scientifique sur la question de la géographie prospective (**document 2**) ;
– une réflexion sur les prolongements possibles de la géoprospective dans la classe (**document 3**).

Puis 5 documents portent sur l'étude de cas de Grenoble et de ses environs, à partir :
– d'un entretien avec une personnalité engagée institutionnellement dans la métropole sur les thématiques du développement durable (**document 4**) ;
– du projet de transformation d'une école de la ville d'Échirolles, en périphérie de Grenoble (**document 5**) ;
– de photographies (**documents 6** et **7**) et du plan de l'écoquartier grenoblois de Bonne (**document 8**).

Ce qui nous conduit à nous poser la question suivante : comment la géographie prospective permet-elle aux élèves de mieux appréhender les enjeux du développement durable ?

Principaux enjeux scientifiques de la notion de « prospective »

« La prospective » est une notion développée par les géographes depuis les années 2000. Dans le **document 2**, Sylvie Lardon et Matthieu Noucher la définissent comme *« une démarche d'anticipation qui consiste à éclairer l'action publique locale présente à la lumière des futurs possibles et souhaitables »*. La prospective territoriale vise à analyser les dynamiques à l'œuvre dans un territoire donné, selon plusieurs dimensions (économique, sociale, environnementale, etc.) et en prenant en considération les acteurs et leurs choix. La dimension spatiale est donc fortement interrogée.

La prospective n'est, cependant, pas une géographie du futur. Elle repose sur une démarche scientifique progressive :
– **le diagnostic,** réalisé à partir d'enquêtes de terrain, de rencontres avec des acteurs, d'analyses de divers indicateurs spatiaux ;
– **l'élaboration de scénarios possibles,** reposant sur des hypothèses formulées à partir du comportement des différents acteurs en présence ;
– **l'étude et la construction de remédiations,** pour répondre aux défis soulevés lors du diagnostic ou des divers scénarios.

En France, la prospective territoriale a été popularisée par les travaux de l'ANCT (Agence nationale de la cohésion des territoires), dans laquelle des acteurs institutionnels travaillent avec les pouvoirs publics pour améliorer les perspectives de développement sur le territoire national.

Application du concept de « prospective » dans le champ scolaire à partir de l'exemple de la métropole de Grenoble

Dans le champ scolaire, la prospective est une des démarches géographiques utilisées par le professeur pour intégrer le *« temps futur dans l'analyse de l'espace »* (**document 3**). L'étude peut être réalisée en classe sur des aménagements proches de l'établissement. Faire réfléchir les enfants sur un territoire qu'ils connaissent bien les motive davantage (comme, ici, avec les **documents 4 à 8** pour une classe de la métropole grenobloise). Xavier Leroux pense même que cette démarche est l'occasion, pour le professeur, de confronter les points de vue des élèves et de leur faire prendre *« conscience de leur rôle de futur*[s] *citoyen*[s] *et d'acteur*[s] *à part entière »* dans leur territoire (**document 3**). L'intérêt de la géographie prospective revient, alors, à leur faire comprendre les tenants et les aboutissants d'un aménagement (ici, celui d'un écoquartier), afin qu'ils prennent part, de façon éclairée, aux débats futurs concernant leur cadre de vie.

Les **documents 4 à 8** montrent les prolongements possibles de la prospective sur une autre notion clé du programme de géographie au cycle 3 : « le développement durable » (**document 1**). L'écoquartier de Bonne (**documents 4** et **8**) et le projet de transformation d'une école en un îlot de fraîcheur (**document 5**) sont les résultats d'une étude prospective réalisée avec des acteurs de terrain. Ces projets s'inscrivent dans l'optique du développement durable, puisqu'ils sont soucieux des perspectives environnementales et favorisent durablement le vivre-ensemble et la mixité sociale. Les photos de l'écoquartier de Bonne (**documents 6** et **7**) sont l'occasion de travailler, avec les élèves, l'analyse de paysages et de rendre plus concrètes les différentes façons de « mieux habiter » un territoire. Elles définissent également le caractère urbain de l'écoquartier, tout en y soulignant la présence de la nature.

2. *Le choix du candidat peut porter sur un sous-thème en particulier ou sur le thème dans son entier. En complément de la proposition faite, en CM2, sur le thème « Favoriser la place de la nature en ville » (chap. 6, p. 250), nous proposons, ici, une séquence portant sur le sous-thème « Habiter un écoquartier ».*

Titre de la séquence : Habiter un écoquartier

Dans le cadre d'une séquence sur le 3e et dernier chapitre du thème « Mieux habiter », le professeur intègre les prérequis des sous-thèmes qui ont été

abordés précédemment en CM2, à partir de leur espace proche. Les élèves réinvestissent, ainsi, les notions liées à la place de la nature en ville et à la gestion du recyclage. Il paraît intéressant, comme on l'a dit, d'inscrire cette séquence dans le quartier des enfants, afin qu'ils en appréhendent plus facilement les enjeux et les repères. À partir de la question de l'aménagement d'un écoquartier, la démarche prospective s'attache, ici, à mener un travail d'enquête progressif. Celui-ci est structuré autour de 3 axes :
– le diagnostic territorial ;
– l'analyse des scénarios possibles ;
– la recherche de solutions pour mieux habiter.

Séance 1 : Étude de cas d'un écoquartier de la métropole de Grenoble

À partir d'un corpus documentaire composé des **documents 6 à 8** et d'extraits du **document 4**, les élèves étudient individuellement l'écoquartier de Bonne, à Grenoble. En mobilisant la compétence « Comprendre un document », ils identifient les caractéristiques d'un écoquartier :
– potentiel de développement économique ;
– mixité sociale ;
– prise de conscience des enjeux environnementaux (place de la nature, recyclage, etc.).

Pour s'assurer que les enfants s'approprient durablement ce vocabulaire, le professeur crée des affichages dans la classe lors de l'institutionnalisation. Les élèves pourront s'appuyer sur ces panneaux lorsqu'ils devront réinvestir les caractéristiques d'un écoquartier dans les séances suivantes.

Séance 2 : Diagnostic territorial « en marchant »

Tout d'abord, le professeur présente la sortie du jour et répartit les enfants en groupes de 4. La sortie a pour objectif d'impliquer chaque élève du groupe auquel il appartient dans le diagnostic d'un des 4 éléments suivants à observer dans le quartier :
– le recyclage ;
– la place de la nature ;
– les moyens de déplacement ;
– les lieux de sociabilité.

La sortie est également l'occasion de rencontrer des acteurs publics et privés de l'aménagement.

Puis, en s'aidant d'un plan et en notant des informations et leurs impressions sur un bloc-notes, les élèves mobilisent les compétences « Se repérer dans l'espace » et « Rédiger pour structurer sa pensée et les savoirs ». Le professeur ménage des pauses à certains endroits du parcours pour permettre aux enfants de s'entraider et de prendre des notes.

Séance 3 : Quel est le diagnostic du quartier ? Comment mieux y habiter ?

De retour en classe, le professeur reconstitue les groupes de la sortie. L'objectif est d'établir les problématiques du quartier et de les mettre en lien avec les caractéristiques d'un écoquartier affichées dans la classe. Les élèves mobilisent la compétence « Coopérer et mutualiser » en s'appuyant sur les critères de réussite établis en amont, pour les engager efficacement dans le travail de groupe : « Se partager les tâches », « S'écouter et respecter les idées de chacun », etc. Après ce 1er temps de diagnostic, ils réfléchissent sur les futurs possibles du territoire, au regard des observations établies pendant la sortie.

Séance 4 : Quelles sont les solutions pour développer un écoquartier dans notre espace proche ?

Les enfants connaissent, désormais, les problématiques de leur propre quartier, au regard des enjeux du développement durable. L'objectif de la séance 4 est de les faire réfléchir à des solutions d'aménagements, afin de transformer leur quartier en un écoquartier. Toujours avec les mêmes groupes de 4, ils mobilisent la compétence « Raisonner, justifier une démarche et les choix effectués », qui vise à développer leur réflexivité. Lors de la mise en commun, le professeur organise un débat, pendant lequel les groupes exposent leurs idées et se confrontent à celles des autres.

En prolongement de la séquence, le professeur pourra faire élaborer, par les élèves, une maquette de leur quartier transformé en écoquartier et, ainsi, croiser la séquence de géographie avec l'enseignement des arts plastiques.

Composante enseignement moral et civique (7 points)

3. Les principes qui fondent la notion de « respect de l'environnement », en France, sont inscrits dans la *Charte de l'environnement*, qui a introduit, dans le droit français, en 2004, de nouveaux principes en lien avec le respect de l'environnement. Elle a valeur constitutionnelle.

• **Le principe de « précaution » :** lorsqu'un dommage est susceptible d'affecter l'environnement, les autorités publiques doivent mettre en œuvre des procédures d'évaluation des risques et adopter des mesures provisoires pour éviter la réalisation de ce dommage (art. 5).

• **Le droit de vivre dans un environnement équilibré et respectueux de la santé :** toute personne a le droit d'accéder aux informations sur l'environnement détenues par les autorités publiques et de participer à l'élaboration des décisions publiques ayant des conséquences sur l'environnement (art. 7).

• **Chaque citoyen doit participer à la préservation et à l'amélioration de l'environnement :** tout citoyen doit prévenir ou limiter les conséquences des atteintes qu'il peut porter à l'environnement et contribuer à leur réparation, le cas échéant.

4. Le **document 9** est composé d'un ensemble d'affiches de sensibilisation aux éco-gestes. Le professeur peut les exploiter dans le cadre d'une séquence d'EMC sur les éco-gestes en cycle 2. Après avoir débattu, lors d'une séance précédente, autour de la nécessité, pour les citoyens, de respecter l'environnement, il décide de développer la culture de l'engagement en s'appuyant sur le **document 9**.

Lors de la séance concernée, les élèves sont d'abord répartis en groupes de 4, puis le professeur leur distribue les affiches contenues dans le **document 9**. Les enfants doivent remplir une grille dans laquelle chacun explique s'il respecte au quotidien les 5 gestes illustrés. Dans un temps suivant d'oral collectif, le professeur discute, avec ses élèves, à propos de ces affiches et de leurs choix. Les échanges de points de vue lui permettent d'apprécier leur sensibilité quant aux éco-gestes et de vérifier s'ils ont bien compris l'intérêt de chacun d'eux. Il leur demande, enfin, de réaliser, par groupes de 4, une grande affiche de sensibilisation aux éco-gestes, dans laquelle ils pourront réinvestir les différentes vignettes du **document 9** ou en proposer d'autres. Lors de la mise en commun, chaque groupe présente son affiche et les choix graphiques effectués. Les élèves mobilisent, ainsi, des compétences orales et peuvent s'engager à respecter et à faire respecter les différents éco-gestes exposés aux autres camarades.

Ce travail peut être poursuivi par le professeur dans le cadre d'un projet de sensibilisation des autres classes aux éco-gestes, ou bien contribuer à la réalisation d'une fresque dans le hall d'entrée de l'école.

En CM2, ce travail d'EMC peut également s'inscrire dans le prolongement du programme de géographie et du thème « mieux habiter ». La réflexion sur les problématiques et les améliorations de l'écoquartier s'enrichit considérablement par les échanges lors des débats et par ses liens avec les enjeux du programme d'EMC. Les perspectives civiques offertes par le dernier thème de géographie s'en trouvent ainsi renforcées.

CONSEILS DE LECTURE ET SITOGRAPHIE

Éducation

Textes officiels

- Modalités du concours : legifrance.gouv.fr/jorf/id/JORFTEXT000043075701
- eduscol.education.fr/83/j-enseigne-au-cycle-1
- eduscol.education.fr/84/j-enseigne-au-cycle-2
- eduscol.education.fr/87/j-enseigne-au-cycle-3
- eduscol.education.fr/90/j-enseigne-au-cycle-4

Ressources institutionnelles

- devenirenseignant.gouv.fr
- eduscol.education.fr
- edutheque.fr
- lumni.fr
- cahiers-pedagogiques.com
- ife.ens-lyon.fr/ife

Ouvrage didactique

- G. de Vecchi, *Évaluer sans dévaluer*, Hachette Éducation, 2021.

Histoire

Ouvrages didactiques

- W. Badier, *Enseigner l'histoire à l'école primaire*, Hachette Éducation, 2021.
- A. Dalongeville, *Situations-problèmes pour enseigner l'histoire au cycle 3*, Hachette Éducation, 2007.
- A. Prost, *Douze Leçons sur l'histoire*, Seuil, 1996.

Ouvrages scientifiques

- P. Boucheron (dir.), *Histoire mondiale de la France*, Seuil, 2017
- J. Carpentier et F. Lebrun, *Histoire de France*, Seuil, 2000.
- D. Borne, « Histoires de France », *La Documentation photographique* n° 8083, La Documentation française, 2011.

Sites Internet

- eduscol.education.fr/175/questionner-l-espace-et-le-temps-explorer-les-organisations-du-monde
- eduscol.education.fr/260/histoire-et-geographie-cycle-3
- herodote.net
- lhistoire.fr
- histoire-image.org/fr

Géographie

Ouvrages didactiques

- A. Bailly et R. Ferras, *Éléments d'épistémologie de la géographie*, Armand Colin, 2001.
- A. Dalongeville et M. Huber, *Situations-problèmes pour enseigner la géographie au cycle 3*, Hachette Éducation, 2007.
- J. Scheibling, *Qu'est-ce que la géographie ?*, Hachette Supérieur, 2020.

Ouvrages scientifiques

- V. Adoumié, *Géographie de la France*, Hachette Supérieur, 2019.
- P. Baud, S. Bourgeat et C. Bras, *Dictionnaire de géographie*, Hatier, 2013.
- G. Labrune, *La Géographie de la France*, Nathan, 2019.
- M. Reghezza-Zitt, *La France dans ses territoires*, Armand Colin, 2017.

Sites Internet

- eduscol.education.fr/175/questionner-l-espace-et-le-temps-explorer-les-organisations-du-monde
- eduscol.education.fr/260/histoire-et-geographie-cycle-3
- cybergeo.revues.org
- developpement-durable.gouv.fr
- documentationphotographique.fr
- edugeo.fr
- geoconfluences.ens-lyon.fr
- geoportail.gouv.fr
- hypergeo.eu
- insee.fr

EMC

Sites Internet

- Citoyenneté : vie-publique.fr/fiches/citoyennete
- Institutions de la République : vie-publique.fr/fiches/institutions-de-la-republique
- Laïcité : education.gouv.fr/la-laicite-l-ecole-12482
- Symboles de la République : vie-publique.fr/fiches/19564-quels-sont-les-symboles-et-les-emblemes-de-la-ve-republique
- Valeurs de la République : vie-publique.fr/fiches/19562-quels-sont-les-principes-fondamentaux-de-la-republique-francaise